新世纪网络教育系列教材

现代小学数学课程教学的
基本原理与方法

刘朝晖 黄黎明 编著

清华大学出版社

北京

内容简介

本书立足于科学人文主义教育思想，整理数学课程与教学的新发展思路，以期对小学数学教育提供具体的指导。本书重新审视了数学与人的素质发展的关系，强调要把数学看做是一种体现生命优化和人性之美的文化体系。数学教师必须要有这种境界的追求和思考，同时也要善于帮助学生感受数学的独特之美，从而引导学生在学习数学的过程中享受数学。

本书主要适用于小学数学教师，也可供小学数学教育专业大、中专学生、小学数学教育研究者和关注数学教育的广大社会人士与学生家长阅读。

图书在版编目（CIP）数据

现代小学数学课程教学的基本原理与方法 / 刘朝晖，黄黎明编著. —北京：清华大学出版社，2011.7（2022.1重印）

（新世纪网络教育系列教材）

ISBN 978-7-302-25494-2

Ⅰ.①现…　Ⅱ.①刘…　②黄…　Ⅲ.①小学数学课—教学法—网络教育—教材

Ⅳ.①G623.502

中国版本图书馆CIP数据核字（2011）第084376号

责任编辑：田在儒
责任校对：刘　静
责任印制：宋　林

出版发行：清华大学出版社
　　　　　网　　　址：http://www.tup.com.cn, http://www.wqbook.com
　　　　　地　　　址：北京清华大学学研大厦 A 座　　　邮　　编：100084
　　　　　社 总 机：010-62770175　　　　　　　　　　邮　　购：010-62786544
　　　　　投稿与读者服务：010-62776969，c-service@tup.tsinghua.edu.cn
　　　　　质 量 反 馈：010-62772015，zhiliang@tup.tsinghua.edu.cn
印 装 者：三河市铭诚印务有限公司
经　　销：全国新华书店
开　　本：185mm×260mm　　　印　张：25.75　　　字　数：519千字
版　　次：2011 年 7 月第 1 版　　　　　　　　　印　次：2022 年 1 月第 6 次印刷
定　　价：69.00 元

产品编号：040438-03

序

PREFACE

21世纪是一个变革的时代，以多媒体计算机和互联网为主要标志的电子信息通信技术正在引发教育界的一场深刻革命。高等教育正在从精英教育走向大众化、普及化，学校也由封闭走向开放，成为构建面向全民终身学习的学习型社会的中坚力量。

华南师范大学于2002年经教育部批准，成为现代远程教育试点高校。学校还是"全国教师教育网络联盟计划"核心成员单位，全国高校现代远程教育协作组成员单位，并被教育部推荐为"国培计划"教师远程培训机构。经过近十年的探索与实践，华南师范大学网络教育学院在高等学历教育、非学历培训、校园开放教育等领域均取得了丰硕成果，并充分彰显"教师教育"、"实验研究"、"教育帮扶"、"区域辐射"四大特色。"华师在线"也已成为国内网络教育品牌之一。

在长期的远程教育实践和研究中，华南师范大学网络教育学院不仅着力于新技术、新媒体的教育应用，而且不断地对传统媒体进行改良和创新。对远程教育印刷教材的执著追求、深入研究和大胆创新就是代表。近年来，我们针对网络教育面向成人的特点，充分发挥印刷教材作为远程学习主要内容载体和联系其他教学媒体纽带的作用，以霍姆伯格有指导的教学会谈理论为指导，设计、开发了具有鲜明远程教育特色的，适合成人学习者使用的《网络学习方法——教你做成功的网络学习者》等教材，受到了学员和专家的广泛好评。

为进一步推广远程教育印刷教材的编写经验，使更多的学员从中受益，我们与清华大学出版社合作，组织专家编写了本套"新世纪网络教育系列教材"。该系列教材选题丰富、体例新颖，非常适合自学，是网络学习的有效补充。

丛书大胆创新，突出"远程特色"，以学生为中心、目标为导向、案例为载体，强调针对性、交互性和实用性。与其说这是系列教材，我更倾向于说这是系列"学"材，通过改变传统意义上的"教"与"学"的关系，让学生与"学"材交流、对话，掌握知识，是本丛书的最大特点。丛书在语言风格上，力求生动活泼、通俗易懂；在编写体例上，力求体系清晰、结构严谨；在内容组织上，力求循序渐进、难易适度，满足不同程度学习者的学习需求。

　　系列教材的编写、出版，汇聚了众多知名专家的广博智慧，更离不开出版社的大力支持。清华大学出版社柴文强副编审为本套丛书的出版做出了巨大贡献，在此特别鸣谢！

许晓艺

于华南师范大学教师新村

2011年4月

前言

PREFACE

我们是数学教育研究工作者，感受着数学的魅力，同时又较真切地体悟到数学教育时常遮蔽了这种魅力。因此，跟大多数学教师和广大关注数学教育的社会人士一样，我们对数学教学也有着"爱恨交加"的矛盾心结。但我们乐观相信，心结终有化解的时候。中国数学教育人所诟病的"症结"破解之时，就是我们"心结"解开之日。这是一个过程，漫长而艰难，需要同伴，需要相互的勉励和努力。我们写这本书，就是想邀请行动着、战斗着的小学数学教师（包括各类型的准教师）一起来思考和探索，一起为推动小学数学课堂"静悄悄的革命"而奋斗。

作为本书主要著述者，很长时间以来，我都十分害怕数学，甚至十分厌恶数学。当中学毕业时，我感到万分庆幸的是：从此再也不用与数学打交道了！从此再不受那"奴役"之苦了！

不得不承认的是，我曾经为此对自己评价很低。后来却发现，我这种对数学的害怕与厌恶，并非个人毛病，而是大多数中国人曾经挥之不去的一种心痛。

但命运弄人，在与数学绝缘18年后，我却别无选择地、被动地承担了"数学课程与教学论"这门课程的教学工作。10年过去了，我喜欢上了数学，喜欢上了数学教育。更为喜悦的是，我有了专门的机会和时间来更专注地理解我所体悟过的数学教育之痛，并试图给予"诊治"。

通过大量地阅读数学教育理论、数学哲学、数学文化学、数学家传记、数学发展史和数学小故事等文献，我看数学的眼睛明亮起来，数学、数学教育在我的面前变成了一个美丽亲切的大花园，再不是怪石嶙峋、阴森恐怖的魔幻世界了。面对这样一个在我面前初展魅力的世界，我只恨过去对数学学得太少，无法深切感受她，无法充分享受她。

我的学生时代已经过去，但现实中像我过去一样讨厌数学，讨厌数学课，无法感受数学的美妙，无法得益于数学的学生仍然很多。而数学教育的事实与结果原本不该如此！他们本来可以在数学的美好中享受和成长！这是多么遗憾啊！

华裔美籍数学教育家李学数的一个小故事，或许能更形象地表达我对数学教育的无限感慨。

1979年，李学数从美国到加拿大，所乘的长途公共汽车会在芝加哥停留5小时，就可以顺便去参观芝加哥的"科学工业博物馆"。博物馆与数学教育工作者合作办了一个讲座——通俗数学讲座，每个星期在一个大厅里举行，有一些著名的数学家和一些教师向一般的人作通俗数学演讲。李学数看到春季的节目单上有：①代数在实际上的应用；②眼见不能置信：数学及其推广；③魔术与拓扑学；④排列的艺术；⑤数学与艺术的关系；⑥初等数论；⑦数学是人创造的世界——数学思想是怎样发展的。那天，刚好有一个"数学在艺术上的应用"的讲座。可惜他进会场看时，刚好讲完。只见讲台上有银幕，可以放映幻灯片及记录片。李学数向几位走出会场的老先生和老太太询问对这个讲座的印象，他们都连声赞美，还说可惜年纪大了，如果年轻时听这样的讲座，肯定会从事数学研究工作的……

值得庆幸的是，新世纪以来我国的数学课程与教学改革已经开始领会这种意味，并正展现着数学的无尽魅力。数学正变得越来越有趣，越来越有用。

越来越多的老师和学生开始主动、喜悦地投入了数学的探索之旅！教师的教学工作越来越有教育的韵味。教师不再是指令者、规训者，而是学生学习旅途上的伙伴与守卫者，教师应给学生以更为温情而有效的专业支持。

自然地，教师首先要改变自身！教师迫切地需要更为温情而有效的专业支持！

这是一个系统工程。从内在看，大到重树教师教育使命感和责任感，小到再造教师教学行为；从外在看，宏观到文化土壤、教育制度的变革，微观到课堂活动、师生关系的变化，等等。多层次、多方面，各自发挥作用而又综合地影响着对教师的支持和改变。其中，数学教育理论工作者通过教材、论文等著述，提供理论解释和愿景阐释等方面的智力支持，虽然非常软性、隐而不见，但无疑是极为重要的方面，起着渐进渗透、碰撞启发的思想支持作用。

我们愿意成为教师们寻求专业变化的同伴。这本书就体现着我们真诚的支持和积极的努力。我们从科学人文主义价值观和数学文化观及其思想方法入手，用我们的所知，尽可能在这本书里解说数学的丰腴、美丽，解说数学教育的境界和应该的追求；尽可能帮助老师们更好地理解和实施数学教学。但愿它能引起教师们共鸣和思考。

为了提升小学数学课程与教学论的理论视角，当代小学数学教师寻求专业发展和支持，紧迫而必要的是要深刻理解以下主题和问题：①必须拥有体现时代要求和文化精髓的教学哲学观与教育理念。今日数学教育理念和教学哲学的价值取向是什么呢？我们的回答是"科学人文主义教育"。于是有了第一章、第二章。②必须对课程改革的整体发展有较为清晰的认识。今日课程改革到底呈现给我们什么样的新形势和要求呢？我们的回答是"放眼看世界"，进而内观教材建设、教师角色与发展等基本主题。于是有了第三章、第四章、第五章。③必须确立理解学生和为了学生的需求观念。今日学生学习数学到底具有什么特点和需求呢？我们的回答是理解学生认知结构，侧重学生数学思维能力培养。于是有了第六章、第七章。④必须具有深刻理解教学内容、有效地开展教学活动的素养和能力。今日数学教育需要什么样的教学方式呢？我们的回答是活动教学、游戏教学、研究性学习等，并且与新课程数学教学的内容领域关联起来。于是有了第八章、第九章、第十章、第十一章。思考成文，总共十一章，构成了本书的内容体系和逻辑线索。

对本书，我们必须承认并先做自我批评：①不求全面，只选取了我们认为表现突出且存在较多问题的主题，教师们可能发现还有其他重要的问题值得关注；②可能有偏颇，我们在着力探讨的问题，教师们可能发现实际上已经不是问题；③可能有误解，我们的理论阐释和实践解释，教师们可能会发现有诸多的不恰当、不正确；④可能不精准，我们试图关照实践、深入实践，努力使用大量案例和实例，教师们可能发现我们谈的太虚空，离实践还隔着十万八千里。能释然的是，我们意在讨论。如果能引发思考，也就达到了思想激发和专业支持的目的。

同时，诚挚恳请老师们提出批评和看法。如果能期待成真，我们将无比的高兴。因为：①在小学数学课程与教学变革的攻坚道路上，我们确实相互拥有了同声相求、精诚支持的同伴；②我们有了向老师们学习的机遇，有了改正错漏、缺陷，从而能更好地提供专业支持的机会；③更重要的是，能有上述发现，表明老师们不再盲从，而是能理性地看待和批判一些的所谓"专家言说"，有了自己对教育教学的专业理解和认识。这是我们所追求的，也正是课堂教学能发生改革的希望所在。我们的联系邮箱是：huanglm@scnu.edu.cn。

最后，诚挚感谢华南师范大学网络学院给了我们教学、试用此书的机会，并把此书列入"新世纪网络教育系列教材"编写出版计划。也感谢本书引用、参考过的著述、论文与案例的作者。由于时间仓促，本书可能存在论述歧义、引用失当，或注释、参考文献错漏等问题，敬请赐教，以便修正。

刘朝晖　黄黎明

2011年4月

目录

CONTENTS

第一章

导论：走向科学人文主义的数学教育

　　正如社会普遍焦虑的，现代数学教育中流行着功利主义、实用主义的思潮，数学自身所蕴涵的"真"、"善"与"美"的追求及其教育意义正日益被遮蔽，现代数学教学事实上已不同程度地被扭曲为习题演练、考试训练、获取分数的一种机械过程和外在手段。这既不能促使学生有效学习生活必需的数学知识，也不能培养学生在数学知识探索中涵养公正、客观、理性等基本素质。要超越这种现状，重新确立数学教育对人之发展的内在作用，就必须改变过度服务于实用和功利的现实考虑，诉求并联结于人的生命价值和人生意义，寻回"引人向善"的教育本义。科学人文主义教育正是这样一种思考和努力，是当代数学教育变革必须要领会和坚持的价值取向。

　　本章首先在审视现代人面临的危机和教育反思的基础上，阐述了科学人文主义教育是数学教育变革的希望所在和价值取向，然后阐明了在数学教学中渗透科学人文主义教育的思想与方法，最后在科学人文主义教育的思想方法和教育哲学观指导下，重新诠释了什么是数学。

 学完本章，你将能够：

1. 理解并确立科学人文主义的数学教育价值取向；

2. 理解并掌握科学人文主义的数学教育思想与方法；

3. 形成正确的数学观和数学教育观。

专题一

数学教育的希望：
科学人文主义教育

一、现代人的困惑

无可置疑，现代科学技术为我们的生活、交通、通信提供了前所未有的物质方便。现代网络技术更是使我们的生活方式发生了革命性的变化。我们似乎生活得十分幸福和惬意。然而，扪心自问：我们真的生活得愉快吗？我们和邻居可能一个月也说不上几句话，甚至一个月也见不上一次面；我们很难和亲友团聚，因为我们都很忙；我们的四周充斥着汽车、机器等各种噪音、废气。蓝天白云、彩虹丽日越来越成为难得的景象，天空几乎永远是灰蒙蒙的，儿童只能从图片上、老师的描述中去想象蓝色的天。我们生活在一个人造的世界里：我们从收录机里听虫鸣鸟叫水流，从电视里欣赏大自然的美丽风光，我们吃着人造的速成食品，穿着人造的化纤衣服。竞争的激烈、生活的压力，迫使我们像陀螺般旋转，难得放松和休闲；我们还得处处小心翼翼，提防被人骗、被人偷、被人抢。我们隔着防盗门用充满怀疑的目光警惕地瞪视着敲门的陌生人，即使行李重得拎不动，我们还是因害怕断然拒绝陌生人的主动帮助；我们已经体验不到学习的快乐，是为了考试、为了升学、为了谋职而学习。我们的教育用摧残人的方式扭曲着人的发展；人口恶性增长、自然资源急速耗费，随时可能爆发的高科技战争威胁着我们，艾滋病、癌症、心理疾病等在我们的生活中越来越普遍和流行。……诸如此类的问题，使我们并不感到那么幸福。我们常常感到焦虑、孤独、无助、迷惘，心里空荡荡，不知道自己到底需要什么，生活的意义在哪里。我们感到了与自然、社会和信仰的疏离，感到了价值、文化和意义的危机，渴望着和平、安宁、真正的人道，要求加强和提升精神生活。为什么繁荣、富裕、便捷的现代生活并没有给我们带来所期盼向往的幸福生活？我们应该怎么办？人们应开始反省、思索。

二、现代人困惑根源的探索

现代技术能造福人类，这是基本的事实，是谁也不能简单否定的。但我们在惬意地享受科学技术带来的福祉的同时，却为什么越来越感到迷惘、困惑和失落？我们可以从幸福的意义谈起。什么是幸福？不同的人有不同的需求、体验和回答。人的需求及对幸福的理解，都是社会、文化和教育影响的结果。人的需求由两方面构成：物质的需求和精神的需求。人类的理想追求，是物质需求和精神需求的同等满足。在物质需求基本满足的条件下，精神需求是否满足对人的幸福具有更为根本的意义。但物质需求的满足度和产生什么样的精神需求，又受到社会、文化和教育的深刻影响。所以，我们不能从科学技术本身来寻找困惑和失落的原因，甚至像极端的反科学主义那样，把原因归咎于科学技术本身，因为科学技术的发明和运用也是为了使人类生活得更幸福。我们必须要从社会、文化和教育等方面来探寻原因。

（一）对科学技术过分崇拜

科学技术在现代生产中的巨大威力，使众多的人对科学技术顶礼膜拜，认为人类只要拥有科学技术，就可统治和驾驭世界，并解决人类社会的一切危机，包括物质的、社会的和精神的。在这种"科技万能论"的笼罩下，"国际竞争靠的是科学技术，科学技术靠的是人才，人才靠的是教育"等类似的话语成为国家间最富号召力和煽动性、最带紧迫性的流行口号。人文文化、教育成为科学技术文化的装饰和附庸。其实，这种对教育的重视和人才的尊重，并不是对人本身的重视，而是因为教育和人才能带来科技推动下的巨大的经济效益。教育成了服务于科学的工具，很大程度上不再是为人的教育，而是把人作为手段的教育：教学过程、课程设置、教学内容、教学目标等几乎都是根据人们对物质和功利的需要而设定和组织的，功利主义的泥淖模糊了培养全面发展的人这一高远目标，学生的精神生活、个性特长、道德信念等被漠视、被践踏，由此引起的恶果已显而易见。校园暴力、学生自杀（包括小学生）、厌学、吸毒等已不是个别学生中的现象和个别国家中的现象。

对科学的过分崇拜，也导致了把一切都"科学化"的可悲现象，连教育这种其对象是有情感、有思想、有个性，血管里流动着热情、鲜活血液的人的精神性活动也被日益科学化了。表现在：第一，把科学技术作为制定和衡量教育决策、教育内容和方法、教育理论和实践的决定性因素，把科学方法作为解决教育问题、揭示教育规律的唯一方法。[1]在

切勿为批判科学而批判

科学是把双刃剑，具有两面性。运用适当，就造福人类；运用不当，就危害人类。批判科学，不是否定科学本身，而是批判人类对它的盲目态度和运用。数学教育，既要抵制唯科学主义，也要防止科学虚无主义，要自觉坚持、尊重和弘扬科学，要教给孩子客观、公正、理性、热情、执著等科学精神和素养。

---

[1] 杜时忠. 科学教育与人文教育［M］. 武汉：华中师范大学出版社，1998：11.

教育活动中，越来越强调和追求教育的科学性，疏远和淡忘了爱的力量、人性的力量。第二，把教育过程变成一种标准化、固定化、程序化、技术化的工作，如同机器工作一样精密、准确，教育中的情感和艺术等非理性因素受到蔑视。教育中活生生的人被作为一个产品、一件工具被制造者按照科学方法所设计、所规定。

（二）人的主体力量过分张扬

自工业革命以来，人越来越认识到自身力量的强大。在石器社会，人类用的劳动工具是石刀、石斧，劳动效率极其低下，由此过着居无定所、食不果腹的生活，基本生活所需都得仰无常自然的鼻息。随着铜器、铁器工具的发明和创造，生产力得到了极大的提高，人类开始安居下来，筑屋耕地，种植谷物，而且聚居一处，逐渐形成了村庄、城市、学校，于是开始创造文化，接受教育，以提高生产力、抵挡难以预测的自然的无情摧残和欺凌，同时也满足人类的精神需要。虽然这时候人类开始构建文化世界，开始解脱自然的束缚，但是和大自然是和谐的、亲近的，对大自然仍然好奇、神秘、敬畏。

公元前5世纪左右，在古希腊、中国、印度、埃及、罗马诸国，几乎同时产生了惊人的高度文化。这时，人们，尤其是古希腊人文主义者力图认识世界及人类本身在世界中的角色，并把外在的世界、人类本身甚至人的智能、心理和语言能力都拿来做研究的对象，导致了人类对世界及人类本身认识的清晰化、理性化，日甚一日从非理性的自然力中解脱，动摇了神话。尽管如此，人与自然仍然是和谐共处的。

欧洲文艺复兴和启蒙运动之后，人在认识和对待自身与世界和自然的关系中产生了一种全新的观点：人是世界的中心，世界的主宰是人，而不是上帝；自然是可以征服的，是为我所用的。这种观点使人类发现一个全新的"我"，对世界、自然从此采取一种开放的态度：积极、主动、控制、征服。思想的解放，为科学技术的发展和创新提供了原动力，而人类掌握了新的科学技术，更强化了征服的欲望和唯人独尊的意识，由此造成了自然的破坏、环境的污染、生态的失衡。

（三）人的物欲过度膨胀

科技万能的观念和唯人独尊的狂傲，更激起了人们追求物质财富的热情和欲望。人的注意力聚焦于物质方面的不断增长，人的精神和文化的需要和追求被忽略、淡忘。在经济大潮的裹挟下，教育也难以抵挡物质、实用、经验、功利的诱惑，急功近利。我国著名学者南京师范大学鲁洁教授曾深刻剖析了当代教育的"外在化"弊病，认为"近一个世纪以来教育的主要宗旨只是教人去追逐、认识、掌握、发展这个外部物质世界"，放弃了对学生进行"为何而生"的教育，而仅仅致力于传授"何以为生"的本领。[1]现今，学生读书、接受教育，几乎都是为了谋得一份好工作，为了在激烈的功利性竞争中击败对手，以便获取功名利禄，过上丰裕的物质生活。

三、对教育的反省

创造科学技术不是目的，而是为了造福人类。没想到科学技术却是一把"双刃剑"，它既可造福人类，也可祸害人类，就看人如何利用它，就看利用它的人有何种价值取向。如何利用科学技术与人们的价值态度、价值选择以及渗透于其中的人文精神紧密相关。这个道理越来越为人们所认识，并开始呼唤和致力于人文文化与人文教育的复兴。

人类的追求并不只是科学技术的发展和物质方面的充分满足，从本质上来讲，人更渴望精神的享受和情感的满足。我们中国有句俗话，叫做"金窝、银窝，不如自己的草窝"。为什么？因为，人家的金窝、银窝里，没有自己草窝里那一份至深至爱的亲情和彻头彻尾的自在！精神和情感的满足，需要人文文化和教育的沁润与养育。由此看来，人文文化和教育是人类幸福生活的必要和保证，教育更是责任重大。教育的主要功能就是传播文化、教养人心。它传播什么文化，它的价值取向如何，直接导向着人们的选择、追求、态度、生活。当今人们的价值、信仰迷失，困惑，精神、情感空虚、无力，与当今的教育是有一定关系的，教育负有不可推卸的责任，尽管它不应承担根本责任。

检视今日的教育，其价值取向之偏误在于：

（1）过度地为实用和功利而教育与受教育。如前所说，学校偏重于学校的科学教育，疏忽于学生的人文精神教育的培育和关怀；重视教会学生生存的手段，疏忽于引导学生懂得生活的意义。多数学生所选择的是谋生意义上的热门专业，而很少考虑自己的个性特长、兴趣爱好和人性的养育。在学习中，偏重专业课、技术课和工具课，忽略基础课和人文学科，如哲学、历史、文学等，认为这些学了都是无用的。我们自己上公共教育课就有很深的体会，学生要求多教一些教育的技能、技巧，一讲到这些实用的技术性的东西，学生就听得很专心；但讲一些观念性的、价值性的教育理论、理念的时候，相当多的学生就不感兴趣，因为"没有实用的价值"。

（2）片面注重人的社会性，漠视人的个性，为利用人、控制人而教育，人成为社会的工具，教育成了打造人的手段。当今社会，伴

教育并不仅仅是实用工具

教育的本义是开启心智、引人向善。但现代社会中，教育慢慢地降格为技能训练和职业培训，成为考试、谋求职位的工具，失去了人性向上的沟通和感悟，很多人因此出现空虚、没感觉的人生意义缺失状况。因此，我们必须警醒，教育具有现实功用性，但并不仅仅是实用工具。

---

[1] 鲁洁. 通识教育与人格陶冶［J］. 教育研究，1997（4）.

随着信息化和经济全球化时代的到来，既加强了国际的合作，也更激化了国际的竞争。而不论是科技的竞争还是资源的竞争，归根到底还是人才的竞争。为了赢得竞争，不少国家拼命地给教育施加压力，要求教育为社会输送各种高质量的劳动力和科技英才，学生的情感、精神、心理个性的需求和培育在强大的科学教育的压力下淡化、萎缩了，教育的工具意义和国家主义倾向有增无减。

四、对数学教育的反思

我国的数学教育在当今世界上取得很大成绩，正如严士健先生所说："主要是学生获得较好的数学基本的训练，特别是计算的熟练和逻辑的严密性比较好……这种成绩的获得主要是由于我国数学教育有注意数学的严格性、逻辑推理以及注意解题技巧的传统。"[1]但从另一方面看，我国数学教育的现状不容乐观：

（1）学生的数学学习兴趣不高。论学科的学习兴趣，数学恐怕是典型的金字塔形，年级越高，学习兴趣越少，喜欢的人越少，而害怕甚至厌恶的人越多。

（2）学生学习数学的目的模糊。许多学生认为学好数学的标准即为获得高分，至于数学是什么，有何用途，自己从数学中到底学到了什么则含混不清。

（3）不知数学是何物。许多学生认为数学就是由许多概念、法则、公式堆积而成。因而死记硬背，反复做题，不会变通，更不会创造。

（4）数学教育的工具化严重。传统的数学教育主要关注的是知识形态的数学文化，而对精神形态的数学文化重视不够，也即，注重数学文化知识的传授，忽视数学文化品质的培养。而在教学实践中，知识形态的数学文化的传授，又主要表现为既成数学概念、结论、定理、法则的传输，具体表现为枯燥的计算、公式的套用，这种做法实质上是我们从未把数学看做一种文化，取而代之的是一种工具、一种技术。

（5）教学方法简单、呆板、陈旧，有许多教师重视知识传授，但忽视了知识产生的过程；有的教师反复让学生做题，却轻视过程教育和人格塑造。

造成这些现象的原因很多，其中一个主要原因就在于教学过程中缺乏对数学本质的研究，教学停留在数学表层的知识、技能上，缺乏对数学人文价值的挖掘，仅重视数学的科学教育而忽视了数学的人文价值引导，使原本合二为一的数学科学教育和人文教育割裂开来，使

---

[1] 严士健. 让数学教育成为每个人生活的组成部分 [J]. 中学数学教育，1999（5）.

学生学起来了无生趣，体验不到情感的丰富和满足。相当部分的学生"谈数色变"，望而生畏。

我们要获得完整的幸福并有增进这种幸福的教育，还必须有人文文化和人文精神。科学文化和人文文化犹如两翼，缺其一，人类社会和人类个体就都是畸形的，不健全的，不幸福的。功利化的工具教育已经不能适应和满足人与社会对健全生活的向往与追求。我们不仅要进行科学教育，还必须进行人文教育。我们必须追求真正人道的教育目标，减少和消除强制教育与暴力教育，更多地考虑个体的人和个体人自身的发展，让学生在教育中感到安全、快乐和心智自由。总之，时代呼唤科学人文主义的教育，要求在充分享受科学成果基础上，建立真正人道的教育，重塑人的价值和意义，谋求新的精神境界。

五、新世纪教育价值的走向：科学人文主义教育

科学人文主义教育是科学主义教育和人文主义教育有机融合的产物。

众所周知，文艺复兴至18世纪人类进入工业社会之前，在贬低神性、弘扬人性的潮流中，人们努力探索自然，征服自然，获得了许多科学上的重大发现，自然科学知识迅速增加，但直到17世纪培根宣称"知识就是力量"的时候，科学知识的力量还是很有限的。教育的主流是人文主义教育。人文主义教育的基本精神是强调人性的培育和理性的养成，促使个人在智慧、道德和身体方面的和谐发展。在教育的功能上，人文主义教育重人文轻物理，在教育内容上重人文教育内容，轻科学教育内容。

18世纪末，英国的瓦特制造的第一部蒸汽引擎，揭开了工业时代的序幕。工业革命用迅速增加的物质财富和高额的商业利润开始真正确证了科学知识的神奇力量。学校随之把新的科学知识纳入到课程中，传统的人文学科课程开始面临自然科学课程的冲击。到了19世纪，两位教育家赫胥黎和斯宾赛依据时代的要求，系统地阐发了科学教育的主张，大声疾呼科学教育，坚信科学与社会进步、民族成功和个人心智发展有着密切的关系，强调把科学教育引到一切学校中。他们抨击当时的英国古典主义教育传统华而不实，脱离实际，对个人实际生活少有价值。从这时起，人文教育和科学教育就像一对冤家，对立冲突、相互攻讦。但总的来说，科学教育日占上风，人文教育日渐衰落。

20世纪以来，人类社会的发展越来越依赖科学技术的进步，但片面重视科学技术所引起的弊端也日益暴露出来，各种危机或潜伏、或暴露，人不得不对科技的发展和人自身的发展予以反思。越

链接

华南师大扈中平教授对教育的科学人文性有集中、精辟的论述，可参阅：http://www.docin.com/p-5019593.html。

来越多的人认识到：科学技术并不可怕，世界所面临的种种危机，从根本上讲并不是由科学技术本身所造成的。而且，科学技术的确是整个社会进步的基石和重要推动力。其实，人自身的危机——道德危机、精神危机、文化危机才是世界所面临的所有危机的总根源。因此，解决人类面临的全球性危机的出路并不是抵制、销毁科学技术，也不是只能回到物质匮乏的贫穷时代，而是人身的革命，在于人性的觉醒、人文复兴，在于对人的务求、理想、使命、价值、行为等进行重新思考和把握，在于重新光大人文主义精神。人们开始急切地追求着用人道主义的价值标准去统驭和引导人的世界的健全发展。这时，从未停止过抗争和发展的人文主义开始重显它的价值，并在人们的呼唤中迅速复兴。

在科学主义保持稳固地位并继续发展、人文主义日益复兴并不断加强的当今社会，科学主义和人文主义对立的态势已经开始转变，日益走向融合和渗透，并已形成必然之势，当初科学主义与人文主义的分离和对立，是人类历史发展的局限和暂时的使然。从本质上讲，二者本身是相互依存、相互融合的。

科学发展的原动力就是人的好奇心，追求窥知事物乃至世界的奥秘，渴望了解未知的世界是人的天性。不论是科学家还是诗人，都有着或保持着强烈的好奇心。好奇心打开了人们想象的世界和探索的世界。所以，好奇心既是一种科学精神，也是一种人文精神。

追求真善美是人的天性。发展和升华这种天性，并使之理性化始终是人文主义及人文教育的重要目标，而追求"真"是科学的使命。真和美又像一对孪生姐妹，追求到真，也就体验到美。在追求真的过程中，如果体验不到美，科学家的研究是难以为继的。

对科学成果的利用也包含着人文精神，随着科学的非人道化后果的日益加剧，20世纪的许多思想家一直关注着并致力于科学与人道主义的结合。米亚拉雷和维亚尔指出："诞生于20世纪科学技术革命时代的人，能否仅仅借助科学技术就不至于成为科学技术的奴隶呢？许多人表示怀疑，并且在新的人文主义中寻求解放。"[1]

在现代的大科学时代，许多重大问题的解决，依赖于多学科方面力量的协作，协作中就需要一种人文素质和人文精神：尊重人、理解人、创造宽松、和谐、民主的环境等。

科学技术也预示着、包含着某些更开放的人文精神。科学技术的发展给我们提供了一个观察整个世界的更大的视野，使人知道面对整个宇宙要谦虚。人虽然重要，可人也不是唯一的存在。科学技术的发展使我们重新定位自己，进而使我们拥有一个开放的人文价值观念。

[1]〔法〕米亚拉雷，维亚尔. 世界教育史〔M〕. 张人杰等译. 上海：上海译文出版社，1991：406.

科技还给我们提供新的创造性的道德规范，提供更多的材料与创造形式供艺术创作。它还使我们可以采取更有效的行动，来建造一个更美好的世界。

至于科学技术和人文精神、人文文化的相互促进、相互作用，我们只要对人类历史和科技发展的历史稍作回顾就可体会，在这里就不用赘言了。总之，科学技术和人文主义的融合是必然的，当今社会的发展水平已为我们提供了部分条件。社会文化思潮发展的流向必然影响到教育，教育自身也在寻求着变革，科学人文主义教育也就应运而生，掀起了一场世界教育革命，给沉闷的、工具化的教育带来了鲜活的生命力。

什么叫科学人文主义？简言之，科学人文主义既信奉科学，又崇尚人道，它以科学为基础和手段，以人文为价值和目的，促进人和社会在物质与精神两方面的和谐发展，并在此基础上不断实现人的自身解放，达到人、自然、社会的和谐共存。20世纪的历史不断证明，片面地崇尚人，纯粹的科学主义或纯粹的人文主义，都不符合人类社会发展的前景，人类只能朝着科学人文主义的方向行进。

科学人文主义教育就是用科学人文主义的理念和追求，来塑造、养育内心和谐，与他人、社会、自然和谐的人。它既进行科学教育，又进行人文教育，它把两者融合在一起，同时引导和满足人的两种需求和追求，促进人身心的和谐全面发展。

科学人文主义教育的内涵，我们可以用《学会生存》中的一段话来进一步说明："……国际教育发展委员会认为基本问题是：要使科学和技术成为任何教育事业中基本的、贯彻始终的因素，要使科学和技术成为儿童、青年和成人设计的一切教育活动的组成部分，以帮助个人不仅控制自然力和生产力，而且也控制社会力，从而控制他自己、他的抉择和他的行为；最后，要使科学和技术有助于建立一种科学的世界观，以促进科学发展而不致为科学所奴役。"《学会生存》还指出，任何教育行动都必须把重点放在下述两点上：一是"科学的人道主义"；二是把科学运用于实践和具体工作。

科学人文主义教育将给教育带来新的希望。它既一反过去教育中的唯人性论，又一反教育中的唯科学论，避免了因轻实际而造成的空疏无用，或因轻人文而造成的道德、价值、人性的失落。它把两者有机地结合起来，在科学教育中渗透着人文精神，在人文教育中渗透着科学精神。它根本的出发点就是人的全面、和谐的发展，它根本的目的就是人的幸福。在科学人文主义教育中，人将作为一个真正的人，而不是单纯作为抽象的人和单纯作为现实的劳动者而得到发展和满足。

教育是科学性和人文性的融合

科学和人文都是人的一种文化创造和人性展现。完整意义上的人性兼具科学性和人文性。教育作为促进个体发展的活动，自然也就应当是展现科学性和人文性的活动。张扬一方，贬抑一方，必然导致人性的片面发展。因此，教育应该是科学性和人文性的融合。

思考活动

思考活动

1. 你认为小学数学教学主要是使学生成为做题的工具呢，还是寻求幸福生活的一种自我提升方式？

2. 你认为教育具有科学性呢，还是人文性？或是二者融合？为什么？

扩展阅读 1

　　教育是科学性与人文性相互融合的一种培养人的活动。

　　1. 科学性

　　（1）客观性。教育活动首先是一种客观存在，有其自身的逻辑和规律，有一定的客观依据和客观制约性，不可能随心所欲和想当然。

　　（2）必然性。在教育活动的诸多关系中，很大程度上都存在着一种必然性，如教育与社会生产力之间的关系，教育与社会生产关系之间的关系，德与才之间的关系，直接经验与间接经验之间的关系，等等。

　　（3）普遍性。教育活动无论怎么千差万别，总会存在着诸多普遍性和共同性。人性和人的认识与行为总有一些共同的特点，总要遵循一些共同的规则，否则，不同历史时期的教育就不可能有什么继承性，不同性质和不同类型的教育之间就不可能有什么对话和借鉴。

　　2. 人文性

　　（1）主观性。认识论上，主观性强调的是从主体的角度看问题。人的需要、兴趣、爱好、能动性以及情绪、情感、性格、意志、兴趣、爱好等主观因素，不仅强烈地制约和影响着教育活动，而且这些因素本身就是教育活动的构成要素。这些特点，必然使教育活动具有较强的主观性。

　　（2）价值性。教育活动的主观性必然使教育活动具有强烈的价值性。教育是培养人的活动，在教育活动中不仅要进行事实判断，而且必须进行价值判断，并最终实现某种教育价值，赋予人的培养以一定的价值意义。

　　（3）难以重复性。教育活动几乎是不可能完全重复进行的。因为人们不可能完全重复他人乃至自己先前教育活动的所有主客观条件，如教育的情景、师生的交流、教育的资源以及人的情绪、情感、需要、价值等教育要素。教育活动千差万别，具有强烈的个别性。

　　（4）复杂性。教育活动不仅是人的活动，而且是培养人的活动，而人可以说是世界上最复杂的存在物。影响教育活动的内外因素极其复杂，教育中的各种关系以及关系之间的关系往往是模糊和多变的，教育活动中的许多要素往往难以琢磨和把握。

　　（摘自：http://blog.cersp.com/87179/654231.aspx）

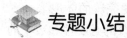 **专题小结**

　　科学人文主义教育是今日数学教育的价值取向和希望所在，小学数学教师必须在科学人文主义价值引领下建构自己的数学教育理念和教学哲学，实施科学与人文相融合的数学教学。

数学教学中的科学人文主义教育

专题导读

　　数学教育跟我们的生活到底有什么关系？用我们人生在校学习的大部分时间来学习数学，值得吗？这可能是我们每一个现代人的疑虑。科学人文主义教育能引领我们对这些问题进行新的思考。

一、加强数学的科学人文主义教育是时代的呼唤

　　21世纪初，在华中科技大学出版社举办的五卷本工具型巨著《现代数学手册》[1]首发座谈会上，学者们呼吁："对数学中基本人文思想的挖掘，在我们今天还是空白，数学教育能否走出解题技术的小圈子，在高度重视基础科学的今天，我们的目光是否应该放得更远一点？"学者们认为，数学是一种文化。数学有着两重功能：一个是科技的功能；一个是文化的功能，不应忽视其文化的功能。针对许多工科院校不重视数学教育的现状，学者们指出，数学教育应该是一种思维教育、素质教育。我们的数学教学从来没有想让学生体会到数学中的哲学内涵，从来不讲数学中的人文思想。许多人一提素质教育，想到的只是增加些美术和音乐。

　　2005年4月8日在北京召开的《现代数学手册》（5卷本）出版座谈会上，王梓坤院士等专家建议再版时加上数学教育、数学美学、数学哲学、数学心理学、数学教育学、数学思想发展史、近代数学史等

_____

[1] 大型数学工具书《现代数学手册》由我国著名数学家徐利治教授担纲主编，钱伟长院士、吴文俊院士、杨叔子院士担任顾问，由华中科技大学出版社组织来自中国科学院和北京大学、清华大学、复旦大学、南京大学、中国科技大学、中国人民大学、北京师范大学、上海交通大学、西安交通大学、浙江大学、南开大学、武汉大学、华中科技大学、大连理工大学、陕西师范大学等全国40多所著名高校的近200位院士、博导、教授参加撰稿和审稿工作，历时4年编纂而成。

内容，使数学培养人的文化素养的文教功能得到更完善的体现[1]。

数学家们的呼吁反映了数学科学人文主义教育的必要性和数学的育人功能，也是对数学教育偏见和狭隘的一种批评。

二、在数学教学中进行科学人文主义教育的可能性

1. 数学能促进人的全面发展

首先，数学的美为人生提供了美好的愉悦和享受。数学美自古以来就吸引着人们的注意力。数学美不同于自然美和艺术美。数学美是一种理性的美，抽象的美，没有一定数学素养的人，不可能感受数学美，更不能发现数学美。数学美表现为它的简洁性、对称性、和谐性、统一性和奇异性。勾股定理以一个简单而整齐的形式表达了一切直角三角形边长之间的关系，其简洁与概括给人以美的享受。一些表面上看来复杂得令人眼花缭乱的对象，一经数学的分析便显得井然有序，从而唤起理性上的美感。如黄金分割体现出的比例美，令人赏心悦目。数学图形及数学表达式的对称给人视觉上的愉悦，例如二项展开式的系数，互为反函数的图像等。数学命题结构上的对称给人以最好的启发，由此及彼，推陈出新，引人无限联想。所以，马克思从来都是把演算数学作为休息的最好方式，他曾多次赞颂数学给他带来的乐趣。

其次，数学具有真善美的品格。"真"是表现客观规律的属性，"善"是表示功利价值的属性，"美"则是符合规律性和目的性的结合。我们先说数学中的"真"。它表现在无歧义（精确），来不得半点虚假、客观公正和反映一定条件下的客观规律上。数学的"善"表现在其有用性，数学的"美"表现在它是真和善的统一。没有真就不美，没有善也不美，真和善是美的必要条件，但真和善不是美的充要条件，因为美不是真和善的有机结合。在具有真和善的属性的基础上，还要有生动的外在表现形态，我们才会感觉到美。数学的美表现在和谐、统一、简洁等方面。例如，数学所表现的美好、和谐使古希腊的艺术无论是雕刻还是绘画都表现出一种形态匀称、举止恬静、和谐安详的特点。在绘画艺术上，数学的理性更要求画家们按照数量关系结构来表现事物的特征。例如，古希腊绘画特别提倡按照毕达哥拉斯提出的"黄金率"来表现事物和人物的关系，因为按照毕达哥拉斯的观点，所说的"黄金分割"（也称"神圣分割"）可以给人一种特

---

[1] 杨咏梅. 众院士褒扬《现代数学手册》. 中国教育报. 2005-07-27.

别的美感。由具体的考察可以看出，这一特定的审美标准在古希腊人那里得到了十分广泛的应用，如绘画中人体的比例、绘画材料的长与宽的比例，甚至身体中各个细小部分，都利用了"黄金分割"这一审美的数学要求。

数学的真与美，数学家的体会深刻。Sylvester说："它们揭露或阐明的概念世界，它们导致的对至美与秩序的沉思，它各部分的和谐关联，都是人类眼中数学最坚实的根基。"数学史家 M. 克莱因说："一个精彩巧妙的证明，精神上近乎一首诗。"当数学家吸收了自然科学的精华，就用美和逻辑来引导，将想象力发挥得淋漓尽致，创造出连作者也惊叹不已的命题。大数学家往往有宏伟的构思，由美作引导，例如，外尔猜想促成了重整算术几何的庞大计划，将拓扑和代数几何融入整数方程论中。回顾数学的历史，能够将几个不同的重要观念自然融合而得出的结果，都成为数学发展的里程碑。爱因斯坦将时间和空间的观念融合，成为近百年来物理学的基石；三年前 A. 威尔斯对自守形式和费马最后定理的研究，更是扣人心弦。数学家能够不依赖自然科学的启示得出来的成就，令人惊异，这是因为数字和空间本身就是大自然的一部分，它们的结构也是宇宙结构的一部分。而大自然的完美无处不在，数学家当然不能抗拒这种美了。

在传统文化中，我们说立德，但从不讨论如何求真。不求真，何以立德？我们又说"温柔敦厚，诗教也"，但只是含糊地说美，数学兼讲真和美，是中华民族需要的基本科学。正因为数学本身所具有的这种真善美的品格，所以，也就赋予了数学自觉地追求完美的特征。不论是数学家、数学爱好者，还是数学教师，只要他领略了数学真善美的品格，都会自觉或不自觉地在数学运算中追求完美，即严谨、确定、无疑义、优美与简洁。这就给自己定下了最高的心智标准，要达到这个标准就需不懈的努力。而有意义的、目标明确的努力是有效磨炼意志的途径。

再次，数学还充满了理性精神，即客观、公正、理智，不受感性、情感冲动的摆布。正如 M. 克莱因指出的："在最广泛的意义上说，数学是一种精神，一种理性的精神。正是这种精神，使得人类的思维得以运用到最完善的程度。也正是这种精神，试图决定性地影响人类的物质、道德和社会生活；试图回答有关人类自身存在提出的问题；努力去理解和控制自然；尽力去探求和确立已经获得知识的最深刻的和最完美的内涵"[1]。数学在一切人面前是平等的，它只相信和依靠逻辑推理的力量，只有老老实实、一步一步地论证、推理、证明

---

[1] M Kline.Mathematics in western Culture[M].Penguin Books,1953：Preface.

等才能得到可靠的结论，它容不得半点急躁冒进和夸夸其谈，它需要的就是事实和逻辑。数学的这一特性，也使得人们在它的面前，必须沉静下来，按照理性的、逻辑的思维、态度及其情感对待它、研究它，并为它的推理和智力活动而折服。在这样的数学活动中，人的意志品质也得到了很好的磨炼。数学从某种角度来说，就是意志的结果和体现。如在有创造性天赋的数学家中，除非常全面的学者外，不乏思维迟钝的人：他们甚至不能迅速解出较为简单的题目，但是另一方面他们在长时间内能持久而深刻地思考极其困难的问题。"有些数学家把握问题实质的速度快得惊人，而且能深入到问题的内部。但我们遇到的极有能力的数学家中的另一些人，给人的印象却是迟钝的。他们慢慢地进行推理，一步一步地、思维没有一点跳跃性。但仔细观察他们的著作，你会对他们环环紧扣的、协调一致的、令人十分信服的、周密的数学体系惊诧不已。"[1]正因为数学具有真、善、美的品格和理性精神，所以钻研和学习数学还可以健全学生的心理素质。决定一个人的成败的关键并不真正取决于他们智商的绝对高下，而在更大程度上依赖于他们心理素质的优劣。也就是说，一个人的心理素质是否适应环境，是赢得学习和生活的必要条件，它在人的素质形成中起着平衡调节作用。

最后，数学的一些特性也有利于发展学生的智慧能力。如问题是数学产生、起源与发展的动力，问题往往源于好奇。从瓦特观察沸水现象，到现在一些复杂的科学发现，无不发端于好奇。而青少年的好奇心表现得最为突出，随着人的年龄增大，反而渐渐失去了这种弥足珍贵的天性。数学是一门充满神秘与趣味的学科，如著名的"四色问题"、"七桥问题"等，诱发了多少天真儿童的好奇心，激活了多少数学天才的智慧。

数学的抽象性使得数学问题的解决经常伴随着困难，使学生体验到挫折和失败。而这正是砥砺意志、打磨心理品质的绝好时机，愈挫愈勇、百折不挠的良好心理素质不会在温室中形成。有位著名数学教育家对此作出过这样的论述："如果学生在学校里没有机会尝尽为求解而奋斗的喜怒哀乐，那么他的数学教育就在最重要的地方失败了。"

2. 培养学生的自信心

数学教学有利于开发人的潜在智力，从而培养学生的自信心。实践证明，数学教学关注人的发展，把人的发展作为数学教学的最根本、最重要的目的，就会在数学教学中挖掘和开发教学内容和教

[1]　[苏]克鲁捷茨基. 中小学生数学能力心理学［M］. 李伯黍等译. 上海：
　　上海教育出版社，1983：229.

学过程中有利于学生素质培养的因素，使学生的素质和学习成绩都得到提高和发展，甚至所谓的差生在数学思维能力、独立性、灵活性和简约性等方面的潜能也得到有效开发。学生通过数与计算、空间与图形、量与计量、统计与概率、方程与关系，运筹与优化各个领域的学习，来观察、发现、了解现实世界，从而使学生充分认识到数学是从人类实践活动中产生和发展起来的，同时又广泛地应用于实践。学生通过对数学活动的参与，学习和掌握科学研究的基本方法，例如认真观察实验、大胆尝试猜想、小心合情推理、严格论证等；建立和增强数学意识如化归意识、抽象意识、推理意识、符号意识、量化意识等。

思维品质是智能素质的内核。数学思维的基本成分可分为具体思维、抽象思维、直觉思维、函数思维四种基本类型。这些品质比较全面地体现了逻辑思维、形象思维、直觉思维及辩证思维的主要特性。学生的思维品质可以通过经常性的数学思维训练得以改善和提高。优秀的思维品质表现为思维的灵活性、严谨性、批判性、广阔性及创造性。思维的灵活性表现为不过多地受思维定式的影响，能准确地调整思维的方向，善于从旧有的模式或传统的思维轨道上跳出来，能做到另辟蹊径，曲径通幽。我们在数学教育中提倡一题多解，就是培养思维灵活性的一条有效途径。思维的严谨性表现为考虑问题缜密有据。数学中，问题的解决允许运用直观的方法，但应当鼓励学生不停留在直观的认识水平上，可以运用合情推理，但要加以精密计算、逻辑论证。正确地使用概念，完整地解答问题等都体现出思维的严谨性。思维的批判性是指对已有的数学表述或论证敢于提出自己的看法，不是一味地盲从。思维的广阔性是指对一个数学事例能做出多方面的解释，对一个数学问题能用多种形式表达，对一个问题能用多种不同的方法加以解决。思维的创造性是指思维活动的创新程度，表现为分析、解决问题时的方式、方法和结果的新颖、独特。善于发现、解决并延伸问题，是创新思维的一种体现。这些良好思维品质的形成，必将逐步提升为一种创新意识和创造能力。而这些品质和能力正是我们教育工作者所追求的目标。

3．数学影响人的行为品质

数学作为一种文化体系，不仅能给予人以知识、技能，促进和发展人的智慧、思想品德以及情感态度，而且它还会深深影响人的行为意识和行为品质，以致留下深深的行为特质痕迹，比如有意志力、敏锐和控制行为的意识和能力。

我们举几个具有数学才能的儿童和数学家的案例来说明这一点。

典型案例1

华 罗 庚

中国数学家华罗庚（L.K.Hua 1910—1985）在1955年3月1日的《人民日报》上发表《我从事科学研究工作的体会》，其中写道："不轻视点滴工作，才能不畏惧困难。而不畏惧困难，才能开始研究工作。轻视困难和畏惧困难是孪生兄弟；往往出现在同一个人身上。我看见过不少青年，眼高手低，浅尝辄止，忽忽十年，一无成就，这便是由于这一缺点。必须知道，只有不畏困难、辛勤劳动的科学家，才有可能攀登上旁人没有登上过的峰顶；才有可能获得值得称道的成果。所谓天才是不足恃的，必须认识，辛勤劳动才是科学研究成功的唯一的、有力的保证，天才的光荣称号是决不会属于懒汉的！"

华罗庚在1980年5月21日回到他的故乡江苏金坛县中学演讲，他回忆在抗战时的日子说：

"那个时候，大家知道，教授教授，越教越瘦。教授在前面走，穿了个大褂子，要饭的跟在后面，跟了一条街，那位教授身上实在没钱，回头说：'我是教授！'要饭的一听就跑掉了，因为就连乞丐也知道教授身上是没钱的。"

"在那样的环境中，日本人的封锁，令国外的杂志到不了手。不但封锁，而且还轰炸（有一次轰炸时，土一直埋到脖子，刚好剩下头没有埋在土里面）。在那种困难之下，许多教授不得不改行了。有许多人想法子搞个护照，到外国去。有的改行做买卖了，那时做买卖，跑到仰光。"

"我们都住在昆明乡下，我住的是小楼上的厢房，下面养猪羊马牛。晚上牛在柱子上蹭痒时，我们的小楼会跟着摇晃。那时没有电灯，就找来了香烟筒，摘一点棉花做灯芯。就在这样的情况下，从1940年到1943年我完成了《堆垒素数论》。"

钱伟长对读清华大学时的生活曾有这样一段回忆：由于读中学时，物理、化学从来没有弄清楚过，数学是七零八碎的没有系统学过，代数符号都搞不清，英文又不行。因此为了能留在物理系，达到科学救国，他决定怎样都要苦读，怎样难都要迎头赶上。例如学微积分时，中间有代数运算，他不明白，就问同学，他也找了几本中学教科书，问同学要查哪一节呢？同学告诉他要查哪一节，他把中学教科书念完了、弄懂了。

在这一年，他一天顶多睡五个小时，他是早晨六点起来，晚上学校宿舍是十点熄灯，由于宿舍厕所的灯是通宵开的，他就跑到厕所看书，一直到十二点才回去睡。他自以为了不起，是读书最用功的一个学生，结果有一天早晨六点起来，走到一个他常去的地方，那是一个露天的长板凳上，忽然看见一个人老远一摇一摆地走来，这人是谁呢？

他就是华罗庚！华罗庚跟钱伟长同一年进清华大学，当清华大学数学系的文书，是专门管发讲义、收卷子，管杂务的教务员。

华罗庚没有念过很好的中学，靠自学。他利用工余时间去旁听微积分，和钱伟长上同样的课。钱伟长发现华罗庚比他还用功，他每天是三点钟就起来，当钱伟长六点钟起来时，他已经把三个钟点的书念完了，在散步了，而钱伟长刚刚起来念书。[1]

典型案例 2

罗　素

英国哲学家、数学家和逻辑学家罗素从小就有追寻事实真相的热忱。他在《回忆集》（*Portraits form Menory*）里写道："我愈是对一件事情感兴趣，便愈想了解有关它的事实与真相，尽管这些事实与真相，可能使我感到不快……"

罗素小时初学数学时，感到困难，他学代数也不是一帆风顺，可是后来经过一番努力，他进步得很快。

不久他就对数学产生了兴趣，后来他说："要不是想多了解数学，我早在年轻时就自杀了。"

有一天他的哥哥说要教他几何，他非常高兴，因为在这之前，他听说几何是用来证明东西的。

他的哥哥富兰克比他大七岁，教他的是"欧几里得"几何，开始教定义时，罗素很快就充分接受了，可当哥哥教到"公理"时，就有问题产生了。

他对欧几里得第一条公理："二物同时等于第三物，则此二物彼此相等。"即：如果 A、B 都有 $A = C$，$B = C$，则 $A = B$。

哥哥说："这些公理是无法证明的，但是你在证明其他问题以前，这些公理必须假定是真的。"

在后来他写的自述《为什么我选择了哲学》里，他回忆这时的学习障碍。

"经他这么一说，我的希望整个粉碎了。我曾经想，去发现一些能够证明的东西那是很美妙的一件事，但是现在却必须

---

[1] 李学数. 数学和数学家的故事［M］. 北京：新华出版社，1999：122.

先借着那些证明的假定才能做进一步的证明。"

"我满肚子不高兴地看着哥哥说:'既然它们是无法证明的,那么我为什么必须承认这些东西呢?'他回答说:'好罢!要是你不接受的话,我们就无法再进一步学习下去。'"

"我想,那其他东西是很值得一学的,因此我同意暂时承认这些公理为真,虽然我仍然充满了怀疑与困惑,我仍一直希望在这个公理的领域内发现不可争议的明白的证明。"

"但我对数学仍然发生了很大的兴趣,事实上比任何其他的研究更能给我一种如鱼得水的感觉。我很喜欢考虑如何把数学运用到物质世界上去,同时我也希望将来有一天会产生像机械的数学一样精确的有关人类行为的数学。我有这种希望是因为我喜欢论证,而大半时间这种动机甚至胜过我对自由意志的信仰欲望,虽然后者我也时常感到它的力量,但是无论如何我从未完全征服我对数学正确性的基本怀疑。"

可是,当他学习更深的数学,他面对一些新的困惑,他的老师告诉他一些觉得错误的证明,这些证明后来果然被承认是错误的,当时他并不晓得,后来在离开剑桥到德国,才知道德国的数学家已经找到更好的证明。

到了德国,他的眼界大开,才发现过去困扰他的那些难题,实在是微不足道的小事,而且都不是重要的东西。

康托是"集合论"的创造者。罗素最初看他的《无穷大数目》时,觉得很难懂,有很长一段时间没法子理解。因此,他决定把康托的书逐字逐句抄在自己的笔记本上,这样慢慢咀嚼思考,可以逐步理解。

当他开始读时,他觉得康托的理论是谬论,简直是荒诞不经,可是等到把整本书抄完,才发现错误的是他而不是康托。

罗素在23岁时毕业于剑桥大学数学系,成绩优等及格第七名,他的研究论文是《几何学的基础》。他后来提出的罗素悖论极大地推动了集合论的发展,并引起了20世纪初期关于数学基础的一场大论战。

典型案例3

索 尼 娅

索尼娅1950年生于莫斯科。1958—1959年苏联教育心理学家克鲁捷茨基对其作了记叙:

"索尼娅非常勤奋,不喜欢闲着无事可做,特别喜爱做复杂的算术题。就她的年纪而论，无论从哪一方面来看她都是一个极普通的孩子：她可以玩洋娃娃玩几个小时，喜欢滑雪，热心参加学校的节目表演。此外，她能够做到注意力高度集中。当她全神贯注的时候，她并不是安静地坐下来，而是到处走动着，表现得坐立不安，有时甚至采取不自然的姿态。有一次，她要解决一道难题（我们是在她家中进行研究的），使我们惊奇的是，她突然站起来，到床上躺了一下，以认真的态度翻了一个筋斗，然后回到自己的椅子上。当她干着一件对她来说是过于容易的事情时，她就会心不在焉……"[1]

这样的案例有很多，在这里不能一一列举，但从上面三个案例可以窥见一斑，即数学家和有数学天赋的孩子，都有一些共同的行为品质，那就是有意志、敏锐和具有控制行为的意识与能力。

所谓意志，就是人们自觉地确定目的，支配和调节自己的行为去克服困难，以实现自己目的的心理过程。它有两个基本特点：自觉的目的性和与克服困难相联系。对行为具有发动、制止和调节控制的作用。人的意志品质主要表现在自觉性、果断性、坚毅性和自制力四个方面。

数学教育之所以可以培养人的意志，是与数学追求完美的特性分不开的，也是与数学是一种理性的科学分不开的。

所谓敏锐，就是指对于某些刺激的感觉和认识超出正常水平。这里所说的敏锐主要是指对数学材料及空间形式、数量关系的感觉和认识超出正常水平。它的表现形式是，努力使外界现象数学化，注意现象的数学方面，以及注意空间形式和数量关系及函数间的依赖关系。如对数字的敏锐感受，对数量关系的敏锐感受、用数学方式来解释或记忆其他领域的知识等。

控制行为的意识和能力是指行为的目的意识强烈，并有意识地对行为进行控制和调节。如前所说，数学具有很强的理性精神，它需要人静下心脚踏实地一步一步地解决问题，不容想入非非玄而不解或情感用事。数学的这种品性可以培养人控制行为的意识和能力，使行为成为自觉的行为。所以，学数学的人常常表现出行为的条理性和目的性，笛卡儿的《方法论》一书总结的关于科学方法的四条原则可以说是一个典型代表，它反映了笛卡儿控制行为的强烈意识和能力。笛卡儿的四条科学方法原则如下。

"第一条，绝不把任何我没有明确地认识其为真的东西当做真的加以接受，也就是说，小心避免仓促的判断和偏见，只把那些十分清

[1] ［苏］克鲁捷茨基. 中小学生数学能力心理学［M］. 李伯黍等译. 上海：上海教育出版社，1983：232.

楚明白地认识呈现在我的心智之前，使我根本无法将怀疑的东西放进我的判断之中。

第二条，把我所考察的每一个难题，都尽可能地分成细小的部分，直到可以适于加以圆满解决的程度为止。

第三条，按照次序引导我的思想，以便从最简单、最容易认识的对象开始，一点一点逐步上升到对复杂的对象的认识，即便是那些彼此之间没有自然的先后次序的对象，我也给它们设定一个次序。

最后一条，把一切情形尽量完全地列举出来，尽量普遍加以审视，使我确信毫无遗漏。"

那么，数学是怎样提高人的行为品质的呢？它主要是在数学活动中来提高人的行为品质的。就拿数学教育来说，学生的意志、敏感、行为意识，是在数学学科活动教学中形成的，主要在学生自身的活动中去培养和训练，而不能靠说教去获得。故现在有数学教学专家指出，"学数学"毋宁说是"做数学"。"做数学"是目前数学教育的一个重要的观点，它强调学生学习数学是一个现实的体验、理解和反思的过程，认为学生的实践、探索和思考数学是学生理解数学的重要条件。因此，提倡学生的数学学习要大量采用动手操作、亲自实验、自主探索、大胆猜测、合作交流等活动方式。在这样做数学的活动中，学生才能真正理解数学知识，形成数学的思想、方法和发挥数学思想教育的功能。如果我们要培养学生概括的意识，就必须在数学教学中，让学生自己去概括，而不是去记忆概念、公式、法则等。例如，在教梯形的概念时，首先要学生大量感知大小、形状、位置不同的梯形，让他们进行比较分析，找出它们的共同属性，即它们都是四边形，并且只有一组对边是互相平行的，引导学生概括时，可提出如下问题：

（1）这几个图形都是几边形？

（2）四条边可以分为几组？

（3）这两组对边各有什么特点？

在此基础上，进一步引导学生用准确的数学语言把梯形的定义概括出来。在概括的过程中，学生难免出现语言表达不规范的现象，教师再引导他们做适当的调整或补充、改进，就有可能达到概括的目的。[1]

实际上，仅靠传统的数学教育经验，即"讲练结合"是不可能发挥数学的教养功能的，所以，我们必须要有强烈的意识：在学科活动教学中提高人的行为品质。

---

[1] 周玉仁.全国小学数学特级教师课堂教学艺术集萃［M］．济南：山东教育出版社，1994：515.

另外，我们也要注意数学万能教育的倾向。实际上，任何一门学科如果处理不当，都可能带来负面的教育影响。如数学教育虽然可以培养学生坚忍不拔的意志，但走向极端，也容易导致学生死钻牛角尖的偏执性格。所以，在注意培养学生意志的同时，又要注意引导学生灵活转换的思维和态度。

4. 数学为人的素质发展提供了极为有利的条件

数学教学内容和教学过程都蕴涵着培养和发展人的素质的极大价值，为人的素质发展提供了极为有利的条件。数学教人诚实和正直。英国律师至今要在大学里学习许多数学知识，美国的语言学硕士导师更愿意招收理工科的学生，这样做不是因为律师工作或语言研究与数学有多少直接联系，而是出于这样一种考虑，那就是经过严格的数学训练，能够使之养成一种独立思考而又客观公正的办事风格和严谨的学术品格。数学教育是培养学生诚信观念的主要渠道之一，在数学课上形成的诚信观是持久的，也是根深蒂固的。

受过良好数学教育的人，在数学的学习和训练中所形成的品质，会对其今后的工作产生积极影响。数学的精确、严格，使学生们将来在工作中减少随意性；数学的抽象分析，使他们善于透过现象洞察事物的本质。数学中精辟的论证、精练的表述，使他们的表达简明扼要。总之，我们不应把义务教育阶段的数学教育片面地理解成知识的传授和技能的训练。数学的终极价值在于，当学生步入社会后，也许很少有机会直接用到数学中的某个定理和公式，但数学的思想、数学的方法、数学的精神一定会伴随他们一生。作为数学教育者应该着眼于提高人的素质，正如新课标所倡导的那样，"人人学有价值的数学；人人都能获得必需的数学；不同的人在数学上有不同的发展。"

正因为数学教学内容和教学过程都蕴涵着培养和发展人的素质的极大价值，为人的素质发展提供了极为有利的条件，那么，是否去挖掘、分析、利用，直接关系到教学质量的高低和培养人的素质的成败。例如在教学"多边形内角和"时，如果老师只着眼于传授多边形内角和的公式，最多也只能让学生知道其计算公式，熟悉它的计算。但如果老师不仅着眼于对公式的懂、会、熟，还着眼于学生的主动探索、推导，把公式从事实性的知识变为程序性的知识，即既知道其来龙去脉，又与原有知识相联系，就会培养学生自己探讨知识的探究能力和合作交流的能力，且勇于自己去揭示自然的奥秘，并接触了一些诸如图形变换、化复杂为简单、抽象概括等数学的基本思想方法。

三、数学教育与科学人文主义教育的相互渗透和影响

其实，真正意义上的数学教育中不仅蕴涵着科学人文主义教育，而且通常意义上的科学人文主义教育也影响着学生数学的发展。读国内外著名数学家的传记和故事，就知道他们的成长并不仅仅是局限于数学的学习，而是有着广博而深邃的人文基础。可以断然地说，如果没有这样的人文基础，他们不可能成为举世闻名的大数学家。这个断言的基础是几乎所有的大数学家都有这样的人文基础。例如，我国数学大师丘成桐在追求和探索数学至真至美境界的同时，并不只是把眼光局限在数学一个方面，他擅长作古诗，精通文史。对于他来说，这既是源自家庭的熏陶，也是出于个人的兴趣，而深厚的中国古典文史修养为丘成桐铺就了一层思想的底色，也成为他做人做事的"根"。

典型案例4

丘 成 桐

丘成桐无论走到哪儿都会随身携带《史记》这本书。他说："从小就开始看《史记》，从大学就开始念，我不是专家，我用来消遣我自己的感情，往往睡觉前花二三十分钟看一看。""我喜欢看《史记》的文字就像听歌曲一样，我朋友去听歌曲去看芭蕾舞，我看《史记》就像他们听歌曲看芭蕾舞一样。……从里面学到做人的道理和做人的看法。"对于丘成桐来说，读《史记》的乐趣还在于从中能够有所领悟。司马迁独立的人格、求实的态度以及历史的宏大丰富，在丘成桐看来它们的意义已经远远超出了读《史记》本身。他很佩服司马迁的方法。他说："司马迁写这本书的时候是真正花时间去考证，他去当地研究，他研究大禹，他去地方、去看、去问乡村父老，问他们关于大禹的事情，真正花时间去考证，并不是到图书馆去看，是真正到那个地方去看，他当然也看图书，什么都去研究，得到的结果是相当科学的。我想做学问也好，做科研也好，跟他的方法有一定的联系。"

对记者提问"为什么您对文史有这么大的兴趣？"这个问题，丘成桐回答说："读文史和我自己看数学有一定的关系，因为我和朋友在做数学的时候，一些问题看得很微小、很微观，单做一个很小的问题，一点点地做，没有一个很宏观的看

法，我觉得看历史对我宏观训练有帮助，所以我做学问的时候就宏观地看，我看数学愿意综合前人的想法也看自己的想法，所以我看问题的方法跟我的很多朋友不一样，跟我的学生也是不一样，我想跟我读文史的收获和体会有一些关系。"

丘成桐认为文学、史学在他的数学研究中有这样一些帮助："第一方面我看问题比较宏观一点；第二方面往往做学问有很多低潮的时候，这时有一个排泄感情的方法是很好的，我的朋友去唱歌去爬山、游泳做其他事情，我过去有时候也去爬山，有时候我写文章就是排泄感情的一种方法，觉得蛮有意思，这是一个修养上的问题。一个好的会计也好，好的文学家也好，总要有一点修养气质。看好的文章，好的历史书，对一个人很重要，因为历史积淀着3000年文化的优秀内质，你看熟了它，就得到它的遗传，对你有很大的帮助。一个人得到这么好的修养，我想无论你做什么对你都有帮助。"

丘成桐的文史兴趣是从他父亲那儿得来的。丘成桐10岁开始其父亲就教他读小说《红楼梦》、《水浒传》以及念古文、念诗词、背诗词，也看翻译的小说、歌剧。

丘成桐非常推崇王国维的"三境界"说，他说研究任何学问取得成功都要经过这三个境界。他觉得现在不少学生也讲这个，但事实上最重要的一点很多人没有注意，那就是第一个境界"衣带渐宽终不悔，为伊消得人憔悴"。我们讲学问的基本功要做好，基本的技巧没有做好的话，做什么都不行，做文学《史记》你基本文学表达方法没有学好的话，你想法再好也没有办法表达出来；你画画基本基础没有打好的话，你景色再好也没有用。基本功做好了，你才能达到第二境界"独上高楼，望尽天涯路"。有这个能力，能够看得更远一些。最后是要用功，做所有的学问都有这个问题，先把基本的方面做好，才去找一个宏观的看法，再用功，不可能有天上掉下来的成果，到你真的成熟以后，成果的出现好像不期而然，也就是"蓦然回首，那人却在灯火阑珊处"，其实这个成果是经过了很多不同的努力才得到的。

丘成桐在很多场合都讲到要想做研究，就应该有长远眼光，不能急功近利。对于研究者来说这意味着要耐得住寂寞，勇于选择有影响力的大问题；对于决策者来说更是要创造出不以一时成败论英雄的宽松环境。正是在这种呼吁中，我们可以真切地感受到这位数学大师的人文情怀。

在不少人看来，数学和文学似乎是磁铁的两极，前者属理性思维，后者属形象思维，两者截然不同。然而历史上许多大数学家都有较好的文学修养，笛卡儿对诗歌情有独钟，认为"诗是激情和想象力的产物"，诗人靠想象力让知识的种子迸发火花。数学家莱布尼兹，从小对诗歌和历史怀有浓厚的兴趣。他充分利用家中藏书，博古通今，为后来在哲学、数学等一系列学科取得开创性成果打下了坚实的基础。数学王子高斯在哥廷根大学就读期间，最喜好的两门学科是数学和语言，并终生保持对它们的爱好。他大学一年级从图书馆所借阅的25本书中，人文学科类就占了20本。正当做数学家还是语言学家的念头在脑中徘徊时，19岁的高斯成功地解决了正17边形的尺规作图问题，从而坚定了从事数学研究的信念。继高斯之后的伟大数学家柯西从小喜爱数学，当一个念头闪过脑海时，他常会中断其他事，在本上算数画图。他的数学天赋被数学家拉普拉斯和拉格朗日发现。据说拉格朗日曾预言柯西将成为了不起的大数学家，并告诫其父不要让孩子过早接触数学，以免误入歧途，成为"不知道怎样使用自己语言"的大数学家。庆幸的是，柯西的小学是在家里上的，在其父的循循善诱下，系统学习了古典语言、历史、诗歌等。具有传奇色彩的是，柯西政治流亡国外时，曾在意大利的一所大学里讲授过文学诗词课，并有《论诗词创作法》一书留世。柯西的文学功底由此可见一斑。G. 波利亚年轻时对文学特别感兴趣，尤其喜欢德国大诗人海涅的作品，并以与海涅同日出生而骄傲，曾因把其作品译成匈牙利文而获奖。1921年来中国讲学的罗素是当代著名的哲学家、数理逻辑学家，著名的"理发师悖论"的发现者。但他也是一个文学家，有多篇小说集出版发行。令许多专业作家嫉妒的是，非科班出身的他于1950年获得诺贝尔文学奖。再看国内的数学家。华罗庚能诗善文，所写的科普文章居高临下，通俗易懂，是值得后人效法的楷模。苏步青自幼热爱旧体诗词，读过许多文史书籍，他把诗词作为自己的业余爱好，靠它来调剂生活。许宝琭自幼即习古典文学，10岁后学作古文，文章言简意赅，功底非同寻常。李国平不仅是中国的"复分析"奠基人之一，也是一位优秀的诗人，其诗集《李国平诗选》1990年由武汉大学出版社出版发行，序言则是苏步青的一首颂诗："名扬四海句清新，文字纵横如有神。气吞长虹连广宇，力挥彩笔净凡尘。东西南北径行遍，春夏秋冬入梦频。拙我生平偏爱咏，输君珠玉得安贫。"传为数坛佳话。数学和文学是相通的。所以同样喜欢文学的著名数学家徐利治先生谆谆教导后学，不可忽视文学修养。

通过以上三方面的分析和论述，我们可以说，数学教育与科学人文主义教育是水乳交融、不可分割的。在进行数学教育时，专门进行技能技巧训练是十分错误和有害的。我们要培养心智活泼、身心健康的人和真正的数学大家都必须加强数学教学中的科学人文主义教育。

数学教育人文主义和科学主义价值观的对立与融合

20世纪以来，人文主义和科学主义价值观的冲突在数学教育中以独特的形式日益凸显。无论是"新数学运动"，还是近年来国际上所进行的课程改革，如何选择适当的内容进入中小学课堂，一直是争论的焦点。从表层看，相对集中在如何进行平面几何教学，如何处理好数学的学科体系与儿童心理发展规律等问题上；从深层意义上看，则是人文主义与科学主义数学教育价值观的对峙。人文主义数学教育价值观认为数学是人类文化的核心，轻视甚至反对数学应用，倡导学生要学"真正（纯正）的数学"。科学主义数学教育价值观认为学习数学的目的是找到数学的现实意义，与现实无关的数学在基础教育中是没有意义的，因为基础教育不是培养数学家的教育，而是"大众数学教育"。在极端的科学主义教育者和极端的人文主义教育者的思想中，始终把一对超然的中心地位留给一对超然的概念：事实与价值，并将其分离，倾力追求单一的确定性。极端的科学主义教育者认为，数学是科学的工具，实际应用是数学研究和学习的目的与评价标准。数学的方法是绝对可靠的科学方法，是可以对人类所有方面负责的。极端的人本主义教育者认为，纯粹数学本身具有内在价值，是文化的核心，数学是科学的皇后，是人类知识的精华和完美的结晶，数学教育只需要以数学本身学习、交流、研究为目的，进而获得纯粹的超然美感和价值。

从教育的视角来看，数学教育是连接科学教育与人文教育的桥梁。从其人文意义上看，数学教育不仅作为探索真理的事业，同时还造就一种独特的人格气质。数学家的求实精神，勇于坚持真理、勇于怀疑、自我否定的批判精神，勇于创新、为真理而献身的无畏精神蕴涵着极其丰富的文化教育价值。科学精神是整个人类文化精神不可缺少的组成部分，它同艺术精神、道德精神等其他人文精神不仅在追求真、善、美的最高境界上是相通的，而且它们不可分割地融合在一起。数学为人类

思考活动

数学给人的日常感觉就是理性客观、逻辑严密，数学教育具有科学人文主义教育的可能性吗？

的精神文明提供了一种独特的思维方式以及客观、公正、实事求是等理性精神。数学在为人类社会创造了巨大的物质财富的同时也丰富了人的精神世界，为人类提供了崇高的善。

（摘自：http://www.tjjy.com.cn/2009/readarticle.asp?id=7913）

 专题小结

　　时代呼唤数学教育要融入科学人文主义教育，数学教育具有实施科学人文主义教育的现实可能性，而且数学教育与科学人文主义教育是紧密联系、相互融合的关系。

专题导读

　　我们为什么要学习数学？为什么数学可以进行科学人文主义教育？为了深入理解，我们必须真正理解什么是数学。

专题三　什么是数学

一、数学的含义

　　提起数学，人们可能很快就会想到：很高深、很抽象的一门学问，没有绝顶的聪明，别想拿它当职业；或是想，数学就是一大堆计算、符号、公式、定理，等等。对一般的人来说，只要能学到应付日常生活的知识就足够了，如果想升学，数学当然要学好一点，因为，它是必考科目。或是说，数学？我看学了也没什么用，我不知道数学有什么意义。问文科大学生"数学是什么"，比较普遍的回答有如下几种：

　　"数学就是数字、公式、定理的集合；"

　　"数学是研究一切与数有关的学科；"

　　"数学是人类了解世界的途径之一；"

　　"数学是关于数字及数字的各种组合规律，并试图用数字去解释世界的一门学科；"

　　"数学是研究数量与空间形式关系的一门学科。"

　　这些想法，在我们身边普遍存在，也不足为奇。因为很长一段时间来，我们对数学的认识，对数学教育的认识，的确停留在数学是一种工具，是升学的必考科目上的。对数学所谓的科学定义也只是：数学是"研究现实世界的空间形式和数量关系的科学……数学的理论往往具有非常抽象的形式，但它同时也是现实世界空间形式和数量关系的深刻反映，因此可以广泛地应用到自然科学和技术的各个部门，对人类认识自然和改造自然，起着重要的作用"。[1]

数学在学校教育中是一门非常重要的学科，特别是在基础教育阶段是最重要的学科之一。如果我们片面理解数学，就不能全面丰富地理解数学的意义，由此我们的数学教育也就可能是残废的——纯粹的科学主义教育。因此，我们有必要再次认识数学和数学的意义。

什么是数学？为了全面地理解它，把握它的丰富本质，我们可以从三个方面来认识它：第一，数学的发展；第二，数学与文化的关系；第三，数学的意义和作用。

（一）数学的发展

为了既说明问题，又能节省篇幅，我们在这里只用数学的三次危机来认识数学的面目。

1．第一次数学危机——无理数的发现

无理数，顾名思义，与有理数相对。那么它就是不能表示为整数或两整数之比的实数，比如 $\sqrt{2}$、$\sqrt{3}$、$\sqrt{7}$、π 等。如果不做数学计算，在实际生活中，我们是不会碰到这些数的。无论是度量长度、重量，还是计时。第一个被发现的无理数是 $\sqrt{2}$。当时，毕达哥拉斯学派的一个名叫希帕索斯的学生，在研究 1 和 2 的比例中项时（若 $1:X=X:2$，那么 X 叫 1 和 2 的比例中项），怎么也想不出这个比例中项值。后来，他画了一边长为 1 的正方形，设对角线为 X，于是 $X^2=1^2+1^2=2$。他想，X 代表对角线长，而 $X^2=2$，那么 X 必定是确定的数。但它是整数还是分数呢？显然，2 是 1^2 和 2^2 之间的数，因而 X 应是 1 和 2 之间的数，因而不是整数。那么 X 会不会是分数呢？毕达哥拉斯学派用归谬法证明了，这个数不是有理数，它就是无理数 $\sqrt{2}$。无理数的发现，对以整数为基础的毕达哥拉斯哲学，是一次致命的打击，以至于有一段时间，他们费了很大的精力，将此事保密，不准外传，并且将希帕索斯本人也扔到大海中淹死了。但是，人们很快发现了 $\sqrt{3}$、$\sqrt{5}$、$\sqrt{7}$ 等更多的无理数，随着时间的推移，无理数的存在已成为人所共知的事实。

无理数的发现导致了毕达哥拉斯悖论，这一悖论直接触犯了毕达哥拉斯学派的根本信条，导致了当时认识上的危机，从而产生了第一次数学危机。

这次数学危机对古希腊的数学观点有极大冲击。这表明，几何学的某些真理与算术无关，几何量不能完全由整数及其比来表示；反之

---

[1] 辞海编辑委员会辞海缩印本［Z］．上海：上海辞书出版社，1980：1473.

却可以由几何量表示出来，整数的权威地位开始动摇，而几何学的身份升高了。危机也表明，直觉和经验不一定靠得住，推理证明才是可靠的，从此希腊人开始重视演绎推理，并由此建立了几何公理体系，这不能不说是数学思想上的一次巨大革命。

2. 第二次数学危机——无穷小是零吗

18世纪，微积分思想的建立，使得常量数学（代数、几何、三角、数论）等在内容上得到了极大的丰富，在思想方法上发生了深刻的变化。微积分的产生，为用数学描述物质世界的运动和变化过程提供了强有力的工具。微分法和积分法在生产和实践上都有了广泛而成功的应用，如物理学、工程学、天文学、航海学等都充分地运用到它们。大部分数学家对这一理论的可靠性是毫不怀疑的。

1734年，英国哲学家、大主教贝克莱（Bekeley，1685—1753）发表《分析学家，或者向一个不信正教数学家的进言》，矛头指向微积分的基础——无穷小的问题，提出了所谓贝克莱悖论。他指出：说无穷小量"0"不是零，然后又让它等于零，违背了矛盾律。无穷小量究竟是不是零？无穷小及其分析是否合理？由此而引起了数学界甚至哲学界长达一个半世纪的争论，导致了数学史上的第二次数学危机。

18世纪的数学思想的确是不严密的，直观地强调形式的计算而不管基础的可靠。其中特别是：没有清楚的无穷小概念，从而导数、微分、积分等概念也不清楚，无穷大概念不清楚，以及发散级数求和的任意性，符号的不严格使用，不考虑连续就进行微分，不考虑导数及积分的存在性以及函数可否展成幂级数等。

直到19世纪20年代，一些数学家才比较关注于微积分的严格基础。从波尔查诺、阿贝尔、柯西、狄里赫利等人的工作开始，到威尔斯特拉斯、戴德金和康托的工作结束，中间经历了半个多世纪，基本上解决了矛盾，为数学分析奠定了严格的基础。

3. 第三次数学危机——悖论的产生

数学史上的第三次危机，是由1897年的突然冲击而出现的，到现在，从整体来看，还没有解决到令人满意的程度。这次危机是由于在康托的一般集合理论的边缘发现悖论造成的。由于集合概念已经渗透到众多的数学分支，并且实际上集合论成了数学的基础，因此集合论中悖论的发现自然地引起了对数学的整个基本结构的有效性的怀疑。

1897年，福尔蒂揭示了集合论中的第一个悖论。两年后，康托发现了很相似的悖论。1902年，罗素又发现了一个悖论，它除了涉及集合概念本身外不涉及别的概念。罗素悖论曾被以多种形式通俗化。其中最著名的是罗素于1919年给出的，它涉及某村理发师的困境。理发师宣布了这样一条原则：他给所有不给自己刮脸的人刮脸，并且，只给村里这样的人刮脸。当人们试图回答下列疑问时，就认识到了这种情况的悖论性质："理发师是否自己给自己刮脸？"如果他不给自己刮脸，那么他按原则就该为自己刮脸；如果他给自己刮脸，那么他就不符合他的原则。

罗素悖论使整个数学大厦动摇了。无怪乎弗雷格在收到罗素的信之后，在他刚要出版的《算术的基本法则》第 2 卷末尾写道："一位科学家不会碰到比这更难堪的事情了，即在工作完成之时，它的基础垮掉了，当本书等待印出的时候，罗素先生的一封信把我置于这种境地。"于是终结了近12年的刻苦钻研。

承认无穷集合，承认无穷基数，就好像一切灾难都出来了，这就是第三次数学危机的实质。尽管悖论可以消除，矛盾可以解决，然而数学的确定性却在一步一步地丧失。现代公理集合论的大堆公理，简直难说孰真孰假，可是又不能把它们都消除掉，它们跟整个数学是血肉相连的。所以，第三次危机表面上解决了，实质上更深刻地以其他形式延续着。

从数学三次危机的发展可见，人们对数学本质特征的认识在不断变化和深化。的确，19世纪以前，人们普遍认为数学是一门自然科学、经验科学，因为那时的数学与现实之间的联系非常密切，随着数学研究的不断深入，从19世纪中叶以后，数学是一门演绎科学的观点逐渐占据主导地位，这种观点在布尔巴基学派的研究中得到发展，他们认为数学是研究结构的科学，一切数学都建立在代数结构、序结构和拓扑结构这三种母结构之上。与这种观点相对应，从古希腊的柏拉图开始，许多人认为数学是研究模式的学问，数学家怀特海（A.N.Whiiehead，1861—1947）在《数学与善》中说："数学的本质特征就是：在从模式化的个体作抽象的过程中对模式进行研究，数学对于理解模式和分析模式之间的关系，是最强有力的技术。"1931年，歌德尔（K.Godel，1906—1978）不完全性定理的证明，宣告了公理化逻辑演绎系统中存在的缺憾，这样，人们又想到了数学是经验科学的观点，著名数学家冯·诺依曼就认为，数学兼有演绎科学和经验科学两种特性。它们都从一个侧面反映了数学的本质特征，为我们全面认识数学的性质提供了一个视角。

（二）从数学与文化的关系方面来认识数学

对数学的认识，仅仅限于对数学本身或数学史的研究是不全面的，有些问题也无法解释，如为什么数学在某些历史时期异常地繁荣，数学思想如群星层出不穷，一片光辉灿烂？为什么在某些历史时期却处于停滞、萧条的状态，犹如秋天的树林落寞无声？推动数学发展的动力是什么？数学发展的规律是什么？为什么在人类历史上存在有多种不同的数学传统？如以古代中国为代表的东方数学是算法体系，以古代希腊为代表的西方数学是演绎体系？为什么说在现代社会，"一个国家的科技发展水平完全可以用它所消耗的数学来度量？"数学家都是数学天才吗？还有数学及数学教育在20世纪80年代以前，基本上是在数学内容和逻辑体系的发展方面做深入研究；随着数学本身的深入发展和数学教育在经历了60年代的新数学运动、70年代的回到基础的运动、80年代的问题解决等运动后，为什么人们回过头来开始追问："什么是数学"、"为什么要进行数学教育"、"什么是数学学习活动的本质"，等等。要回答这些问题，就必须从社会历史、文化传统以及数学的意义和作用等方面来探究。只有这样，我们对数学的认识才能做到不仅"知其然"，还"知其所以然"，以达到对数学的认知。如果说数学教育哲学代表了更为深刻的理论思考，那么关于数学及数学家的社会——文化研究就可以说是为我们深入认识数学、理解数学的本质和深入开展数学教育的研究提供了一个新的、更为广阔的文化视角：不能把数学等同于数学知识的简单汇集和堆砌，而应把数学看成是人类的一种创造性的社会活动。从而，除事实性结论外，我们也就应当把"问题"、"语言"、"方法"、"传统"等同样看成是数学的重要组成部分。同样，数学教育也是人类活动的有机组成部分，是教育不可或缺的重要部分。所以，我们要从社会——文化的宏观角度去对数学作出新的分析，重建数学教育观。

下面拟从数学与文学、数学与语言、数学与艺术等方面来考察数学与文化的关系。

1．数学和文学

（1）数学和文学的思考方法往往是相通的。举例来说，中学课程里有"对称"，文学中则有"对仗"。对称是一种变换，变换后却有些性质保持不变。轴对称，即是依对称轴对折，图形的形状和大小都保持不变。那么对仗是什么？无非是上联变成下联，但是字词句的某些特性不变。王维诗云："明月松间照，清泉石上流。"这里，"明月"对"清泉"，都是自然景物，没有变；形容词"明"对"清"；名词"月"对"泉"，词性不变。其余各词均如此。变化中的不变性质，在文化中、文学中、数学中，都广泛存在着。数学中的对偶理论，拓扑学的变与不变，都是这种思想的体现。文学意境也有和数学观念相通的地方。徐利治先生早就指出："孤帆远影碧空尽"，正是极限概念的意境。

我国古代诗词和对联是华夏文明的重要组成部分，是文学的瑰宝。在文学这个百花园中，有些诗和对联同数学时有联姻，如把数字嵌入诗、对联之中，如：

　　　　　　一去二三里，烟村四五家，

　　　　　　亭台六七座，八九十枝花。

　　这是宋代邵雍描写一路景物的诗，共20个字，把10个数字全用上了。这首诗用数字反映远近、村落、亭台和花，通俗自然，脍炙人口。

　　　　　　一片二片三四片，五片六片七八片。

　　　　　　九片十片无数片，飞入梅中都不见。

　　这是明代林和靖写的一首雪梅诗，全诗用表示雪花片数的数量词写成。读后就好像身临雪境，飞下的雪片由少到多，飞入梅林，就难分是雪花还是梅花。

　　（2）数学与文学可以互为表现形式。我国古代诗词中有的一首诗就是一道数学题。如明代大数学家程大位著的《算法统宗》一书，有一道诗歌形式的数学应用题，叫百羊问题。

　　　　　　甲赶羊群逐草茂，乙拽一羊随其后，

　　　　　　戏问甲及一百否？甲云所说无差谬，

　　　　　　所得这般一群凑，再添半群小半群，

　　　　　　得你一只来方凑，玄机奥妙谁猜透？

　　此题的意思是：一个牧羊人赶着一群羊去寻找青草茂盛的地方。有一个牵着一只羊的人从后面跟来，并问牧羊人："你的这群羊有100只吗？"牧羊人说："如果我再有这样一群羊，加上这群羊的一半又1/4群，连同你这一只羊，就刚好满100只。"谁能用巧妙的方法求出这群羊有多少只？

　　此题的解是：

　　　　　　（100－1）÷（1＋1＋1/2＋1/4）＝36只

　　再如"李白打酒"、"百馍百僧"、"哑子买肉"、"及时梨果"等反映数学问题的诗歌。[1]

　　再说一则运用数学说明生活哲理的趣事。

典型案例5

　　2001年4月3日《今日女报》登载：家政学校的最后一门课是《婚姻的经营和创意》，主讲老师是学校特地聘请的一位研究婚姻问题的教授。他走进教室，把随手携带的一叠图表挂在黑板上，说："在爱情和婚姻方面，不存在老师和学生，年轻人可能爱得如痴如醉；花甲夫妇可能吵得不可开交。目前，有关婚姻方面的理论很多，然而真理却很少，因此有很多人被搞糊涂了。我研究婚姻几十年，起初也认为婚姻是世界上最复杂

[1]（参见：刘朝晖. 数学教育的理论·问题·策略.［M］. 广州：广东高教出版社，2005：36.）

的一门学问，认为它涉及心理学、社会学、伦理学、道德学；涉及精神分析、地缘理论、传统文化、民风民俗，后来才发现，根本不是那么回事。婚姻其实很简单，它只不过是一个数学概念而已。"

说着，他掀开挂图，上面用毛笔写着一行字。

婚姻的成功取决于两点：第一，找一个好人；第二，自己做一个好人。

"就这么简单，至于其他的秘诀，我认为如果不是江湖偏方，也至少是些老生常谈。"教授说。

这时台下"嗡嗡"作响，因为下面有许多学生是已婚人士。不一会儿，终于有一位30岁左右的女子站了起来，说"如果这两条没有做到呢？"

教授翻开挂图的第二张，说："那就变成4条了。"

第一，容忍，帮助。帮助不好仍然容忍。第二，使容忍变成一种习惯。第三，在习惯中养成傻瓜的品性。第四，做傻瓜，并永远做下去。

教授还未把这4条念完，台下就喧哗起来，有的说不行，有的说这根本做不到。

等大家静下来，教授说："如果这4条做不到，你又想有一个稳固的婚姻，那你就得做到以下16条。"接着教授翻开第三张挂图。第一，容忍。第二，尽量不争执。第三，争执时，让对方赢。第四，当天的争执当天化解。第五，争吵后回娘家或外出不要超过8小时。第六，批评时的话要出于爱。第七，随时准备认错道歉。第八，谣言传来时，把它当成玩笑。第九，每月给他或她一晚自由的时间。第十，不要带着气上床。第十一，他或她回家时，你一定要在家。第十二，对方不让你打扰时，坚决不去打扰。第十三，电话铃响的时候，让对方去接。第十四，口袋里有多少钱要随时报账。第十五，坚决消灭没有钱的日子。第十六，给你父母的钱一定要比给对方父母的钱少。

教授念完，有些人笑了，有些人则叹起气来。

教授停了一会儿，说："如果大家对这16条感到失望的话，那你只有做好下面的256条了，总之，两个人相处的理论是一个级数理论，它总是在前面那个数字的基础上进行二次方。"

接着教授翻开挂图的第四页，这一页已不再是用毛笔书写，而是用钢笔，256条，密密麻麻。教授说："婚姻到这一地步就已经很危险了。"这时台下响起更强烈的喧哗声。

不过在教授宣布下课的时候，有的人坐在那儿没有动，他们流下了泪水。

2. 数学与语言

语言是文化的载体和外壳。数学的一种文化表现形式，就是把数学融入语言之中。"不管三七二十一"涉及乘法口诀，"三下五除二就把它解决了"则是算盘口诀。再如"万无一失"，在中国语言里比喻"有绝对把握"，但是，这句成语可以联系"小概率事件"进行思考。"十万有一失"在航天器的零件中也是不允许的。此外，"指数爆炸"、"直线上升"等已经进入日常语言。它们的含义可与事物的复杂性相联系（计算复杂性问题），正是所需要研究的。"事业坐标"、"人生轨迹"也已经是人们耳熟能详的词语。数学不但融入了日常语言，而且，数学的表达也离不开深厚的语言艺术功底。如前所述，大凡大数学家一般对语言艺术也十分厚爱和热衷，并深谙于此。

3. 数学与艺术

这方面现代艺术家埃舍尔的事例是数学与艺术关系的最好例证。埃舍尔把自己称为一个"图形艺术家"，专门从事于木版画和平版画。许多数学家认为在他的作品中，数学的原则和思想得到了非同寻常的形象化。因为这个荷兰的艺术家没有受过中学以外的正式的数学训练，因而这一点尤其令人赞叹。随着他的创作的发展，他从自己读到的数学的思想中获得了巨大灵感，工作中经常直接用平面几何和射影几何的结构，这使他的作品深刻地反映了非欧几里得几何学的精髓，从下面的图1-1我们可以看到这一点。他也被悖论和"不可能"的图形结构所吸引，并且使用了罗杰·彭罗斯的一个想法发展了许多吸引人的艺术成果。这样，对于学数学的学生，埃舍尔的工作围绕了两个广阔的区域："空间几何学"和我们或许可以叫做的"空间逻辑学"。

图 1-1

数学对象以形式上的对称、和谐、简洁，给人带来美丽、漂亮的感受。

比如：几何学常常给人们直观的美学形象，美观、匀称、无可非议。

算术、代数科目中也有很多，如：

$$(a+b) \times c = a \times c + b \times c$$
$$a + b = b + a$$

这些公式和法则非常对称与和谐，同样给人以美观感受。数学不但本身具有丰富的美，而且在艺术、建筑、音乐中都发挥了重大的作用。就拿建筑来说，除了力学结构、材料负荷、成本核算等都离不开数学外，建筑的风格、建筑的审美要求，也是数学思想的反映。比如，古埃及的金字塔，其石头的形状、大小、重量、排列等的计算工作，就需用到直角三角形、正方形、毕达哥拉斯定理等方面的知识。雅典的巴特农神殿用到了黄金分割、幻视觉、比例等方面的知识，并能准确地切割圆柱体，使其柱高恰为直径的三倍。古罗马的竞技厂等运用了圆、半圆、半球和弧，反映当时古罗马的主流数学思想。这样的例子不胜枚举。

（三）数学的意义和作用

数学在人类社会生活中有着重要的意义和作用，主要体现在三个方面

1. 数学是基础性学科，为其他学科的研究与发展奠定了坚实的基础

数学与计算机科学、理论物理、经济学、信息技术、生命科学、材料学等学科交互影响，关系日益加深。20世纪最大的科学成就莫过于爱因斯坦的狭义和广义相对论了，但是如果没有黎曼于1854年发明的黎曼几何，以及凯莱、西勒维斯特和诺特等数学家发展的不变量理论，爱因斯坦的广义相对论和引力理论就不可能有如此完善的数学表述。爱因斯坦自己也不止一次地说过这一点。例如，1912年夏他已经概括出新的引力理论的基本物理原理，但是为了实现广义相对论的目标，还必须寻求理论的数学结构，爱因斯坦为此花了3年的时间，最后，在数学家 M.格拉斯曼的介绍下掌握了发展相对论引力学说所必需的数学工具——以黎曼几何为基础的绝对微分学，也就是爱因斯坦后来所称的张量分析。1915年11月25日在发表的一篇论文中，爱因斯坦最终导出了广义协变的引力场方程，在该文中他说："由于这组方程，广义相对论作为一种逻辑结构终于大功告成！"广义相对论的数学表达第一次揭示了非欧氏几何的现实意义，成为历史上数学应用最伟大的例子之一。他说："事实上，我是通过她（诺特）才能在这一领域内有所作为的。"

如果没有凯莱在1858年发展的矩阵数学及其后继者的进一步发展，海森伯和狄拉克就无法开创现代物理学量子力学方面的革命性工作。狄拉克甚至说，创建物理理论时，"不要相信所有的物理概

念”，但是要“相信数学方案，甚至表面上看去，它与物理学并无联系。”

通信的数学理论是由数学家香农（他还具有电气工程的学位）于1948年发表的《通信的数学理论》一书奠定其理论基础的，随后就掀起了持续的信息技术革命。数学家纳维于1948年出版的《控制论》一书宣告了控制论这门学科的诞生。

自1968年起诺贝尔经济学奖获奖设立项目90%以上都是有关经济学行为的数学建模及相应的研究工作，获奖者中不少人有数学博士学位。特别要提到的是1994年诺贝尔经济学奖授予纯粹数学家J.纳什是意义重大的，“这意味着在诺贝尔奖1993年的历史上，第一次授予了纯数学领域的工作。”

当今社会越来越离不开数学。从网络计算、信息安全和生物医学技术到计算机软件、通信和投资政策都需要数学。这种依赖性不仅表现在依赖于那些已经有的数学理论和方法，而且也依赖于数学的最新突破。一些数学的最新发展很快渗透到应用之中，通过应用又将其他领域中的观念引入数学本身，刺激数学的进一步发展。特别是数学与计算机技术的紧密结合，产生了可直接应用的数学技术，成为许多高新技术的核心。作为一个例子，在波音777设计过程中，数学模型和强有力的模拟技术代替了许多实验，加速了设计的速度。类似的例子还有许多，在这不再举了。总之，数学在社会生活中的广泛运用其前景是不可限量的。

2．数学具有广泛的应用性

数学是有效描述或表达的语言，可用于描述或表达事物的状况，如经济是发展还是落后，是增长还是消退，等等。比如，我们说今年第一季度广东出口大幅增长，其中，电子及通信设备制造业和电气机械及器材制造业出口增长较快且规模最大，用什么来说明和印证呢？当然最好是用数学中的统计、百分比等来描述。如据广东省统计局最新统计，一季度工业品出口交货值1196.71亿元，比上年同期增长13.5%，电子及通信设备制造业和电气机械及器材制造业两大行业出口数量占全省工业出口交货值的47%[1]。

又如《阿富汗的少女》这幅照片拍摄于20世纪80年代，摄影者史蒂夫现在很想找到当年的少女。先是找到一名叫阿兰比比的妇女，但经过对眼孔虹膜的鉴定，认为是的可能性只有54%多一点，不是的可能性占有45%。于是认定此人不是当年的少女。后又找到一名叫沙尔巴特的妇女，通过妇女本人对当时拍摄情景的回忆，如记得是在学校拍摄的，背景有一小帐篷，头巾有一被火烧的小洞，当时阳光灿烂

---

[1] 广东工业品出口首季报喜增长13.5%［N］.羊城晚报，2002-04-11.

等，再经过专家的照片分析和对眼睛虹膜的鉴定。认为不是的可能性只有一亿分之一。通知摄影者来相见时，摄影者也立即认出是当年的少女。可见，数学对可能性的描述使问题变得十分清晰，人们从而容易判断结果的正误。

19世纪以前，数学没有从自然科学中分离出来。许多自然科学家都是数学家；不少数学家也是物理学家、天文学家。力学家牛顿、高斯等既是物理学家，更是大数学家。19世纪末至20世纪初，许多重要的数学问题已抽象出来，需要解决；"工欲善其事，必先利其器"。数学分离成纯粹数学和应用数学。纯粹数学研究数学自身内在的问题，应用数学研究来自其他科学的数学问题。从20世纪前半叶起，数学家多从事纯粹数学的研究，数学内部问题的研究成为主流。1900年在巴黎召开的第二届世界数学家大会上，伟大的数学家希尔伯特提出了著名的23个数学问题，差不多都是内部的问题，迄今还有不少尚未解决。数学如同漂浮于海洋的冰山，露在水面之上，人们能够见到的是应用数学，埋藏在水面之下的是纯粹数学。纯粹数学是应用数学的基础，没有基础，应用数学难以发展。公众对这一情况了解不多，以为数学家研究的问题没有现实意义。事实并非如此。当今社会，计算机已走进千家万户，殊不知，世界上第一台计算机是数学家发明的。英国数学家图林，从理论上提出计算机实现的可能性，数学家冯·诺依曼设计出了世界上第一台计算机。20世纪后半叶，随着计算机的进步，应用数学以磅礴之势飞速发展。在现代生活中，电视广播、多路通信、气象预报、金融保险、CT扫描、药物检验、智能电器、成衣制造，无一不用数学。至于数学与计算机科学、理论物理、经济学、信息、生命、材料等科学的交互影响更是日益加深。总之，数学在社会生活中的广泛应用前景是不可估量的。

3．数学具有不可取代的教育价值

数学不仅仅是一门科学、是一种工具，而且也是一种很好的教育。美国数学家、数学教育家、《美国数学月刊》创始人西尔维斯特结合自己的切身经历和数学史实，曾经指出："解决数学问题，常常必须借助于新定理、新见解、新方法。在具体解决问题和从事研究的过程中，常常需要观察和比较，在这其中，归纳法是十分常用的。而且需要依赖实际经验。欧拉就是最具观察力的数学家，高斯甚至说数学是一门观察的科学……数学家的工作，都离不开观察、推测、归纳、实验、经验、因果等方法。"因此，他指出如果将数学家在研究问题的过程中的方法贯穿于数学教学中，数学在教育中就会起到锻炼观察、实验、归纳等智力的作用。

一些科学家和思想家也卓有远见地指出了数学的重要意义。如当有人问物理学家伦琴科学家需要什么样的修养时，伦琴毫不犹豫地回答：第一是数学；第二是数学；第三还是数学。卡尔·马克思曾明确指出"一门科学只有当它达到了能够成功地运用数学时，才算真正发展了"。对计算机的发展作出过重大贡献的冯·诺依曼认为"数学处于人类智能的中心领域"。对数学重要性的充分肯定，也是对数学教育重要性的充分肯定。

从数学的发展、数学与文化的关系、数学的意义和作用三个方面来分析，似乎可以这样来认识数学：

（1）数学是一门纯粹科学；

（2）数学是一门应用科学；

（3）数学是决策与行动的工具，是描述世界的语言；

（4）数学是一门艺术；

（5）数学是人类的一种创造性活动，是一种可错误的社会建构；

（6）数学是一种很好的教育。

二、数学的特性

数学的研究对象和数学的本质，决定了数学具有抽象性、逻辑性和应用性三个主要属性。

（一）数学高度的抽象性

1．数学的抽象性的含义

数学的抽象性即指数学是对所研究对象的数学本质的一种概括和把握，它脱离了事物的现象，它是对事物本质及其关系最高度、最纯粹的概括和提炼，因此它具有最普遍的意义。抽象是数学最根本、最基础的本质特性。数学抽象把同类实践中最关键、最根本的本质性东西提取出来，加以归纳，使其具有更大的推广性和普适性。一切科学、技术的发展都需要数学，这是因为数学的抽象，使外表完全不同的问题之间有了深刻的联系。因此数学是自然科学中最基础的学科，常被誉为"科学的皇后"。因为，只有通过数学的抽象、归纳、综合，才能真正导出在比较特殊的情况下以及被一些表面现象所掩盖着的那些东西。恰恰是由于它们，才能弄清楚外表完全不同的问题之间内在的深刻关系，并在此基础上弄清整个数学统一性的问题。例如，在微积分产生之前，当时在数学界有四种主要的问题亟待解决，否则将制约数学的发展，这四种问题一是求运动着的物体的瞬时速度和加速度；二是求曲线的切线（曲率问题）；三是求函数的最大值和最小值；四是求曲线的长度。这样一些问题，看起来似乎没有什么必然联系。实际上它们的实质问题是一样的，一个问题解决了，其他三个问题便迎刃而解。最后实际上就是一个导数问题，导数的产生导致了微积分的产生。如绘画一样，以物质世界中抽象出来的问题作为"主题"，于是我们看到，我们有发源于自然界的绘画，也有纯粹绘画或抽象绘画。数学由于抽象的对象不同，也有应用数学和纯粹数学。

数学的抽象性来源于数学思维的逻辑严密性。因为在数学的初级阶段，许多内容还是互不关联的一些感性认识或零星的经验性东西，还没有体系化、理论化。而逻辑思维的优势恰恰就是把这些零星的感性知识和经验性的东西集约在一起，通过去伪存真，去粗取精，化归统一，最终形成一个抽象的、简洁的、形象的、生动优美的结构系统。

但是，抽象并不是数学独有的属性，它是任何一门科学乃至全部人类思维都具有的特性。只是数学的抽象性有它不同于其他学科抽象的特征罢了。

2. 数学的抽象性同一般科学的抽象性的区别

（1）数学的抽象讨论的是数量关系、空间形式和模式问题，而它们存在于各种事物之中。故数学可以广泛地应用于各个领域。从物理现象、化学现象、生物现象甚至社会现象中抽取其定量的方面进行分析，常常能出人意料地揭示出事物的联系。有时甚至一些互不相关的现象，却呈现出一致的量的规律。如麦克斯韦发现电磁波与光波具有相同的微分方程，从而揭示出电磁波与光波具有相同的物理属性。所有这样的成就，只有通过数学的抽象才能实现。

（2）数学的抽象更纯粹。和一般科学的抽象相比，数学的抽象更纯粹。自然科学和社会科学往往从科学实验的材料中直接一次性地归纳、抽象出理论，而数学则可以而且大量地对抽象的结果进行再抽象，直至高层次地进行抽象，它不需求助于实验，它本能地对具体事物体现出的量的规律和特征进行抽象，抛弃了一切非本质的、表面的东西，而只保留了最本质的东西。应该看到，抽象使数学能以极其简单明了的语言阐述极其复杂的思想。

大家都知道爱因斯坦，知道那个使他获得诺贝尔奖的著名的质能方程：$E = mc^2$，深刻而复杂的理论一经数学抽象，竟成了一个简单的方程式，多么简单、多么无可挑剔的抽象啊！假如没有抽象性，我们试着用其他的语言来阐明 $E = mc^2$ 所表达的思想，那肯定是很麻烦的事情。还有，许多生产实践中碰到的问题亟待解决，工程师们全力以赴地设置模型、测量数据，目的就是在于得到一个数学表达式（即建立数学模型），一旦这个数学表达式从实际中抽象出来了，就意味着这个问题可"求解"了！所以数学家可以借助抽象思维遨游于由视觉、听觉、触觉等构成的物质世界之上，于是数学可以处理像"能"、"引力"、"电"这类"物质"。数学能够"解释"万有引力，而万有引力作为宇宙的一种属性是难以把握的。抽象的数学公式形式，是我们处理这些现象的最有意义、并且是最有用的方式。科学发展已经证明并且将不断证明这一点。这就是为什么尽管一切自然科学和社会科学都需要抽象，而数学则独占鳌头，成为以抽象为特征的科学。

（3）数学的抽象除了对事物的本质抽象外，还大量地表现为理想化抽象。如公理化抽象就具有一种理想化的特点。数学的抽象不是某种新的结构的概念转换，也不是一种简单的归纳与类比、推测，它的特点类似于一种观念的转变。它常常通过引入来增加理想元素，求得一种新的和谐。像非欧氏几何的产生，群论的产生等，都是在一种对以往结构的长期困惑的情况下，换一种思路，最终使整个数学理论体系又达到了新的和谐一致。再如，数学中的点、线、面、数都是对现实的理想化和抽象。几何学中的"直线"这一概念，并不是指现实世界中的拉紧的线，而是把现实的线的质量、弹性、粗细等性质都撇开了，只留下"向两方无限伸长"这一属性，但是现实世界中是没有向两方无限伸长的线的。正因为如此，所以越来越多的人认为数学最具创造性。

（二）数学严密的逻辑性

1. 数学逻辑性含义

数学的逻辑性指数学上的概念是明确定义的，其理论是按照严格的逻辑法则推得的，因而是无可争辩和确信无疑的。数学的假设必须通过严密的逻辑推理论证才能最终肯定，否则不得成立和确定。数学逻辑性的含义还包括数学中非常严密的思维，从条件（原因）到结论（结果），环环紧扣，因果关系十分清楚。欧几里得的几何经典著作《几何原本》可以作为逻辑的严密性的一个很好的例子。它从少数定义、公理出发，利用逻辑推理的方法，推演出整个几何体系，把丰富而零散的几何材料整理成了系统严明的整体，成为人类历史上的科学杰作之一，一直被后世推崇。两千多年来，所有初等几何教科书以及19世纪以前一切有关初等几何的论著都以《几何原本》作为根据。"欧几里得"成为几何学的代名词，人们并且把这种体系的几何学叫做欧几里得几何学。

2. 数学逻辑性与抽象性和精确性的关系

1）数学所要求的逻辑性来源于数学的抽象性

数学的概念、理论、假设以及逻辑思维方法都源自抽象。逻辑思维方法加工的对象不是事物的具体形象或表象，而是各种抽象的意识观念，它的基本形式是概念、判断和推理，而以概念为思维的基本元素。由于数学高度抽象，造成了两个问题，一是远离了现实原型；二是具有广泛的覆盖性及外延。这两个问题使数学难以描述和把握，且容易引起怀疑和争论。故必须借助逻辑手段去揭示感官不能判断的命题。这不像其他科学尤其是实验科学，主要依据实验的支持或实践来确定其真理性。数学真理性的依据主要是逻辑必然性，在数学领域中，科学假设的最终肯定，每个定理最终地在数学中成立只有当它已从逻辑的推论上严格地被证明了的时候。如果一个几何学家报告一条他所发现的新定理时，只限于在模型上把它表示出来，那么任何一个数学家都不会承认这条定理是被证明了的。对于证明一个定理的要求从中学的几何课程中就可以很好地了解到，这种要求贯穿在全部数学中。我们可以极精确地测量成千个等腰三角形的底角，但这并不能给出等腰三角形两底角相等的定理的数学证明。数学要求从几何的基本概念推导出这个结果。并且总是这样的：证明一个定理对于数学家来说就是要从这个定理中引用的那些概念所固有的原始性质出发，用推理的方法导出这个定理。这样看来，不仅数学的概念是抽象的、思辨的，而且数学的方法也是抽象的、思辨的。数学结论本身的特点具有根大的逻辑严格性。数学推理的进行具有这样的精密性，这种推理对于每个只要懂得它的人来说，都是无可争辩和确定无疑的。数学证明的这种精密性和确定性人们从中等学校的课程中就已很好地懂得了。数学真理本身也是完全不容争辩的。

2）数学的逻辑性反映了数学的精确性

在逻辑学上，"如果前提是正确的，推理过程又符合逻辑规则，那么结论必定是正确的"。数学借助对逻辑推理的严格要求，避免了许多由观察、揣测的误差而产生的错误，而且逻辑推理本身，也成为发现新知识和提出新预测的工具。

有必要补充的是，数学的精确性并不排斥它的可想象性。现在出现的"模糊数学"，以其特有的可想象性启发着哲学家、艺术家及其他自然科学家们的创造灵感，于是一个又一个大胆的、全线的假设和假说如潮而起，给科学、艺术世界展示了生机盎然的未来。比如模糊控制理论的产生，使得电器的操作变得更加简单化、智能化，出现了模糊控制的模糊洗衣机、模糊摄像机、模糊电饭煲等一大批"模糊家电"产品。正如爱因斯坦所说的："想象力比知识更加重要，因为知识是有限的，而想象力是无限的，概括着世界上的一切，推动着社会的进步，而且是知识的源泉。"

（三）数学广泛的应用性

数学高度的抽象性使数学能抓住一切规律的特征，相辅相成，使数学几乎可以应用于一切科学。我们都知道，在数学中有个基本而重要的定律："黄金分割律"，它表示着一个1：0.618的比例关系。似乎这个比例关系与生活毫不相关，可是实验美学家通过大量的实验证明了一点：一个长方形，它的长、宽之比满足黄金分割比时，看起来最美最和谐！其实这个比例关系最美的构图是自然的规律，而数学来自于自然，它不过是用数字、符号、图形来表示自然规律罢了。数学定理所揭示的和谐当然与自然界的美是高度统一的，这就是说，数学是追求美的最有力工具。一旦认识到这个问题，数学定理（律）就被广泛应用于创造生活了：利用"黄金分割律"，人们设计书籍开本、电视屏幕、门窗、国旗长度尺寸等；利用"黄金分割律"，在绘画与摄影时，避免了把主景放在画面的正中而造成呆板的对称；利用"黄金分割律"我们发现并应用了有重大经济效益的快速优选法；甚至还把"黄金分割律"应用到发型的设计当中，只要将头发偏到脑袋的一侧，如果恰好"偏"在脑袋的黄金分割点上，那就会使身体的和谐感增强，美感增加！岂止一例，事实上我们几乎每时每刻都要在生产和日常生活中用到数学，丈量土地、计算产量、制订计划、设计建筑都离不开数学。没有数学，现代科学技术的进步也是不可能的，从简单的技术革新到复杂的人造卫星的发射都离不开数学。

而且，几乎所有的精密科学、力学、天文学、物理学甚至化学通常都是以一些数学公式来表达自己的定律的，并且在发展自己的理论的时候，广泛地应用数学这一工具。当然，力学、天文学和物理学对数学的需要也促进了数学本身的发展，比如力学的研究就促使了微积分的建立和发展。数学的抽象性往往和应用的广泛性紧密相连，某一个数量关系，往往代表一切具有这样数量关系的实际问题。比如，一个力学系统的振动和一个电路的振荡等用同一个微分方程来描述。撇开具体的物理现象中的意义来研究这一公式，所得的结果又可用于类似的物理现象中，这样，我们掌握了一种方法就能解决许多类似的问题。对于不同性质的现象具有相同的数学形式，就是相同的数量关系，是反映了物质世界的统一性，因为量的关系不只是存在于某一种特定的物质形态或者它的特定的运动形式中，而是普遍存在于各种物质形态和各种运动形式中，所以数学的应用是很广泛的。

正因为数学来自现实世界，正确地反映了客观世界联系形式的一部分，所以它才能被应用，才能指导实践，才表现出数学的预见性。比如，在火箭、导弹发射之前，可以通过精密的计算，预测它的飞行轨道和着陆地点；在天体中的未知行星未被直接观察到以前，就从天文计算上预测它的存在。同样的道理也才使得数学成为工程技术中的重要工具。

我们从数学的本质和特点可以看出，数学不仅是一门科学，而且

思考活动

1. 人们关于数学是什么有很多种看法,你认为该怎样理解数学呢?

2. 从数学的研究对象和数学的本质看,数学具有什么样的特性呢?

是一种文化体系和思维模式,它里面本身就蕴涵了极其丰富的人文思想和人文精神。只要我们持正确的数学观,就会自觉不自觉地融人文主义教育于数学教学之中。

 **扩展阅读3**

数学的内涵

数学的内涵十分丰富。但在中国数学教育界,常常有"数学 = 逻辑"的观念。据调查,学生们把数学看做"一堆绝对真理的总集",或者是一种符号的游戏"。数学遵循"记忆事实–运用算法–执行记忆得来的公式–算出答案"的模式,"数学 = 逻辑"的公式带来了许多负面影响。正如一位智者所说,一个充满活力的数学美女,只剩下一副X光照片上的骨架了!

著名数学家柯朗(R.Courant)在名著《数学是什么》的序言中这样写道:"今天,数学教育的传统地位陷入严重的危机。数学教学有时竟变成一种空洞的解题训练。数学研究已出现一种过分专门化和过于强调抽象的趋势,而忽视了数学的应用以及与其他领域的联系。教师学生和一般受过教育的人都要求有一个建设性的改造,其目的是要真正理解数学是一个有机整体,是科学思考与行动的基础。"

数学的内涵,包括用数学的观点观察现实,构造数学模型,学习数学的语言、图表、符号表示,进行数学交流。通过理性思维,培养严谨素质,追求创新精神,欣赏数学之美。

(摘自:http://www.docin.com/p-10232322.html)

 ## 专题小结

无论从历史发展来看,还是从与文学、语言等的关系来看,数学都是一种具有可错性的文化产物。数学的研究对象和数学的本质,决定了数学具有抽象性、逻辑性和应用性三个主要属性。

推荐书目与文章列表

[1] 扈中平. 教育目的论[M]. 武汉:湖北教育出版社,2004.
[2] [德]布列钦卡. 教育知识的哲学[M]. 杨明全等译. 上海:华东师范大学出版社,2006.

［3］［德］雅斯贝尔斯．什么是教育［M］．邹进译．北京：生活·读书·新知三联书店，1991．

［4］［英］阿伦·布洛克．西方人文主义传统［M］．董乐山译．北京：生活·读书·新知三联书店，1997．

［5］方延明．数学文化导论［M］．南京：南京大学出版社，1999．

［6］［美］R．柯朗，H·罗宾．什么是数学［M］．左平，张饴慈译．上海：复旦大学出版社，2005．

思考与练习

一、填空题

1. 从总的历史发展进程来看，数学经历了_____次大的危机。

2. 人们常说"不管三七二十一"，表明数学与_____具有紧密的关系。

3. 今日数学教育出现诸多弊病，主要原因就在于教学过程中缺乏对_____的研究。

4. 黄金分割（1：0.618）在美术、建筑工艺的广泛运用，表明数学与_____具有紧密的关系。

5. 数学和文学的_____往往是相通的。

二、名词解释

1. 科学人文主义教育

2. 数学的抽象性

3. 数学的逻辑性

三、简答题

1. 简述我国数学教育不容乐观的现状。

2. 简述数学的意义和作用。

3. 简述数学的特性。

四、论述题

1. 结合自己的理解，阐释数学教育实施科学人文主义教育的可能性。

2. 结合相关专题，阐述什么是数学。

第二章

数学的科学人文主义教育措施

在数学课程与教学中实施科学人文主义的教育，把学生培养成身心健全和谐的幸福之人，是当今教师义不容辞的责任和义务。那么，数学教师如何在数学教育中实施科学人文主义教育呢？

本章尝试从四个方面探讨数学的科学人文主义教育理念和措施。首先，阐述了实施素质教育的内涵及相应的小学数学教学对策；其次阐明了在数学教学中加强课程内容与学生实际联系的思想与方法；然后剖析了实施以学生为主体，改变数学学习方式的理念和策略；最后重新诠释了数学教学评价的理念，并针对要注意的问题，提出了实施措施。

 学完本章，你将能够：

1. 理解并掌握数学的科学人文主义教育措施；

2. 理解实施素质教育的内涵与对策；

3. 掌握加强课程内容与学生实际联系的思想与方法；

4. 掌握实施以学生为主体，改变数学学习方式的理念和对策；

5. 理解改进数学教学评价的基本理念和策略。

专题导读

科学人文主义教育关注学生素质的全面发展，体现了当今实施素质教育的时代要求。什么是素质教育？如何在小学数学教学中渗透和体现素质教育？这是社会在思考的问题，是小学数学教师更应关心并能有所回答的问题。

链接

素质教育的政策文本与资源库，可参见 http://www.moe.edu.cn/。

专题一
实施素质教育

一、实施素质教育的内涵

为能引起对实施素质教育的重视和深入理解，不妨从我国中小学国际数学奥林匹克竞赛得奖说起。近几年来，教育界有的人在谈论东西方教育的差异时，总认为我们的数学教育很成功，理由是培养出了一大批摘取国际奥林匹克数学竞赛金牌的选手。果真如此吗？

众所周知，我们的初等教育，从幼儿园开始就已经偏离了素质教育的目标。一个资深的德国幼儿教育专家在考察了北京几所大幼儿园后曾说："中国的孩子是世界上最累的，他们的生态环境是最不宽松的。""一是学习任务重，他们在幼儿园就要完成小学的部分课程，比如认字，学数学，每天还要完成一定量的作业；二是精神负担重，他们总是小心翼翼的，在家要听家长的话，在幼儿园要听老师的话，要做大人喜欢的事，这样才能得红花，受表扬。"

上小学后，除开设常规课程外，就已经开设了为中学做准备的奥赛课程。到了初中，这种奥赛训练就更加明确与强化了。到高中时，奥赛训练更是强化到无以复加的地步。不仅参赛人数众多，而且投入的时间与精力也大得惊人，几乎把所有时间、精力都用在了竞赛上。为了得奖、得名次，绝大部分重点学校都把自己的最佳教育资源押了上去，不惜一切代价给参赛者开小灶，加班加点，强行灌输。一些学校甚至采取"停课脱产"的训练模式，让学生停掉其他课程，脱离原班的正常教学，委派有经验的专职教师对其进行单科独进式的强化训练，并许以高额奖金，刺激与诱导参赛选手和辅导老师。最后，绝大部分（可以说是99%）的选手落马淘汰，与金牌无缘，成了极个别幸运儿成功路上的陪练选手，成了奥赛路上的铺路石。中国人多，光中小学生就有好几亿，高中生就有上千万，通过层层筛选，无情淘汰，最后出几个奥赛的金牌选手，也很自然，并不能据此证明中国的基础教育好于别国。

让我们来看看没得过多少奥赛金牌的美国的初等数学教育吧。有人说，美国的初等数学教育很糟糕，孩子们的基础知识不扎实，考试成绩普遍不如中国孩子。据说，他们的初中生背不出"九九表"的也大有人在，小学五六年级的学生口算不出超过一百加减法的也比比皆是。但是，这一点都没有影响他们后来的成才和发展，等他们进入高等学校，不仅迅速补上了与中国孩子的差距，还明显具有动手能力和创新能力的优势。没见过、也没听说过美国的中小学生争着上奥数班，为奥赛而忙碌。而是在玩中学数学，在玩中培养能力，轻轻松松地学习成长。

我们培养了许多奥赛金牌选手，却没出一个诺贝尔奖得主；人家没有致力于得金牌，却出了那么多国际顶尖学者。为什么？奥赛的得失，需要认真考虑了。这里有一段我国著名数学家吴文俊院士和记者的对话，反映了大数学家对我国数学发展的忧思。

2003年8月15日，在世界数学家大会在我国召开之际，新华社"新华视点"记者李斌等在中科院"逮"住了国际数学家大会主席吴文俊院士，吴老连续两个"不敢说"的回答颇为耐人寻味。

问："除了华罗庚、陈省身、陈景润、冯康和您的工作外，您还能说出20多年来中国在世界上有哪些'叫得响'的成果？"

答："我倒不敢说了。即使有，至少我一下子说不出来。我们还有很大差距。"

问："中国数学界除了华罗庚、陈省身称得上大师之外，改革开放20多年还有没有这样的人物？"

答："还有没有？不敢随便说。因为大师除了要求个人成就之外，还要有指挥千军万马的本领。"

吴文俊为何如此"不敢说"？为了破解这一谜团，8月17日的北京国际弦理论会议上，记者"抓"住机会"三问"世界著名数学家丘成桐："一次国际会议的意义究竟有多大？中国数学真的像一些人说的那样接近世界一流水平了吗？"

沉吟片刻，这位迄今唯一获"数学诺贝尔奖"菲尔茨奖的华裔学者吐出5个字："差得还很远。"[1]

我们再来看现实中的普通数学教育。我这里摘取一段我曾经的学生，现在的初中数学老师给我的来信："我在某某镇四中教初二，这里的学生都没有好的学习习惯。两极分化很大。我觉得现在的学校都是在搞应试教育，说的是要素质教育，却不能实施。看着那些学生隔几天就要考试，就觉得他们也挺惨的。现在我们在学习《三角形》那章，都是证明的比较多，跟生活联系也不大，而且课时很紧，都不知道该怎样设计活动课了。单元考我们两个班的平均分和最好的班比差了14分，真的很怕啊，下星期就要中段考了，差生那么多我都不知道该怎样给他们辅导了……"

---

[1] 争鸣：为什么中国鲜见世界级数学家［N/OL］. 人民网，2003-09-05.

这封信里所说当然不是我国普遍的情况，但不容否认，却也反映了部分情况。这种情况应该是吴文俊院士"两个不敢说"的部分原因吧？

我国初等教育存在着严重的应试教育弊端，这是有目共睹的事实。这几年，人们一直在呼唤素质教育，可由于习惯势力的干扰，收效甚微。而对数学及数学教育的偏见——工具、应试教育、竞赛项目，也基本上把数学教育排斥在素质教育之外。正如2001年在华中科技大学出版社举办的5卷本工具型巨著《现代数学手册》首发座谈会上，与会的数学家们引出的尖锐话题："为什么一提素质教育，我们想到的只是增加些美术和音乐？为什么我们的教学从来没有想让学生体会数学中的哲学内涵？为什么从来不讲数学中的人文思想？"在这次座谈会上，吴文俊、丁石孙等十几位著名数学家和学者们认为，数学是一种文化，不去发展它，它就会衰落，达尔文的进化论——适者生存同样适合于数学。拿破仑的名言"国家的富强必须要依赖数学的发达"并没有过时。著名数学家徐利治先生认为，数学有着两重功能：一个是科技的功能；一个是文化的功能，不应忽视文化的功能。

数学是科学的工具，在人类物质文明的进程中已充分显示出其实用价值。数学更是一种文化，是人类智慧的结晶，其价值已渗透到人类社会的每一个角落。数学本质的双重性决定了作为教育任务的数学价值取向应是多极的。数学教育不仅是知识的传授和能力的培养，而且是一种文化熏陶和素质的培养。数学也是基础教育阶段最重要的教学内容之一，是组成教育目的的重要因素和实现教育目的的重要内容。教育改革使教育主要是"应试教育"转向了教育主要是"素质教育"，数学教育的价值体现在可以通过数学的思想和精神提升人的精神生活，培养既有健全的人格又有生产技能，既有明确的生活目标，高雅审美情趣，又能创造、懂得生活的人。把传递人类文化的价值观念和伦理道德规范与传授数学有机地结合起来，以实现人文教育与科学教育的整合，这正是数学素质教育的价值取向，也是数学教育发展的必然。由此，当代数学教育的一个基本理念就是提倡和进行素质教育。

二、在数学教学中实施素质教育的对策

1. 体现义务教育的普及性、基础性和发展性

即数学课程与教学要面向全体学生；使学生人人都能获得必要的数学，和作为一个现代公民所必需的数学基本知识和基本技能；不同的人在数学上得到不同的发展，同时，在情感、态度、价值观和一般能力等方面都能得到充分的发展。

正确地实施素质教育

素质教育在我国已经推行多年，但正如社会观察发现，很多学校一提素质教育，似乎就要吹拉弹唱蹦蹦跳跳，数学教育似乎就与之无缘，结果大多数学校的数学教育仍然扎扎实实地搞着应试教育。实际上，渗透数学文化观和体现科学人文主义价值观的数学教育，就是在正确实施素质教育，相应也就有具体可操作的对策。

　　《国家数学课程标准》明确指出："义务教育阶段的数学课程应突出体现基础性、普及性和发展性。"这是针对传统数学教育主要是"精英教育"、"应试教育"而提出来的。

　　《国家数学课程标准》改革关注义务阶段数学教育的"普及性"，强调"使数学教育面向全体学生"，实现"人人学有价值的数学"，"人人都获得必需的数学"，"应根据各学段学生不同的知识背景和认知发展水平，采用不同的表达方式"，其"评价的目的是为了促进每一个学生的全面发展"；改革也关注义务教育阶段数学教育的"基础性"，它强调"人人获得必要的数学"，"使学生获得作为一个现代公民所必需的基本数学知识和技能……""获得适应未来社会生活和进一步发展所必需的重要数学事实以及基本的思想方法和必要的应用技能"[1]；改革还关注义务阶段数学教育的"发展性"，它强调"不同的人在数学上得到不同的发展"，"使学生在获得作为一个现代公民所必需的基本数学知识和技能的同时，在情感、态度、价值观和一般能力等方面都能得到充分的发展"，"获得适应未来社会生活和进一步发展所必需的重要数学事实……"

　　该标准还从以下几方面体现义务阶段数学教育的普及性、基础性和发展性的整合。

　　（1）在功能上，数学教学使学生获得基础知识与基本技能的过程同时成为学会和形成正确价值观的过程，即不仅要求要授予学生"鱼"还要授之以"渔"。

　　（2）在内容上，加强课程内容与学生生活以及现代社会和科技发展的联系，精选终身学习必备的基础知识和基本技能；在评价上，重视结果评价也重视过程评价。

　　（3）在管理上，实行国家、地方、学校三级课程管理，既保证了由学科专家和课程专家参与、开发的，教授给学生最基础、普及面广的数学知识，也保证了地方课程的发展性数学知识……体会到这点，数学教师应在数学课堂的教学中因地制宜地体现义务教育的普及性、基础性和发展性这一教育理念。

2. 促进学生个体全面和谐持续发展

　　20世纪中叶以来，数学自身发生了巨大的变化，特别是数学与计算机的结合，使得数学在研究领域、研究方式和应用范围等方面得到了空前的拓展。数学不仅帮助人们更好地探求客观世界的规律，同时为人们交流信息提供了一种有效、简捷的手段；数学作为一种普遍使用的技术，有助于人们收集、整理、描述信息，建立模型，进而解决

---

[1] 教育部基础教育司，数学课程标准研制组.全日制义务教育数学课程标准（实验稿）[M].北京：北京师范大学出版社，2001.

问题，直接为社会创造价值；数学是人们在对客观世界定性把握和定量刻画的基础上，逐步抽象概括，形成方法和理论，并进行应用的过程。这一过程充满着探索与创造、观察、实验、模拟、猜测、矫正和调控等。数学的应用远远超越了原来的狭隘领域，它与自然科学、人文科学、社会科学相互渗透，成为多项科学研究领域的有力工具。特别是在现代工程技术、人才培养、掌握科学管理等方面应用日趋广泛。

21世纪的公民面临更多的机会和挑战，他们需要在大量纷繁复杂的信息中做出恰当的选择与判断，必须具有一定的收集与处理信息、做出决策的能力，同时能够进行有效的表达与交流，数学素质成为公民文化素养的重要组成部分。同时，随着社会的发展，"终身学习"和"人的可持续发展"等教育理念进一步得到人们的认同，数学教育观面临着重大的变革。这意味着数学教师应努力使数学最大限度地发挥其教育教学的功能，使其不仅能促进学生全面、和谐的发展，而且能促使学生在学习的过程中得到持续的发展。

那么，如何使数学促进学生得到持续的发展呢？这就需要我们全面认识数学的教育价值。数学以其特有的方式在教育教学领域发挥着不可估量的作用。首先，从"数学是人类思维的体操"这一方面而言，学生学习数学的过程就是锻炼思维、发展智力的过程，因此，数学对学生的智力培养起到了重要作用；其次，学生通过探究物体与图形的形状、大小和相互位置关系，在观察、操作、测量、想象与设计等活动中，发展了空间观念，这为学生学习美术、自然、科学等学科打下了基础，也为学生顺利参加到体育活动中提供了条件，为学生的体育发展奠定了良好的基础；再次，从数学的无歧义性、有用性及和谐、简洁等可让学生感到简洁、经济的完美，而数学的对称、黄金分割等方面的知识，学生可感到万事万物和谐的美，可促进学生在美育方面的发展。至于学生在数学学科中形成的求实探索、创新进取等精神对学生德育方面所起的作用就不一一赘述了。所以，数学教育不能局限于计算、公式、定理等运用，而应抓住数学的这些育人功能进行教育，促使学生全面、和谐、持续地发展。

3. 倡导学生学习过程的探索性、合作性和创造性

在建构主义理论的指导下，现代数学教学理论认为，数学教学是数学思维活动的教学，学生学习数学的过程是在头脑中建构数学认知结构的过程，是主体的一种自主行为。在教学过程中，学生是学习的主体、认识的主体、发展的主体。主体作用发挥得愈充分，学生就学得愈主动、愈灵活并富于创造性。要进行课堂教学改革实施素质教育，就是要充分发挥学生在教学中的主体地位，使学生在学习过程中

充分自我探索和创造。而且数学本身既具有内容的形式性，又具有发现的经验性。数学的这一本质特征早已被人们所认识，只不过人们更看中数学内容的形式性所带来的实际功用，而忽略发现的经验性。因此，数学教师在教授数学知识的时候，更重视教会学生有关的定理、公理、公式等，告诉他们这些定理、公理、公式是如何推理、演变来的，并教会他们应如何在新的情景下使用。学生经过学习能依葫芦画瓢地根据定理、公理、公式等进行推理、演绎、计算。在数学教学中忽略了"数学发现的经验性"这一特性，造成了学生以为数学就是计算，就是一大堆公式定理系统。其实数学的特性——高度的抽象性、逻辑性和创造性决定了学习的过程必须是充满探索、创造和合作的。有自主学习的经验才能真正学会数学，学生主动参与到其中并进行尝试才能获得发展，并在其中全面提高探索、发展、创造、合作、分享等能力和素质。

典型案例1

"弧度"教学

"弧度"本是表示角的一种单位，学生对"弧度"这个概念总是糊涂，而用"弧度"表示角又是三角函数部分的重要内容。为了让学生充分认识"一弧度角"的大小，理解弧度制规定的合理性，北京兴华中学的李慧民老师在上"弧度"这一课题时，安排了一次数学实验课。实验的基本步骤是：

第一步，每位学生课前准备好半径不等的两个圆形硬纸板，部分学生准备剪刀。

第二步，课上将学生分成6个小组，每组的每位同学在准备的一张圆纸板上剪出一个扇形，要求各组剪出扇形的弧长与半径之比分别为1：2、3：4、5：6。实验中同组同学共同研究怎样按照要求量出弧长（结果有的用圆纸板在直尺上滚动量出了弧长，有的借助于线绳量出了弧长）。

第三步，当全组的同学都按要求剪下扇形后，大家放在一起比较，看发现了什么结果，很快各组便得出了结论：同组同学的扇形的中心角相等！

第四步，每位同学利用手中的另一张圆纸板，再剪一个扇形，全组同学统一一个比值，之后再将剪出的扇形放在一起比较，结论还是：同组同学的扇形的中心角相等！

第五步，各组交流得出的结论。

不难想象同学们都会意识到：扇形的弧长与半径之比能

反映扇形中心角的大小！这时再给出一弧度角的概念就比较自然，并且学生容易理解弧长与半径之比是多少，扇形的中心角便是几弧度，再结合角的概念的推广，弧度制表示的角的集合便与实数集建立了一一对应关系，学生对弧度这一概念已有了较深刻的认识。

4. 挖掘数学的人文内涵

数学发展到现代，使人们越来越清楚地认识到数学是一种文化体系。因为数学自身属于人类社会的一种文化现象，而且数学拥有广泛的超越数学自身意义的因素，这些因素对人类产生了巨大的影响，它构成了人类精神文明不可或缺的一部分——即理性的文明。数学具有作为文化的所有基本特征：精神性、社会性、民族性和传播性。

数学是一种文化，这是数学的本质之一，所以数学教育在本质上是人文的。它主要体现在以下几点。

（1）数学教育作为教育的一个子系统，无不服从教育的最根本目的和宗旨。"教育的功能本质只有一个，那就是延续人类的价值生命"，"教育的任何一个组成部分，究其实质是人的精神人格的完成"。[1]早在古希腊科学教育萌芽时期，算术、几何作为博雅教育的重要组成部分，即以培养身心和谐发展的人为其目的，正是在这种人文价值观的熏陶下，古希腊的数学成就及数学教育辉煌夺目，惠泽西方的古代文明。数学在西方曾经是指算术、几何、天文和音乐四门学科，即所谓的"四艺"。强调"万物皆数"的毕达哥拉斯即以此教导其门徒。古代希腊的先贤智者首先体察到了数学对心灵的启迪，数学是哲学家所追求的真理总体的一部分，学习数学不主要是现实生活的需要，重要的是为了陶冶情操、追求真理和训练心智。柏拉图把数学列为"四艺"之首，在他看来，数学是启迪智慧、探索自然、寻求真理、认识自我的一门艺术。"四艺"中的天文、音乐、乐理只不过是数学的分支。柏拉图时代，数学教育的目的并不是为了实际生活的需要，而是为了启发学生对他的所谓绝对理念的认识和感悟，是高尚的文雅的教育，不带有任何功利性。无独有偶，中国早在西周时期，作为教育贵族子弟的"六艺"（礼、乐、射、御、书、数）之中，也有数学内容。其目的也不是为了有什么实际应用，而是为了提高他们自身的修养。

（2）数学教育的内容具有人文价值。

① 数学是人类思维所能达到的最严谨的理性，数学科学是培养人们理性思维素质最有意义的学科，因而数学教育是进行良好人格培

---

[1] 檀传宝. 教育是人类价值生命的中介 [J]. . 教育研究，2000（2）.

养的重要场地。

如同 M. 克莱因所说，"在最广泛意义上说，数学是一种精神，一种理性精神。正是这种精神，使得人类的思维得以运用到最完善的程度，也正是这种精神，试图决定性地影响人类的物质、道德和社会生活；试图回答有关人类自身存在提出的问题；努力去理解和控制自然；尽力去探求和确立已经获得知识的最完善的内涵。"[1]数学不仅能教人以知识，授人以智慧，给人以美的熏陶，而且能使人懂得怎样做人。这是因为数学有独特的品性与风格，这些品性和风格要求学习数学的人们必须运筹有章、计算有法、应用有方、分析有规、假设有度、论证有据、构造有序、进退有制等。一句话，始终要求人们不违背数学的科学规范。通过数学，引入了理性，从此人们才有可能开始靠理性、而不是凭感觉去判断是非曲直。数学反对不充分的、非规律性的概括、判断；数学的概括、判断服从于客观的真理性；凡是按照客观的思维规则，经过严格推理论证得到的结论，谁也无法否定；凡是偏离这些原则获得的错误结论，不管怎样错综复杂，扑朔迷离，终究会被推翻或淘汰。这里来不得半点虚伪和欺诈，需要的倒是它的反面：诚实和正直。此外，数学一般依靠抽象思维来把握问题解决的途径，学好数学需要高强度的智力活动，需要具备勤奋、刻苦、勇敢、机智、顽强的精神，需要相互协作的精神。因此，数学的严格规范，数学的严谨性和严密的逻辑思维训练，对于形成严肃认真、踏实细致、团结协作、遵纪守法、勤勤恳恳、一丝不苟的良好作风，起着潜移默化的作用。

② 数学教育中可以有机地进行唯物辩证法的教育，有助于塑造学生科学的世界观。数学本身充满着唯物辩证法。在数学的发生与发展过程中，概念的形成和演变，重要的思想方法诸如函数思想、微积分思想、公理化思想、悖论思想等数学思想的确立与发展，重大理论的创立与沿革等，无不体现唯物辩证法的核心思想：发展、运动与变化；数学对象源于客观物质世界，说明了认识论的唯物论，体现存在决定意识的观点。在漫长的数学知识发生与发展过程中，人类积累了一套数学的科学思维规律和处理问题的策略，数学作为科学的工具，扩展了人类认识自然改造自然的能力，使得人类得以正确地认识自然，更好地去改造自然。这些都是对学生进行辩证唯物主义教育的好教材，对形成学生科学世界观有极大的作用。此外，人们在对数学真理追求的过程中不懈的努力和无穷探索的态度，越来越让人们认识到人类对自然界的认识是永无止境的。人生有限，必须善待人生，充分

---

[1] ［美］M. 克莱因. 数学与文化——是与非的观念［C］. //邓东皋等. 数学与文化. 北京：北京大学出版社，1990：42.

实现生命的价值，树立正确的人生观。

③ 丰富的数学史料，是进行爱国主义教育和奋发进取教育的好材料。在数学发展史上，中国对数学科学作出过巨大的贡献，中国数学家们的丰功伟绩是不可磨灭的。我国是世界文明古国之一，从公元前3世纪到公元16世纪左右，我国在数学领域始终处于领先地位。大约在3000年前，中国人就已经知道了自然数的四则运算；从《九章算术》第八卷说明方程以后，在数值代数的领域内中国一直保持了光辉的成就；在明朝后期，欧几里得《几何原本》中文译本一部分出版之前，中国的几何早已在独立发展着；三角学的产生也是如此，中国古代天文学很发达，因为要决定恒星的位置很早就有了球面测量的知识，平面测量术在《周髀算经》内已记载着用矩来测量高深远近等。这些材料能够让学生看到我们的国家和民族在数学领域中的巨大成就，从而激发他们的民族自尊心和自信心，使他们意识到自己这一代有责任继承和发扬民族的光荣传统。

数学家的奋斗拼搏史、数学家为真理而献身的伟大人格和崇高精神是激励年青一代奋发进取的绝好材料。数学家们废寝忘食、排除万难、奋斗拼搏，数学史上写满了他们悲壮、顽强、可歌可泣的伟大壮举，动人心魄的业绩和为国为民的高尚情操。哥白尼因发现"日心说"而遭受教会迫害；张广厚为亚纯函数研究而英年早逝；华罗庚身残志坚、酷爱数学而成就辉煌；陈景润虽病魔缠身，但攻克哥德巴赫猜想的雄心一直不减，终于取得了世人瞩目的成就。一部数学发展史，是人类追求真理、追求理想，始终不渝地求实、创新的生动写照。教学中，结合具体的教学内容，向学生生动地介绍古今中外数学家的崇高思想和光辉业绩，能激励学生奋发学习、为数学拼搏的豪情，培养民族责任感和民族忧患意识，树立振兴中华、开创未来的崇高理想和为科学献身的志向。

④ 数学是一门艺术，是一门最美的科学，它对于塑造优美的人性来说，有着意想不到的作用与功效。

数学并不是理性冰冷的

很多人害怕数学，是因为把它当做一套铁定的概念、法则，让人感觉数学很冰冷。事实上，数学在形式和内容上都具有让人赏心悦目的美感，数学家的故事更有振奋人心的力量。关键是我们要真正领会它。

典型案例 2

数学大师眼中的"数学美"

我国数学大师丘成桐在回答记者"数学的美是什么样的美？"时，说道：数学的美是一种"纯真的美，和大自然的美是一样的，我们很多人去看山看水还有天空，因为我们感觉到它的真实性，不是一个很枯燥的，或者是一个不自然的事情，而且大自然能自动流出来一种美；数学也是同样的，它会自动地流出来一种美。当我们用一种很简单的方法，去描述很复杂的数学现象或者大自然现象时，我们觉得很满足，就好像我们用很简单的几笔会画出很美丽的图画来，我们觉得很美。我们看了一些印象派的画，就是寥寥几笔可以将很复杂的想法画出来，就跟我们数学上用很简单的几个定理能够表述很复杂的形象一样的，实际上数学的定理能够描述比图画里面更复杂得多的形象。举例来讲，流行力学用很简单的几个定理、能够表述整个星系运行，太阳系里面各个星系的运行，用很简单的定理一个简单的定律能够表述行星的运行这个很美的现象，我们数学可以做到这点。"

丘成桐于1971年在加州大学柏克利校区获得博士学位，那时他年仅22岁。在这之后丘成桐不断地取得了一个又一个令国际数学界瞩目的成就。1982年，年仅33岁的丘成桐因成功解决了微分几何的著名难题——卡拉比猜想，而在当年波兰华沙的国际数学家大会上荣获了号称是数学诺贝尔奖的菲尔兹奖，他也是迄今为止唯一获此殊荣的华裔数学家。有人说他是数学天才，在不长的时间里就达到别人用一生都难以企及的高度。但他自己认为得奖与否并不重要，重要的是要以一种求真求美的信念来探索孕育在天地之间的无穷奥秘，而数学正是一门追求大自然真与美的学问，这眼前的数学符号在丘成桐的眼里永远都充满着动人心弦的美。

的确，数学中的美学因素极为丰富，概括起来，表现在以下三个层面：第一个层面是数学的外在形式美。数学的形式美主要表现为简洁、对称、比例、统一、平衡。具有形象性和直观性，它产生的美感表现为"悦目"。在教学中可以让学生学会鉴赏形式美，使数学教学过程成为欣赏形式美的过程。第二个层面是数学的内在理性美。数学的理性美主要表现为内容的真实、逻辑的严密、结构的严谨、方法的巧妙和思想的深邃。这是数学迷人的内在结构和内在意蕴的美，具有抽象性和逻辑性，要凭借人的智慧，通过分析、归纳、概括和推理才能把握，它产生的美感表现为"赏心"。第三个层面是数学的创造美。它是创造活动中的自我欣赏和自我实现，具有实践性与超越性，只有在发现数学知识和应用数学知识的创造性活动中才能产生，所产生的美感表现为"怡神"。在教学中，可以让学生自己去发现，给学生创造成功的情境，体验成功的喜悦，产生自豪、自尊和愉悦的情感，激励学生按照美的规律改造客观世界和主观世界，使他们的思想和行为变得更高尚、更纯洁。[1]

[1] 应雪梅. 真善美统一——数学教育的基本原则［J］. 中学数学教学，2001（1）.

但由于传统数学观对数学认识的狭隘性和局限性，也由于现代工业社会实用主义观点的日益强化，数学的工具性、应用性价值品质日益突出，而数学所固有的另一种、甚至更为重要的价值即文化及其人文教育价值却被人们日渐淡忘，不为广大教育者所重视，更不为广大受教育者所了解。为此，我们必须在此郑重指出：数学不是一种单纯处理实际问题的工具，不仅仅是训练学生"思维的体操"，数学也是一种文化体系，数学教育也是一种文化及其人文素质的教育。例如：精确、简约的数学语言可以让学生领略数学的严谨和美感，形成他们良好的非智力品质；数学技术广泛的应用可以让学生增长认识和改造世界的才干，激发他们的科学精神和责任感；数学深刻的理性精神可以激发学生求真、持善、臻美；深刻的数学思维活动，可以让学生更全面地看待事物，培养他们的辩证观点和创新意识；数学文化观念中蕴涵着的观点、信念和态度等，可以影响人们的人格素质和个性品质，也可以改变人的能力，培养他们科学的世界观和方法论体系，正如数学家狄尔曼所说："数学能集中、加速和强化人们的注意力，能够给人发明创造的精神与谨慎的谦虚精神，能够激发人们追求真理的勇气和信心……数学比起任何其他学科来，更能使学生得到完善和增添知识的光辉，更能锻炼和发挥学生探索事理的精神和独立工作的能力。"可以说文化、人文素质教育应是数学教育的追求之一。因此，从教育思想到教学内容和教学方法，数学教育都应包含丰富的文化教育性。因而，在编排数学教材的时候、在数学教学过程中都应考虑培养学生的数学文化素质，包括数学精神和数学思想方法等。

我国新的数学课程标准也明确强调："数学是人类的一种文化。它的内容、思想、方法和语言是现代文明的重要组成部分。"[1]数学对促进学生德、智、美全面和谐持续地发展具有重大作用；数学教师应体会到这一点，并努力挖掘数学的文化内涵，创设一种环境，使学生在学习数学知识和技能及相应背景知识的同时，能深刻地感受到人类文化的魅力，体会数学文化的价值，并优化其非智力品质，在浓郁的文化氛围下将学科知识与人文内容紧密联系起来。

扩展阅读1

数学教育本质是素质教育

由于数学这门学科的特点，我们可以理直气壮地说：数学教育本质上就是一种素质教育。搞好数学教学就能体现素质教育。

[1] 教育部基础教育司，数学课程标准研制组. 全日制义务教育数学课程标准（实验稿）［M］. 北京：北京师范大学出版社，2001.

思考活动

1. 剪剪花、跳跳舞，热闹热闹，就是实施素质教育吗？请谈谈你的看法，并尝试就数学教育实施素质教育提出一些对策。

2. 结合你的感受，说说数学到底具有什么样的美感。

　　通过严格的数学训练，可以使学生具备一些特有的素质，而这些素质是其他课程的学习和其他方面的实践所无法代替或难以达到的。初步归纳一下，可以有：使学生树立明确的数量观念，认真地注意事物的数量方面及其变化规律；提高学生的逻辑思维能力，使他们思路清晰，条理分明，有条不紊地处理头绪纷繁的各项工作；数学上的推导要求每一个正负号、每一个小数点都不能含糊敷衍，有助于培养学生认真细致、一丝不苟的作风和习惯。数学上追求的是最有用（广泛）的结论、最低的条件（代价）以及最简明的证明，可以使学生形成精益求精的风格，凡事力求尽善尽美。使学生知道数学概念、方法和理论的产生与发展的渊源及过程，了解和领会由实际需要出发、到建立数学模型、再到解决实际问题的全过程，提高他们运用数学知识处理现实世界中各种复杂问题的意识、信念和能力。使学生增强拼搏精神和应变能力，能通过不断分析矛盾，从表面上一团乱麻的困难局面中理出头绪，最终解决问题。调动学生的探索精神和创造力，使他们更加灵活和主动，在改善所学的数学结论、改进证明的思路和方法、发现不同的数学领域或结论之间的内在联系、拓展数学知识的应用范围以及解决现实问题等方面，逐步显露出自己的聪明才智。使学生具有某种数学上的直觉和想象力，包括几何直观能力，能够根据所面对的问题的本质或特点，八九不离十地估计到可能的结论，为实际的需要提供借鉴。如此等等。

　　数学知识的传授，如果不满足于填鸭式的灌注，而是更多地针对数学这门学科的特点，采取启发、诱导的方式，就可以使学生在学习知识的过程中，逐步地、由不自觉到自觉地将这些方面的素质耳濡目染，身体力行，铭刻于心，形成习惯，变成他们优秀素质的一个重要组成部分，为他们一生的发展打下良好的基础。

　　（摘自http://www.360doc.com/content/10/0829/11/2890469_49600169.shtml）

专题小结

　　数学教育渗透科学人文主义价值观，首先就要实施素质教育，数学教学中可运用的适宜对策有：体现义务教育的普及性、基础性和发展性；促进学生个体全面和谐持续发展；倡导学生学习过程的探索性、合作性和创造性；挖掘数学的人文内涵。

专题导读

科学人文主义教育在对学生素质的关注中，要求小学数学课程与教学必须与学生的实际紧密联系起来。如何加强课程内容与学生实际的联系？就成为小学数学教师亟须思考的问题。

专题二

加强课程内容与学生实际的联系

一、加强课程内容与学生实际的联系的含义

数学源于现实生活，存在于现实生活，我们所生息的地球、我们现实生活的时时处处，只要细心观察，美丽的树叶、纯洁的雪花、广阔的大海，无一不体现着数学的知识。这些常识、经验都提供给我们学习数学最为直观、具体的材料。生活现实是学生学习数学的起点和归宿。应用这些可观、可感、可触的感性材料进行教学，让学习者最大限度调动自己的感觉系统参与到学习中去，相对于抽象地理解数学知识、死记硬背和模仿运用数学公式、定理、公理等数学符号的学习过程，将会使数学变得生动、有趣许多。数学不仅源于生活，而且当今社会无处不用到数学。计算机知识、概率统计、线性规划、系统分析等现代数学知识在经济建设中都具有广泛的应用价值。密切数学与现实世界的联系，将数学知识应用于实践，不仅可以使学生感到"数学有用"、"数学有趣"、"数学合理"，而且可以使学生在生活中发现数学问题，提出数学问题，应用数学创造性地解决问题。数学课程与教学要重视学生的生活实际及其数学的应用，拓宽知识面，突出"数学建模"，引入"问题解决"。数学教学要加强实践环节，要用数学语言描述现实世界的一些数量关系和空间形式，建立模型，解决问题。这不仅体现了数学的应用价值，而且有助于学生灵活掌握数学知识和技能，对培养学生解决问题的能力，特别是创造能力有十分重要的作用。

二、加强课程内容与学生实际的联系的对策

1. 联系生活实际设计恰当的数学教学

建构主义认为，在建构自己的知识的过程中，现有的知识和经验具有重要的作用。人的认识本质是主体的"构造"，即主体借助自

己的认知结构去主动构造知识，教师应当注意研究学生已有的知识、经验、常识在新的学习活动中的作用。在学习环境中，教师要利用学生已有的知识和经验创设教学情景，以有利于学生对所学内容的意义建构。这就对教学设计提出了新的要求，也就是说，在建构主义学习环境下，教学设计不仅要考虑教学目标分析，还要考虑有利于学生建构意义的情境创设的问题，并把情境创设看做是教学设计的最重要内容之一。问题教学也强调把实际问题引入到数学教学之中，或者说，应当使数学问题具有明显的现实意义。而在我们生活中，到处充满着数学，所以教师在教学中善于从学生的生活中收集信息，抽象出数学问题，解释和解决生活中的问题，使学生感到数学就在自己身边，看得见，摸得着，就会对数学消除畏惧感、陌生感和神秘感，从而使学生对数学产生亲切感，激发他们对数学的兴趣和探究精神，参与到数学活动中来。如学生学了100以内的数后，请学生先猜猜100粒米有多大的一堆，煮出的饭又有多少，是否够一个人吃。学生七嘴八舌地开始议论，可到底谁说对了呢？孩子们都积极地回家去试验，去寻找答案。这样的问题情境自然就把学生的学习带入到了实际生活中，使学生在丰富的呈现形式和实际活动中逐步形成数概念，发展数感。

切勿乱联系实际

加强课程内容与学生实际的联系，也有个注意必要性、适宜性和是否有意义的问题，比如让学生直接把手放火上感受温度值，就是没必要的；让学生调查、交流各自家用电器和用电的情况，就要慎重考虑是否会伤及来自贫困家庭孩子的自尊。

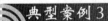

典型案例3

"加法的意义"的教学

教学"加法的意义"时，图上出现的是又开来3辆半的汽车，学生通过观察先说出又开来4辆汽车，教师问："有不同的意见吗？"学生开始猜想："可能又开来7辆。""为什么？""因为画面上没有把开来的汽车画全。"这时教师问："你们同意这种说法吗？还有想说的吗？"引起学生丰富的想象，最后给出停车场旁边两个小朋友的对话，才把这个数学问题呈现完整，再放手让学生独立完成。在这个过程中，教师要充分利用学生原有知识的基础，大胆发挥学生的想象力，挖掘出形象图以外的资源，既有学生联系生活实际的想象，又有学生之间的合作互动。

还可以利用房间等的装饰、建筑的特点认识对称图形；利用父母的上班时间，学生自己的学习时间、日常生活时间安排认识时间；让学生统计10分钟之内，经过校门口的汽车和卡车的数量，认识统计表，或制作统计表；让学生猜：知道50本书有多高吗？分组猜猜看、量量看，你发现了什么学习测量；在认识钱币和购物活动中学习加减法等。

链接

数学教学联系实际的资源库，可参见 http://www.xxsx.cn/mainmenu.aspx。

2. 应用数学知识解决实际问题

数学是一门应用非常广泛的学科，注重应用意识和实践能力的培养，是当前数学课程改革的要点之一。数学模型源于生活原形，而建立数学模型的目的在于去解读生活原型、应用数学知识解决实际问题。我们要引导学生从生活实际出发，加强生活积累，从生活的角度去理解数学模型，并逐步养成用数学模型去分析现实生活中的问题。在生活中感受数学、理解数学、体验数学。知识在于积累，当然数学知识也不例外。让数学知识从生活中来再回到生活中去，在实践中学习，在学习中实践。例如在学习圆的周长时，课前先让学生从身边的圆形东西入手，让他们想办法量出圆形东西一圈的长度，当然这是生活中的实物，是可以直接测量的。学生在掌握了一些感性知识的基础上，教师再让学生思考：老师拿出一个拴线的小球旋转一圈，引导思考"你能测量出老师的这个圆的周长吗？"从而产生矛盾冲突。现有知识不能解决目前问题，从而探寻新的方案，进一步学习周长公式建立数学模型。再让其解决像刚才这类问题（通过半径等方法），从而在运用中去理解数学的价值，感受数学的快乐，真正理解和掌握基本的数学知识与技能、数学思想和方法，获得广泛的数学活动经验。

在解决实际问题中应用数学知识，有很多的方式。如组织学生开展实地测量、科学规划，设计"我心中的校园"，拿出方案，向学校提建议。针对学生"零花钱过多，乱花零花钱"的现象，设计"手中的零花钱"一节实践活动课，让学生调查零花钱的来源、支出情况，分析零花钱的利弊，最后提出"培养勤俭节约，不乱花钱"的倡议和可行性方案。再如："春游中的数学问题"一节实践活动课，针对春游中路线的设计、乘车方案、购买门票等问题让学生进行科学的规划、设计，培养学生解决实际问题的能力。

3. 利用数学教学游戏的方式

儿童天性好玩，运用数学教学游戏不仅能充分地调动学生的极大学习兴趣，又能使他们在游戏中解决问题。现实的数学课程和教学中，由于将数学知识划分为知识单元，在课堂中进行以数学知识为中心的教学，给学生留的空间太少，学生的思维和想象力都受到了限制。数学游戏课程在一定程度上可以很好地弥补这种欠缺。数学游戏给学生足够的空间并让其参与到数学教学和数学活动中去。参与的过程最能调动学生的积极性和主动性，并使其在做的过程中插上想象的翅膀。只有具有足够的想象力，学生才可能有创造性。

典型案例4

游戏教学

给一定的七巧板，在不受局限的情况下，学生可以拼出人物、动物、植物、交通工具等数十种图案，并发现"一个梯形等于两个菱形"、"白色三角形的角等于30度，30度加60度再加90度等于180度"、"内错角相等"、"用割补法容易计算面积"等，充分发挥了想象力和创造力。正因为自己有很多发现，在整个游戏过程中，学生都兴趣盎然、十分兴奋。再如，在小学三年级讲授的百位数以内的加减法，以前我们只是讲三个位数所代表的意义，而没让同学真正去理解它，如果采取游戏教学的形式，可将其设计为游戏活动，比如运用几张画有一百个小格的纸块（用符号b表示）、几张画有十个小格的纸块（用符号s表示）和一些由一个小格组成的小纸片（用符号g表示），让学生分别用三种纸片代表百位、十位、个位来摆出一些百位数，比如：156，需要一张b型纸、5张s型纸和6张g型纸，诸如此类，使学生熟练摆出任意三位数。然后教师提出一文字题：学校图书馆有259本故事书，被同学借出了178本，图书馆还剩多少本故事书？让学生分小组借用纸片给出这道题的答案。在学生做题的过程中，由教师适当提出要求：尝试用语言描述自己做题的过程，与自己组员交换意见，推选出小组内最为简洁的方法。最后每个小组选派代表向大家介绍自己小组所发现的解法。这样，学生既学会了百位数加、减的算法，又作为一个发现者的身份切实参与了这一过程，这样在理解的基础上建构的知识才是有意义的。

▌思考活动

如何正确理解加强课程内容与学生实际联系的内涵？是否一切的实际联系都是有必要、有意义的？

扩展阅读2

联系实际的数学教学

数学源于生活，生活中的数学是最具有鲜活力的，一切脱离生活实际的教和学都显得苍白无力。在我们的生活中，到处都充满着数学，教师在教学中要善于从学生的生活中抽象数学问题，让学生熟知的生活数学走进学生视野，进入课堂，使之产生亲近感，变得具体、生动，诱发学生的内在知识潜能，使学生主动地动手、动口、动脑，想办法来探索知识的形成过程，以达到对自我生活、心理需要的满足，获得成功的喜悦感。同时也增强其学习数学的主动性，发展求异思维，培养实事求是的科学态度和勇于探索、创新的精神。为此，笔者经常引导学生提供他们所熟悉的经验，充分利用学生现有的知识经验和他们所熟悉的事物组织教学，使学生能较好地感知和理解所学的内容。

数学学习应该是一种有广泛的思维空间和实践空间，且生动有趣的学习活动，学生是可以用心去体会感悟的。而以往的数学学习，常常使学生们感到离自己的生活实践太远，枯燥乏味。其实，数学学习完全可以将学生的学习范围延伸到他们力所能及的社会生活和各项活动之中，将教育和生活融为一体，让学生获得更多的直接经验和感受体验。教给学生思维方式与思维的习惯，让学生去体会感悟数学的智慧与美。

（摘自：http://gsyx.cersp.com/article/browse/3505360.jspx）

 专题小结

数学教育实施科学人文主义教育的第二个重要措施，就是要加强数学课程内容与学生实际的联系，教学对策有：联系生活实际设计恰当的数学教学；应用数学知识解决实际问题；利用数学教学游戏的方式。

专题导读

科学人文主义教育要求改变学生被动学习、机械学习的状况。如何张扬学生的主体性，改变数学学习方式？是当前小学数学教学变革，走向科学人文主义教育要重点解决的一个问题。

专题三

以学生为主体，改变数学学习方式

一、以学生为主体，改变数学学习方式的理念及意义

20世纪以来，数学比以往任何时候都更牢固地确立了它作为整个科学技术的基础地位。同时，数学作为一种文化，已成为人类文明进步的标志。作为一个现代社会的公民，数学已成为必不可少的

素养之一，不论从事何种职业，都需要学习数学、了解数学、运用数学。但另一方面，数学的高度抽象性和追求结果的僵化的教学，造成了人们对数学的望而却步。如何从小学起，就使数学成为一门亲切的、有趣的课程，提高数学的可接受度，可以说已成为国际数学教育界的当务之急。针对此，国家数学课程标准提出动手实践、自主探索、合作交流是学生学习数学的重要方式。建立探索式的学习方式比获取知识更重要。只有在探索式的学习活动中，儿童才能体验到数学奇境的乐趣，成为具有"创新意识和实践能力"的探索者和开拓者。只有创设新奇有趣、密切联系生活实际的教学情境，激发儿童探索数学奥妙的兴趣，体验数学的价值和神奇，让学生自己在数学学习活动的过程中发现问题、提出问题并以自己的独特视角和策略解决问题，孩子才能走出数学苦旅的沙漠，奔向生活数学、活动数学、探索数学的绿洲。

二、以学生为主体，改变数学学习方式的对策

（一）重视教学设计

现代课程与教学中，教师要承认学生有一种与生俱有的，以自我为中心的探索性学习方式，换言之，人有一种主动学习的潜能。当代人本主义心理学代表人物罗杰斯认为，人类具有学习的自然倾向或学习的内在潜能。人类学习是一种自发的、有目的的、有选择的学习过程。教学任务就是创设一种有利于学生学习潜能发挥的情景。学生的有意义学习，发生在学习者了解到所学的内容的好处时。尽管罗杰斯有片面夸大学习潜能之嫌，但他所指出的人类具有学习的潜能，是有积极意义的。新国家数学课程标准指出，学生的知识经验是在与客观世界的相互作用中逐渐形成的；有意义的学习应是学生以一种积极的心态调动原有的知识和经验，认识新问题，同化新知识，并构建他们自己的意义；每一个学生都有各自的知识背景、家庭环境和特定的社会文化氛围，这种差异导致不同的学生有不同的思维方式和解决问题的策略。

为此，好的数学教学应该是从学生的生活经验和已有的知识背景出发，提供给他们充分进行数学实践活动和交流的机会，使他们真正理解和掌握数学知识、思想和方法，同时获得广泛的数学活动经验。学生应是数学学习的主人，教师的作用在于成为他们学习数学的组织者、引导者、合作者与共同研究者。由此教师备课重心要由备教材、知识点转向教学设计。传统的备课主要是钻研教材，以求讲深、讲透，最佳的境界是达到"懂"、"透"、"化"，考虑教学方法也

切勿泛化学生主体

教学中的学生主体性是一个范畴性概念，即以学生自主学习、真实学习为前提和旨归，并内在地关联着教师的组织、支持和引领。如果学生该学习的时候却想要玩网络游戏或与同伴嬉笑玩闹，或者在数学课堂中不断要求的就是做题演练、提高考试技能，就不是正当的主体性和需要，而是主体性异化。教师此时给予积极的组织、引领，甚至必要的纪律管理和任务要求，就是适时的尊重、爱护和人性呵护，体现的是教育责任感和使命感。

主要是考虑教法，考虑教法也主要是考虑怎样使学生听懂记牢。根据新课程标准，我们知道，这样来备新课程，已经是远远不够了，甚至是行不通了。新课程需要教师把备课的重心由备教材、备教法转向教学设计：构思教学过程、预设课堂情景、设计挑战性问题等。构思教学过程就是针对教学内容全方位地考虑设计挑战性问题等。构思教学过程就是根据教学内容全方位地考虑教学时间流程：需要做什么准备？课堂上先做什么，后做什么，再做什么？学生会遇到什么问题？怎样解决？怎样使学生积极地投入到教学之中？在教学过程中怎样做到教学性、教育性、艺术性三者的统一？预设课堂情景就是考虑布置一个怎样的教学情景，使学生在其中自主地参与学习、思考、发现，以主动积极地建构知识。如在教学"梯形面积的计算"单元时，可让学生用准备好的三角形、长方形、平行四边形等拼摆梯形，问学生在拼摆中发现了什么？促使学生去发现梯形可以由哪些图形组成，怎样利用已学过的三角形等面积计算公式求梯形面积。设计挑战性问题就是教师要成为"问题者"而不是"解题者"，要不断地质疑学生、追问学生，迫使学生不断地去思考、去解说，在数学课堂上，教师可以采用这样一些问题策略：告诉我，解这道题要用什么步骤？你是怎样解的？如果条件变了，你还会解吗？如果条件变了，这道题会变成怎样？你从这道题可以摸索到什么规律？根据这一规律，下一步会是什么？此外还包括一些无意识的提问：你是怎么想的？你是怎么知道的？你能不能换一种方式想一想？你为什么做出这样的选择？还有没有更好的解题途径？这些知识之间有何联系？等等。

（二）以学生为主体

回顾我国的数学教育，长期以来，其立足点放在"双基"——基本知识、基本技能的培养上，取得了被广泛认可的成绩：中小学生学习勤奋，基本功扎实，基础知识和基本技能熟练等。但在取得成绩的同时，也出现了一系列亟待解决的问题，诸如：教学中不能很好地培养学生科学的数学观和丰富的创造力；教学内容陈旧、狭隘，局限于计算、公式、定理，数学的现实性、丰富性、创造性、美感等在我们的数学课本中几乎看不见了；教学形式单一呆板，缺乏对数学兴趣的开发和利用，远离儿童的天性及生活，造成了儿童对数学的疏远和害怕。新课程倡导学生主动参与、乐于探究、勤于动手，培养学生收集和处理信息的能力，获取新知识的能力、分析和解决问题的能力以及交流和合作的能力。要培养学生的这些能力，必须真正以学生为主体，一切活动都必须以调动学生的主观能动性为出发点，引导学生自主活动，使学生真正成为认知的主体。以学生为主体，并不是让学生放任自流。教师要当好引导者，重视学法指导，指导学生如何去发现和探索问题。数学教学是揭示数学思维过程的活动，教师要充分暴露思维过程，使数学教学成为再发现、再创造的过程；教师要创设学习情境，创造民主课堂，提出问题让学生讨论，鼓励学生发表自己的见解，哪怕是错误的，充分让学生参与教学，互相争论，互相启迪，这样将有利于促进学生创造力的发展。如20世纪末30年代后期法国出现的著名的"布尔巴基"学派，就是由一批年轻人组成的，他们经常集会，聚在一起探讨各方面感兴趣的数学问题，取得的数学成就硕果累累。以学生为主体，让学生自己去探索、发现、再创造，最能调动学生的积极性，最有利于培养数学能力，特别是创造性能力。

以学生为主体，主要体现在以下几个方面。

1．让学生自己发现数学问题

用中国科学院院士严士健先生的话说，也就是让每个孩子知道数学从哪里来？到哪里去？即知道数学的"来龙去脉"，改变数学教育的神秘现状。数学不是从天下掉下来的，也不是数学家和教材编者头脑里特有的，数学是从现实世界中抽象出来的。生活处处有数学，因此，学习数学的起点是培养学生以数学眼光发现数学问题，培养学生的应用意识，这是学习数学的本源。所以教师要善于从生活中、从大千世界中、从各科知识中选取具有特定数字信息的现实背景，并根据不同的年级、不同的教学目的，为学生学习数学创设有趣、有用、可操作、可探索的数学情境，诱导他们饶有兴趣地走进数学奇境，培养他们通过自己观察思考，敏锐地发现数学问题的能力。只有这样，我们的学生才会练就一双用数学眼光洞察世界的慧眼，透过现实世界的表面现象，看到一个高度抽象的数学化的科学世界，使儿童不再对现实世界熟视无睹，不知数学在哪里。

数学的眼光在引导兴趣的过程中自然就得到培养，只不过教师要有这个意识。什么是数学的眼光呢？数学眼光是一种感觉、一种意识、一种看待事物的角度，它还带有一定的天赋能力。例如，同样在海边玩沙，有的人喜欢挖沙坑；有的人喜欢在上面写字；有的人喜欢筑城堡或雕塑；有的喜欢欣赏或在沙上奔跑、感觉；而有的喜欢想入非非：手中的沙有多少粒？整个海滩有多少粒沙？如果把宇宙填满，把月亮、太阳、星星都掩埋起来需要多少粒沙子？这种想入非非就是一种数学眼光。再如一位数学家从内蒙回北京下火车时，看到川流不息的人流，就开始估计北京大概有多少人口，我认识多少人，认识的人是总人口的多少，不认识的人是总人口的多少。这也是一种数学眼光。总的来说，数学眼光就是善于发现数学问题，善于提出数学问题。

2．让学生自己提出数学问题，建构数学模型

创设数学情境后，一般不给学生现成的数学结论或模型，而是引导学生提出数学问题，留给孩子尝试、讨论、发展和充分想象的时间

和空间。不是教师根据教科书来替孩子搭模型，而是由学生自己动手动脑提出数学问题，构建数学模型。

典型案例5

加法教学

教学加法的实际运用时，教师结合学生实际的认知水平提问："图上关于兔子你看到了什么？根据这些信息你想提出什么问题？能用学过的知识解决它吗？"随着问题的深入，学生的思维也逐渐拓展、活跃起来了，有的观察，有的动手分白兔、黑兔，有的合作……最后通过四人小组上台汇报研究结果，找到了不同的方法：①点数出兔子的总只数，有一只一只地数，也有两只两只地数的方式；②按群计数（左边8只，右边7只）后，算出总只数；③按颜色分类计数（白兔10只，黑兔5只）后，算出总只数。这样的探究，旨在使学生感受怎样用不同的方法解决同一个问题，促使学生学会从不同的角度分析思考问题。

思考活动

结合你的实际感受，谈谈以学生为主体，改变数学学习方式的对策有哪些？

3. 让学生用多种策略解决数学问题

数学问题的解答，我们以前的数学教学追求的是正确的答案。追求答案的方法策略一般也是教师授予的。而新课程标准指导下的新课程强调解决问题的过程，追求解决问题策略的多样化。

扩展阅读3

数学教学的主体性激发

以下几个方面体现了学生的主体性。

1. 创设情景，激发学生的主体性

在教学中，从学生的身心发展特点考虑，结合他们已有的知识和生活经验，设计富有情趣的数学教学活动，使学生有更多的机会从周围熟悉的事物中学习数学，理解数学。

2. 重视过程，尊重学生的主体地位

在数学教学实践中，坚持以学生为主，把学习的主动性还给学生，让他们自主地进行尝试、操作、观察、想象、讨论、探疑等活动，从而亲自发现数学问题潜在的神奇奥秘，领略数学的真谛。

这样的教学过程，不但看到了知识的静态存在，更包括了认识的过程。学生不仅知其然，还能知其所以然。这样得到的知识，不但可以更巩固，而且使学生掌握了探索研究问题的方法，有利于培养学生的探索和创新精神。

3．联系生活，促进学生的主体性

用数学眼光发现生活中的数学问题，用数学知识构建数学模型，解决数学问题，形成技能，从而解决生活问题。这既是让学生真正动手，实践统计的过程，同时又渗透了数学中的替代思想，用所学知识解决生活中的实际问题，促进了学生的主体性。

课堂教学中落实主体性教育，是小学数学教学面向新世纪的发展方向，也是当前教育观念的重大转变。我们每位教师必须解放思维，更新观念，改变学生的学习方式，注重主体探索，充分发挥学生的主观能动性，释放每位学生的潜能和才华，真正突出学生的主体地位。

（摘自：http：//www.xhjyw.net/Article/ShowInfo.asp？InfoID=498）

 专题小结

数学教育实施科学人文主义教育的重要措施之一，就是要求改变学生被动学习、机械学习的状况，要求张扬学生的主体性，改变数学学习方式。

专题四

改进数学教学评价

专题导读

科学人文主义教育关注学生素质的全面发展，急切要求改进数学教学评价。如何在小学数学教学中改进数学教学评价？这是社会在思考的问题，更是小学数学教师关心并应有所行动的问题。

一、评价目标、方式的多元化和多样化的理念

《全日制义务教育数学课程标准》中指出："评价的主要目的是为了全面了解学生学习历程，激励学生的学习和改进教师的教学，应建立评价目标多元化，评价方法多样化的评价体系。对数学学习的评价要关注学生学习的结果，更要关注他们学习的过程；要关注数学学习的水平，更要关注他们的数学活动中所表现出来的情感与态度，帮助学生认识自我，建立信心。"

评价切勿廉价化

重视过程，以积极
的肯定和鼓励为主，这
是现代教学评价的基本
原则和要求。但一些教
师只重其形，未得其神，
整堂课都让学生自己说、
自己做或小组合作，不
遗余力地肯定说"好"、
"你真棒"、"这组同学真
聪明"，没有必要的教学
组织、诊断、反馈和引领。
学生不会认真对待这种
没有实质内容的廉价表
扬。教学评价实际上也
就失去了作用。

评价目标的多元化即是指评价的目标要全面和客观，不仅仅是对结果，确切地说不仅仅是对学生的卷面成绩进行评价，还要对学生的学习过程、情感态度等进行评价。评价的目的是反映学生数学学习的成就和进步，激励学生的数学学习；诊断学生在学习中存在的困难，及时调整和改善教学过程；全面了解学生数学学习的历程，帮助学生认识到自己在解题策略、思维或习惯上的长处和不足；使学生形成正确的学习预期，形成对数学积极的态度、情感和价值观，帮助学生认识自我，树立信心。总之，对数学学习的评价要关注学生学习的结果，更要关注他们学习的过程，要关注学生数学学习的水平，更要关注他们在数学活动中所表现出来的情感与态度。

评价方式的多样化即是指评价的手段和形式应是多样化的，既可以用书面考试、口试、活动报告等方式，也可用课堂观察、课后访谈、作业分析、建立学生成长记录袋等。一次考试决定学生终身的现象必须杜绝。同时教师在评价学生学习时，既可以让学生开展自评和互评，也可以让家长和社区有关人员参与评价过程，而不仅仅局限于教师对学生的评价。

二、实施新数学教学评价应注意的问题及其对策

1. 注重对学生数学学习过程的评价

注重对学生数学学习过程的评价就是注重对教学过程中的活动与事件的评价。重点是了解教师与学生在教学过程中的表现以及对不同的教学活动的性质和作用做出判断。如课堂表现、学生探索活动、师生问答、日常作业评价、综合练习评价。比如，这儿有一段对学生的评价："××小朋友能认真完成每一次作业，积极参与小组的讨论，愿意倾听其他同学的发言。乐于提出问题，常常想出与同学不同的方法解决问题。但在计算的正确性方面需要进一步提高。"在这里，教师的着眼点已从分数等级转移到对学生已经掌握了什么，取得了哪些进步，具备了什么能力的关注。学生在阅读评语之后，获得更多的是成功的体验，学好数学的自信，同时也知道了自己在哪些方面存在着不足，明确了今后努力的方向。

学生的多方面素质主要是在学习的过程中发展起来的，所以评价应更多地关注儿童学习过程中的变化和发展，通过不断的反馈，使学生发现自己的长处和优势，同时发现自己与全面数学素质目标之间的距离。不断改进不足，努力获得更好、更全面的发展。根据国家课程标准的要求，对学生数学学习的评价应从甄别式的评价转向发展性评价。以往只是以学生考试成绩的优劣作为评价学生学习好坏的评价标准，偏重知识的考核，忽略技能、能力的考查，不仅使许多学生为

了取得好成绩，比较重视结果，重分数、轻能力、忽略知识掌握的过程，也加重了学生的学习负担，易对学生心理造成负面影响，如紧张、恐惧等，特别是对名次较后的学生造成严重打击，不利于学生的全面发展。现今对学生数学学习的评价，则既要关注学生知识与技能的理解和掌握，更要关注他们情感与态度的形成和发展；既要关注学生数学学习的结果，更要关注并评价儿童是否有积极学习的情感，是否有不怕困难的探索精神，是否有良好的数感和数学意识，是否能用不同的方法（创新方法）解决问题，是否能与同学开展合作与交流等。应强调评价的诊断功能和促进功能，更注重学生发展进程，重点放在纵向评价，强调学生个体过去与现在的比较，着重于学生成绩和素质的增值，不是简单地分等排序，使学生真正体验到自己的进步。

2．重视对学生发现问题和解决问题能力的评价

对学生发现问题和解决问题能力的评价，要注意考查学生能否在教师指导下，从日常生活中发现并提出简单的数学问题；能否选择适当的方法解决问题；是否愿意与同伴合作解决问题；能否表达解决问题的大致过程和结果；是否养成反思自己解决问题过程的习惯。教师可以根据学生提出问题的数量和质量，给予定性评价。

典型案例6

问题解决的教学

江苏海门市实验小学王庆念老师在六年级数学课上，设计了这样一道有现实意义、操作性、探索性较强的问题：想要知道一只生鸡蛋的体积是多少，你有办法吗？解决的办法显然是多种多样的（略）。对学生解决问题的表现可按以下几种水平评价：①（对于积极投入活动，但没有解决问题的）你们一直都在积极地思考，努力地去找寻办法。真是好样的！同学们在研究问题时就得有这样一种劲头！②（对于用一种办法的，比如用一块橡皮泥包住鸡蛋，捏成长方体，量出长、宽、高，算出体积，然后把生鸡蛋拿出来，再将橡皮捏成长方体，量出长、宽、高算出体积，用这两个体积的差表示生鸡蛋的体积的）这个问题与用公式求物体的体积可不同，鸡蛋的形状不是我们学过的长方体、正方体、圆柱、圆锥，不能直接用公式计算，需要想办法。现在你巧妙地把鸡蛋与长方体联系起来，再测量、计算，解决了生活中的实际问题，真棒！③（对于用多种方法解决问题的）你不仅把生活中的实际问题解决了，还给出了那么多的方法，在你的启发下，大家都会变得更聪明，今后解决问题的能力会越来越强!

3. 评价主体和方式要多样化

评价的主体可以是教师,也可以是学生、家长及其社会相关人员。如对于《数一数》、《比一比》的练习可以要求学生利用课间在校园里数一数树有几棵、楼有几层、教室里有几张桌子……与小伙伴比一比谁长得高、谁的手大……同学互相说一说、听一听,看谁说得对。这样既达到了教学目的,又熟悉了校园情况。又如在一年级(上册)的《认物体》、一年级(下册)和二年级(上册)的《认图形》教学时,要求学生在生活中找到这些图形朋友,说给家长听,当家长听完孩子的叙述后鼓励,让学生与家长都来参与评价。

评价方式也要一改过去单纯从卷面上对学生进行评价的单一方式。国家数学课程标准指出:"评价的方式应当多样化,可以将考试、课题活动、撰写论文、小组活动、自我评价及日常观察等多种方法结合起来,形成一种科学、合理的评价机制。"所以,我们要增加多样化的评价方式,除了笔试、日常观察等形式外,还可以采取口试、演示、操作、课题活动、撰写论文、小组活动、自我评价等,以使学生得到各方面素质的全面发展,并加深对数学的认识和情感。如王庆念老师让五年级的学生写数学小论文来考查评价学生对统计知识的掌握情况:上周我们统计了每个同学的家庭一周内丢弃塑料袋的个数,老师已写在黑板上了,请你根据这些内容写一篇数学小论文。对于队员能用平均数和总数等写出小论文的,可这样评价:"你能用数学的眼光看待生活中的事情,真好! 你写的小论文很有条理!"对完成得特别好,除了用平均数和总数描述情况外,还通过想象、计算等对"丢塑料袋"现象分析得很透彻的,可这样评价:"你写的小论文真棒! 看得出你对统计知识掌握得很好;也看得出你有丰富的想象力、出色的语言表达能力和很强的环保意识!"

另外,对学生的评价要注意怀着赞赏之心。有这样一个故事:两名保龄球教练分别训练各自的队员。他们的队员都是一球打倒了7只瓶。教练甲对自己的队员说:"很好! 打倒了7只。"他的队员听了教练的赞赏很受鼓舞,心里想,下次一定再加把劲,把剩下的3只也打倒。教练乙则对他的队员说:"怎么搞的! 还有3只没打倒。"队员听了教练的指责,心里很不服气,暗想,你咋就看不见我已经打倒的那7只。结果,教练甲训练的队员成绩不断上升,教练乙训练的队员打得一次不如一次。它告诉我们,赞赏和批评其收效有多么大的差异。

其实,希望得到他人的肯定、赞赏,是每一个人的正常心理需要。心理学研究证明,积极鼓励和消极鼓励(主要指责难)之间具有不对称性。受过责难的学生不会简单地减少做错事,充其量,不过

**反对考试单一化,
切勿考试对立化**

简单说,评价有多种方式,考试是其中一种方式。过去的问题是,把评价单一地化为考试,把考试狭隘地化为纸笔答题,并把卷面分数作为最高和最终的标准,导致"一考定终身,误尽天下苍生"的恶果。评价多样化就是要在认识和行动上扭转考试单一化的现状,但与考试不是对立的关系。只要使用于合适的范围和条件,并在一定限度内解释其作用,考试可以作为评价的一种有效方式。

是学会了如何逃避责难而已。这就是批评、处罚等"消极鼓励"的后果。而"积极鼓励"则是一项开发宝藏的工作。学生受到积极鼓励后的积极行为会逐渐占去他越来越多的时间和精力，这会导致一种自然的演变过程，学生身上的一个闪光点会放大成为耀眼的光辉，同时还会"排挤掉"不良行为。一个成功的教师，会努力去满足学生希望得到他人的肯定、赞赏的心理需求，对学生亲切，鼓励学生发挥创造精神，帮助学生解决困难。他所做的一切都应是为了每一位学生的发展。在日常教学中，多数教师缺少的就是那份对学生的赞赏之心、赞赏之情，这是因为教师往往对学生期望值过高，甚至以"完美"的、"成人"的标准去苛求他们，把他们的微小进步当做理所当然而忽略掉。因此，老师看到的大多是学生的不足和缺点，看不到学生的优点，自然就谈不上赞赏学生了。如果有，充其量也只停留在形式上、口头上的表扬而已，学生当然提不起精神。

我们要知道"金无足赤，人无完人"。"优生"有缺点，"差生"也有闪光点。这需要我们教师别具慧眼地来看待这样的"缺点"和"闪光点"。南非黑人领袖曼德拉，在学生时代经历过这么一件事：有一次上课，老师拿出一块白布，上面有个黑点，问大家："你们看见了什么？"同学们异口同声地回答："一个黑点。"老师摇摇头说道："不，这是一块白布，黑色只是白布上面微不足道的一小点。"这件事对曼德拉教育很深，使他明白，生活中的美好事物始终像阳光一样无处不在。从此，他就用这种目光去看待世界和看待人类，后来，他成为一位杰出的政治家和南非共和国总统。

在我们教师心目中每个学生都应是有天才一面的。这要求我们教师"蹲下来看学生"才能发现。及时捕捉学生身上的"闪光点"，把注意力集中到"被球击倒的那7只瓶"上，只要"诚于嘉许，宽于称道"，你就会看到神奇的效力。

小学数学课堂教学评价表

（一）等级评价法

说明：①本评价方案采用等级评价法，评价等级分为A、B、C、D四级，每一项目的评价等级也分为A、B、C、D四级。②在评价等级中，A为优、B为良、C为一般、D为差。③A级：A在26个以上（含26个）且没有C、D出现。B级：B在26个以上（含26个）且没有D出现。C级：C在26个以上（含26个）。D级：D在26个以上（含26个）。

思考活动

1. 结合你的体会，谈谈实施新数学教学评价应注意什么样的问题？相应有什么对策呢？

2. 如何看待考试？

小学数学课堂教学等级评价表

课题　　　　　　　　教师

评价项目

评价要点

评价等级

A　　B　　C　　D

教学目标

1. 符合课标理念，体现知识与技能、数学思想、解决问题以及情感态度四个方面的要求。

2. 切合教材要求和学生实际。

3. 表述准确、具体，准确使用刻画知识技能与数学活动水平的目标动词。

教学内容

1. 能驾驭教材，准确地把握教学重点、难点和关键。

2. 教学内容应当是现实的，有意义的，富有挑战性的。

3. 适当补充相关情境材料，支持学生学习，注意本学科与其他领域的适当联系。

4. 教学内容有利于学生主动地进行观察、实验、猜测、验证、推理与交流等数学活动。

教学过程

1. 教学思路清晰，层次清楚，结构合理，重点突出，符合学生认知规律，有利于学生认知结构的建立。

2. 开展有效的学习活动，师生、生生多边互动，积极参与，把动手实践、自主探索与合作交流作为重要的学习形式。

3. 教学节奏适当，时空分配合理，教学进程自然流畅。

4. 师生关系和谐，情、知交融。

5. 利用现代化信息技术，整合学科教学。

教学方法

1. 教学方法具有启发性，充分发挥学生的主体作用。

2. 情境创设恰当、有效，问题设计严谨、合理。

3. 采用不同的方式呈现教学内容。

4. 体现学生的能力培养，情感的激发。

5. 教学手段运用得当。

教师行为

1. 创设良好的课堂教学气氛，激发学生的学习积极性。

2. 体现教师是学生学习活动的组织者、引导者与合作者的角色。

3. 向学生提供充分从事数学活动的机会。

学生行为

1. 在自主探索和合作交流的过程中从事数学学习活动。

2. 学习活动是活泼的、主动的和有个性的。

3. 体现出学生是学习的主人地位。

教学效果

1. 大多数学生在原有的基础上获得知识、技能、情感态度等方面的发展，特别是探索精神和创新意识的发展。

2. 全面达到教学目标，完成教学任务。

3. 学生思维活跃，表现出积极的情感与态度。

教学特色

1. 在教学的某个环节或全过程中有独具创新的教学设计，其效果显著。

2. 设计的教学方案有独具特色的主题或立意。

3. 教师在教学过程中具有鲜明的个人教学艺术风格。

教师素质

1. 教态自然，语言准确简练，示范规范，指导得法，板书科学合理。

2. 能正确熟练地使用直观教具和现代信息技术媒体，并合理优化。

3. 善于组织教学，具有一定的教学机智，随机调控能力强。

4. 具备宽广的知识面和对知识的深刻理解。

简要评语

综合得分

合计

综合等级

评委

（二）量化评价法

小学数学课堂教学量化评价表

课题　　　　　　　教师

评价项目

评价要点

评价得分

教学目标（6分）

教学内容（8分）

教学过程（20分）

教学方法（15分）

教师行为（9分）

学生行为（9分）

教学效果（15分）

教学特色（10分）

教师素质（8分）

简要评语

综合得分

合计

（摘自：http://www.eduzhai.net/edu/305/jiaoxue_83756.html）

 专题小结

科学人文主义教育的数学教学评价，要求坚持评价目标、方式的多元化和多样化的理念，要重视过程评价，要关注数学问题解决能力的评价。

推荐书目与文章列表

［1］教育部基础教育司，数学课程标准研制组. 全日制义务教育数学课程标准（实验稿）［M］. 北京：北京师范大学出版社，2001.

［2］吕传汉等. 数学情景与数学问题［M］. 重庆：重庆大学出版社，2001.

［3］张奠宙，宋乃庆. 数学教育概论［M］. 北京：高等教育出版社，2004.

［4］马云鹏，张春莉等. 数学教育评价［M］. 北京：高等教育出版社，2003.

［5］涂荣豹，王光明，宁连华. 新编数学教学论［M］. 上海：华东师范大学出版社，2006.

［6］肖柏荣，潘娉娇. 数学思想方法及其教学示例［M］. 南京：江苏教育出版社，2000.

［7］曹一鸣. 中国数学课堂教学模式及其发展研究［M］. 北京：北京师范大学出版社，2007.

思考与练习

一、填空题

1. 改进数学教学评价首先要坚持评价目标、方式的_____的理念。

2. 数学教育评价的主体可以是教师，也可以是_____、家长及其社会相关人员。

3. 数学素质教育的价值取向就是把传递_____的价值观念和伦理道德规范与传授数学有机地结合起来，以实现人文教育与科学教育的整合。

4. 改变数学学习方式，要以学生为_____。

二、名词解释

1. 问题教学
2. 评价目标多元化

三、简答题

1. 简述义务教育的普及性、基础性和发展性。
2. 简述加强课程内容与学生实际的联系的含义。
3. 简述以学生为主体，改变数学学习方式的对策。

四、论述题

1. 论述加强课程内容与学生实际的联系的对策。
2. 论述在数学教学中实施素质教育的对策。
3. 论述实施新数学教学评价应注意的问题及其对策。

第三章

国外数学课程与教学改革趋势

"他山之石可以攻玉。"我国数学课程与教学研究及建构，是一个持续的过程，需要向外探寻，寻求参照和借鉴。国外数学课程与教学的改革也是一个不断的过程，各具特色。但就总体来说，今日世界数学课程与教学改革趋势主流是一致的，方向是相同的，那就是：一切为了人的发展。

本章首先从整体上清理了国外课程改革的基本走向；其次，分析和讨论了国际数学课程与教学改革中值得关注的问题；最后，对部分国家和地区的数学课程目标做了概要介绍和解读。

 学完本章，你将能够：

1. 了解和把握国外课程改革的基本走向；

2. 认识和理解国际数学课程与教学改革中值得关注的问题；

3. 理解部分国家和地区的数学课程目标。

专题导读

随着视野的开阔，国人对国外课程改革有了更多的了解，甚至亲身的接触和感受，那么国外课程改革到底呈现出什么样的基本走向呢？人们开始了更深层次的理性追问和思考。

链接

各国课程标准与政策文本，可参见：http://www.ibe.unesco.org。

专题一
国外课程改革的走向

一、总结经验，制定新的课程标准

美国在总结1989年公布的数学课程标准——《学校数学课程和评估的标准》的基础上，美国数学教师全国委员会于1991年和1995年分别发表了它的两个姐妹篇：《数学教学的职业标准》和《学校数学的评估标准》，这两个标准就构成了制定《课程标准（2000）》的直接基础。新的课程标准代表了对于《学校数学课程和评估的标准》的一种自觉"反思和再思考"。日本文部省于1998年11月颁布了新的"学习指导要领"（相当于我国中小学的课程标准），标志着新一轮课程改革的开始。为制定下世纪课程标准，新加坡成立了"教育部外部评估小组"，对现行的小学、中学和初级学院的课程标准开展了广泛的评估，通过评估工作，推荐一种能满足未来需要的课程。

二、数学课程改革适应社会发展需要

现代社会正在由工业化社会向信息化社会过渡，对数学需求越来越高，并提出了新的要求。和工业化社会相比，新的信息化社会具有以下特点：

（1）战略资源是信息。在工业化社会里，战略资源是资本，而在信息化社会，大多数人将从事信息的管理和生产工作，只有少数的人从事商品生产，所以，信息化社会里，战略资源是信息。

（2）职业流动增大，职业寿命缩短。美国的一些调查机构估计，在今后25年内，每个工人改变职业平均达4~5次。

（3）社会数学化程度越来越高。所谓数学化，简单地说就是数学地组织现实世界的过程。比如人们在长期的实践过程中，将朴素直观的各种几何命题加以组织、整理、加工，形成欧氏几何公理系统就是一种数学化。再如，图形观察得出内角和＝（$n-2$）×180度。

这种应用数学知识、技能和思想方法来观察、比较和识别现实世界中的具体问题，并在归纳、类比的实际经理过程中，建立数学模型，或是找出其共性和规律，形成数学的抽象与概括，也是一种数学化。在现代科技社会，因为计算机设备越来越普遍，社会的数学化程度就越来越高。

（4）智力化程度越来越高。在世界经济环境里，机灵比勤奋更重要，它要求工作人员心理上成熟，能随时接受新观念，适应新变化，发现新模式，解决新问题。一句话，有足够的智力才能应付动荡不定的新环境。

日本面对当今日益信息化、国际化和科技迅猛发展、不断变化的社会环境，从教育要注重对学生基本素质和能力——"生存能力"的培养出发，提出数学改革要以基本的知识为基础，培养学生的创造能力，用数学去思考问题，强调数学与现实的联系，体味学习的快乐和充实感。

美国面对迅猛变化的信息时代，科技的飞速发展，提出了新的数学原则和社会对数学需求的四个方面：数学读写能力，文化素养，工作的需要，数学家、科学家、工程师以及其他使用数学的人（专业人才）。

韩国为满足21世纪国际化、信息化和社会的需求，提出必须培养和发展学生的数学能力——理解所用信息是否与数学相关的能力，判断所获信息真假的能力，数学交流能力，数学与其他学科的关联能力以及寻求并应用数字信息或空间信息解决问题的能力与自信心。

三、数学教育发展呈现趋同与多元趋势

随着科技的发展，国际一体化的进程加快，各国数学交流增多，全球各种数学教育思想相互传播和影响。从历史上看，有数学教育近代化运动（克莱因—贝利运动）、国际数学教育现代化运动（"新数"运动）以及20世纪70年代的恢复基础运动、80年代的问题教学和90年代的建构主义潮流，可见各国数学教育从知识内容的选取、讲授，到思想方法的转变，逐步形成了以"问题为中心"、"大众数学"的趋势。虽然如此，但各国都有各自的数学教育特点，如东方数学课程强调统一，西方强调多元化。东亚由于受考试文化的影响，学生基础知识扎实，测试成绩较好。美国在研究TIMSS的基础上，认为除掌握大的数学策略外，要进一步加强基础知识的掌握。日本等国则吸收美国数学教育的长处，强调数学课程的弹性，培养学生的创造能力，使其乐于探索和学习。总之，东西方数学教育在不断融合，又各具特色。

切勿简单照搬

教育改革需要借鉴和参考，这至少有三方面的意思：首先，学习先进经验；其次，吸取失败的教训；最后，这些经验和教训，我国是否有类似的问题和适宜条件。这给我们提出了教育借鉴最基本的思想方法和要求：不能简单照搬。

四、课程改革中的七个转变

美国《人人关心数学教育的未来》（发布于1989年，下称文件）具有数学教育革命的意义，可以说它是当代数学教育的行动纲领。这份文件在分析现代社会的状况的基础上，批评了数学教育的弊端，提出了新的数学教育观、信息社会的数学教育目标和新的数学课程观。其中提到的数学课程改革的七个转变，仍然是当今数学课程改革的方向。这七个转变是：

第一，数学的目标应从双重使命（为多数人的数学很少，为少数人的数学很多）转变到单一目标：为所有学生提供重要的共同的核心数学。由于工业社会、信息社会对劳动力的需求是要他们有更高文化素养，所以要给大多数学生提供更多的数学教育，要发展适合于每个年级所有学生的核心数学，即要面向大多数，甚至是所有学生，要大多数公民都学好数学，对能力强的学生还要用数学去激励他们。在教学上用方法和进度而不是课程目标来区分，选择普遍有趣的课题和有效的教学方法。

第二，数学教学从"传授知识"的传统模型转变到"以激励学习为特征的，以学生为中心"的实践模型，由学生被动听讲的课堂变成学生积极主动参与的学习环境：鼓励学生去探索；帮助学生表达自己的数学思想；让学生看到许多数学问题不止一个正确答案；提供证据，证明数学是生动的、激动人心的；使学生体验到深入理解和严格推理的重要性；使所有学生都建立起能够学好数学的自信。

第三，公众对数学的态度从冷漠和敌意转到承认数学在今日社会中的重要性。通过现代事件传送的信息，使公众认识：期望高的地方，数学学得也多；随着科学技术作用的扩大，数学的重要性也增加；对于有文化的公民发挥作用来说，数学文化和文化同样重要。

第四，数学教学从热衷于无数的常规练习转到发展有广阔基础的数学能力。学生的数学能力应该要求能够辨明关系、逻辑推理，并能运用广阔的各种数学方法去解决广泛的、多种多样的非常规问题，要求今日的学生必须能够：进行心算和有效的估算；能决定什么时候需要精确答案，什么时候宜于估算；知道在某一特定条件下适于使用哪种数学运算；能够正确、自信和恰当地使用计算器；会估计数量级以确认心算或计算器计算的结果；会使用表、图、电子数据表和统计技术去组织、解释和表示数值信息；能判断别人提供的数据的可靠性；会使用计算机软件去完成数学任务；能从模糊的实际课题中去形成一些特别的问题；会选择有效解决问题的策略。

第五，数学教学从强调为学习进一步的课程的需要转到更多地强调学生今日和将来所需要的课题。大多数的数学内容都要在它的运用情境中来呈现，它的逻辑体系要随着年级的提高慢慢地建立起来。值得更多强调的课题和领域，作为例子，可举出：概率，它可以推进不确定性的推理和对风险的估价；探测数值分析和统计，它可以推进关于数据的推理；模型建立，它可以增进对复杂情形的系统的、结构性的理解；运筹学，它可以推进复杂任务的计划和行为目标的达成；离散数学，它可以增进对大多数计算机应用的理解。这些课题，将会使观察和实验在未来数学教学大纲中占重要地位，将使数学和其他科目，特别是和自然科学更加靠近。

第六，数学教学从原始的纸笔计算转到使用计算器和计算机。各级数学教师正使他们的教学方法适应于未来的课程。计算器和计算机使新教学模式可行，使用计算器和计算机的目的是扩充学生的数学能力，提高数学学习质量。计算器和计算机不是去代替用功和严格思维，而是用作争取好成绩的武器。

第七，公众对数学的理解从"随心所欲的法则的不变教条"转到"关于模式的严格而生动的科学"。数学是一门生动活泼的科目，它寻求蕴藏于周围世界和我们头脑中的模式。这个转变要求课程内容和教学方式两个方面的变革：寻求解法，不仅是记步骤；探索模式，不仅是学习公式；形成猜想，不仅是做练习。当数学开始反映这些重点的时候，学生将有机会像这样去学习数学：作为探索性的、动态的、进展的科目，而不是作为僵死的、绝对的、封闭的一组被记住的定律去学习。学生将被鼓励去把数学看做一门科学，而不是看做教规，并且认识到，数学是关于模式的科学而不仅是关于数的科学。

思考活动

结合你对国外课程改革的了解，谈谈数学课程改革的主要走向和转向。

扩展阅读 1

日本小学数学课程改革的方向及启示

日本文部科学省于2008年3月颁布了最新修订的中小学《学习指导要领》，其中小学将在2011年全面实施。这是1945年后，日本实施《学习指导要领》的第七个时期。与现行的小学《学习指导要领》（1998年颁布，2002年全面实施）相比，新修订的小学《学习指导要领》在数学科中，强调双基的落实及学生数学表达能力的培养。不仅增加了课时，而且调整和充实了课程内容，增设"数学活动"的学习领域。

一、日本"中小学数学学习指导要领"的修订情况

（一）修订的基本方针

按照学生的认知发展规律，进一步充实数学活动，使学生

切实掌握基本知识和基本技能，培养学生的数学思维能力和表达能力，提高学生学习的积极性。

①落实双基；②培养数学思维能力和表达能力；③提高学生学习的积极性；④有效地开展数学活动。

（二）修订的要点

（1）教学目标的变化：①强调数学活动；②强调培养学生的表达能力；③强调培养学生活用数学的态度

（2）教学时间的增加，如下表所示。

年 级	1	2	3	4	5	6
现行课程（1998年）	114	155	150	150	150	150
新课程（2008年）	136	175	175	175	175	175

（3）教学内容的充实与调整。

小学数学的学习内容分为四个领域：数与计算、量与测量、图形、代数。下面分领域列出了这次修订的要领中新增加的内容。

①数与计算：四位数加减法、三位数乘两位数、带分数的计算、两位小数的计算、分小数混合计算。②量与测量：菱形和梯形的面积、圆柱和角柱的体积、公制及其单位的构成。③图形：物体的位置、多边形与正多边形、全等、扩大与缩小、对称图形。④数量关系：反比例、含字母 x 的式子、数据的分布、可能性。

除了以上四个内容领域外，这次修订的要领还增设了一个新的学习领域——"数学活动"。并将"数学活动"与其他四个领域并列，在各个年级的学习内容中都有具体要求。例如，三年级的学习内容中规定安排的数学活动有：①用实物、语言、数、式子、图等思考并说明整、小、分数计算意义和方法的活动；②用实物、图、数轴表示及比较小数和分数大小的活动；③研究长度、体积、重量等单位的关系的活动；④用尺子和圆规画等腰三角形和等边三角形的活动；⑤从时间和地点等角度对资料进行分类整理、列表表示的活动。

二、启示

①利用"数学教育质量监测体系"，为数学教育的改革和发展提供科学的依据；②发扬"双基"扎实的优势，丰富学生的数学活动经验，发展学生的数学思维能力；③总结经验，完善理论，加强对课程实施的指导。

（摘自：http://www.pep.com.cn/xxsx/jszx/xszt/10anqing/201011/t20101111_967849.htm）

专题小结

　　世界各主要国家都在总结经验，制定课程标准，推动课程改革，适应社会需要，各有不同，也有一些共同的趋势和转向。

 **专题二**

国际数学课程与教学改革关注的几个问题

专题导读

　　对照我们的教育现实，国际数学课程与教学改革到底给我们提出了哪些值得关注和予以改进的问题呢？本专题将更深入地揭示和分析这个问题。

一、重视问题解决是各国的一个显著特点

　　问题解决是数学教育改革的热门话题，范围也在日益扩大。美国的课程标准仍把问题解决作为"一切数学活动的组成部分，应该成为数学课程的核心"、整个数学课程要围绕问题解决展开。美国《课程标准（2000）》指出，问题解决不仅关系到数学教育的一个主要目标，即应努力提高学生解决问题的能力，而且也是学生学习数学的一种重要手段，即可通过问题解决获得新的知识。我们应帮助学生通过问题解决获得数学知识；养成表述、抽象、一般化这样的思维习惯；能应用多种解题策略解决问题；并能对解题过程中的思维活动作出调节和反思。

　　美国教师认为，作为解决问题的教学，要使学生能够：

- 通过解决问题的探讨去调查和理解数学内容。
- 从日常生活和数学情境中提出问题。
- 应用策略去解决广泛的各种各样的问题。
- 对原始的问题的结果进行检验和解释。
- 在有意义地运用数学中获得自信。

　　美国教师们认为：解决问题是所有数学活动中的最重要部分。解决问题是一个发现的过程、探索的过程、创新的过程。通过问题解决，使学生体验到数学在其周围世界中的作用。因此，问题解决的主要教学目标是引导学生掌握解决问题的策略。这些策略包括学具的使用、尝试和改错的方法、图表的运用、寻找模式等。

　　问题解决大都采用开放性的题目，一般从问题情境出发，具有一定的趣味性，它能为学生提供数学想象，诱发学生的创造力，鼓励学

切勿曲解问题教学

　　重视问题解决的数学教学，已经成为世界数学教育的共同趋势和行动，紧密关联于学生的生活实际和实践行动，我们要注意把它与日常意义上的应用题教学和提问教学区分开来。

生发散思维。例如，美国的数学教材中是这样引导学生学习加法的："在我的口袋里有一些1分、5分和1角的硬币，我拿出3个硬币放在手里。你认为在我的手中有多少钱？"

这个问题学生会采用尝试的策略，使用真的硬币去操作，然后在教师的指导下制成表格。

教师为学生设计这样的解决问题情境，学生在提问、思考、讨论和探索中成功地解决问题，使他们获得了自信，培养了学生探究的积极性，发展了数学交流的能力和发散思维的能力。

韩国自2000年开始的第七次数学教育课程改革的主要特征是差别化数学教育课程。其中数学课堂教学应遵循的重要教学原则与方法中提到为提高学生的问题解决能力，应考虑下列因素：

（1）教师应帮助学生理解问题解决的过程（弄清问题，拟定计划，实现计划，回顾）；运用有效的基本问题解决策略（画张图，猜测与检验，作张表，寻求模型，简化问题，建立方程，逻辑推理，逆推，寻求反例等）。

（2）考虑到问题解决的过程，教师应帮助学生形成自觉尝试解决问题的习惯。

（3）教学应提供不同领域中的各类问题（实际应用问题和非常规问题）。通过这种教学，学生能够运用所学知识解决日常生活中的问题。

日本已把问题解决纳入了指导要领，其小学数学教科书都比较重视解问题及其思考方法的教学，但是重视的程度和处理的方法不完全相同。比较突出的一套是东京书籍株式会社出版的《新算数》。这套课本除了在各年级结合计算出现一些应用问题外，还从二年级起每学期专门安排一定的篇幅解各种各样的问题。问题的范围大致有以下几个方面：

（1）反映日常生活中的问题和数量关系。例如，二年级下学期出现这样的问题："两学期完了，学生文库有35本书。一月份买了15本，二月份又买了9本。这时比两学期完了增加多少本？""孩子们排成一队，铃本的前面有6人，后面有8人。这队一共有多少人？"三年级出现这样的问题："木村的捉虫网杆长110cm，要接80cm的杆子，相接的部分是12cm，捉虫网的杆子全长多少cm？""路旁每隔8m栽一棵树，松子从第1棵跑到第7棵，跑了多少m？"

（2）适当安排一部分传统的比较容易的应用问题。例如，四年级出现这样的问题："甲买1块橡皮和2本笔记本，付290元；乙买同样的1块橡皮和4本笔记本，付530元。1块橡皮和1本笔记本各多少元？五年级出现和差、和倍、差倍问题。六年级出现简易的工程问题。

（3）安排一些渗透现代、近代数学思想方法的题目。例如，四年级出现渗透集合思想的问题："一班有学生 40人，其中有兄弟的是24人，有姐妹的是20人，既有兄弟又有姐妹的是8人。看线段图求出只有兄弟的、只有姐妹的、有兄弟或姐妹的、没有兄弟姐妹的各多少人。"五年级出现用表来解的问题："有容积是3de和5de的两个杯子，用这两个杯子在水槽中量出1de、2de…10de的水。使杯子量的次数要少。"六年级出现渗透排列的问题："公园里有4辆乘坐的车，要都乘坐到，可以有多少种乘坐的顺序？"

出现上述问题时，除少数给出解答外，多数没有解答，只画出图并提出启发性问题，引导学生思考，自己进行解答。

二、增加具有广泛应用性的数学内容

从学生的现实中发展数学，增强实践环节是各国课程的共同特点。德国教材十分重视让学生运用学到的数学知识去认识周围世界，去解决实际问题。

典型案例1

德国有关时间的计算教学

德国巴伐利亚州一套现行小学数学教材《想与算》有关时间的计算，教材中编写了许多实际生活中的问题，在课本里印有一张奥格斯堡火车总站在9:00~12:00之间的真实火车时刻表。时刻表中有这样一些信息：在9:00~12:00这段时间里，从奥格斯堡火车总站发出的各辆火车的车次、火车行驶方向、旅客上车的站台号、沿途停靠各站时间、到达终点站的时间等。根据这张时刻表，要求学生解答类似于下面的一些问题：

（1）写出在9:00~12:00这段时间中，从奥格斯堡发出的去下列方向的所有火车车次：

①去慕尼黑；②去纽伦堡。

（2）在9:00~12:00这段时间里，乘哪几次火车的旅客要从8号站台上车？

（3）卡塔琳小姐在9:20时到达奥格斯堡火车总站，她想去慕尼黑，可以乘哪几次火车？最快的是哪一次？到达慕尼黑是几时？从奥格斯堡到慕尼黑要多少时间？

有关看火车时刻表的问题中，这套教材里出了13个大题，29个小题，几乎把日常生活中碰到的一些实际问题都编进了教材。[1]

---

[1] 朱乐平. 中德两国小学数学教材比较研究［J］. 教育世界，1991（9）.

美国数学教学非常重视数学知识的实际应用，这与其强调问题解决有必然的联系。在这一教学目标的指引下，对数学教学内容和教学方法进行了改革。

第一，改进传统教学内容，增加现代数学中应用广泛的教学内容，如统计等知识。另外也选择了一些学生生活中经常接触的知识，如：价格和购物，钟表与时间，旅行与行车时刻表、行程路线，生活用品中各种物体的面积、体积的计算，邮资与邮价表等。同时，要求学生对某些生活中常见的现象进行估测、估算，按生活实际的需要取近似值（四舍五入）。

第二，增强教学实践环节，让学生充分了解数学在商业、科技、交通等行业的应用价值，让学生感受到生活中处处充满数学。教师们认为：数学的学习必须是一个主动的过程，应让学生主动地参与到数学实践活动中去。因此，每一位数学教师都要努力创设一个鼓励儿童去探索的环境，为学生提供可操作的实物材料和设备，认真观察学生的数学活动，倾听学生的交流语言。

例如，教师组织学生到商店观察购物情况，然后回到教室内进行角色扮演，开办"小商店"，让学生在实际购物活动中学习四则计算知识。当学生学习度量知识时，教师为学生提供一些度量的器具，让学生亲自测量并计算书本的重量、全班同学平均身高、教室的面积等。学生通过主动地参与数学实践活动，既知道数学知识从何而来，又知道它将走向何方。让学生走出课堂，走进生活实际，走向实践领域，培养了学生灵活运用数学 知识解决问题的能力，让学生充分感受数学的力量，激发学生学好数学知识的动机。

三、强调数学交流是各国课程发展的新趋势

数学提供了一种有力的、简洁的和准确的交流信息的手段，因此，强调数学交流是各国课程发展的新趋势。美国《课程标准（2000）》指出我们应帮助学生学会对自己的数学思想进行组织和澄清，能清楚地、前后一致地表达自己的数学思想，能通过对其他人的思维和策略的考察扩展自己的数学知识，并能学会使用精确的数学语言。

数学之所以在信息社会应用广泛，重要的原因之一就是数学能够用非常简明的方式，经济有效地、精确地表达和交流思想。因此，美国在《学校数学课程与评价标准》中就提出了"为数学交流而学习"[1]。交流可以帮助学生在他们的非正式的、直觉的观念与抽象的

重视数学交流

交流往往被作为语言和日常会话的功能，数学交流过去相对就被忽视了。但只要坚持数学文化观，清楚认识数学和语言等文化形态的密切关系，就可清楚看到交流是数学的内在功能。数学教育要重视数学交流，紧迫而必要。

---

[1] 郑毓信. 美国《数学课程标准（2000）》简介 [J]. 中学数学教学参考，
　　1999（7）.

数学语言、符号之间建立联系。

描述、探索、调查、倾听、阅读和书写是交流的技能。数学教学中的交流，既有教师与学生的交流、学生与学生的交流，也有学生与社会的交流。教师特别重视为学生创设交流的情境，提供"数学对话"的机会，鼓励学生用耳、用口、用眼、用手去表达自己的思想和接受他人的思想。因而，在教学中往往组织学生开展小组内交流和全班交流活动。也鼓励学生在社会生活中与家长、与朋友交流学习数学的感受，交流对数学的态度。教师常常鼓励学生记日记、写书信，记录今天学习了什么内容？哪部分最难？哪部分最容易？最喜欢哪些内容？我做了哪些学具等。然后在课堂上交流学生所写的日记和书信。这样，教师就可以及时地获得教学反馈信息，做出有根据的教学决策，同时也促进了学生间对数学知识的理解与交流。

由以上内容可以看出，这一标准事实上包括了两个方面，即通过交流去学习数学，以及学会数学地交流。

对自己的数学思想进行组织和澄清即可被看成交流的第一步，而这就清楚地表明了交流对于数学学习的特殊意义。因为，组织和澄清就是一个反思的过程，从而不仅会导致更深刻的理解，而且也会促使学生对先前的思想作出必要的修正与改进。另外，对其他人的思维和策略进行考察无疑有助于学生学会批判地思维，而且，从更深入的层次看，这更反映了这样一种认识，数学是一种群体的活动。

值得指出的是，《课程标准（2000）》对"数学地写"（与"数学地谈论"一样，这也是数学交流的一个重要方面）在数学学习中的作用做了较为具体的分析。

四、强调数学对发展人的一般能力的价值，淡化纯数学意义上的能力结构

美国《课程标准（2000）》仍然坚持了《课程标准（1989）》的基本立场，即认为学校数学教育应使所有的学生、而不只是少数人在数学上达到高标准。特别是，新的课程标准仍然坚持了如下的5个目标，即我们应使学生：①学会认识数学的价值；②对自己的数学能力具有信心；③具有数学地解决问题的能力；④学会数学地交流；⑤学会数学地推理。关于学习的原则《课程标准（2000）》提出数学教学设计应使学生理解数学和应用数学。《课程标准（2000）》指出,这既与学生已有的知识和经验有关，即主要是一个整合（同化与顺应）的过程；同时又是一个文化继承的行为，也即是这样的一个过程:学习者逐步成为数学共同体的一员。容易看出，以上的观点即是

建构主义（特别是社会建构主义）学习观的直接反映。[1]《课程标准（2000）》还提出了这样的目标：数学教学应当努力提高学生的学习能力,即使学生成为"自主的学习者"。

大多数国家倾向于，通过解决实际问题使学生在掌握所要求的数学内容的同时，形成那些对人的素质有促进作用的基本的思想方法，如实验、猜测、模型化、合情推理、系统分析等。培养学生的自信心是数学教育的重要目标之一。

扩展阅读 2

新加坡小学数学教育重视问题解决

1. 新修订的小学数学教学大纲突出强调问题解决

数学问题解决包括将数学应用于解决实际工作中的问题、真正的生活中的问题以及数学问题本身。这里的"问题"涉及的范围很广：从常规的数学问题到不熟悉的情境中的问题直至运用有关的数学及其思维过程进行的结论开放的调查，等等。并认为问题解决能力的高低取决于五个互相关联的成分：概念、技能、过程、态度和元认知。

其中，概念指解决数学问题所需要的基本数学知识；技能指解决数学问题预期要运用的与内容有关的操作技能；过程是指包含在问题解决过程中的思维和策略；态度指对数学学习的情感；元认知指在问题解决过程中自我控制思维过程的能力。

2. 问题解决的课程设计与教学处理

在课程处理上，除了将问题的解决思维融入教材编制中，体现在教材中之外，还另行成册，单独编制训练问题解决的问题集，其中的问题都是基于现行小学数学教学大纲的，以活动形式给出，同时非常强调较高级的基础课题，强调问题解决活动过程。每一项活动前都先指明本活动所用的问题解决策略。问题解决的一般步骤如下：

（1）理解问题。①寻找所给信息；②具体化这些信息；③组织这些信息；④连接这些信息。

（2）设计一个计划（选择一个策略）。①描述、表达出它。②运用图表或模型；③做个系统的表格；④寻找模式；⑤退一步考虑；⑥运用前后概念；⑦猜测和检验；⑧做个假设；⑨换一种方式重述问题；⑩简化问题；然后，解决问题的一部分。

[1] 郑毓信. 美国《数学课程标准（2000）》简介［J］. 中学数学教学参考，1999（7）.

（3）实施计划。①运用计算技能。②运用几何技能。③运用逻辑推理。

（4）反思。①检验解答。②改进所用方法。③探寻其他解法。④扩展该方法到其他问题上。要求学生平时按照这些步骤进行解题，同时，大纲中也列出了建议使用的思维技能的内涵，具体内容如下：①分类；②比较；③推理；④分析部分和整体；⑤确定模式和关系；⑥归纳；⑦演绎；⑧空间想象。

3. 问题解决的样例

一个正方形桌子可以坐4个人，多少张这样的桌子拼成的一个长方形桌子才可以坐下30人？

模式1：思维技能—确定模式和关系，归纳。问题解决策略：运用一个图表，做一个系统表，寻找模式。需要14张桌子。

模式2：思维技能—想象。问题解决策略：寻找模式。2个人坐在长方形桌子的两边。需要桌子数28÷2＝14。

模式3：思维技能—演绎。问题解决策略：寻找模式。每增加一张桌子，可多就座2人。需要桌子数1＋13＝14。

（摘自：http://blog.sina.com.cn/s/blog_45c813f201000945.html）

 专题小结

对照我们的教育现实，国际数学课程与教学改革给我们提出了值得关注和予以改进的问题：要重视问题解决的教学；要引进具有广泛应用型的教学内容；要重视数学交流；要注重一般能力的发展。

 专题三

部分国家和地区的数学课程目标简介

专题导读

目标最能反映一个国家和社会对其教育的基本要求。要了解国外课程与教学改革的基本走向及其解决的主要问题，有必要考察课程目标。各国课程目标是怎么规定的呢？这里主要就部分国家和地区的课程目标做一解读和介绍。

一、七个国家和地区的数学课程目标[1]

我们选取七个具有代表性且为人们熟悉的国家。为便于讨论和分析，我们先呈示这些国家和地区的数学课程目标如下表所示。

[1] 孙晓天. 数学课程发展的国际视野［M］.北京：高等教育出版社，2003；刘兼，孙晓天. 数学课程标准（实验稿）解读［M］.北京：北京师范大学出版社，2002.

国家和地区	数学课程目标
美国	**《学校数学的原则与标准》（2000）** 学校数学的原则 ● 平等原则：数学教学设计应当促进所有学生的数学学习 ● 课程原则：数学教学设计应突出重要的和有意义的数学，并设计出协调的和综合的数学课程 ● 教学原则：数学教学设计的实施依赖于有能力的教师 ● 学习原则：数学教学设计应使学生理解数学和应用数学 ● 评估原则：数学教学设计应当包括评估以指导、强化和评价学生的数学学习，并为教师提供必要的信息 ● 技术原则：数学教学设计应当利用现代技术帮助学生理解数学，并为他们进入技术性不断增强的社会做好准备 学校数学的标准 ● 内容标准：包括数与运算、代数、几何、测量、数据分析与概率的标准； ● 过程标准：包括问题解决、推理与证明、交流、联系、表示的标准
荷兰	**《教育获得性目标》（1998）** ● 建立教育的数学与学生日常生活中的数学之间的联系 ● 获得基本的技能，懂得简单的数学语言，并能应用于实际 ● 对自己的数学活动进行思考并能对这些活动结果的正确性作出检验 ● 认识和探索简单的关系、规则、模型和结构 ● 描述探究的过程和用自己的语言进行推理并应用它们
德国	**《小学数学学习纲要》（巴伐利亚州，2000）** 儿童在进入小学时已经有了自身的经验，可以对他周围的世界进行比较、排序、分类、计数和度量，并已获得了初步的空间表象。小学数学教育的任务是将这些个体的各种知识连接起来，并系统地加以扩充。学生认识到，借助算术与几何的概念、定律和方法的帮助，可以描述和探讨出自他们生活与经验世界的片段。他们清楚地看到，数学可以与其他学科一起用丰富多彩的方式来解决日常生活问题。因此，通过设置合适的问题，学生可以体验到数学思维的乐趣。他们在对数学问题的独立分析中促进创造性思维。他们有目标地发展认知能力，去进行开放的、灵活可变的和网络化的思维，增长决心和能力去参加一个客观的理性的对话
日本	**《算术学习指导要领》（1998）** 通过与数量、图形有关的算术活动，使学生掌握基础知识和技能，培养学生对日常事物现象的推测和合情合理的思考能力。同时，使学生感受到算术活动的愉快和用数学方法处理的优越性，进一步培养在生活中自觉应用的习惯
新加坡	**《小学数学教学大纲》（2000）** ● 获得并使用学生在生活中将遇到的数学情景中与数、测量和空间有关的技能和知识 ● 获得进一步学习数学和其他学科所必需的数学概念和技能 ● 通过解决数学问题发展逻辑演绎和归纳及清楚表达他们的数学思维和推理技能的能力 ● 运用数学语言准确、简略而有条理地表达数学思想和论证 ● 发展对数学的积极态度，包括自信、喜爱和毅力 ● 欣赏数学的力量和结构（包括模式和关系）以增强他们的求知欲

续表

国家和地区	数学课程目标
中国香港	《小学课程纲要：数学科》（1999） 数学教育总的学习目标是，使学生能够在科技与信息发达的社会，从容应付日后在升学、工作及日常生活上对数学的需求，并对终身学习有充足的准备。新课程旨在培养学生： ● 构思、探究及数学推理的能力，以及运用数学建立与解决日常生活问题、数学问题及其他有关学科问题的能力 ● 清楚、逻辑地以数学语言与别人沟通及表达意见的能力 ● 运用数字、符号及其他数学对象的能力 ● 建立数字感、符号感、空间感及度量感和鉴别结构与规律的能力 ● 对数学学习有正面的态度，以及从美学和文化角度欣赏数学的能力
中国台湾	《国民中小学九年一贯课程纲要 数学领域》（1998） ● 掌握数、量、形的概念与关系 ● 培养日常所需的数学素养 ● 发展形成数学问题与解决数学问题的能力 ● 发展以数学作为明确表达、理性沟通工具的能力 ● 培养数学的批判分析能力 ● 培养欣赏数学的能力

二、分析和讨论

比较美国、荷兰、德国、日本、新加坡、中国香港、中国台湾省的数学课程标准（纲要），可以看出各个国家或地区的文化背景不同，教育情况不同，于是就有各种各样的数学课程目标。不同国家和地区的数学课程标准有各自的取向，在促进社会进步，适应学生发展，以及反映数学科学进展等方面各有侧重。但仔细分析，会发现一些共同特点，那就是：

第一，都强调数学的实用目的。以数学方式解决日常生活中遇到的问题；提供将来大部分职业所需的数学训练；为将来升读理科及有关学科所需的数学奠定基础。

数学的广泛应用性特点决定了未来数学教育必将与实际更加紧密地结合起来，为此，必须加强实用知识的学习，突出数学与实践的联系。如新加坡提出要"获得并使用学生在生活中将遇到的数学情景中与数、测量和空间有关的技能和知识。"各国不仅在课程目标上下了苦功，而且在数学课程内容中也增加了实用知识：美国、英国、澳大利亚、中国香港等国家和地区添加了数据处理、数据分析的初步知识；而"统计"、"概率"则出现在多个课程内容分类中；美国课程内容中甚至提出了"模式"问题……这一切都说明了数学实用知识在未来数学教育中的基础地位。

第二，注重学科知识和能力。如数、符号及其他数学对象的运算能力；数感、符号感、空间感及结构与规律的意识；推理逻辑思维；解决问题的能力；以数学方式表达及交流等。

第三，突出了数学的文化教育目的。如从美学和文化角度欣赏数学；数学教学设计应设计出协调的和综合的数学课程；认识古今数学在各地文化中的角色及与其他学科的关系。

这些共同的目标反映出现代数学课程与教学共同的价值追求。数学不再是仅限于科学技术功能、思维功能的发挥，还要注重其社会文化功能的开发；数学教育不再是仅限于数学知识的获得、解题技巧的掌握，更重要的是数学能力、思想方法的形成和健全人格的养成；数学教育不再是少数精英的特权，而是每一个学生都应享有的科学文化教育权利；数学教育不再是只关注科学世界，而是还要关注学生的精神世界和生活世界。

思考活动

请结合一些主要国家的数学课程目标，说说各国数学教育改革的共同特点及其关注重心。

扩展阅读 3

英国基础教育课程目标"数学"部分

1. 为什么要学习数学

数学是学生理解和改变世界的一套极有力的工具，其中包括逻辑推理、问题解决、抽象思维等。数学在日常生活、许多工作领域、科学技术、医药、经济、环境及其开发、公共决策等方面都具有举足轻重的作用。今天，这门学科超越了文化疆界，其重要性已为世人所认识。数学是一门具有创造性的学科，当学生第一次解决了某个问题、发现了解决问题的更为巧妙的方法，或者突然发现了某种内在的联系，带给学生的不仅是惊喜，更是全身心的快乐，一种发现或创造的愉悦。

2. 在数学学科中学习什么

第一阶段（1~2年级，5~7岁）。通过实践、探究和讨论培养学生的数学知识和对数学的理解；学习数、读、写和排列100及以上的数字；培养心算技能，并在不同情况下自信地运用这一技能；通过建立在对直接环境的理解上的实践活动，让学生学习形状和空间方面的内容；开始掌握数学语言，在解决问题时，运用这种语言讨论所采用的方式，解释所作的推理。

第二阶段（3~6年级，7~11岁）。更自信地使用数字系统：从正确地计数发展到熟练地进行4位数的运算；在运用其他方法以前，总能尽力以心算的方式解决计算问题；在更多的背景中探究形状和空间的特点，发展测量技能；广泛使用数学语言和图表参与讨论、提出自己的方法和进行推理。

（摘自：http://www.edu.cn/xue_fa_224/20060323/t20060323_12150.shtml）

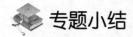 专题小结

考察一些主要国家和地区的课程目标，能发现一些共同的特点，对我们的数学课程与教学改革不无启发。

推荐书目与文章列表

[1] 全美数学教师理事会. 美国学校数学教育的原则和标准［S］. 北京：人民教育出版社，2004.

[2] 涂荣豹，王光明，宁连华. 新编数学教学论［M］. 上海：华东师范大学出版社，2006.

[3] 吕传汉等. 数学情景与数学问题［M］. 重庆：重庆大学出版社，2001.

[4] ［德］Rolfbeiehler等. 数学教学理论是一门科学［M］. 唐瑞芬等译. 上海：上海教育出版社，1998.

[5] 马复，綦春霞. 新课程理念下的数学学习评价［M］. 北京：高等教育出版社，2004.

[6] 马云鹏等. 数学教育评价［M］. 北京：高等教育出版社，2003.

[7] 马忠林等. 数学教育史［M］. 南宁：广西教育出版社，2001.

[8] 钟启泉. 国外课程改革透视［M］. 西安：陕西人民教育出版社，1993.

思考与练习

一、填空题

1. 日本文部省于1998年11月颁布了新的"_____"。

2. 各国数学教育从知识内容的选取、讲授，到思想方法的转变，逐步形成了以"问题为中心"、"_____"的趋势。

3. 美国发布于1989年的_____，具有数学教育革命的意义，可以说是当代数学教育的行动纲领。

二、名词解释

数学化

三、简答题

1. 简述美国数学教育中的问题解决。
2. 简述各国数学课程目标所体现的共同特点。

四、论述题

论述国际数学课程与教学改革关注的几个问题。

第四章
关于数学课程与教材的建构

自国家启动新世纪数学课程改革以来，数学课程与教材要求整合新时代的数学理念和数学教育理念。传统的数学教育被误解为一种技能、技巧的教学，被看做是"关于数字计算的学科"，导致了教学实践的偏离，数学课程与教材偏重于纯科学体系，偏重于解题技巧的学习。要改变如此状况，我们必须重新建构数学课程和教材，加强其思想性与文化性的建设。

本章首先探讨了数学课程与教材的思想性建设问题；其次，进一步阐释了数学课程与教材的文化建设问题。

 学完本章，你将能够：

1. 理解数学课程与教材的思想性建设问题；
2. 理解数学课程与教材的文化建设问题。

关于数学课程与教材
的思想性建设

一、进行思想教育是数学教育的重要任务

数学教育是教育的一个重要组成部分，因此，它与其他学科一样，有对学生进行思想教育的义务和责任。思想教育应使学生正确地认识客观事物，树立正确的人生观和世界观，培养学生分析问题和解决问题的能力。用心理学的观点分析学生思想品质的培养，不是一个简单的过程，应是知、情、意、信、行共同发展的过程。即学习知识的过程是知，情则是在知识学习的过程中产生情感，意是解决内心矛盾的行为支配，树立信念即为信，最后的表现为行。按照上述观点，传授知识本身就是思想教育的一部分，因为这些知识在影响和改变着学生的认识水平和世界观的形成。通过学科思想教育促进人的全面发展，使学生成为知识、能力、思想情感均衡和谐发展的具有良好素质的公民，以适应现代和未来社会发展的需要。

**数学思想教育
切勿狭隘化**

数学思想教育包括一般性思想教育和数学思想方法的教育。数学思想教育的狭隘化表现在两个方面和层次。一方面是狭隘化为一般性思想教育，并时常降低到思想政治教育的层次；另一方面是狭隘化为数学思想方法的教育，并时常降低到所谓解题方法与技能训练的层次。两种情况在数学教学实践中都客观存在，广受批评，必须予以改变。

每一门学科都有思想教育的素材、内涵和任务，每一门学科既有共同的思想教育价值，也有自己独特的思想教育价值。如地理学科在辩证唯物主义观点的教育，科学的人口观、资源观、环境观和可持续发展观念的教育，爱国主义教育，国情、国策教育以及全球观念的教育等方面具有独特的思想教育价值。数学教育在辩证唯物主义教育、伦理道德教育、世界观教育、数学思想教育及热爱数学和爱国主义教育等方面具有独特的价值。在本章中，我们把数学教育中的辩证唯物主义教育、伦理道德教育、世界观教育及热爱数学和爱国主义教育划归为一般思想教育，把数学思想教育划归为独特的思想教育，并把重点放在数学思想教育的研究上。

二、数学教育进行思想教育的优势

在数学教育中进行思想教育，具有独特的不可替代的作用和优势，体现在：

第一，数学本身是一种文化体系，它本身蕴涵着丰富的人类精神及价值追求，如：客观、公正、理性、严谨、追求完美等，这些是数学教育进行一般思想教育的丰富资源；

第二，数学具有独特而不可取代的思想体系，如集合思想、一般化思想、函数思想和参数思想、基底思想等。数学思想的熏陶，使人们能够理性地驾驭自己的行为。例如，美国数学家，电影《美丽的心灵》中主人公的原型纳什就是用理性驾驭自己行为的胜利者，把自己从精神病恶魔中解救了出来。

法国思想家、数学家笛卡尔（R.Descartes）十分强调数学思想的作用，他认为：人的良知和理性是天然均等的，智力的差别是由于人们采取不同的途径来运用思想造成的。科学方法的实质就是给人们提供一些规则，遵循这些规则，可避免把虚假当做真实，可耗费较少的心力而不断地扩充知识。他说："那些只是极慢地前进的人，如果总是遵循着正确的道路，可以比那些奔跑着然而离开正确道路的人走在前面得多。"也就是说正确的思想方法可以使我们更容易地解决问题。关于这一点，许多著名数学家的工作和事迹就是最好的诠释。例如，德国数学家希尔伯特（Hilbert）正是用与众不同的思想方法解决了果尔丹问题。

所谓果尔丹问题就是解决代数不变量中"基"的问题。在代数各种不变量中，有些不变量处于基本的地位，以它们为基础可以把其他的不变量以简洁的形式表示出来。这样的不变量叫做"基"。它在代数不变量理论中的地位，相当于化学中的元素、生物遗传信息中的基因，是十分重要的。数学家们感兴趣的是，对于各种形式的代数不变量，是不是都存在这样一组"基"？果尔丹的重大成就就是证明了形如$ax^2 + bxy + cy^2$的多项式（即各项次数都是二次的多项式，也叫"二次型"）存在一组有限个数的"基"，对于更复杂的情形，谁也不知道是否存在这样一组基，这就是果尔丹问题。[1]

希尔伯特充分意识到，"果尔丹问题"的难度在于原有的方法过于复杂，要计算的东西太多，工作量太大，要取得新的突破，必须另辟蹊径。从一个全新的角度来思考这个问题：能不能把"果尔丹问题"的提法改变一下呢？比如，假如给定无穷多个包含有限个变量的一组代数形式系列，问在什么条件下存在一组有限基，使得所有其他的形式都可以由它们简洁地表示出来？希尔伯特证明了，无论在何种条件下，这组有限基总是存在的。证明的关键在于，别的结论都会导出逻辑上的矛盾，因而这组基的存在是一种逻辑上的必然性。这里完全不必要把这组基一个一个构造出来，这种证明也没有给出构造这组

[1] 王前.探索数学的生命 [M]. 福州：福建教育出版社，1993：34.

基的任何方法。简单地说，它是一个"纯粹的存在性证明"。正因为希尔伯特依靠的是逻辑的力量，而不是算法的力量，因而通过数学思想运用的转换，令问题简化多了。知识、才能、思想之间的关系，就如我国清朝学者袁枚所说"学如弓弩，才如箭镞，识以领之，方能中鹄"。

第三，一定的数学知识，只有同数学的思想修养相结合，才能得到灵活应用和广泛的迁移。

正因为如上三点，所以，数学思想教育是一项重要的教育项目，是培养人的素质的重要一环，也是教材内容结构或教法选取所必须注重的原则。

三、如何在数学课程与教学中进行一般思想教育

如前所说，数学教育中的一般思想教育包括辩证唯物主义教育、伦理道德教育、世界观教育及热爱数学和爱国主义教育等。如何在数学教育中进行一般思想教育我们略作说明。

（一）激发学生学习数学的热情

利用数学应用的广泛性，密切联系社会生活实际，激发学生为建设现代化祖国而学好数学的热情。数学在社会生活中具有广泛的应用性，当今社会越来越离不开数学。从网络计算、信息安全和生物医学技术到计算机软件、通信和投资政策都需要数学。这种依赖性不仅表现在依赖于那些已经有的数学理论和方法，而且也依赖于数学的最新突破。一些数学的最新发展很快渗透到应用之中，通过应用又将其他领域中的观念引入数学本身，刺激数学的进一步发展。特别是数学与计算机技术的紧密结合，产生了可直接应用的数学技术，成为许多高新技术的核心。作为一个例子，在波音777设计过程中，数学模型和强有力的模拟技术代替了许多实验，加快了设计的速度。在现代生活中，电视广播、多路通信、气象预报、金融保险、CT扫描、药物检验、智能电器、成衣制造，无一不用数学。至于数学与计算机科学、理论物理、经济学、信息、生命、材料等科学的交互影响更是日益加深。总之，数学在社会生活中的广泛应用前景是不可估量的。

正因为如此，一个国家的繁荣昌盛与强大和数学的繁荣发展有着密切的关系。我们或许从下面的数据可以看出这一点。有数学中的诺贝尔奖之称的菲尔兹数学奖，在自1936年至2002年共15届的评奖中，获奖人数为45人，其中美国16人，法国8人，英国7人，俄罗斯5人，日本3人，比利时2人，新西兰、意大利、德国、瑞典各1人，获奖人涉及的国籍只有10个。从获奖总人数看，美国人独占1/3强，显然美

国数学家在数学领域的成就是极为突出的。而其他获奖国家，基本上也都算是发达国家。因此，我们在进行数学教育的时候，不要仅仅盯着数学知识、技能以及数学的思维训练价值，更要看到数学对国家、社会的重大意义，使学生从小就感受到数学的意义和作用，从而激发出热爱数学、学好数学的热情。

利用数学的智力挑战性，激发学生的求知欲、好奇心和成就感。"数学是思维的体操"，数学蕴涵着密集、高度的智力因素，它需要严谨缜密的推理、运算和大胆奇异的想象以及与众不同的创造。充分、巧妙地利用这些因素就可以培养学生热爱数学和激发学生学习数学的热情。

（二）培养学生的辩证唯物观点

数学中充满了辩证思想，而且有自己特殊的表现形式，即用数学的符号语言、简明的数学公式表达出各种辩证的关系和转化。如牛顿－莱布尼茨公式描述了微分和积分两种运算之间的联系和相互转化，概率论和数理统计表现了事物的必然性与偶然性的内在关系等。正如恩格斯在《自然辩证法》一书中所说：数学是"辩证法的辅助工具和表现形式"。数学的内容、思想和方法中也包含了丰富的辩证因素。例如，"0"作为一个很简单的数学概念，它本身就包含对立的统一，具有辩证的性质。"0"通常表示的意义是"无"，但它并不是绝对的无，只是相对的、特定的"无"。仓库中某种货物没有了，账面上存货数量显示为0，但这个"0"并不表示这种物品已化为乌有，只是不在仓库里，全部被领走了。在坐标轴上"0"并不表示没有这个点，恰恰相反，它表示一个特定的点。温度计指向是0℃，并不是表示没有温度了，而是表示一个临界的温度。所以，无论何时何地遇到"0"，它总是表示某种十分确定的对象或状态。而且作为实数中唯一的中性数，在一定意义上它比任何数都更重要。由此看来，"0"既表示无，又不表示绝对的无，它有着丰富的辩证内容。再如正数与负数、已知与未知、有限与无限、直线与曲线、常量与变量的关系，精确与近似等既矛盾又统一的概念都反映了事物的对立与统一；函数、极限、对应、变换、微分、积分等反映了事物间的普遍联系；换元法、代入法、递推法、化归原则等许多数学方法反映了事物的运动和变化。在数学教学中，只要讲清楚这些数学概念和数学方法的来龙去脉，就可以使学生从其中的辩证性质中学习领悟并逐渐掌握辩证法的基本观点。

（三）培养学生丰富的情感

人们历来认为数学冷峻、客观，无情感可言，所以传统的数学教育也基本上不重视学生情感的培养。其实利用数学，我们可以培养学生丰富的情感态度，使他们变得更有爱心，具有温润的情感世界。

例如利用我国数学科学的成就，或者我国数学家的故事培养学生的爱国主义思想。我国历史上一直到14世纪初，数学曾经达到了十分辉煌的高峰，与西方传统数学交相辉映，形成了与西方数学的公理化演绎体系相媲美的机械化算法体系。机械化算法体系着重算法的概括，而不讲究命题的形式推导，它是为解决一整类实际或科学问题而概括出来的、带一般性的计算程序，并且通常力求规格化，就是说便于机械化的重复更迭。在电子计算机广泛运用的今天，中国数学这种构造性观念和算法传统将日益显示出重要性。比如，我国著名数学家吴文俊认为，如果考察一下数千年的数学发展史，不难发现，数学多次重大突破都与数学的机械化有关。他自己用算法及可计算性的观点来分析中国古代数学，对中国古算做了正本清源的分析，在中国古算研究的基础上，分析了西方笛卡尔的思想，深入探讨希尔伯特《几何基础》一书中隐藏的构造性思想，开拓了机械化数学的崭新领域。1977年他在平面几何定理的机械化证明方面首先取得成功。1978年进一步发展成对微分几何的定理的机械化证明。

吴文俊的几何定理的机械化证明，其工作主要就是证明初等几何主要一类定理的证明可以机械化，问题分成三个步骤：

第一步，从几何的公理系统出发，引进数系统及坐标系统，使任意几何定理的证明问题，成为纯代数问题。

第二步，将几何定理假设部分的代数关系式进行整理，然后依确定步骤验证定理终结部分的代数关系式，是否可以从假设部分已整理成序的代数关系式中推出。

第三步，依据第二步中的确定步骤编成程序，并在计算机上实施，以得出定理是否成立的最后结论。

这完全是中国人自己开拓的新的数学道路，产生了巨大的国际影响。到20世纪80年代，吴文俊不仅建立了数学机械化证明的基础，而且扩张成广泛的数学机械化纲领，解决了一系列理论及实际问题。

不仅如此，我国从古至今产生的很多数学家，他们的献身精神、顽强不屈的毅力和意志，以及对科学、对祖国的热爱都是极好的教育素材，在教材中，在教学过程中，应该充分反映和利用，以培养学生的爱祖国、爱数学的情感和思想。

除此之外，我们还可以利用数学课引发学生对环境的关注。

渗透环保观念的面积教学

一位教师在讲面积时，引发了学生一系列的环保行为和良好的认知态度。这位老师讲大小面积的结束课时，设计了一个小小的环节，让学生由此引发思考：有一大片绿草地，可是其中有一小片已经枯黄了，另一个则是有大片枯草地，可是其中有一小片草已经渐渐变绿了，由此你能想到些什么？开始孩子们还不知说些什么，教室里一片静悄悄，老师一看就又说了，请大家把眼睛闭上，把老师刚才叙述的情景想象成两个画面，看一看能不能引发你的思考。老师的语音一落，同学们就说开了，有的同学说，我认为这是一个有关环保方面的对比画；有的同学说，这是两幅生命力的说明画；还有的同学说，我认为可以想象成我们大家都在关注环保，而一小部分人总不在意这些，而且还对环境保护带来一些负面的影响；另外还有同学说可以调查一下枯草的原因。听到这里，老师及时抓住这一契机，首先肯定同学们的想法，发言非常好。接着再诱发同学们对身边事情的关注。老师说，现在从整个社会来看，有越来越多的人关注环保，关注环保事业，但总有一些现象是与环保工作背道而驰的，就好像在大片绿地中，有小片枯草，我们看起来很不舒服。而在大片的枯草中，出现了片片绿草，让我们看到后心情豁然开朗，因为绿色代表生命，代表生机，代表希望。我们每一个人都是环保的一员，应该时刻关注身边的现象，争取用我们所学的知识，为环保事业作出我们的贡献。

几天后，班里一个女同学晓晴找到老师，告诉老师，通过她的观察，发现住家附近的酱油厂存在着严重的问题，一天之中不时有废水、废气排出，大烟囱在排废气时还夹杂着大小不等的颗粒，落在附近居民宅院之中，使得居民都不敢晾晒被褥和衣服……说的时候，她脸上显出忧虑和不安。老师听后没有急着说什么，而是夸奖她有了环保意识，希望她能够用自己的想法带动其他同学，一起来关注身边的现象。老师对她说："晓晴，面对这种现象，你打算怎么办？要更深一步地了解这件事，你一个人能行吗？"说到此，晓晴好像弄懂了什么，回复老师说："刘老师我再考虑一下，明后天再跟您说。说完，一溜烟儿地跑回教室。"

又过了两天，下了数学课，晓晴和中队长翟杰一起找到老师，非常兴奋地说："刘老师，咱们班组织个环保小组吧，这样可以有更多的同学参加到环保活动中来。"老师立即说："好

提示

**数学思想的教育
切勿模式化**

数学思想可以分门别类，具有一定的形态性、独立性和稳定性，比如分类思想。分类思想当然是可以单独教的，但完全离开数学内容，或只用某种类型的数学题材，学生就未必能真正领会数学的本质，未必能真正形成数学意义上的分类思想。数学思想的教学必须注意结合一定的数学内容，渗透于各个方面和层次的数学内容，防止模式化。

哇，这个主意不错。"可话音刚落，翟杰立刻说："刘老师，您说学习不好的同学可以参加吗？纪律不好的同学，我们是否可以拒绝他们呢？"这时老师没有马上回答他们，而是等了一会儿，反问道："关注环保，难道还需要有条件吗？和学习好、坏有直接关系吗？学习不好，纪律不好的同学可以通过参加环保活动，增加他们的学习兴趣，让他们更加体会学习的重要，在活动中是否也可以培养他们的集体意识，增强他们遵守纪律的观念呢？"晓晴、翟杰两同学当时不说话了，还是翟杰脑子快，说："刘老师，我们商量一下再把结果告诉您。"

通过这样的教学，学生岂只学到如何计算面积，他们关注到更多的东西以及懂得了怎样看待事物。

四、数学教育中的数学思想教育

（一）数学思想的含义

数学思想是指在数学活动中对数学现象产生的理性认识，它是对数学事实与数学理论的本质认识。首先，数学思想比一般说的数学概念具有更高的抽象和概括水平，后者比前者更具体、更丰富，而前者比后者更本质、更深刻。数学思想和人文思想不同的是，数学思想一旦形成，就具有很强的客观性，因此带有最普遍的意义和相对稳定的特点，成为建立数学和解决数学问题的指导思想。

数学思想是一类科学思想，但科学思想未必就是数学思想。例如，分类思想是各门科学都要运用的思想，只有将分类思想应用于空间形式和数量关系时，才能成为数学思想。所以数学思想同人类的一般思想方法或科学研究的朴素的一般方法同出渊源，但又更集中、更突出、更典型。它从一般科学方法论中脱胎出来，成为数学的指导思想或方法，反过来数学思想或方法的典型性和高度抽象性，又使它广泛地运用于一般的科学研究之中。如牛顿与莱布尼茨分别独立发明的微积分，为运动与变化的定量描述提供了方便。运用这一工具，使力学第一次成为定量的科学；爱因斯坦经过若干年的科学探索后，坦率地承认他轻视数学是一个极大的错误。

典型案例 2

爱因斯坦与数学

爱因斯坦回忆道：在苏黎世工业大学"照理说，我应该在数学方面得到深造，"可是"我在一定程度上忽视了数学，其原因不仅在于我对自然科学的兴趣超过对数学的兴趣，而且还在于下述奇特的经验。我看到数学分成许多专门领域，每一个领域都能费去我们所能有的短暂的一生"，"在这些学习的年代，高等数学并未引起我很大的兴趣。我错误地认为，这是一个有那么多分支的领域，一个人在它的任何一个部门中都很容易消耗掉他的全部精力。而且由于我的无知，我还以为对一个物理学家来说，只要明晰地掌握了数学基本概念以备应用，也就很够了；而其余的东西，对于物理学家来说，不过是不会有什么结果的枝节问题。这是一个我后来才很难过地发现到的错误。我的数学才能显然还不足以使我把中心的和基本的内容，同那些没有原则重要性的表面部分区分开来。"当他创立相对论处于最紧张的时刻，痛苦地发现自己的数学知识不够用，于是不得不回过头来花费大量精力向闵可夫斯基请教有关四维空间的数学理论，自己温习非欧几何理论。在创立广义相对论时，他运用自己超群的才能将引力问题归结成了一个纯粹的数学问题，但是，他还是发现自己的数学知识不够用，于是带着这个问题，爱因斯坦于1921年去找了他的老同学，当时苏黎世工业大学的数学教授马尔塞耳·格罗斯曼。通过查阅文献，格罗斯曼很快就告诉他，关于引力问题的纯数学问题，早已专门由黎曼等人解决了！

通过自己的经历，爱因斯坦深有感触地说："在物理学中，通向更深入的基本知识的道路是同最精密的数学方法联系着的。只是在几年独立的科学研究工作以后，我才逐渐地明白了这一点。"[1]再如，美国数学家纳什用数学的思想方法解决了经济学中的问题而获得诺贝尔经济学奖，总之，科学、天文学、医学、建筑、音乐、计算机等领域无不受益于数学思想及方法。

（二）数学思想在数学发展中的地位

数学思想在数学的发展过程中一直发挥着重要作用。可以说，数学的发展，主要是数学思想的发展。数学的发展又极大地丰富和发展了数学思想，如非欧几何的创立，是从对欧氏几何公理体系的反思引起的。1854年，德国青年数学家黎曼（Riemann，1826—1866）在哥廷根作了《关于作为几何学基础的假设》的报告，提出了更为一般的几何空间——广义黎曼空间。从此，围绕着平行公理，有了三种不同的几何学，圆满地解决了一场长达两千年的关于第五公理的争论：

[1]　[德]爱因斯坦文集·第一卷[M]．许良美，范岱年编译．北京：商务印书馆．1976.

　　欧氏几何（抛物线型）——过直线∫外的一点P，在同一平面内仅有一条直线与∫平行。

　　罗巴契夫斯基几何（双曲线型）——过直线∫外的一点P，在同一平面内至少有两条直线与∫平行。

　　黎曼几何（双椭圆形）——没有平行的直线。

　　也就是说，过直线∫外的一点P，而平行于∫的直线，无论是恰有一条、不止一条或一条也没有，都可以分别建立起自己的一套几何学，它们分道扬镳，都是和谐的，都能描述和解释现实空间。

　　非欧几何的创立使人们看到了欧氏几何公理体系的脆弱，这使人们进一步提出疑问：除了平行公理以外，欧氏几何中的其他公理有没有问题？进一步，除了几何之外，其他的数学分支——算术、代数、微积分等，它们的基础是牢固的吗？这就迫使数学家们不得不注意对几何基础乃至整个数学基础的研究，从而促进了公理化思想方法的完善和发展。德国著名数学家希尔伯特的形式化合理的思想方法就是在公理化思想方法的基础上发展起来的。在希尔伯特的公理体系中被称为点、线、面、体的对象，并不具有任何具体的意义，甚至可以换成其他任何术语，完全摆脱了空间观念的直观部分。因此，这种合理体系可以称为"形式化合理"。形式化合理的思想方法，已经成为现代数学的重要思想方法之一。

　　从以上事例可知，数学的发展和数学思想的发展互相影响，相辅相成，互相促进。数学思想不仅有整理加工的意义，而且是发现新知识的手段，是数学知识的灵魂。

（三）中小学数学中接触的基本数学思想

　　在数学思想中，有一类思想是体现或应该体现于基础数学中的具有奠基性和核心性的思维成果，这些思想可以称之为基本数学思想。基本数学思想含有传统数学思想的精华和近现代数学思想的基本特征，并且也是历史地形成和发展着的。中小学数学中接触的基本数学思想有如下几种。

1. 分类思想

　　分类指按某种标准，将研究的数学对象分成若干部分进行分析研究，从而把对象简单化。数学中每一个概念都有其特有的本质特征，它又是按照一定的规律扩展变化的，它们之间都存在着质变到量变的关系。要正确地认识这些概念，就需要具体的概念依据具体的标准具体分析，这就是数学的分类思想。分类时要求满足互斥、无遗漏、最简便的原则。如整数的分类，以能否被2整除为例，整数可分为奇数和偶数；若以自然数的约数个数来分类，整数则可分为质数、合数和1。几何图形中的分类更常见，如学习"角的分类"时，涉及许多概念，而这些概念之间的关系渗透着量变到质变的规律。其中几种角是按照度数的大小，从量变到质变来分类的，由此推理到在三角形中以最大一个角大于、等于和小于90°为分类标准，可分为钝角三角形、直角三角形和锐角三角形。而三角形以边的长短关系为分类标准，又可分为不等边三角形和等边三角形，等边三角形又可分为正三角形和等腰三角形。不同的分类标准会有不同的分类结果，从而产生新的数学概念和数学知识的结构。

2. 数形结合思想

将一个代数问题用图形来表示，或把一个几何问题记为代数的形式，通过数与形的结合，可使问题转化为易于解决的情形，常称为数形结合的思想。数形结合思想的实质即通过数形之间的相互转化。数形之间的转化表现为两个方面。一个方面是把抽象的数量关系，通过理想化抽象的方法，转化为适当的几何图形，从图形的结构直观地发现数量之间存在的内在联系，解决数量关系的数学问题。另一个方面是把关于几何图形的问题，用数量或方程等表示，从它们的结构研究几何图形的性质与特征。

初中教学中的数轴内容就体现数形结合的思想。教学时，要讲清数轴的意义和作用（使学生明确数轴建立数与形之间的联系的合理性）。任意一个有理数可用数轴上的一个点来表示，从这个数形结合的观点出发，利用数轴表示数的点的位置关系，使有理数的大小，有理数的分类，有理数的加法运算、乘法运算都能直观地反映出来，也就是借助数轴的思想，使人们易于理解和接受抽象的数及其运算方法。

在小学数学中，用得最多的是把抽象的数量关系，通过理想化抽象的方法，转化为适当的几何图形，从图形的结构直观地发现数量之间存在的内在联系，以解决数量关系的数学问题。最典型的就是求解应用题，为了帮助学生理解应用题中抽象的数量关系，通常是将数量关系转化成线段图。这样的一个转化过程，可以使学生借助于图形将抽象的数量关系直观化、明了化，加深对问题的认识和理解，提供解决问题的方法，同时也有利于培养学生将实际问题转化为数学问题的能力。

3. 方程和函数思想

方程思想就是在已知数与未知数之间建立一个等式，把生活语言"翻译"成代数语言。方程思想的实质内容就是：在客观世界的某一统一体中的若干变动因素是相互制约的，其中若干因素的确定，就限制了其他因素的变化（以至于随之确定）。笛卡儿曾设想将所有的问题归为数学问题，再把数学问题转化成方程问题，即通过问题中的已知量和未知量之间的数学关系，运用数学的符号语言转化为方程（组），这就是方程思想的由来。

初一代数开头和结尾一章，都蕴涵了方程思想。教学中，要向学生讲清算术解法与代数解法的重要区别，明确代数解法的优越性。代数解法从一开始就抓住既包括已知数、也包括未知数的整体，在这个整体中未知数与已知数的地位是平等的，通过等式变形，改变未知数与已知数的关系，最后使未知数成为一个已知数，从而使已知与未知之间的数学关系十分清晰。例如稍复杂的分数、百分数应用题、行程问题、还原问题等，用代数方法即假设未知数来解答比较简便，因为用字母x表示数后，要求的未知数和已知数处于平等的地位，数量关系就更加明显，因而更容易思考，更容易找到解题思路。

与方程思想密切相关的是函数思想，函数思想是指要用运动变化的观点分析、研究具体问题中的数量关系，用函数的关系表示出来并加以研究，以求得问题的解决。函数思想的实质内容是：以一种状态准确地刻画另一种状态。函数思想利用了运动和变化观点，在集合的基础上，把变量与变量之间的关系，归纳为两集合中元素间的对应。数学思想是现实世界数量关系深入研究的必然产物，对于变量的重要性，恩格斯在自然辩证法一书中对"数学"的有关论述中已阐述得非常明确："数学中的转折点是笛卡儿的变数，有了变数，运动进入了数学；有了变数，辩证法进入了数学；有了变数，微分与积分也立刻成为必要的了。"

利用函数思想，不但能达到解题的要求，而且思路也较清晰，解法巧妙，引人入胜。所以教师要注意培养学生的函数思想。其实小学的数学教学中就已经蕴涵着方程与函数思想，这需要我们教师善于引导，让学生从小就接触一些数学思想。如在小学数学教材的练习中有如下形式：

$6 \times 3 =$　　　　$20 \times 5 =$　　　　$700 \times 800 =$
$60 \times 3 =$　　　　$20 \times 50 =$　　　　$70 \times 800 =$
$600 \times 3 =$　　　　$20 \times 500 =$　　　　$7 \times 800 =$

有些老师，让学生计算完毕，答案正确就满足了。有经验的老师却这样来设计教学：先计算，后核对答案，接着让学生观察所填答案有什么特点（找规律），答案的变化是怎样引起的？然后再出现下面两组题：

$45 \times 9 =$　　　　$1800 \div 200 =$
$15 \times 9 =$　　　　$1800 \div 20 =$
$5 \times 9 =$　　　　$1800 \div 2 =$

通过对比，让学生体会和总结出"当一个数变化，另一个数不变时，得数变化是有规律的"。

4．集合思想

所谓集合，指具有某种特定性质的事物的全体。任何事物，或者属于这一集合，或者不属于这一集合，二者必居其一且仅居其一。属于某一集合的事物称为这个集合的元素。所谓集合思想就是把事物按照某种特定性质进行归类的思想。所谓"某种特定性质"，是指我们有一定的规则或办法，据此可以对任一事物，判断它是否属于这一集合。

5．化归思想

所谓化归即转化、归结的意思。化归思想是根据问题解决的需要转变研究对象的内容或形式，即把困难的问题转化为已知的或新形式的问题，利用变换后新形式的方便和变换中的不变性，通过对已知问题或新形式问题的解决，获得原问题的解决。所以化归思想也称变换思想。

可见化归思想最本质的特点是化繁为简、化难为易、化未知为已知。代数中有解析式的恒等变换，方程、不等式的同解转换；几何中有合同变换、相似变换、等积转换等。各种转换的共同本质是变中有不变。转换是手段，揭示其中不变的东西才是目的，为了不变的目的去探索转换的手段就构成解题思路和技艺。

除此之外，中小学数学中接触的基本数学思想还有一般化思想、极限思想、公理化与结构思想、整体思想、建模思想等，由于篇幅有限，这里就不再一一赘述。

（四）数学思想教育

我们知道数学思想是指在数学活动中对数学现象产生的理性认识，它是对数学事实与数学理论的本质认识，它比一般说的数学概念具有更高的抽象和概括水平。可见数学思想是处理高度抽象的对象——数学的经验结晶，它反映着科学知识整理的最严密的、最经济的方式和方法。通过数学思想，使数学科学成果同现实世界联系起来，深深地植根于自然科学和社会科学的土壤之中，从而能为各行各业的人所理解和运用。下面，我们谈谈数学思想如何作用于社会生活和日常生活，即数学思想与社会生活和日常生活有哪些联系，数学思想在社会生活和日常生活中是怎样体现出来的，以及数学思想对学生的学习、生活的影响和联系。

我们仅仅从中小学数学中接触的数学思想类型就知道，数学思想极其丰富博大，下面我们只选取与学生数学学习关系密切的一部分数学思想加以分析。

1．集合思想

在学生的学习生活中，是否具有集合思想，会影响到他（她）对知识的理解和思维。

典型案例 3

学习阻碍与集合思想

　　某小学三年级的自然课里，教师想教会学生热胀冷缩，先用水做实验（为了便于观察，水染成了红色），学生明白了水面上升是因为水的体积增大了，水的体积增大是因为受热；水面下降是因为水受冷体积缩小了。然后，教师又用被染成红色的酒精做实验，师生总结出："水有热胀冷缩的性质；酒精有热胀冷缩的性质，水和酒精都是液体，因此液体有热胀冷缩的性质"。接着教师先后又用煤油、酱油、菜油做实验，问学生它们会热胀冷缩吗？出乎老师的意料，学生全部答错。学生的理由是：煤油不是红色的；酱油、菜油是可以吃的；酱油有色素；菜油烧不着……。课后，老师认为学生没有一个答对，是因为他没有多用几种液体做实验。[1] 其实，这不是根本的原因，根本的原因在于学生欠缺集合的思想。

　　皮亚杰认为，儿童应该获得多种关于确定集合的性质及集合之间的关系的经验。要确定集合，就要对物体加以适当的分类，就必须知道这些物体与已知的其他物体的关系。比如，一群马，它们是动物吗？为了说明这种关系是分类的基础，我们可以画两个圆，一个代表马，一个代表动物。两个圆的相对位置表示马与动物之间存在的关系。从逻辑上说，有下图所示的几种可能性。

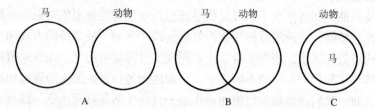

　　如果所有的马都不是动物，那么图解应该是图4-1中的A；如果有些马是动物，有些马不是，则图解是B；如果所有的马都是动物，则图解是C。

　　第三种图解正确地表示了两者之间的关系。动物的类或集合包含马的集合。许多科学活动都与对物质世界中的物体分类有关，在生物学中首先是动、植物两大类。确定集合的性质及集合之间的关系在逻辑和数学上都是重要的，上例自然课中的

[1] 宋晓梦等. 一堂真实"公开课"的启示［N］. 报刊文摘，2003-02-28.

学生之所以答错，是因为他们没有把水、酒精、煤油、酱油、菜油等归类为液体的集合。集合思想在我们教学中是从小缺乏专门训练的。

正因为集合思想具有逻辑的、数学的重要性，所以，它也会影响到社会生活和日常生活。比如它可以使人懂得区分场合。在新的场合和情景中，迅速地找出与规定场合有关或无关的因素，从而十分得体地和有效地说话和做事。

2. 一般化思想

一般化思想即建立在简单性原则或多样的统一原则基础上的思想。一般化思想具有化繁为简、化难为易、去表就里、宏观把握的特点和优势，所以它可以从以下几个方面影响我们：

（1）使人善于从个别事物中发现带有方向性的或者带有积极意义的特征，进而寻找具有这种特征的事物，构成特征集合。

（2）使人具有洞察力。有时，特征集合的元素间可能表面上差异很大，但具有一般化思想的人仍能看出它们本质上的一致性。例如，著名的"七桥问题"。

典型案例4

七桥问题

所谓"七桥问题"，就是18世纪初，今俄罗斯的普雷盖尔河中的两个岛是柯尼斯堡城的部分，有七座桥与城连接。柯尼斯堡的居民有一个欢乐的传统：星期天沿着城市的河岸和岛屿散步，同时试图找到一条路线，可以经过所有七座桥，但不重复经过任一座桥。虽然当时大多数人都把这当做有趣的娱乐，但欧拉发现这娱乐可以导向另外的契机。他抓住这个契机加以发展，从而开辟了拓扑学的领域。拓扑学与研究大小、形状和刚体的欧几里德几何不同，它是研究物体即使在大小、形状改变时依然保持不变的那些特性的几何学。例如，如果三角形变形为正方形或圆，拓扑学研究这对象的哪些特性保持不变。欧拉把七桥的物理背景变换并简化为一种数学设计（称作图或网络），这设计包含两个问题，并使它简化。对于城市与桥相通的每一部分，他用一个顶点来代表，每一座桥他用一个弧来表示。欧拉通过关于图形中各个交会点的"奇偶性"——按照每一点处交会的曲线的数目，我们可以把各个交会点区分为"奇点"和"偶点"——的分析成功地解决了这一问题。他的结论

是：经过所有七座桥而不复返的问题相当于用铅笔不离纸面地
描绘整个网络，经过所有七座桥而不复返的问题实际上也就是
能否一笔且无重复地画出如下图所示的图形。

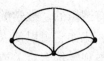

希尔伯特关于一般化思想有一个精辟的论述，他说："在
解决一个数学问题时，如果我们没有获得成功，原因常常在于
我们没有认识到更一般的观点，即眼下要解决的问题不过是一
连串有关问题中的一个环节。"

（3）使人具有深入浅出的能力。具有一般化思想的人善于深入
浅出地分析或说明问题。当他们发现复杂的事物的特征同浅显的事物
相一致，便用浅显的事物来说明复杂的事物，使别人容易理解自己所
讲的问题。例如，当别人问爱因斯坦什么是相对论时，爱因斯坦就用
小伙子和心仪的姑娘在一起的时间感觉同孤独时的时间感觉相比较，
说明相对论的基本观点。

（4）使人具有辐射性思维。辐射性思维即以较少的、核心的命
题去说明众多的现象，或者用众多的论据去深入地阐述某一问题。

3. 函数思想

数学所研究的往往是变化着的量以及相互之间的关系，而这主要
是利用函数（或映射）来实现的。函数思想是指要用运动变化的观点
分析、研究具体问题中的数量关系，用函数的关系表示出来并加以研
究，以求得问题的解决。例如，用换元法解题，实质上就是通过建立
函数关系，把它转化为已知的问题来解。如解双二次方程，用辅助未
知数y代替方程中的x，这实质上就是建立函数关系，把它转化为y的
一元二次方程来解，最后求出原方程的根。其实，函数思想和参数思
想早在儿童时期就被实践着，而且在社会实践中被广泛地运用着。

4. 化归思想

化归思想，使人善于把困难的问题转化为已知的或新形式的问
题，通过对已知问题或新形式问题的解决，获得原问题的解决。如希
尔伯特把果尔丹问题由计算问题转化为逻辑问题来解决就是化归思想
的最好体现。化归思想最核心的一点就是抓住变化中不变的东西。如
中学数学中的方程代数学式，方程两边同时加上和减去一个数、一个
代数式，分方程的形式变了，但解没有变。抓住了这一点，就能用移
项的办法化简方程，求方程的解。

一个代数式，可以变成另一种形式。例如$a^2 - b^2$可以写成$(a + b)$

（$a-b$），形式变了，但如果用具体数值来取代a和b时算出来的结果是不变的。57^2-56^2写成（$57+56$）（$57-56$），算出来的结果都是113，但后者却容易、快捷得多。小学数学中的有关年龄的问题，两人年龄差不变就是一个关键问题。哥哥长1岁，弟弟也长1岁。两人的年龄都变了，但两人的年龄差没有变。如果哥哥比弟弟大两岁的话，那么，不论是去年，还是今年，哥哥都比弟弟大两岁。抓住这一点，问题往往迎刃而解。

再如，解答一些组合图形的面积，运用变换思想，将原图形通过旋转、平移、翻折、割补等途径加以"变形"，可使题目变难为易，求解也水到渠成。如下图：大正三角形的面积是28平方厘米，求小正三角形的面积。左图中大、小正三角形的面积关系很难看出，若将小正三角形"旋转"一下，变成右图的模样，出现了四个全等的小正三角形，答案也就唾手可得了。小正三角形的面积是：

$$28 \div 4 = 7 （平方厘米）$$

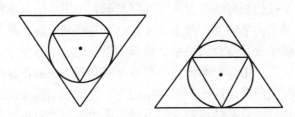

实际上，小学数学课本中，除了长方形的面积计算公式以外，其他平面图形的面积计算公式都是变换原来的图形而得到的。教学中，我们应不失时机地利用这些图形变换，进行思想渗透。

综上所述，数学教育蕴涵着丰富的思想教育价值。所以，数学教育要重视数学思想的教育。要使数学教育能真正发挥其思想教育的功能，首先必须做到的是，数学教师自觉地意识到数学的这种功能，并能重复连接数学中蕴涵的思想。在这方面，许多著名数学家的良苦用心值得引起高度重视。他们十分关心数学教育，从自己形成的对数学的独特感受和从自己由于受数学的影响而产生的思想出发，直接把数学活生生的思想注入教育之中。这就是著名数学大师关注教育的功效与作用之所在。一般的数学教师向学生传授的是数学知识和技巧，而数学大师给予学生的则是思想。在理解了数学思想的意义后，一般的数学教师也应该有这种追求。

五、加强数学教材的思想性建设

从前面的论述中可见，数学包含了极其丰富的思想资源和教育资源。作为数学教育的重要媒介，教材理所应该有充分的反映和有效的利用，努力提高数学教材的思想性，使数学思想在数学教材中不但尽展魅力，把学生引入数学瑰丽的王宫，而且使学生形成数学思想和养成美好的个性和情感。教材应如何体现和反映数学思想和提高其思想性呢？我们认为，可以从以下几个方面入手。

（一）课程和教材的整体必须体现数学思想的基本精神

从前面介绍的几种数学思想来看，数学思想的基本精神就是化复杂为简单，所以数学最追求经济和简约，追求繁杂归于简单，由简单可推广无限。体现数学思想这个基本精神的最典型的事例就是欧氏几何的建立、非欧几何的建立和希尔伯特的公理化方法的纯形式化的思想方法。所以数学教材的选取和结构也应该反映这一基本精神，从最原始的概念即基本概念出发，然后遵循逻辑规则定义其他的概念，以保证选用的数学知识是数学知识体系得以展开的最主要的构架，由此辐射出众多的结果来。希尔伯特在1899年写的《几何基础》一书的结构，可以给予我们很好的启发。《几何基础》中引进的基本概念包括基本元素和基本关系两类。基本元素有点、直线和平面；基本关系有结合关系、顺序关系与合同关系。像我国以前的小学数学教材把应用题归为十一大类、中学数学教材中把数学概念和方法的各种组合都列举出来作为题型归类，这些都要学生记背，使学生照模式做题，是很不符合数学思想的基本精神的，不但增加了学生的学习负担和学习数学的难度，而且使学生不能领会数学的精髓。

（二）关注学生的数学思维活动

数学思维是人们认识、思考数学问题的过程和活动，数学思想是数学思维的结果。可见，只有通过数学思维活动才能够领略数学思想、产生数学思想、获得数学思想。所以应当把定向地启迪数学思维活动作为数学思想教育的最重要的措施。离开了学生主体的数学思维过程，强输硬灌数学思想是不可行的，就像不让学生亲自咀嚼、品尝苹果，而只是告诉他苹果的滋味，他永远也不可能知道苹果到底是什么滋味。也像只在岸上讲游泳的要领、动作，而不让学生下水去亲自体验，学生永远学不会游泳一样。托尔斯泰曾说过："知道地球是圆的并不重要，重要的是人们怎样得到这个结果的。"我们要让学生在做数学的过程中体会数学思想，以提高他们的思维素质和形成数学思想，这比数学知识本身更重要。

（三）注重数学思想的基本材料——数学的现实原型

任何思想都是对现实原型的高度抽象和概括，所以都可以在现实中找到现实原型，数学思想也不例外。数学思想实际上是对数学问题解决或建构所作的整体性考虑，它常常来源于现实的原型而又高于原型，往往可以生动地以现实原型来表现。例如，现实生活中，有大量的堆放东西的时候，为了稳妥和便于计算，常常是按照梯形的形状来堆放的。教师利用这个现实原型，就可以让学生概括总结出其计算公式。

乌鲁木齐贾文芳老师的教学[1]

让学生观察下图，看这堆缸是如何排列的。

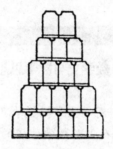

学生一眼就看出这堆缸最下一层是6只，往上摆分别是5只、4只、3只、2只，原来每往上一层就减少一只。这时老师说："这就叫相邻两层相差1"。不必多加解释学生就懂了，然后问："谁能很快算出这堆缸的总数呢？"这时，有的学生一个一个地数，有的学生一层一层地加，看到这种情景，老师问："假如有很多缸，你们能很快数清吗？你们能很快加出来吗？"学生回答："不能。"在学生焦急的期待中，老师引导学生利用简便的算法：用图示的办法把同样多的一堆缸倒放在那堆缸的旁边（如图所示）。

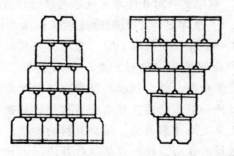

[1] 柳斌.中国著名特级教师教学思想录小学数学卷［M］.南京：江苏教育出版社，1996：473.

学生立即看出来了，每一层都是8只，共5层。老师问，"现在总数是多少？怎样算的？"学生回答："总数是40只。8乘以5等于40。"老师接着问："8是哪里来的？5是哪里来的？"学生据图就能顺利回答。老师引导说："原来的缸是不是40只？"学生回答："原来的缸不是40只，是它的一半，40除以2等于20只。"在教师的层层启发下，学生自然推出了求这堆缸总数的公式：

（底层只数＋顶层只数）×层数÷2

至于此，老师进一步把这一问题引申到更多的实际情景中，如木头的堆放、钢管的堆放、食品等的相同形式堆放的计算。这样，学生从生活实际问题中，明白了"相邻两层相差1"的堆放形式的简便计算公式。

思考活动

结合你的学习经验和感受，谈谈如何理解数学的思想性教育。

扩展阅读 1

数学史与数学思想教育

1. 数学史料对学生掌握数学思想的作用

数学思想是人们对数学认识的反映，是对数学概念、方法和理论的本质认识。通过学习数学史，可以知道各种具体的数学思想的产生和发展，它与数学主干思想有何联系，它对数学发展的影响、作用和地位。数学中有许多数学思想。如，当美索不达米亚的牧人第一次使用小石子来表示羊的只数时，就意味着符号抽象的产生；而当他们第一次试图使用什么记号将羊只的总数记录下来时，就意味着符号思想的出现。符号思想的实质就是通过建立某种对应，实现从感性到理性认识的转换。掌握了这种对应关系，才能理解所使用符号的意义，才能进入形式化的数学领域。

2. 数学史料对开发学生数学思维的作用

（1）数学思维是人们的数学认识活动，是人们从事数学活动（一般指研究数学，学习数学，应用数学和讲授数学的活动）中的理性认识过程，是人们形成数学思维形式、数学概念、数学命题、数学推理和数学理论的思维过程。数学史料富有典型性和教育意义。领略数学家们的创造性思维过程，有助于学生深刻地理解教材，领会教材的实质，从而可以增强学生驾驭教材的能力，这一点是战胜题海战术的有力武器。数学史知识，能使学生认识到在探索数学问题时应冲破思维的局限，从而发展学生的数学思维。

（2）数学史中记载了许多数学家发明、发现的生动过程，向学生介绍这些过程，有助于学生理解掌握创造的方法、技巧，从而增强其创造力。如公元263年，刘徽在《九章算术》的注释中提出了计算圆周长的"割圆"思想，刘徽本人精辟地论述："割之弥细，所失弥少，割之又割，以至于不可割，则与圆周合体，而无所失矣！"刘徽用"割圆"思想不仅计算出了π的近似值，而且还提供了一种研究数学的方法。这种方法相当于今天的"求极限"。数学家们的这些数学方法和思想能开阔学生的视野，发展学生的思维。

（摘编自：http://math.cersp.com/Specialty/GaoZh/Subject/200703/3741_3.html）

 专题小结

数学教育中蕴涵着丰富的思想，既包括对数学的由衷喜爱、正确认识、乐意投入以及客观辩证、热爱自身传统等一般性的思想教育，也包括数形结合、分类、一般化等数学思想方法的教育。数学教育要以思想性教育为基本任务，并加强数学教材的思想性建设。

专题二

数学课程与教材的文化建设

专题导读

人们越来越倾向于认同，数学是一种文化体系。那么我们如何进行数学课程与教材的文化建设呢？这需要从什么是文化、什么是数学文化等若干基本问题开始谈起。

一、文化的含义

数学不应被看成知识的简单汇集，或者是单纯技能的传授，而主要地被看成人类的一种活动，一种以"数学共同体"[1]为主体，并在一定的文化环境中所从事的创造性活动。数学是一种文化。今天我们从事数学教育，应该树立起"数学文化观"，加强数学课程与教材的文化建设，挖掘数学教材中的文化因素，将其文化价值贯穿于整个教

[1] 数学共同体：一种由职业因素联系起来的群体，并具有相对稳定的数学传统。

育中，使之转变为学生的内在素质，使学生能以数学的思维和素养去面对瞬息万变的社会、处理纷繁复杂的问题。所以，不论是从数学本身来看，还是从课程的本质来看，我们都应当重视数学的文化教育价值。数学教育首先是一种人的教育；其次才是一种教育工具。把数学教育看做人的教育，就必须首先把数学看做是一种文化体系，用它来培育人的理性、精神及其价值观，和其他学科的教育结合起来，培养和谐而理性的人。

如何界定文化是一件非常困难的事。我们对文化的理解常常是"只可意会，不可言传"，是一种模糊的、似是而非的把握。正因为如此，我们在教育中，特别是数学教育中，很少意识到进行深层次的文化教育。我们现在对教育的诸多批评就在于，培养出来的人素质太差。何以如此？根本原因就在于我们的教育缺乏一种文化教育。

"文化"作为人类社会的现实存在，具有与人类本身同样古老的历史，是中国语言系统中古已有之的词汇。但是，"文化"作为一个内涵丰富、外延宽广的多维概念，成为众多学科探究、阐发、争鸣的对象，却是近世以来由欧洲人开其端绪。而有关文化问题的研究，也是随着19世纪下半叶经济学、社会学、人类学、文化学的兴起，才受到人们的重视的。长期以来，人们一直引用1871年英国人类学家泰勒（E.B.Tylor）在《原始文化》一书中首先提出的关于文化的经典定义："所谓文化或文明，就其广泛的民族学意义来说，乃是知识、信仰、艺术、道德、法律、习俗和任何人作为一名社会成员而获得的能力和习惯在内的复杂整体。"[1] 目前，国外学术界大多赞同美国学者克卢伯的文化定义：文化是一种架构，包括各种外显和内隐的行为模式，通过符号系统习得或传递。文化的核心信息来自历史传统。可见，克卢伯把文化看做是一个具有一定结构的系统。尽管克卢伯的上述分析不一定确切和全面，但他的分析确为解剖文化结果提供了可供参考的途径。研究文化的学者们都不否认文化是具有结构的。

究竟如何理解文化的基本含义？每个人根据自己的经验和体悟，都有一定的认识。我们认为，可以从文化特征、文化系统和文化要素三个方面来理解文化的含义。

（1）文化具有人化的特征，是人在现实生活中创造的，具有一定的主观性和历史继承性

首先，文化为人类所特有。文化是人创造的产物，是人化的产物，它处处打上了人的烙印，并为一定的人或社会所共享。

其次，文化是人在其现实生活中创造的。文化的创造离不开现实生活（大自然、地理环境、生产方式、生活方式），不同时代、不同

---

[1]［英］E. B泰勒. 原始文化［M］. 连树声译. 上海：上海文艺出版社，1992：1.

地区、不同民族其现实生活是不同的，故文化具有多元性，这可以从东西方不同文化、中印不同文化、汉族或藏族等少数民族的不同文化中看出。

再次，文化是非自然的产物，并且主要是人类在"一定社会形态下的自由的精神生产"[1]，因而具有主观性。这种具有主观性的文化一旦形成，它又会依附到对事物的认识和体验上去，从而进一步激发人的创造，在人的进一步创造的基础上，文化也随着发展（如人对生活质量的追求，其中尤其是对精神生活的追求，不仅使文化日益丰富，而且不断创造出新的文化，比如电视文化、网络文化等）。这种发展正好说明了文化具有一定的历史继承性。

因为文化具有人化的特征，是人创造的，所以广义的文化是与自然相对的概念，它是指通过人的活动对自然状态的变革而创造的成果，即一切非自然的、由人类所创造的事物或对象。因而，文化就是人在现实生活中创造出来的一切非自然的产物。这个产物包括了人类在社会历史实践过程中所创造的物质财富和精神财富的总和。

（2）文化是一个庞大的系统，它作为一个整体而存在有其特有的核心和"共同体"及其"行为方式"

系统是由多个不同要素构成的集合体。各个要素的不同排列与组合，便形成特定的整体结构和相应的功能，它从属于更大的系统。我们可把文化这个极其复杂的研究对象看做一个系统。文化作为一个系统，可以分为人文文化和科学文化。人文文化系统可分为东方文化和西方文化，而二者又可细分下去。科学文化系统可分为物理文化、数学文化、生态文化等，同样，这些文化也可再细分下去。文化固然包含众多的不同形态和类别，然而它们并非杂乱无章的集合，就其整体而言，是互相整合为一的。而整合的基础则是文化的核心，即一套传统观念，尤其是价值系统。围绕这个核心的研究活动则造就了一个特殊的群体——"共同体"及其"行为方式"。

（3）文化由若干要素构成。文化作为一个系统，有其构成要素，但是由于对文化概念的理解不同，因而对文化要素的理解也有差异。如按照英国人类学家马林诺夫斯基的论述，一种文化应包括如下四个方面的要素或四个不同的层次[2][3]：

一是物质设备。人类要生存，要满足生理和精神的需要，就必须

[1] 马克思.资本论·第4卷［C］. 马克思恩格斯全集·第26卷第1分册.北京：人民出版社，1972：296.

[2] ［英］马林诺夫斯基.文化论［M］.费孝通等译. 北京：中国民间文艺出版社，1987：4-9.

[3] 关于文化的层次，有"两分说"、"三层次说"、"四层次说"和"六系统说"等不同划分。参见张岱年，方克立. 中国文化概论［M］. 北京：北京师范大学出版社，1994：5.

借助一定的工具和物质设备不断地作用于自然。举凡器物、房屋、船只、工具以及武器，都是文化中最易明白、最易捉摸的一方面。

二是精神方面。物质文化是一种"死文化"，与这种死文化相匹配的"活文化"乃精神方面之文化，包括道德观念、情感态度、内心信念和价值体系等。这方面的文化经过逐步积累和演变，便形成文化的习惯和传统。

三是语言符号。语言是交流的工具，是思想的表征，是"文化整体中的一部分"，文化系统中的人必须掌握一定的语言习惯、概念模式和知识、符号体系。

四是社会组织。组织是人类文化的普遍现象，即从事一定文化活动的成员或"共同体"有其共同遵守的"范式"（范式指特定时期内，根据科学共同体的理论体系和心理特征所制定的一整套原则、定律、准则、理论、方法等[1]，且有赋予一定权力的分层领导和管理体系。

二、为什么说数学是一种文化

说数学是一种文化，主要基于两点，一是数学的研究对象；二是文化含义的分析。

（1）从数学的研究对象来看，它并非对客观事物或现象量性特性的直接研究，而是通过建构相对独立的"模式"，并以此为直接对象来从事研究的，它是人类抽象思维的产物。因此，在这一意义上，数学就是一种文化。更为重要的是，数学中还有一些概念与真实世界的距离是如此之遥远，以至常常被说成"思维的自由创造"，比如几何中的"直线"这一概念，它并不是指拉直的绳子，也不是用直尺画出来的一条直线，在现实生活中我们找不到它的原型，它是一条经过两点、在空间中无限延伸的线，只能存在我们的观念中、想象中。这也更为清楚地表明了数学的文化性质。

（2）数学作为人类创造的非自然物也具有文化的某些普遍特征，而正是这些普遍特征说明了数学是一种文化。

首先，数学对象的人为性。"文化就是人在现实生活中创造出来的一切非自然的产物。"按照这样的理解，一切非自然的、也即由人类所创造的事物或对象都可看成文化物。由于"数学对象并非物质世界中的真实存在，而是抽象思维的产物"[2]，数学作为一种量化模式，显然是描述客观世界的，相对于认识主体而言，它具有明显的客

[1] ［美］T．S．库恩．科学革命的结构［M］．李宝恒，纪树立译．上海：科学技术出版社，1980：8.

[2] ［古希腊］亚里士多德．形而上学·第十三卷［M］．吴寿彭译．北京：商务印书馆，1983.

防止数学泛文化观

针对数学课程是一套概念、规则体系，数学教学是计算、演练的狭隘认识，强调数学文化观，加强数学课程与教材文化建设，紧迫而必要。同时，要防止另一个极端的文化泛化，一是要注意文化数学文化内容的精选；二是要注意数学文化有自身的特性。

观性。但在肯定数学对象的这种"客观性"的基础上，我们应确认，
数学对象终究不是物质世界中的真实存在，而是抽象思维的产物。例
如，谁也不曾见过"1"，我们只能见到"1"个人、"1"个水果、
"1"个太阳、"1"只猫等，而决不会见到作为数学研究对象的真正
的"1"。关于数学对象的抽象性或数学对象的主观实在性观点，古
希腊的亚里士多德作了十分明确的论述。他指出，数学是研究大小的
数和量的，但是，它们所研究的数和量，并不是那些我们可以感觉到
的、占有空间的广延性的、可分的数和量，而是作为某种特殊性质的
抽象的数和量，是我们在思想中将它们分离开来进行研究的。而数学
对象的这种抽象性（思维的产物）表明了数学对象的人为性，所以，
依赖于人类"创造（抽象思维）"活动的数学便不可避免地具有文化
的性质。因此，在所说的意义上，数学就是一种文化。

其次，数学活动具有一定的社会组织——数学共同体。即从事
一定数学活动的数学家或"共同体"有其共同遵守的"范式"。美国
文化学家克鲁伯和克拉克洪在对160个有关文化的定义进行分析、比
较的基础上，把文化看做是成套的行为系统，其核心是由一套传统观
念，尤其是价值系统所组成。[1]由于在现代社会中，数学家显然已构
成了一个特殊的群体——数学共同体。在数学共同体内，每个数学家
都必然地作为该共同体的一员从事自己的研究活动，而他们的研究活
动是在一定传统指导下进行的，传统的具体内容一般包括以下三个方
面：一是核心思想，这是指关于数学本质的总的认识，也即总的数学
观，并提供了关于"什么是数学"的问题的具体解答；二是规范性成
分，这是指应当如何去从事数学研究的一些具体规范或准则；三是启
发性成分，这是指一些可以给人以启示和帮助的问题和建议。这种传
统就是"数学传统"[2]，也即数学家的行为方式。因此，我们也就可
以在第二种意义上说数学就是一种文化。

最后，数学发展具有历史继承性。如果从文化的历史性角度去理
解，我们就可以在第三种意义上说数学是一种文化。"从历史的角度
看，数学最初只是作为整个人类文化的一个部分得到了发展；然而，
随着数学本身与整个人类文明的进步……数学文化的发展已经达到了
一个较高的水平，并可被认为构成了一个相对独立的文化系统。"[3]
但是，不管它发展到怎样的程度，都离不开历史的积淀过程，即数学
的社会历史继承性。任何时期的数学成果都绝非这一时间的偶然产
物。这正如牛顿所说的那样"……是站在巨人的肩膀上的。"此外，
数学共同体和数学传统也不乏带有其历史性的成分。因而数学传统的

[1] 汪秉彝，吕传汉. 再论跨文化数学教育［J］. 数学教育学报，1999（2）：16.
[2] 郑毓信，王宪昌，蔡仲. 数学文化学［M］. 成都：四川教育出版社，2000：51-52.
[3] 郑毓信，王宪昌，蔡仲. 数学文化学［M］. 成都：四川教育出版社，2000：90.

不断变革及数学知识的延续性，就可以看成数学发展的重要特点。这一特点也是数学之所以成为文化的一个重要特征。[1]

三、数学文化的内涵

在确认数学是一种文化之后，我们应进一步理解数学文化的丰富内涵。根据马林诺夫斯基的文化层次理解，我们可以认为，数学文化包含了以下几个方面。

1．物质形态

人类在探索数学世界的过程中必须借助一定的工具和设备，如语言、符号、印刷、通信设备、计算机及网络等。它们既是数学文化发展的工具，也是数学文化传播的手段。它们使数学文化以物质的形态对人类生产和生活方式产生影响。

2．精神形态

数学中也隐含着数学家的道德观念、情感态度、内心信念和价值体系，而且数学本身也蕴含着理性精神，如客观、公正、理智、追求完美等。

3．知识形态

人类在探索数学世界的过程中，建立了数学概念，发现了数学规律，构建了数学理论，并用专门的语言和符号表达出来。这就构成了一个综合的数学知识系统。这是人类认识世界的数学劳动与智慧的结晶，是数学文化的知识形态。

4．组织形态

由于数学活动，显然构成了一个特殊的群体——数学共同体，这个共同体包括一切从事与数学密切相关活动的社会群体及其活动和活动方式。这些群体包括：从事数学研究的科研人员，他们是数学世界的直接探索者，并把人类对数学世界的认识构造成理论；从事数学思想转化工作的技术人员，他们使数学以技术的形式，通过生产劳动为人类创造物质财富；数学教育工作者和数学文化的学习者，教育工作者使数学文化得以传播，学习者享受数学教育，并在将来参与现代化社会生活和生产。如此广泛的社会群体及其活动，是数学文化存在与发展的根本保证。

作为文化整体来讲，数学文化的四个层次原本是相互联系，不可分割的。只不过为了分析它，我们才把它们分离开来。在这四个层次

[1] 《21世纪中国数学教育展望——大众数学的理论与实践》课题组·21世纪中国数学教育展望·第一辑［C］．北京：北京师范大学出版社，1993：203-205.

中，数学课程与教材的文化建设主要关注的是知识形态和精神形态的数学文化。二者作为数学文化的两个主要方面，更是水乳交融、密不可分。数学概念的建立，数学规律的发现，数学理论的构建以及数学知识的运用，无不蕴涵着数学的精神、思想、方法，以及数学家们的理性意志与文化品质。

四、数学精神文化的分析

既然数学课程与教材的文化建设主要关注的是知识形态和精神形态的数学文化，这里就专门分析一下比较隐蔽而陌生的、难以把握的精神形态的数学文化。

作为精神形态的数学文化主要包括数学精神、数学思想方法、数学意识、数学美感四个方面。

1．数学精神

"在最广泛的意义上说，数学是一种精神，一种理性精神。正是这种精神，使得人类的思维得以运用到最完善的程度，亦正是这种精神，试图决定性地影响人类的物质、道德和社会生活；试图回答有关人类自身存在提出的问题；努力去理解和控制自然；尽力去探求和确立已经获得知识的最深刻的最完美的内涵。"[1]米山国藏曾提出，数学精神表现为如下七种[2]：应用化的精神；扩张化、一般化的精神；组织化、系统化精神；致力于发明发现的精神；统一建设的精神；严密化的精神；"思想的经济化"的精神。

2．数学思想方法

"数学思想方法是数学知识在更高层次上的抽象和概括，它蕴涵于数学知识发生、发展和应用的过程中"，[3]是数学教学中分析问题和解决问题的制高点。数学思想方法其内涵是十分丰富的。如一些常用基本方法，换元法、配方法等；如一些数学的逻辑思维方法，分析与综合、归纳与演绎、一般与特殊等；如一些典型的数学思想，数形结合思想、化归思想、方程思想、函数思想等。这些思想方法横向上把数学知识紧密地联系起来，纵向上把数学中问题的发生和发展的规律揭示出来。同时这些数学方法本身也深深地蕴涵着深刻的数学哲学观点。如果把这些思想方法作为钥匙，往往能帮助我们在学习数学时起到事半功倍的效果。

[1] 邓东皋，孙小礼，张祖贵．数学与文化［C］．北京：北京大学出版社，1990：45.
[2] ［日］米山国藏．数学的精神·思想和方法［M］．毛正中，吴素华译．成都：四川教育出版社，1986：10-61.
[3] 邹春林．浅议数学思想［N］．教师报，2002-06-26（B04）.

3. 数学意识

数学意识实际上就是通常所说的"数学头脑"、"数学眼光"，即善于利用数学来思考、分析和解决问题，运用数学思维如推理、创造、统计等来看待问题，对日常生活中的数和运算有敏锐的感受力，善于把日常生活问题转化为数学问题，能有意识地从数学的角度去洞察世界，捕捉一般问题中潜在的数学特征。如，在购买东西时如何做到物美价廉，在旅游时如何选择交通工具和旅行路线，使费用最为合理，这都须具备一定的"数学头脑"和"数学眼光"。

4. 数学美感

对数学美的追求是人们进行数学创造的动力之一。"这一点在古典希腊数学发展中很突出：毕达哥拉斯的信条是'万物皆数'，他们试图以数来解释一切，并在万物中寻找数学规律，创立纯数学，把数学变成了一门高尚艺术。希腊人在三大几何作图题上的工作导致许多数学结论的发现，三大几何作图题之所以重要，是因为在人们心目中尺规作图才是美的。欧几里得的《几何原本》的公理组织方法、演绎结构正是希腊人心目中美之所在，《几何原本》则是追求美的道路上的一座丰碑。"[1]数学本身处处充满了美的韵律，小学数学教材中符号、公式的简洁美、几何图形的对称美、圆的和谐美、数和形的协调美以及数学内容追求的客观、公正、执著的内在理性美，无不给人以美的感受。教师如能认真体会教材中数学美的内涵，引导学生去发现、欣赏、创造数学美，不仅能提升学生的审美情趣，还能培养学生的良好情操。

总之，从文化的视角去理解数学，其内涵十分丰富，思想十分深刻。"从系统论的观点看，数学文化可以表述为以数学科学为核心，以数学的精神、思想、方法、技术、理论等所辐射的相关文化领域为有机组成部分的一个具有强大功能的动态系统。"[2]

五、数学课程与教材的文化建设

根据对文化及数学文化的理解和分析，我们可以从以下两个方面进行数学课程与教材的文化建设。

---

[1] 俞求实. 国外数学教育思想根源及其思考［C］. 见《21世纪中国数学教育展望》课题组编. 21世纪中国数学教育展望·第一辑. 北京：北京师范大学出版社，1993：81.

[2] 黄秦安. 数学哲学与数学文化［M］. 西安：陕西师大出版社，1999：80.；张维忠. 数学文化与数学课程——文化视野中的数学与数学课程重建［D］. 兰州：西北师范大学，1999：5-7.；王建芳. 数学文化的研究［J］. 呼伦贝尔学院学报，2000（3）：72.

（一）在教学过程中有意识地培养学生的科学人文精神

数学教学中的科学人文精神主要表现在以下几个方面。

（1）理智、自律。在最广泛的意义上说，数学是一种精神，一种理性精神。数学知识体系主要是一种理性的思维方式。数学中的结论是一个逻辑的结果，而不是一个情感世界的宣泄；数学中的"权威"是"规则"——逻辑上的合理性。每一个问题的解决都必须自觉遵守数学规则，这是解决一切数学问题的先决条件。这种通过由数学熏陶所产生的对规则的敬畏感能够迁移到人和事物上，因为它本质上是对秩序的尊重。在日常生活中，这种对秩序的自觉遵守，使人们形成一种对社会公德、秩序、法规等的内在自我约束力量，并进而发展为由他律性走向自律性。这是科学文化人的重要人格特征。

（2）严谨、求是。这是数学家基本的科学态度，也是数学的特性之一。数学本身要求无歧义、客观、精确。数学的结果不需要用华丽的辞藻来修饰，更不允许有任何夸张。数学中的概念、命题、定理表述的最根本的准则是准确、简明，任何修饰性的词汇都是多余的，没有人认为数学计算的结果可以进行"艺术加工"，也没有一位稍有数学修养的人认为数学证明过程可以借助于生动形象的描述来完成。所以数学能使人们养成缜密、有条理、求实、求真的思维方式和做事态度。据说牛津大学法律系的学生要学习高等数学，并不是因为英国的法律要用到很多的数学知识，而是因为数学的品格能使人杜绝偏见，客观公正，不屈服于权贵，坚持原则，忠于真理，具有独立的人格。鉴于此，在数学教学过程中，教师应该利用数学的这一特性，有意识地培养学生一丝不苟的工作态度、敬业精神和强烈的社会责任感，去其浮躁，净化灵魂，摒弃和抵制浮夸之风和华而不实。

（3）朴素、诚实。数学不允许夸张和繁杂，数学语言的精确性使得数学中的结论不会有模棱两可的情形。数学中不存在伪科学，数学的本质要求数学家始终站在公正的立场上，不允许有任何弄虚作假的行为存在。数学中结论只符合逻辑的论证，不会盲从任何一个权威，也不会听从于任何花言巧语或装腔作势。在数学学习的过程中，通过数学的训练可以使学生形成这样一种习惯：任何一步证明、任何一个结论的获得都必须有根有据。

（4）开拓、创新。数学学习过程实质上是一种再创造过程，数学中对定理、结论以及解题方法的探索，都需要学生具有创新思维和开拓精神。同时也正是通过这种数学活动过程培养了学生的开拓、创新精神。在数学教学中要杜绝教师"中心主义"，教师应大胆地让学生进行探索、猜想，允许学生发表不同的见解，甚至是错误的想法。数学问题的解决方法千变万化，其妙无穷，即使一个有丰富教学经验的教师也不能穷尽所有的解法。教师在教学过程中，通过精心设计问题，一题多解、巧解、解法的最优化等教学策略，可以有效地培养学生的创造性才能。现代社会越来越需要创造性人才，很难想象，一个没有创造性的人会在知识经济时代有大的作为。

（5）勤奋、自强。数学不像文学、艺术那样容易让人入迷，数学严谨，脑力劳动密集，所以数学学习需要付出艰辛的劳动，在学习数学过程中投机取巧是不可能获得成功的。数学虽然被誉为美的乐园，但对数学中的美并不是任何人都能领略和鉴赏的。只有在学习数学的过程中，通过自己的不懈努力克服困难，才能领略到数学的真谛和美妙。教师在教学过程中发挥学生的主体性，让学生有一个主动探索的空间，对知识产生浓厚的兴趣、激发战胜困难的热情，思维才会非常活跃，从而培养人们顽强的意志和探索精神。

（6）宽容、谦恭。数学作为人类探索自然界未解之谜的活动，不能排除错误和失误的可能性。数学家经常是在失误的情况下向正确的方向推进的，数学是拟经验、易谬的。在数学研究和探索未来的活动中，研究的主体如果只有怀疑意识和批判理性而没有谦恭的态度，最后就会走向独断，走向偏执，从而使公众眼里的数学变成呆板的"知识宗教"，使数学丧失其人文主义的价值。在数学发展中，宽容、谦恭体现为不但能够自由和自主地发表自己的见解，而且还能够充分尊重不同见解发表的权利。如人们没有多种形式的宽容和民主，欧氏几何与非欧氏几何就不能各自自成体系并存。数学的本质让人们认识到不同观点可以共存的哲学基础。在数学教学的过程中，教师应该让学生知道关于宽容、谦恭的数学故事，使他们懂得宽容、谦恭是一种美德。面对学生的错误，教师要尊重学生、宽容学生，教师不应当是绝对的权威。教师在教学过程中可能会出错，不要隐瞒，要坦诚告诉学生。

（二）教材中增加数学文化的素材

数学教材中的文化素材可以分两方面：呈现知识方面和介绍数学史方面。呈现知识方面，理论界研究得比较多，一般比较熟悉，所以这里把重点放在教材中介绍数学史方面。

1．呈现知识方面

（1）反映现代数学的发展。

（2）反映数学学科的基本结构和逻辑体系。

（3）关注学生的生活经验，贴近儿童的生活世界，反映儿童的客观现实，为学生提供丰富、生动、富有童趣的生活素材，密切书本知识与现实生活的联系。

2．介绍数学史

（1）数学史的教育意义。数学史主要起三方面的作用。

第一，理解数学的一种途径。数学史可以引导学生体会真正的数学思维过程，理解数学思维。一般说来，历史不仅可以给出一种确定的数学知识，还可以给出相应知识的创造过程。对这种创造过程的了解，可以使学生体会到一种活的、真正的数学思维过程，而不仅仅是教科书中那些千锤百炼、天衣无缝，同时也相对地失去了生气与天然的、已经被标本化了的数学。从这个意义上说，数学史可以引导我们创造一种探索与研究的课堂气氛，而不是单纯地传授知识。这既可以激发学生对数学的兴趣，培养他们的探索精神，历史上许多著名问题的提出与解决方法还十分有助于他们理解与掌握所学的内容。

第二，榜样的激励作用。许多大数学家在成长过程中遭遇过挫折，不少著名数学家都犯过今天看来相当可笑的错误，介绍一些大数学家是如何遭遇挫折和犯错误的，不仅可以使学生在数学方法上从反面获得全新的体会（这往往能够获得比从正面讲解更好的效果），而且知道大数学家也同样会犯错误、遭遇挫折，对学生正确看待学习过程中遇到的困难、树立学习数学的自信心会产生重要的作用。数学思想形成中的曲折与艰辛以及那些伟大的探索者的失败与成功还可以使学生体会到，数学既不仅仅是训练思维的体操，也不仅仅是科学研究的工具，它有着丰富得多的人文内涵。

第三，通过提供少量"花絮"提高学生的学习兴趣。

总之，通过数学史的介绍，可以让学生知道许多数学概念和方法形成的实际背景、知识背景、演化历程以及导致其演化的各种因素，注意到那些被历史淘汰掉的但对现实科学或许有用的数学材料与方法。在数学教学中渗透数学史内容也可以让数学活起来，借以激发学生的学习兴趣，也有助于学生对数学概念、方法和原理的理解与认识的深化。

（2）在教材中渗透数学史的主要内容。

① 数学知识的来源和背景。数学史往往揭示出数学知识的现实来源和应用，从而可以使学生感受到数学在文化史和科学进步史上的地位与影响，认识到数学是一种生动的、基本的人类文化活动，进而引导他们重视数学在当代社会发展中的作用，并且关注数学与其他学科之间的关系。

② 问题的提出、解决与发展。例如：通过对历史的介绍可以使学生更好地体会到，数起源于"数"（shǔ），量起源于"量"（liáng），因此数和量都来源于现实世界。

作为位值制记数法中表示空位记号的0。作为一个数的0是怎样被引入的，其中有什么困难？印度人的相应工作。

既然计数是十进的，在度量角度时我们为什么要用六十进制？从巴比伦人的数学贡献谈起。

圆周率π的简要历史（方法、数值、公式、性质），其中有许多动人的故事。

③ 方法、重要结果及原理的建立、应用与发展。例如：毕达哥拉斯定理是初等数学中一个非常优美而深刻的定理，又有着极为广泛的应用。两千多年来，它激起了无数人对数学的兴趣。1940年，美国数学家卢米斯（E.S.Loomis）在所著《毕达哥拉斯命题》艺术的第二版中收集了它的370种证明并作了分类，充分展现了这个定理的无穷魅力。围绕这个著名定理既有许多动人的故事，它的多种证明方法又是学习数学思想与方法的生动材料。

这里也顺便简单谈谈在数学教学中如何体现数学教育的文化性，即如何在数学教育中进行文化教育：

第一，利用数学知识渗透。

第二，精心设计和编写数学习题，给学生一些好的行为例子是很重要的。编题时尽量用一些好的行为例子，如分享、帮助等，或学生自己编应用题时，要求反映诚实、环保，如要学生分类统计他们抛弃的各种废物，并制成图表，最后讨论哪些废物是可以循环利用的等。

第三，利用数学发现、生活中的数学和数学家的故事进行数学审美、科学精神和态度、价值观等的教育。

第四，在数学活动、数学游戏中进行。

思考活动

结合数学文化观，谈谈如何进行数学课程与教材的文化建设。

扩展阅读2

文化视野中的小学数学教育实践与思索

从文化视角构建小学数学的教育活动，要注意：

（1）把数学教育看做一种文化活动，教学要与学生的生活经验或思考体验相协调。每个民族、每个时代的文化都离不开其借以表现的社会生产和生活的背景。因此，当我们把数学教育作为一种文化活动来组织时，就要关注学生在日常生活的各种情境中，朴素地开展数学活动的经验与体会。这些是学生内心世界中的数学认知结构不断拓展的文化基础，是学生学习学校数学的必要背景。如果脱离了学生已有的数学文化活动的经验和体验来组织数学教育，就很难促进学生的持续发展。

（2）把数学教育看做一种文化活动，要着力构建与文化沉淀相匹配的教学方式。数学作为一门理性的、系统的学科，离不开历史的沉淀过程。这一完整的过程至少包括感知、交流、反思、沉淀等阶段，数学文化正是在这一过程的循环往复中，不断充实，不断提升，其精神与思想方法逐渐成为人们采取行动、解决问题的指南。要使学生的数学学习过程同时成为数学精神与思想方法的文化积累过程，抛弃灌输、接受式的教学方式，探索与数学文化沉淀过程相匹配的教学方式是前提。组织富有文化内涵的数学教学，不是要引导每个学生个体都完全通过自己的思考实现高层次的数学文化创造，而通过交流与借鉴达到高层次的再创造同样无可非议。这样的教学才更贴近孩子们学习的实际情况，才能在课堂情境中获得实施的可能性。

（3）把数学教育看做一种文化活动，重要的是引导学生经历数学文化的创造过程。这样做，不仅与此次课程改革的重点是培养学生的创新精神与实践能力相一致，而且还可以促进学生获得多方面的发展。对于现行数学体系中已约定俗成的数学文化的表现形式，即使最终还是由教师把结果告诉学生，还是应该要注意引导学生经历数学文化的创造过程，而且数学文化活动的要义是符号化而不是符号本身，是算法化而不是算法本身，是语言描述而不是语言本身，……只有这样，学生通过数学学习，才能获得创造新文化的意识和能力，才能获得终身受益的文化力量。

（摘自：http://www.eduzhai.net/edu/305/jiaoxue_84028.html）

 ## 专题小结

数学课程与教学需要加强文化建设，源于数学本身是一种文化体系，就是要在教学过程中有意识地培养学生的科学人文精神；要在教材中增加数学文化的素材。

推荐书目与文章列表

[1] 张奠宙，宋乃庆. 数学教育概论［M］. 北京：高等教育出版社，2004.
[2] 肖柏荣，潘娉娇. 数学思想方法及其教学示例［M］. 南京：江苏教育出版社，2000.
[3] 郑毓信，王宪昌，蔡仲. 数学文化学［M］. 成都：四川教育出版社，2001.
[4] 郭思乐，喻纬. 数学思维教育论［M］. 上海：上海教育出版社，1997.

思考与练习

一、填空题

1. 进行_____是数学教育的重要任务。
2. 数学的发展，主要是_____的发展。
3. 数学思想实际上是对数学问题解决或建构所作的整体性考虑，可以生动地以_____来表现。
4. 按某种标准，将研究的数学对象分成若干部分进行分析研究，从而把对象简单化的数学思想是_____。

二、名词解释

1. 数学思想
2. 数学思想方法
3. 数学意识
4. 数形结合思想

三、简答题

1. 简述数学文化的内涵。
2. 简述数学教育进行思想教育的优势。

四、论述题

1. 论述如何加强数学教材的思想性建设。
2. 论述如何加强数学课程与教材的文化性建设。

第五章

小学数学教师的素质和角色

在课程与教学中，教师起着至关重要的作用。教师的素质及对其应担任角色的认识，直接影响到现代课程与教学是否能够真正达到育人的目的，直接影响到学生是否能真正获得丰富而全面的发展。当代小学数学教师必须要有教师专业化发展的自觉意识和追求。

本章首先审视了当代社会对数学教师的素质要求；其次，阐明了数学教师应担任的角色；最后，概要性地讨论了数学教师的专业化发展问题。

 学完本章，你将能够：

1. 理解当代社会对数学教师的素质要求；

2. 理解数学教师应担任的角色；

3. 理解数学教师的专业化发展。

专题一　数学教师的素质要求

一、合格教师的基本素质

　　社会发展水平的要求，教育系统发达的程度和教育工作的性质与特点，既决定了一个合格教师应具备哪些基本素质，又决定了对教师素质的要求有所差异。总的来说，社会发展水平越高，对教师素质的要求也越高。但概括起来，一个合格教师，应该起码具备四个方面的基本素质。

1. 良好的思想道德素质

　　学高为师，行高为范。教师既要向学生传递人类积累的文化知识，又要为学生树立做人的典范。教师的一言一行都会在学生身上打上烙印，留下痕迹。所以教师必须要有强烈的职业道德意识，熟悉和认同教育行业的伦理和法律规范，能够自觉遵守和维护教育职业道德，具有比较高尚的人格情操和思想道德素质。教师的思想道德素质主要表现在两个方面：一是教师的职业观念，即教师对自己所从事工作的思想认识，如教育观、学生观、教学观等；二是教师的职业道德，即教师从事教育教学工作必须遵循的基本道德规范和行为准则。教师的主要工作对象是人，主要任务是育人。育人的工作是十分精细、十分复杂、十分崇高的事业。教师面对的是不同个性、不同经历、不同习惯的人，不能像生产流水线那样批量、重复地培养同一规格的人，所以教师的劳动具有复杂性、示范性和不可重复性的特点，责任重大，教师只有具备良好的思想道德素质，才能真正产生教育成效。

　　在历史上，众多教育家均对教师职业道德进行了精辟的论述。总体来说，主要有如下论点：第一，教师要具有高尚的人品和情操、积极的价值观和人生观；第二，教师要热爱教育事业、热爱学生；第三，有强烈的责任心，言教身传，力求成为学生的楷模。第四，有强烈的事业心，不断加强自我教育，不断进取。

　　新中国成立以来，根据形势发展和时代特点，我国教育主管部门先后于1984年、1991年、1997年和2008年颁布或修订了中小学教师职业道德规范，对教师应该具备的职业道德规范作了具体规定。2008年，中国教育部和中国教科文卫体工会全国委员会修订的《中小学教师职业道德规范》（以下简称《规范》），提出了如下6条教师职业道德规范：

（1）爱国守法。热爱祖国，热爱人民，拥护中国共产党领导，拥护社会主义。全面贯彻国家教育方针，自觉遵守教育法律、法规，依法履行教师职责权利。不得有违背党和国家方针政策的言行。

（2）爱岗敬业。忠诚于人民教育事业，志存高远，勤恳敬业，甘为人梯，乐于奉献。对工作高度负责，认真备课上课，认真批改作业，认真辅导学生。不得敷衍塞责。

（3）关爱学生。关心爱护全体学生，尊重学生人格，平等公正对待学生。对学生严慈相济，做学生良师益友。保护学生安全，关心学生健康，维护学生权益。不讽刺、挖苦、歧视学生，不体罚或变相体罚学生。

（4）教书育人。遵循教育规律，实施素质教育。循循善诱，诲人不倦，因材施教。培养学生良好品行，激发学生创新精神，促进学生全面发展。不以分数作为评价学生的唯一标准。

（5）为人师表。坚守高尚情操，知荣明耻，严于律己，以身作则。衣着得体，语言规范，举止文明。关心集体，团结协作，尊重同事，尊重家长。作风正派，廉洁奉公。自觉抵制有偿家教，不利用职务之便谋取私利。

（6）终身学习。崇尚科学精神，树立终身学习理念，拓宽知识视野，更新知识结构。潜心钻研业务，勇于探索创新，不断提高专业素养和教育教学水平。

这6条教师职业道德规范既继承了我国教师职业道德的优秀传统，又充分反映了新形势下经济、社会和教育发展对中小学教师应有的道德品质和职业行为的基本要求，针对了当代学校教育中比较普遍的现实问题提出了富有时代气息的新要求。对教师的职业道德起指导作用，是调节教师与学生、教师与学校、教师与国家、教师与社会相互关系的基本行为准则。应当注意的是，《规范》不是对教师的全部道德行为和教育教学工作的要求，不能取代学校的其他各项规章制度。《规范》的许多内容是《中华人民共和国教师法》相关条文的具体化，学习贯彻时应注意和教育法规的学习结合进行。

2．宽厚的数学学科素养与文化素养

数学学科素养应该包括两方面。一方面是数学观，即对数学的认识和理解。另一方面是理解和掌握数学学科领域的知识、技能，而不是仅仅理解和掌握小学阶段的，甚至只是自己所教年级的数学

切勿师德幻化

　　跟任何职业一样，教师必须要有一定的职业道德。但或许是由于人的特殊性，人们往往对教师道德提出了远超其能力和条件的要求，比如传统要求像蜡烛般燃烧自己，照亮别人。现在不这么说了，但以师德苛责教师的一般工作问题和缺点，仍然时有发生。这是圣人要求，而非一般意义上的师德建设，会导致师德的幻化、虚化。

知识和技能。文化素养即数学教师同时应熟悉和掌握相关学科的知识和能力，以及一些基础学科如文史哲的知识和能力，具有较宽厚的文化素养。

具体说来，教师的学科与文化素养包括：第一，教师必须比较精通数学学科的基础知识，熟悉学科的基本结构和各部分间的内在联系，了解学科的发展动向和最新研究成果，建立良好的数学观。只有知之深，才能取之左右而逢其源。只有这样，才能引领学生走进数学学科及其文化的美妙世界，领略其中的丰富与多彩。那种认为中小学教师主要是教学方法要好，能够提高学生的学习兴趣，而不需要掌握高深学科知识的看法是非常肤浅和不全面的。事实证明，学生或许可以原谅教师的严厉、刻板，甚至吹毛求疵，甚至成人以后还会感激，但绝对瞧不起教师的不学无术，甚至以后更不可能原谅。第二，教师还必须具有广博的一般文化素养。这是因为，一方面，各门学科知识不是孤立的；另一方面，只有广博的文化素养才能形成丰富的思想内涵和全面的思想方法。而且现代学生接触面广，信息量大，获取知识的途径非常多样，且正处于成长期，兴趣广泛，求知欲强，只有教师具有广博的一般文化素养，才能很好地胜任教育工作。当然教师也要打破"师道尊严"的传统观念，必须要有教学相长的意识，在学生面前也要有不耻下问的勇气，因为当今科学文化知识更新速度极快，教师在一些方面尤其是在新知识和新技术方面不如学生的现象早已不足为奇。

3. 专业的教育素养

数学教师专业的教育素养主要包括三个方面的内容：第一方面是一定的哲学素养，这包括对人性的认识和理解、心理发展规律的理解和掌握、人的认识过程的认识和理解；第二方面是教育理论素养，它包括对教育科学基本理论知识的掌握，能恰当地运用教育学和心理学的理论及理念处理教育教学中的各种问题，能善于自觉地运用教育理论总结概括自己的教育教学经验并使之升华，能清晰、准确地表达自己的教育思想和教学设想；第三方面是教育能力素养，它主要包括教学的能力，如能精到、艺术地进行教学，善于激发学生的学习兴趣、求知欲望和思维活动的能力，以及有效影响学生身心、有效组织计划的能力等。

4. 健康的心理素质

在现代社会中，教师的角色日益多元化，不仅社会角色更加丰富，职能角色也变得更加多样，频繁的角色转换和多方面的角色期望，使教师时常发生角色冲突。教师也是血肉之躯，面对日趋激烈的竞争和各方面的压力，我国中小学教师正面临着空前的心理危机。教师如果不能有意识地对自己的心理状态经常做一些适当的调整，就可能发生心理障碍和心理疾病。由于方方面面的原因，现代社会中人们的心理问题越来越多，心理健康也越来越重要。教师的心理健康不仅关系到教师自身的整体健康水平和生活质量，而且也会直接、间接地影响到学生的心理健康水平。

以上四项基本素质是教师所必备的，缺少任何一项，都不可能成为一名称职的教师，甚至可以说不应该担当教师职业。

二、新课标背景下对数学教师素质的新要求

人的现代化要求教育现代化，教育现代化要求教师素质现代化。随着我国教育现代化进程的深入、素质教育的全面推进和新一轮基础教育课程改革的实施，对教师素质也提出了前所未有的要求。根据时代的要求和对成功教育的借鉴，以及对我国教育失误原因的反思，新课程改革提出了合作学习、研究学习、探究学习等新课程、新教学。总的指导思想是以学生为主体，让学生自主地探索、研究、学习。它们和教师讲，学生听；教师根据课本提问，学生根据课本回答的传统课程与教学有了根本的区别，这就对教师也提出了特别的要求。了解教师在现时应具备的特别素质具有重要意义。以下素质是现代数学教师应该有所意识和应该努力的。

（一）教育家的意识

数学新课程与教学更需要的是教育家式的教师，而不是教书匠式的教师。因为，在研究性学习中，教师更需要具备引导、提问、指点、激励的能力。这就需要教师不仅是数学学科问题的专家，具有丰厚的数学文化底蕴和高层次的学术境界，而且是一个具有自己教育教学理念的，善于在学生学习中引导他们成人、成材的教育家。教书匠式的教师基本上只会把教科书上的数学知识教给学生，或许教得还不错，但学生只理解和记住了书本上的知识，会做教师布置的习题，却没有学会探索、发现、思考、创造和合作、分享、尊重，而这些正是国家数学课程标准所最终追求的。所以，教师应努力追求使自己成为教育家式的教师。具有教育家的意识，就会有更高层次的追求，最终也会使自己的精神得到升华、能力得到提高，并能更多地体会到教师工作的魅力和无穷乐趣，因为向往和追求，本身就是一种幸福和快乐。

观念先行。要成为教育家式的教师，首先要转变一些传统教育观念，树立新型先进的教育观，有了新型先进的教育观指导，教学行

切勿小瞧小学教师素质

很多人以为，小学数学嘛，不就是学点加减运算带着孩子玩玩，不需要什么素质，谁都可以教。一些小学数学老师也妄自菲薄，觉得小学数学内容实在太简单，没什么可教的，不需要什么专业素质。确实，相对成年人，小学数学内容确实够简单，但如何依据儿童的特点、兴趣和需要，引导儿童能学、乐学，就是一个复杂的问题，需要有精深、丰富的教育学、心理学知识，及其与数学知识相整合的内容转化知识，要有教育责任感和使命感，等等。

为、教学方式才会得到彻底的转变，虽然会是一个渐进的过程，但最终会得到彻底转变。针对传统的教育观念，教师应该在如下方面作一些思考和转变。

1. 人性论

首先必须确立性善的人性假设，即相信儿童的心灵天赋地内含着真、善、美的种子，他们是求真、趋善与向美的。每一种教育观和教育行为的背后都隐藏着某种人性论，都有着对人性的某种鲜明或潜在的假设或预设。本来，人天生是性善还是性恶，不能非此即彼地一概而论，也许这本来就是一个并不存在的问题，但教育者对受教育者的人性预设却有着重要的意义，往往决定着教育者教育理念和教育行为的起点，影响和支配着教育者的教育意识和教育行为。比如，如果教师持"人性恶"的观点，就会对学生产生不信任感，认为学生需要严格管束，不然就很容易变坏，于是经常放心不下，监督着学生的一言一行；如果持"人性善"的观点，就会信任学生，相信学生都是趋善、向美和向上的，他们是值得信任和尊重的。在信任的前提下，就会尽可能多地给予学生以自主和自由。确立了性善的人性假设，教师就会把这种信任延伸到信任学生天生好学向上、具有自主的认知能力、独立的学习能力和探究能力上，由此认识到教育者的责任就是要把儿童真、善、美的天性开发出来。教师重要的任务之一就是给学生提供自主认知、独立学习、大胆探究的机会、条件和问题环境，使学生在信任和尊重的氛围中健康地成长，促进学生身心的健全发展，在这样的心态和环境中工作，也会使教师自己也感到平和与宽容。

2. 学生的发展是教学的出发点和归宿

学生的发展是教学的出发点和归宿这个观点，来自"学生中心教育"的思想。"学生中心教育"是19世纪末以后在世界上广泛流行的教育思潮。它主张把儿童的发展看做一种自然过程，教育应以儿童自然发展需要及活动为中心。100余年来，它已逐渐成为现代教育的重要理念。当前，随着我国课程与教学改革的深入，这一教育理念所包含的合理成分已日益为我们所重视和借鉴。

根据国家数学课程标准，数学的重要学习方式是动手操作、自主探索、合作交流等，其宗旨就是发挥学生的自主性、主动性和创造性，让学生在自主学习中学会学习，获得成长。可见国家数学课程标准的基本教育理念之一就是"学生中心教育"。为了更好地理解和把握学生中心教育的基本内涵，以更好地理解学生在教育教学中的地位和作用，充分调动和发挥他们学习的自主性和主动性，有效地实施研究性学习，有必要先对"儿童中心论"、"儿童中心学校"、"学生为本"三个与"学生中心教育"思想相关的概念做一

教育切莫伪善化

教育坚持人性本善的观念，旨在引人向善，教师应以善育善。但就具体的教育行为，什么样是善的，却要具体问题具体分析，就不能简单说诸如严格的纪律管理甚至处罚等行为是不善的。否则，就是教育伪善，会导致不善的教育。比如，好长时间里，教师不敢在课堂上理直气壮地管理和引导学生，不能保证基本的教学秩序，导致整个教风学风紊乱，以至教育部要专门出文，要求教师必须行使管理学生的职责。

些简单的介绍。

"儿童中心论"亦称"儿童中心主义"，其主要代表人物是法国的卢梭和美国的杜威。卢梭认为凡是出于造物主之手的东西都是好的，教师只能作为自然的仆人顺应儿童天性的发展。杜威把儿童的心理内容看成是以本能为核心的习惯、情绪、冲动、智慧等天生心理机能不断开展、生长的过程，教育是发展儿童本能的工具。在他看来，教师的作用就在于了解儿童的兴趣和需要，以及以什么样的活动可以使之得到有益的表现，并据以提供必要的刺激和材料，设计和编制学校的课程；教师要放弃向导和指挥官的任务。他批评以教师和教科书为中心、无视儿童内部本能和倾向的主张，提出儿童应成为教育的素材和出发点，教育的一切措施应围绕他们转动。杜威宣称这一教育思想实现了"和哥白尼把天文学的中心从地球转到太阳一样的革命"。[1]

"儿童中心学校"（Child Centered School）是以"儿童中心论"为理念建立起来的学校。它是美国进步教育运动及欧洲新教育运动中出现的一种与传统学校对立的办学形式。美国教育家拉格与苏梅格在合著的《儿童中心学校》一书中最早使用这一名词。书中归纳此类学校有6个特征或办学宗旨：①以自由反控制；②以儿童作起点，反对以教师作起点；③学校变成活动学校；④以儿童兴趣作为课程的基础；⑤注重创造性的自我表现；⑥人格发展与社会适应并重[2]。

典型案例1

儿童中心学校

　　始建于1907年的比利时布鲁塞尔生活学校就是"儿童中心学校"最好的范例。当时正值"新学校运动"在欧洲蓬勃发展时期。这所学校的创办人是比利时著名教育家奥尔维德·德可乐利（1871—1932）。德可乐利曾被称为"教育学史上最革命的人物之一"、"全世界新学校运动的主要领导人物"。

　　德可乐利指出：在儿童教育过程中应以培养其个性为中心，以儿童自我发展为原则。他主张"自由教育"，提出了"从儿童出发"的著名公式。德可乐利否定传统教育的权威观念，力主发展儿童的创造力、建设力。

　　比利时布鲁塞尔生活学校没有传统教育的那种教科书。学

[1][2] 顾明远. 教育大辞典（上）［Z］. 上海：上海教育出版社，1998：322.

生们使用的是家庭、学校和市立图书馆的书籍和报刊。学生们所查到的资料和其代表的观点常常是不同的，有的甚至是相互矛盾的。针对这种情况，现任副校长N. 伯维卡尔认为："这很好。这会使孩子再次确信，书籍并不是神圣的，对待任何知识都要有批判的能力，不要为自己制造偶像。"教学以德可乐利教育思想为指导，以兴趣中心和整体化综合教学为基础。如"饮食的需要"这一主题的教学大纲就包括下列兴趣中心：我们怎么吃、动物吃什么、植物以什么为食、家庭和校内的饮食、消化器官与消化过程、道德与卫生问题、动物性食品、植物性食品、从大地与空气中得到的食品等。通过对上述兴趣中心的学习，达到对饮食需要这一问题的整体理解。

丰富多彩的活动是布鲁塞尔生活学校主要的教学形式，为此，该校采取了多项革新措施，如出版学生报刊、创办学生自我管理组织"清洁工俱乐部"、定期举行节日庆祝活动等。早在20世纪二三十年代，该校学生就用印刷机印刷并出版了自己的报纸。现在，该校创办的杂志名为《信使》，它的出版是对学生创造性的一种鼓励，也十分有利于学生交往能力的培养。该刊编辑通常都是十三四岁的学生，小编辑们从选材，到修改，再到出版，担负着办杂志的一系列工作。《信使》杂志成功地、积极地促进了学生个性的发展，开发了他们的想象力，培养了他们的幽默感和文化修养。

在20世纪诞生的众多教育实验学校中，比利时布鲁塞尔的生活学校闪烁着夺目的光彩。它不仅在比利时遐迩闻名，而且也是世界教育的一颗璀璨明珠。布鲁塞尔生活学校的成功经验对比利时中小学产生了广泛的影响。1963年比利时通过了在低幼年级根据兴趣中心的方法制定教学大纲的决定。今天，布鲁塞尔生活学校依然是促进比利时中小学教育发展的一个重要而稳定的因素。在欧洲效仿布鲁塞尔生活学校、追随德可乐利教育思想仍是经久不息的潮流。目前，欧洲的许多新型学校模式的探索都是从布鲁塞尔生活学校获得启发的。在法国巴黎，就有以德可乐利命名的学校[1]。

"学生为本"（Student Oriented），现正发展为一种教学模式。英国艾雪黎、柯恩及史拉特在他们合著的《教育社会学导论》中，将师生班级教学模式分为以下三类：①教师为本型——认为教师是人类文化的代表、良好行为的模范，教学应完全以教师为中心，学生只有被动

---

[1] 中国青年报. 2001-12-27.

接受、而无自我选择的余地。为达到教学目的，强调使用奖励方式和强制性训导的方法，以把学生培养成为遵纪守法、具有健全品格的人。因此，教育目标是基本的，而对外适应的方法是监护式的。②教材为本型——强调系统知识的重要性。认为教师权威来自教师的专门知识与技能或较高的学历资格，教师控制学生的方式是采取实利观点，即要求学生努力求知，以便顺利通过考试、获得文凭或学位。教学活动是手段而非目的。学生求学是为准备升入高一级学校，取得更高资格，以谋取理想工作。教育目标是预备的，而对外适应的方法是学术性的。③学生为本型——强调学习过程的重要性。要求教学过程适应学生身心发展规律，教师只是处于辅导地位。把教学活动看成是形成真诚、接受、理解的心理气氛的过程，是人际关系彼此作用的过程。认知的进行、创造性的开发，都是在这种课堂心理气氛下潜移默化地进行的。因此，其控制学生的方式以引起学习动机为主，采取民主参与的方式，学生偶有错失，主要采取规劝方法。教学功能在于充分发展学生身心，使他们适应未来社会生活，因而比较注重生活教育。教育目标是发展的，而对外适应的方法是传教式的[1]。

以上3个概念，大体上揭示了学生中心教育的基本内涵。根据学生中心教育的基本内涵，可以说，现代教育与传统教育的最大区别之一就体现在受教育者在教育中的地位和价值上。现代教育思想认为，人在教育中具有崇高的地位，学生个人的需要、兴趣、价值、尊严、人的发展特性和规律以及个人的合法权益等，都应得到充分的尊重。在社会越来越文明和人道的今天，教育在这方面的进步程度，也越来越成为衡量一个国家教育现代化水平的重要标志。在现代社会，儿童和青少年的权利和地位已受到社会越来越广泛的关注。1989年11月20日，联合国大会通过的《儿童权利公约》的核心精神，就是维护儿童青少年的社会权利主体地位。这一精神的基本原则是：①儿童利益最佳原则；②尊重儿童尊严原则；③尊重儿童观点与意见原则；④无歧视原则。这些原则无疑应该在教育中得到更充分的体现。我国的《未成年人保护法》第15条也规定："学校、幼儿园的教职员应当尊重未成年人的人格，不得对未成年学生实施体罚、变相体罚或其他侮辱人格尊严的行为。"

以人为本，以人为出发点，这是现代教育的本质特征之一，也是实现学生中心教育的基本前提。在此基础上，在数学教学中，教师必须树立学生的发展是教学的出发点和归宿的意识，把有利于学生的发展作为教学的根本依据，充分尊重学生的价值、人格、尊严、需要、兴趣、天性、身心发展特性和规律，最大可能地发挥学生的自主性和独立性。

学生中心切莫放任化

师生关系直接体现为教学关系，根本上影响到教育价值取向和效果，历来是讨论焦点。总体上说，学生中心开始成为主导性的教育价值观，但如何体现和渗透"学生中心"，仍然有争议，实践中也有偏差。比如，在尊重学生、满足学生需要这些教学论题上，很多老师把放任当尊重，把欲望当需要，自觉不自觉地放弃了教育引领的职责和使命。

[1] 顾明远．教育大辞典（下）［Z］.上海：上海教育出版社，1998：1808.

3. 多元性教学理念

现代教学注重发挥学生的自主性、主动性和创造性，让学生在学习中学会学习，获得成长。每一个学生都有自己的学习经验、学习方式，自己的价值观、情感态度和知识积累，所以研究性学习特别需要教师有多元性教学理念。

所谓多元性，就是指事物的多样性和灵活性，这种多样性不仅具有量的内涵，也具有质的内涵。多元性是相对于一元性而言的，它表征着民主、平等、自由，以及开放、选择和宽容，张扬求异、个性和创新。所谓一元性，即事物的单一性和凝固性，它往往是与专制性、等级性、强制性、封闭性、循旧性和排他性联系在一起的，张扬的是求同性、共性和统一性。多元性教育主张教学的多样性、灵活性和应变性，提倡结论的多样性和获得结论的思维方式与认知过程的多样性，强调求异、追求个性、宽容另类、鼓励创新，反对教育的单一性、专制性，以及无条件地求同和以循旧性、强制性为前提的统一性。

多元性教学是实现学生中心教育的重要保证。也就是说，教育中如果没有民主、平等、自由、开放、选择和宽容，学生的中心地位就无从谈起，也不可能培养出学生的个性和创造性。专制性的一元性教育不仅会贬抑学生在教育中的地位，还会造成教育的模式化——模式化的学校、模式化的目标、模式化的教师、模式化的内容、模式化的方法、模式化的管理，最终导致模式化和奴化的学生。

杨振宁教授在对中美学校教学方法进行比较时曾讲道，他刚到美国时对美国学校的教学方法很不适应。原因是，中国学校的授课总是先将一种无可置疑的理论提出来，然后再用这个理论来解释相关的现象。比如，先学习了某种电学理论，再用这个理论来解释闪电等有关电的现象。他把这种教学方法称为演绎法。而在美国，教师往往是先讲闪电等有关电的现象，然后再给出理论来解释。这样一来，解释往往就不会只有一种。哪种解释能被较为广泛地接受，取决于这些理论的解释力和与经验现象的符合程度。他把这种方法称之为归纳法。这种教学方法往往并不预先设定什么强制性的标准答案，它鼓励怀疑和批判，较容易激活学生的思维和确立学生的主体地位。

因为在传统数学课程与教学中，常常追求的是问题的解决，以及答案的唯一性和标准性，所以，更容易走向一元性的僵化道路，这也是数学课枯燥、乏味和沉闷的重要原因。多元性教学要求教师在教学过程中充分尊重学生的主动性和思想自由与选择自由，给学生的思想提供广阔的空间，启发和鼓励学生发表不同意见并充分尊重学生的意见，爱护学生的自信心和自尊心。教学绝不是强迫学生服从教师或真理，教师只能把自己认为正确的知识和结论提供给学生参考，并启发和鼓励学生独立思考并发表自己的意见，最后引导学生做出自己的判断和选择。所以现代数学课程与教学追求的是问题的不完全性（传统的问题是根据条件只能提出一个问题，条件和问题都是完备的，不开放的）、方法的灵活性和答案的多样性。

问题开放性教学

下面是两支篮球队在上一次农民运动会上的 4 场对抗赛的比赛结果（单位：分）。

球　队	第1场	第2场	第3场	第4场
球队1	66	72	88	99
球队2	95	90	89	80

研究一下可以用哪些统计图来分析比较这批数据，并回答下列的问题：

（1）你是怎样涉及统计图的？

（2）你能否很直观地从统计图中读出某支篮球队的每场比赛成绩？

（3）每种统计图是否具有特殊的作用？

（4）你是怎样评价这两支球队的？和同学们交流一下自己的想法。

教材中可以要求学生利用计算机绘制上例的各种统计图，还可以引导学生改变某些数据，动态地展示统计图的变化情况，提高学生的学习兴趣。[1]

4. 宽容的心态和教育氛围

宽容就是指教师在教学中对学生的置疑和求异应持一种大度、欣赏和鼓励的态度，而不能苛求和压制。教师具有宽容的心态，教育氛围当然相应要自然和宽松，自然和宽松的教育氛围是学生在教育过程中充分确立和发挥其主体性的不可忽视的条件。教育氛围自然、宽松，学生在心理上和思想上就较少有拘束感和压迫感，更有利于激活学生，使学生感到轻松、自信、自由，思维的空间就比较大，就敢于自主地思考问题和发表意见，敢于置疑和求异。置疑和求异体现了学生的思维多样性，往往是创新的开端，是极其珍贵的，必须细心呵

---

[1] 教育部基础教育司，数学课程标准研制组. 全日制义务教育数学课程标准（实验稿）. 北京：北京师范大学出版社，2001：77.

护。儿童的置疑和求异不可避免地带有一些稚气，其结论可能与教师或课本上的不符，也不那么正确，甚至可能有些荒诞，但这些并不重要，重要的是要使他们从小获得敢于置疑和求异的自信与勇气。

北京市朝阳区的马芯兰老师在这方面做得很好，她总是用一种宽容的心态保护和激发学生的好奇心和求知欲，以及求异求新的心理。例如在应用题教学中开展自编应用题的练习竞赛，她给学生12和4两个数，要求编出一步计算的应用题，不准重复，看谁编得多。学生一听，个个都想自己编得最新最多。她还用一题多变的训练，看谁变得最多，变得最好，使学生积极动脑，变出许多"新颖"、"别致"的题来。而且马芯兰老师还注意培养学生的批判性思维，哪怕学生的思维和她的不一样，甚至比她好。正因为如此，在她的课堂上，学生的思维能够彻底放开，无所顾忌，智慧的火花不断闪现。[1]

实事求是地讲，学生、尤其是中小学生在学习过程中很难真正创出什么新来，他们今后也不可能都能从事创造性的工作，但创新意识的培养和科学世界观与科学态度的养成对所有学生来讲都是重要的，因为这有利于提高整个民族的创新素质，有利于营造整个社会的创新氛围，也有利于更多的创造性人才脱颖而出。从认识论的角度讲，即便是谬误，也有其特殊的认识论价值。没有谬误可能就没有真理，谬误往往是真理产生的催化剂，在许多情况下，真理是伴随着与谬误的论争而逐渐被发现的，谬误常常可以刺激和启发人们对真理的追求和认识。因此，在教学中，教师应允许学生犯错，教师大可不必对学生置疑和求异的结果是否正确那么在乎，而应在乎学生在置疑和求异的过程中创新素质是否有所提高，自信心是否有所增强，科学态度是否有所养成。如果教师都有了这样一种认识，就不会去压制和苛求学生的置疑和求异，就会有一种宽容的心态。宽容、欣赏还是苛求、压制"特别"，直接影响着学生自信心的确立。

5. 重视教学的过程

教学的过程是相对于教学的结果而言的。所谓教学的结果，即教学所需获得的结论；所谓教学的过程，即教学中获得所需结论需要经历的若干程序，如分析、综合、抽象、概括、比较、判断、选择、探索、失误等。重视教学过程就是教师在教学中不应过分重视教学的结果而应更多地关注教学的过程，重视学生是否真正参与了教学过程，是否满怀兴趣或好奇在思考、在探索、在分析，而不应过分重视学生理解了多少知识，记住了多少知识。重视教学过程，教师应追求教学过程的多样性，并引导学生的认知从多元趋于一元。一般说来，结果和过程都是教学所要追求的，但站在学生中心

---

[1] 北京市朝阳区教育局. 马芯兰数学教学法推广实验. 北京：华夏出版社，1994.

教育的立场上看，重视教学的过程更有意义。重视教学过程，不仅更有利于提高教学结果的质量和开发学生的内在潜质，而且更有利于激发学生的学习兴趣、确立学生学习的主体地位，使学生感受到学习的内在乐趣。

无论从传统还是从现实上讲，中国教育更多的都是一种应试教育，信奉的是考试主义。一种以应试为中心的教学，必定是重结果轻过程的教学；必定是重教轻学的教学；必定是重教师地位轻学生地位的教学。为了应付考试，我们的教学功利性十足，教学的目的就是要尽可能快速、简便、直接地把结论性的知识传递给学生，至于教与学所应经历的过程，却往往被过多地简化或省略了。这种对教、尤其是对学的过程的忽视主要表现在两个方面：一是教师比较习惯于通过简单的灌输直截了当地把知识和结论注入给学生；二是教师比较习惯于"以教代学"，即教师越俎代庖，以教师的教替代学生的学。而且追求当堂消化，不给学生留下什么疑难问题。认为只要教学最有利于学生快捷地掌握知识和结论，最有利于应对考试，这样的教学就是质量好、效率高。这样的教学尽管学生似乎"学到"（还不如说记住了）了很多知识，但学生却发展后劲不足，大胆创造不足。因为在这种教学中，学生尽管也能掌握知识和结论，但却可能只知其然而不知其所以然，甚至可能是稀里糊涂就掌握了知识和结论，对掌握知识和结论的过程，对知识和结论的发生过程，可以说不清楚。

显然，这样的教学既曲解了"教"的内涵，也曲解了"学"的内涵；既歪曲了教师的主导作用，也压制了学生的主体地位。之所以如此，一个很重要的原因就是我们在教学观上片面重视教学的结果，忽视了教学的过程。然而事实证明，学生潜质的开发、能力的培养、整体素质的提高，以及对科学奥秘的感悟和学习乐趣的体验，更多地都是在教学的过程中得以实现的。

这需要教师在思想上、观念上、教学行为上自觉地重视教学过程，特别是学生学的过程，才能真正克服传统教学的弊病，实现国家数学课程标准的理念。我们应该像布鲁纳所说使学生自己像一名数学家那样思考数学，他的原话是："把一门学科教给一个人，不是要他把结果牢记心头，确切地说，那就是要让他参与知识的获得与组织过程。我们教一门学科，不是建造这门科目的有关小型现代图书馆，而是使学生自己像一名数学家思考数学，像史学家思考史学那样，使知识获得的过程体现出来。认识是一个过程而不只是一个结果。"[1]

这里有一个很好的案例，可以使我们仔细品味什么是让学生像数学家一样思考——缜密、有序、圆满（滴水不漏，没有破绽）。

切莫把传统教育等同于应试教育

现在有种倾向，一批判传统教育，就不加区分地把传统教育整个当做应试教育。这显然是极为片面和错误的。这会带来几个不好的后果，一是现在的教育似乎就全都是素质教育，没有应付考试的弊病了；二是似乎素质教育就可以不要考试了；三是今日教育似乎就不必从传统教育吸取智慧了。

[1] 钟启泉，黄志成. 美国教学论流派［M］. 西安: 陕西人民教育出版社，1993: 98.

典型案例 3

在美国中学数学课上，美国老师出了一道题：8减6是2，8加6也是2，有这种可能吗？请给以证明。一位男学生站起来作答："数学上，8减6是2，但8加6也是2却是不可能的。一个不可能的问题作为可能提出来，肯定有它的可能的因素，所以数学上既然没这种可能，生活和自然中肯定有这种可能。譬如，上午8点的6个小时之前是凌晨2点，6个小时之后是下午2点。"[1]

这个美国老师引起我们对理解重过程、重能力的思考，他并不是出一道数学题让学生做出结果，而是出了一道似乎很幼稚和根本不可能的小学数学计算题，目的就是要让学生符合逻辑地自圆其说，并从中领会问题的新奇性。这不仅训练了学生的逻辑思维，而且使学生领会到数学的精妙。

（二）创新精神和改革意识

现代教育要求教师必须进行课程与教学的创新和改革，而且为教师提供了创新和改革的时机和天地。照老传统一本教材、一份备课本可以应付几年，乃至几十年已经行不通了。而且无论是从精神劳动本身的内涵来讲，还是从社会、教育和人的发展变化来讲，都要求教师在自己的工作中必须不断地创新和改革。创新和改革不仅是教师不断提高自身素质和教育质量所必需的，也是教师享受自我实现的乐趣的需要。否则，教师就会感到自己的工作日复一日、年复一年地循环往复、枯燥乏味，甚至会把自己的工作仅仅视为谋生的手段，是不得已而为之的负担。教师要想有享受职业、享受工作的美妙体验，最根本的还是要使自己的工作富有创造性。

但观察当前教育改革的实践，有一种倾向值得我们警惕和注意，那就是把创新改革与基础教育对立起来。在我国的基础教育实践中，本来具有一致性的"基础"与"创新"的关系却成了一种冲突与排斥大大多于一致与互动的关系。因此，我们需要在复杂性的意义上重新审视"基础"与"创新"的内涵及其关系，以避免在研究性学习过程中走向极端：一味求创新，排斥打基础。

课程与教学的改革是对"应试教育"反思的结果，是实施和实现素质教育的要求，所以在分析"基础"与"创新"的内涵及其关系上，我们主要从"应试教育"和"素质教育"对"基础"与"创新"的理解出发。

[1] 窦文涛. 思维一旦有了翅膀. 报刊文摘，2005—02—02.

重视打基础，是教育、尤其是基础教育的基本任务之一，而且也并非应试教育所独有，素质教育同样需要重视打基础，这是基础教育的性质所决定的。应试教育与素质教育之所以会在"基础"与"创新"的关系上发生冲突与排斥，很大程度上就在于两种教育对"基础"与"创新"的理解有着根本性的分歧。

站在应试教育的立场上，所谓"基础"，基本上就是指基础知识和基本技能，即通常所说的"双基"，打基础就是使学生掌握系统、扎实、现成的基础知识和娴熟的基本技能，而其他方面似乎就不是什么基础了。至于创新，那不是基础教育所能奢望的，不是中小学生所能企及的。此外，在这种教育看来，"基础"与"创新"之间似乎也一定存在着一种天然的正相关："基础"是"创新"的前提和条件，基础扎实必然有利于创新素质的形成。

在素质教育看来，"基础"当然首先包括基础知识和基本技能，但又远不是"基础"的全部内涵，甚至不一定是其最重要的内涵，从现代社会和现代人发展的需求以及现代教育发展的趋势来看，尤其如此。至于创新，素质教育并不把创新素质的培养看得那么神秘和高不可攀。这一是因为素质教育中所说的创新，主要是指创新的意识、创新的勇气、创新的欲望、创新的冲动和创新的习惯，主要在于对创新过程的一种体验，而不在于对创新结果的追求或创新成果的获得；二是因为素质教育中所说的创新，主要是指个体认识论意义上的创新，即学生在教师的指导下在积极、主动的认知活动中去发现个体原先所不知晓的事物，并不是指要去发现人类尚不知晓的新事物，而个体自主发现自己原先所不知晓的事物在个体认识论意义上也是一种创新。例如：在学习圆的周长一节课时，老师引导学生通过实验自己找出圆的周长和直径之间的关系。学生四人一组，每人拿出一个课前剪好的圆形硬纸板，分别用直尺量出它们的直径，用软绳量出周长，并填写下表。

直　径	周　长	关　系
7厘米	22厘米	
9厘米	29厘米	
10厘米	31厘米	
12厘米	38厘米	

在学生相互合作、交流、讨论的过程中，正由于每个人所测圆的大小不同，所以得到不同的直径和相对应的周长，而每个圆中周长和直径的比却变化不大，在对众多对象的分析中，揭示变与不变，让学生充分地认识到圆的这一特征，发现在圆中周长是直径的3倍多一点。

创新思维在本质是非常规思维，而突破常规的意识和勇气往往是非常规思维的重要条件，是逃离思维陷阱的重要前提。下面这个小故

切莫把创新和基础对立化

现在是强调改革和创新的年代。有人因为过去教育重扎实基础，就以为教育改革和创新就是不要再搞什么扎实基础了，简单地把创新和基础对立起来。这种认识显然是有害的，也是错误的。危害在于不重基础的基础教育将从根本上毁掉整个教育和个体发展，错在过去扭曲的"扎实基础"和基础教育要追求的"基础"是性质不同的两回事情。

事无论是否真实，也许能说明这一点。

典型案例 4

从前，有个国王在大臣们的陪同下，来到御花园散步。国王瞧着面前的水池，忽然心血来潮，问身边的大臣："这水池里共有几桶水？"众臣一听面面相觑，全答不上来。国王发旨："给你们三天考虑，回答上来重赏；回答不上来重罚！"眨眼三天时间到了，大臣们仍一筹莫展。就在此时，一个小孩走向宫殿，声称自己知道池塘里有多少桶水。国王命那些战战兢兢的大臣带小孩去看池塘。小孩却笑道："不用看了，这个问题太容易了！"国王乐了"哦，那你就说说吧。"孩子眨了眨眼说："这要看那是怎样的桶。如果和水池一般大，那池里就有一桶水；如果桶只有水池的一半大，那池里就有两桶水；如果桶只有水池的三分之一大，那池里就有三桶水，如果……""行了，完全正确！"国王重赏了这个小孩。大臣们为什么解不开国王的问题呢？就在于他们全掉进了常规思维的陷阱，被思维定势所困，越思考陷得就越深，越不能自拔。而那个小孩并没受到人们常规思维的限制，抛开池塘里水有多少的问题，而从桶的大小的角度来思考，一下子就迎刃而解[1]。这说明，跳出思维定势进行非常规思维，有时只需换一种思维方式或换一个思维角度。

应试教育在"基础扎实"方面也走入了许多误区。第一，对"基础"的理解过于片面和狭隘，即把"基础"基本限定在"双基"上；第二，对所谓"扎实"的度把握失当，即误以为基础越扎实越好；第三，对"基础扎实"与创新素质培养之间关系的认识存有偏颇，误认为基础扎实与创新素质培养之间存在着天然的正相关，殊不知，如果二者关系把握不当，也会出现负相关，基础如果扎实过度，就可能会对创新素质产生抑制和排斥。

有学者对我国传统教育所谓基础扎实作过深刻反思，认为我国教育是"赢在起点，输在终点"[2]，或者说是赢在"基础"，输在"创新"。"赢在起点，输在终点"的说法很有启发性，但还有必要做一点复杂性分析。输在终点的教育是否真正赢在了起点上？恐怕未必。既然我国教育培养的人创新素质严重不足，最终缺乏发展后劲，就说

[1] 刘学柱. 逃离思维陷阱［J］. 思维与智慧. 2001（12）.
[2] 周洪林，吴国平. 赢在起点，输在终点——对我国传统教育所谓基础扎实的思考［N］. 科学时报，2001-11-22.

明他们的基础并不真正全面和扎实，起码就创新人才的培养而言基础是不扎实的，所谓扎实，过多地陷入到了片面的"双基"方面，这种所谓的扎实，不仅不能对人的终身学习和可持续发展提供什么后劲，反而更多的是抑制。

太重"基础扎实"（"双基"意义上的），势必导致迷信权威和思维定势，很容易使学生淹没在"双基"的本本主义汪洋大海中，造成学生盲目服从、思想僵化；太重"基础扎实"，势必导致教学的机械重复和训练的模式化，造成学生负担过重、兴趣丧失；太重"基础扎实"，势必导致评价的一元化和结论的标准化，造成学生过于趋同、从众、死记硬背和谨小慎微，形成某些诸如过于患得患失的"小家子"人格。以上种种，都会造成学生主体性的萎缩、个性的沦失和自信心消解。这样的"基础扎实"，总体上讲是得不偿失，对创新精神的培养具有巨大的排斥性。

许多人都认为，中国教育重基础、轻创造，美国教育重创造、轻基础，因而中国学生基础扎实而创造力低下，美国学生创造力旺盛而基础薄弱。这话有一定道理，但似乎又简单化了些。这里有一个问题必须搞清楚，即什么叫"基础"？我们所理解和所重视的基础主要是基础知识和基本技能，在这方面，中国教育无疑是有极大优势的。但也不能笼统地说美国教育就不重基础，只不过它对"基础"或对基础的重点有不同的理解罢了。美国教育对基础知识和基本技能的确有所忽视，这也正是他们要有所加强的，但美国教育非常重视大胆尝试、实践动手、独立思考、判断选择、个人见解、自主建构以及自信心、个性、兴趣、交往和科学精神与科学世界观等方面的态度和能力的培养，这些难道就不是基础吗？当然这些也是基础，而且是更重要的基础，这也正是我国正在推进的素质教育所要力图追求的。此外，美国教育在"基础"方面还十分重视个性化，即尽量根据学生的个性特点为不同学生提供不尽相同的基础。畅销书《哈佛女孩刘亦婷》的作者刘亦婷根据她平时的观察和了解，归纳了中美中小学生素质八个方面的差异，在一定程度上也反映了中美教育对"基础"的不同理解。这八个方面的差异是：①身体素质对比，美国学生占较大优势；②独立工作能力对比，美国的多数学生胜过我国学生；③基础知识对比，我国学生超过美国学生；④团队精神对比，我国学生不如美国学生；⑤主动性与首创精神对比，美国学生大都比我国学生强；⑥人际交往能力对比，美国学生比我国学生强；⑦动手能力对比，美国学生强；⑧刻苦精神对比，我国学生与美国学生差不多。[1]笔者认为，上述美国学生比中国学生强的那些素质，当然也是属于"打基础"的范畴。由于对"基础"有很不相同的理解，中美教育所

[1] 程杏培. 哈佛女孩谈素质教育［N］. 特区青年报，2001-04-10（4）.

赋予学生的特质就很不相同。杨振宁在中国科协2000年年会开幕式上发表的题为《中国的文化和科学技术》的演讲中，通过对比美国学生与亚洲学生之间的不同，说明了美国与亚洲在文化和教育上的差别。他指出，美国的中学生在考试中是比不过亚洲学生的，他们常常只能考倒数的名次，但也有人开玩笑说，恰恰是美国学生考倒数的名次，才成就了美国创新的氛围和新经济的发展（这句"玩笑话"十分耐人寻味）。杨振宁概括说：美国学生兴趣广泛，亚洲学生则往往钻入狭窄的专业；美国学生东跑西跑，亚洲学生按部就班；美国学生活力充沛，亚洲学生安安静静；美国文化培养学生勇敢，亚洲文化则训练学生胆怯；美国学生有自信心，亚洲学生则没有自信心；美国学生傲慢，亚洲学生谦逊……[1]即便在学科教学方面，由于教学目标的片面性，中国中小学生的基础在某些相当重要的方面也是远远谈不上扎实的。据有关人士透露，在第二次国际教育成就评价中，中国初中生科学成绩测试平均百分正确率在参加测试的20个国家和地区中仅居第13位。为什么在这一测试中中国学生的成绩不是人们想象的数一数二？原因就在于这一测试的指标不仅包括科学知识，而且包括科学精神、科学态度和其他方面的科学综合素质。我国科学教育对学生掌握科学基本知识方面虽然是比较有效的，但由于在很大程度上把科学教育等同于了科学知识的教学，严重忽视了对学生进行科学态度与情感、科学精神、科学意识的教育，忽视了对学生进行科学实质和科学意义的教育，忽视了科学与社会、技术、生活的关系的教育，忽视了学生对科学的过程与方法的体验与认识，忽视了学科内部和学科之间的综合与联系，因而在学生科学素质的发展上造成了诸多重大缺陷。

看来，问题不在于要不要重视"基础"，而在于我们更需要什么样的基础，以及如何把握"基础扎实"的度。"基础"，要有利于现代人和现代社会的发展；要有利于人的创造力的解放；有利于人的潜能的开发和生命力的激活；有利于人的终身学习和终身发展。

（三）教育研究的意识和能力

无论是用教育理论指导教育实践，还是在教育工作中不断创新和改革，作为一个现代教师，都必须结合自己的工作开展一些力所能及的教育研究，向科研要质量要效益，走科研兴教、科研兴校的路子。而且，教育研究也是提高教师素质的有效途径。教师工作在教育的第一线，很有资格也很有条件进行教育研究，特别是实践性较强的行动研究。为此，就须掌握一定的教育研究方法，增强教育研究的意识。

教育研究的方法主要包括调查研究、文献研究与行动研究。

---

[1] 程杏培. 哈佛女孩谈素质教育［N］. 特区青年报，2001-04-10（4）.

1. 调查研究

调查研究包括问卷法、访谈法和观察法；调查的对象可以是教育中的人，也可以是教育事件。调查研究的对象可以是学生、同事或者校长。调查研究的具体方法如下：

（1）问卷法与访谈法

（2）观察法

（3）测量与统计

2. 文献研究

文献研究是一种阅读活动，包括"读书"（教育文学、教育历史和教育哲学）、"读文章"（教育杂志）与"读图像"（教育电影或教育录像、教育报告）。

文献研究也可以视为某种调查研究，是对他人观点和事件的间接调查。

3. 行动研究

实验研究一度成为教育研究的主流，实际上，教育领域中的实验研究常常显示为准实验研究，准实验研究又常常显示为行动研究。

行动研究包括问题研究、课题研究（问题课题化）和课例研究。

（1）问题研究。行动研究的基本追求是随时随地思考和解决现实的问题。对于行动研究者来说，凡是现实中的问题，都值得去关心并想方设法地去解决，而不在乎这个问题与所谓的立项"课题"是否相关。

（2）课题研究。教师在解决各种小问题的过程中，总会发现某些问题相互牵连。对这些相互牵连的小问题的整体关注，就意味着这些小问题成为一个比较大的课题。可以称之为"问题课题化"、"问题即课题"或者"问题成为课题"。

（3）课例研究。对中小学教师来说，所有的研究成果应该导致教师的课堂教学观念与行为的改变。而"课例研究"常常能够直接促进教师的课堂教学观念和行为的改变。

（四）获取和处理信息的能力

世界正在进入信息化的时代，信息高速公路逐渐四通八达，人们日益生活在信息的汪洋大海之中，获取和处理各种信息已成为现代人生活中的重要部分。教师职业是以获取和处理信息为主的职业，因此这方面的能力显得尤其重要。而在研究性学习中，对教师获取和处理信息的能力提出了更基本、更高的要求。因为，在研究性学习中，学生的获取信息更主动、更丰富、更广泛并更具专题性，教师没有获取和处理信息的能力就不能应对学生众多的问题，就不能和学生进行很好的对话和交流。

教师使用现代教育技术的能力主要包括以下要点。

1. 功能的明确定位

课堂教学使用现代教育技术的目的是实现教学过程的最优化，提高课堂教学效率。但在实际的教学中，由于教师对教育技术的功能没有明确的认识，往往是为了展示技术或为了表明自己是现代教育而使用教育技术，特别是在一些不恰当的课堂教学评价指标的影响之下，技术使用中的形式主义仍大量存在。正确地使用教育技术，除了需要教师依据教学内容和学生的实际情况来确定技术的具体功能，力图通过技术实现课堂教学目标外，还需要教师注意把现代教育技术作为学生的学习内容和学习、交流的工具。

2. 媒体的优化组合

实践研究表明，恰当选择多种媒体配合进行教学，比用单一媒体教学所取得的教学效果要好得多。这是因为不同媒体的教学功能各不相同，例如，幻灯、投影等媒体易于刻画细节；电视、电影能有效地表现时空变化，渲染场面气氛；计算机则具有人—机对话的功能，有利于丰富课堂中的人际互动；等等。将多种媒体有计划地组合起来，就可取长补短，并调动学生多渠道、多角度感知，从而提高教学效果。

3. 方法的恰当使用

运用现代教育技术辅助教学的方法是多种多样的，例如，音响类媒体辅助教学的方法最常用的就有示范法、比较法、情境法、反馈法等多种。示范法是运用录音材料给学生提供示范的方法。比较法则提供对比性音响材料，引导学生区分鉴别。情境法是利用音响材料创设适合教学的环境，增强教学效果的一种方法。教学中，教师要根据实际情况灵活安排，以最大限度地提高课堂教学效率。

✐思考活动

结合时代发展和新课程改革的需要，谈谈当代小学数学教师需要具备什么样的素质。

扩展阅读1

新课程改革对小学数学教师素质的要求

一、新课程改革对小学数学教师素质的要求

《小学数学课程标准》中明确地提出了："义务教育阶段的数学课程应突出体现基础性、普及性和发展性，使数学教育面向全体学生，实现：人人学有价值的数学；人人都能获得必需的数学；不同的人在数学上得到不同的发展。" 数学教学活动必须建立在学生的认知发展水平和已有的知识经验基础之上。教师应激发学生的学习积极性，向学生提供充分从事数学活动的机会，帮助他们在自主探索和合作交流的过程中真正理解和掌握基本的数学知识与技能、数学思想和方法，获得广泛的数学活动经验，要求小学数学教师成为数学学习的组织者、引导者与合作者。因此在新课改下对小学数学的教师各方面的基本素质有了进一步的要求和提高。

（一）小学数学教师自身的文化素质

现行小学数学教材渗透了现代教学的内容和思想，在教学要求上也更趋向科学的思维方法和数学技能。小学数学教师要搞好素质教育，除在教学思想观念上有一个大的转变外，在自身的科学文化和业务素质上也要随之不断更新。具体包括：

1. 良好的理论基础，新的教育观念。

小学教学上多数是指小学教育理论，包括教育学、教育心理学、教育测量学等，是为了能够更好地了解小学生的心理状态及不同年龄段学生的心理特征，从而采取最有效的教学及交流方式。在数学教学上，不仅要教会学生数学学习知识，更重要的是要让学生用数学的方法解决问题。教师要时刻研究学生学好数学的心理状态。

2. 完备的专业知识。

数学教师除要掌握基本的数学理论、专业知识，还应注意自己在历史、语文等多方面的知识，以满足学生的学习需要及求知欲。如在数学的定理、算理等理论教学中，常涉及数学家及一些历史小故事，尤其是对小学生讲一定的历史背景有助于他们对知识的理解，教师适当地讲述（介绍）不仅可以增加数学教学的趣味性，还可以激发学生学习数学的兴趣。

3. 科学的知识结构。

新课标中强调不同的人在数学上得到不同的发展。这就要求教师首先自己要有一个逻辑严密的知识框架，教师的知识结构必须进行科学的优化，具体要做到四个结合：即，"专"与"博"的结合；知识与能力的结合；理论与实践的结合；经验与科研的结合。

（1）"专"与"博"的结合。在数学教学上，学生在业余时间通过在外的学习，已经完全能够解决本年级段所学知识甚至学得更深。除掌握本专业的知识外，教师应适当地多了解其他学科的有关知识，虽不要求"精"但至少要"通"。

（2）知识与能力的结合。教师只具有专业广博的知识是远远不够的，这还需要其他各方面能力的辅助，例如学习能力、交流能力、科研能力、教育教学能力等。

（3）理论与实践的结合。教师所掌握的理论知识不能一味地去说，而是要应用到实际的教育教学中。只有将理论知识运用于实际教育教学中才能发现自己的不足，才能有助于学生更好地理解问题。

（4）经验与科研的结合。教师应该充分发挥探索钻研精神，抓住一些细小的环节，深入研究，总结出一套属于自己的教学理念或方法，这样不仅有利于自己今后的教学，还可以培养自己的科研意识。譬如数学中有许多关于"0的由来"、"小数点的作用"等科研成果都是来源于课堂中学生的提问和课下教师自己的思考。

4.扎实的教学基本功。

表现在以下几个方面。

（1）写字。主要指钢笔字和粉笔字。教师的一言一行时刻影响到学生，认真书写不仅可以体现老师的教学态度，还可以把这种严谨的数学态度潜移默化传给学生。要重视钢笔字和毛笔字的练习，毕竟在如今多样化的课堂上教师的书写绘画有了更大的空间。

（2）备课。这是教师最基本的基本功。教师备课首先要熟悉教材，达到能完全驾驭教材时再写教案。新课改的课堂上要求以学生为主体，让学生主动探索发现问题，教师更要在课前做好充分的准备，对学生课上可能出现的问题作出最大限度的估计。

（3）语言表达能力。这是极为重要的基本功，教师讲课时的语言一定要口齿清晰、简练流畅、生动形象，处处能抓住学生的心理，吸引住学生。尤其在数学教学上，除了以上几方面更要注意语言的规范性和严谨性。数学定理、公式的表述上要丝丝入扣，准确严密不能产生歧义，教师不仅要自己做好示范，更要注意及时纠正学生的语言，时时处处做到"严谨治学"。

（4）现代科学技术的应用——多媒体教学。现在的世界是信息的世界，所以教师会使用多媒体手段进行教学尤为重要，而且在《新课标》中也提出了对教师在多媒体教学及现代科学信息技术应用方面的相关要求。多媒体教学的应用不仅可以增强课堂的趣味性，还可以充分调动学生的积极性，激发学生的学习兴趣。

（二）积极健康的思想素质

教师的一言一行都是教师内在素养的外在体现，都会给学生以潜移默化的作用影响，"桃李不言，下自成蹊"，教师注重修养，注意言行，处处给学生做出表率，言教辅以身教，身教重于言教，学生受到影响，其不良的行为和习惯受到约束，得到修正。

（三）健全的人格和良好的职业道德素质

首先，他应满腔热忱，关心爱护学生，不歧视、辱骂、体罚学生，"亲其师而信其道"，这样的老师可敬可亲，学生才会愿意学，也才学得好。其次，他应该有强烈的事业心和责任感，对工作总是一丝不苟，精益求精，爱岗敬业，乐于奉献，这同样会给学生以影响和感染，使本一心向善的学生更增添了动力。

（四）改革试验和教育科研能力及创新意识

1. 掌握教育科研的理论和方法，是探索教育教学规律的重要途径，也是教师由应试教育转向创新教育，由经验知识型教师转向研究创造型教师的必由之路。教师要掌握教育科研的理论和方法。为了更好地进行教育科研，教师要知道教育科研的原则、内容和方法，要知道怎样选题，怎样研究，怎样评价，怎样形成科研成果。教师要善于抓住当前素质教育中的一些重点、难点、热点课题进行研究。同时，教师还要善于借鉴别人的先进经验。

2. 具有一定的课程开发能力

课程开发能力的内容一般可以表达为以下几点。

（1）将约束在单个学科中的教师的专业特性扩大到学校教育的整体；

（2）将与课程有关的决策重点从原先的"上意下达"的方式转变为教师之间的"讨论"方式；

（3）通过对决策过程的记录和检查，将结果再次反映到决策上，进而开发更合理的课程系统。如果把课程限定为"孩子的活动经验及其结果的总体"，那么教师的教育实践本身就是一种课程开发过程，教师无时无刻不在进行课程开发。事实上教师与课程是在相互作用中教育学生的。教师参与课程开发的目的是使学校课程更加适合学生的需要，促进学生最大限度的发展，但就教师本身而言是确立教师即研究者的信念，在课程开发的实践过程中促进自身的专业发展。

二、探索提高小学数学教师素质的有效途径

1. 提高自身文化业务素质，有科学优化的知识结构。

（1）要认真学好教育理论（教育学、教育心理学、教育测量学），要用科学的态度和工作方法搞好教学工作。

（2）要努力提高教学基本功。①语言准确、生动。数学教师还要做到语言简练富有逻辑性。②要熟练地掌握和正确运用小学数学教材中的教具、学具。能根据需要，自己设计制作教具，指导学生制作和运用学具，以提高教学效果。③提高自身的书写能力（粉笔字、钢笔字、毛笔字），做到板书工整、美观、突出重点，作业批改认真规范，批语能起到激励学生的作用。

（3）教师的知识结构包括多方面的内容，结合我国小学数学教学的情况，可以将小学数学教师的知识分为三类。一是数学学科方面的知识；二是有关理论方面的知识；三是教学实践知识。知识领域的扩展，对教师的要求也在提高。除了观念上的转变，还需要教师在知识上不断更新。一名小学数学教师应当具备丰富的知识，形成比较完整的知识结构。

2. 树立正确的人生观、价值观，有健全的心理素质。

3. 提高师德素质，拥有高尚健康的人格。

4. 掌握新的教学理念，多开发利用课程资源，信息技术与学科教学有机结合。

（摘自：http://bbs.pep.com.cn/thread-212939-1-1.html）

 ## 专题小结

教师素质的要求，总体来说是随着社会发展而逐步提高的。新课标对小学数学教师素质提出了新的要求。

专题导读

时代已经对教师素养提出了新的要求，当代数学教师必须要有所应对，要对自己的教师角色有着新的认识。在新世纪的课程与教学改革推动下，小学数学教师应当具备什么样的角色意识和行为呢？人们已经进行了卓有成效的研究。

专题二

数学教师应担任的角色

数学新课程与教学决定了教师在教学过程中不再仅仅是一个"施予者"、"布题者"和权威与真理的"代表者"，在数学教学过程中，教师担任着更重要、更具挑战性的角色：研究者、指导者、课程的开发者、学习者。

一、教育的研究者

在研究性学习中，教师必须成为一个教育的研究者，他应该知道怎样有成效地指导学生；怎样有成效地组织教学；而不应该仅仅限于备课（钻研教材）和上课（传授教材上的知识点）。客观上讲，作为一个教师，最关注和最想研究的教育问题可能是什么是最好的教学，即怎样教学最富有成效。以这个问题为例，我们来谈谈一个中小学教师怎样进行教育研究。

首先，肯定是查阅大量的文献或请教专家，你想从别人那里，尤其是所谓的权威那里知道最好的教学是什么。这时你会发现，不同的研究给出了不同的答案。接着你会发现（可能会令你吃惊），不同的回答实际上并不矛盾。对不同研究者是如何提问题的仔细考察常常表明，他们是在说不同的语言。实际上他们是在用不同的语言提问题，得出不一样的答案，这丝毫也不奇怪。

举个例子。研究文献或专家A说最好的教学是，教师说得少，学生说得多；学生与学生、教师与学生互动的频率高（我们暂且称之为课堂互动）。研究文献（或者请教另一位教授），你会发现，研究文献或专家B认为，好的教学的特征是有激起思考的提问（我们暂且称之为问题教学）。能激起思考的提问可以激发学生的好奇心和刺激其认知能力的提高。如果不满意，你可以继续阅读或者再请教一位专家，你会发现研究文献或专家C认为好的教学是有刺激学生探究的讨论（我们暂且称之为探究教学）：在这些讨论中，包含逻辑的运用并导向有效思维，例如，确定某种主张的事实根据，或形成聪明的理解，或得出经得起反驳的结论。这样学生在讨论中从知识到能力获得了发展。继续阅读的话，可能又会出现另一种观点D，认为好的教学平等而如实地对待所教的内容。根据这一观点，好的教学的标准是它处理领域内的概念、术语、理论和事实的广度（我们暂且称之为广度教学）。

因此，关于最好的教学是什么有四种不同的回答，按照这种方式，我们就会得出专家X反对专家Y的教学观念的结论或争论。我们能说某人正确，某人错误吗？他们只是提问的方式不同，所以回答也不同。第一个研究从课堂互动的角度提问；第二个研究从个体认知过程的角度提问；第三个研究从有效思维的角度提问；第四个研究从教材的角度提问。这些研究以四种正确的方式回答了你的问题。我们下一步要做的研究就是对研究成果进行调整，使之有利于你的决策。这四种研究都以不同的角度正确地回答了你的问题，这时候你需要回答的问题是："我想做什么？哪种教学形式对我要做的最有用？"这样，可能更容易决定"问题教学"、"探究教学"、"课堂互动"、"广度教学"这几个研究哪个更合乎你的目的。上述例子的一个启发是，研究要解答它所要解答的问题，你有你自己所要解答的问题。你可能决定对你的课程做几种不同的事情，上述四个研究可能对你的课程的不同部分有用。列出了你的问题与研究的问题之间的关系可以用下面的图来列出。

教师需要成为研究者

一些人认为，教师只要教好书就可以了，不必搞什么研究，也搞不了研究。人们普遍认为研究是大学老师或专业科研人员的事情。这无疑是极为片面的。教师即便想的是要教好书，也要考虑创设情境、组织活动、把教学内容以儿童适合与喜欢的方式展现出来，等等，都是需要研究的。当然这种研究跟严格科学意义上的研究是不同的。

图：已有的研究与你的决策

第一步：决定你想在课堂中做什么。

第二步：找出研究提出了什么成果：

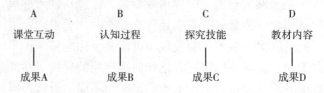

A	B	C	D
课堂互动	认知过程	探究技能	教材内容
|	|	|	|
成果A	成果B	成果C	成果D

第三步：决定哪一项研究可能对你在课堂中所要做的事情有帮助。

注：引自Connelly，Dukacz，Quinlan，1980，第29页

　　注意那些描述"是"什么的研究。作为一个教师，你要决定"应该"做什么。因而你的作用是"规范性的"。你必须提前作出决定以便使你提供的教学能够完成你想要达到的目标。要试验性地安排好教学的时间、地点、内容、涉及的人及行动——这些不应该是"碰巧的"。

　　至于教育研究的方法，在本章专题一中已经提及，这里不再赘述。不论用哪种研究方法，其最终都应归于"我想做什么？"这个问题。

二、学生有效的指导者

　　在学生的数学学习中，教师起着重要的指导作用，教师主要是在如下方面对学生进行指导：指导学生组织思维材料、指导学生运用数学思维方法、指导学生进行研究和探讨。

（一）指导学生组织思维材料

　　人的大脑进行思维活动，就犹如工厂进行生产一样原材料是必不可少的。没有原材料，机器再精良，技术再高超，也是无法进行生产的。没有思维材料，大脑再聪明也无法进行有效的思维。因为数学思维过程是人脑对外部数学信息进行接受、分析、选择、加工、整合的过程。在这个过程中，人脑将外部的数学信息材料转化为内部的数学信息材料，内部的数学信息材料不是外部数学信息材料的机械反映，而是经过了一系列取舍、组织、抽象、概括的过程，把感性材料上升到了理性材料，把感性认识上升到了理性认识。老师在这个过程中就是指导学生如何对现实数学材料进行取舍、组织、抽象和概括。如下面的一个案例。

典型案例5

"归一应用题"的教学片断[1]

师：如果现在要求大家很快地测算出全班50个同学在1分钟内大约一共能踢多少个毽子，你们准备怎么测算？（学生们争相发表意见）

生1：我先测出每个同学1分钟踢毽子的个数，再把它们加起来。

生2：那样太麻烦，我只要先测出一个同学1分钟踢毽子的个数，再乘以50就可以了。

生3：这样也不对。如果选出一个踢得特别快的同学，算出的得数就太大了；如果选出一个踢得特别慢的同学，算出的得数就太小了。

经反复考虑后有学生提出：可以先测出几个同学1分钟踢的个数，算出它们的平均数后再乘以50。

经过实地测试，编出应用题："在1分钟内，8个同学共踢毽子328个。照这样计算，我班50个同学1分钟大约能踢多少个毽子？"

教师还向学生指出，用这种推算的方法，能预测生活和生产中的一些问题。如秋收时，人们为了及早知道某一地区的收成情况，就先测出有代表性的若干地块的产量，然后推算出总产量大约是多少。如果是大丰收，就要事前准备好粮食仓库等。

（二）指导学生运用数学思维方法

方法是人们为达到认识世界、改造世界的某一方面的目的而采取的手段和操作的总和。数学是一门工具性很强的科学，也是一门具有方法论性质的科学。数学本身就是一种方法。"数学方法就是人们充实'数学活动'所采用的方式和手段。所谓数学活动指的是人们生产数学理论体系的各种活动，包括人们研究数学、应用数学、教授和学习数学的各类活动。"[2]数学课程与教学一个很重要的任务，就是要使学生掌握和学会应用数学方法。

在小学数学中，最常见的数学方法有观察和实验、归纳和演绎、类比和猜测、概括和抽象。

1. 观察和实验

数学方法中的观察是指人们对事物或问题的数学特征通过视觉获

[1] 成尚荣. 学会数学地思维——小学数学教学案例解读［M］. 南京：江苏教育出版社，2001：19.

[2] 杜瑞芝. 数学史辞典［M］. 济南：山东教育出版社，2000：620.

取信息，运用思维辨认其形式、结构和数量关系，从而发现某些数学规律和数学性质的方法。

人们通过观察认识世界，要洞悉数学的奥秘，首先依靠观察。一些著名科学家的成功之道就在于勤于观察、善于观察。就如巴甫洛夫所说："观察、观察、再观察。"数学思维通常是从观察数学现象开始的，观察法是数学思维过程中必须的、第一位的方法。只有在观察的基础上，结合运用其他方法才能获得关于客观事物的本质和规律的认识。

观察在学生的数学学习中也起着重要的作用。如学生在教师的引导下，在知识发现的过程中，需要对例证进行表面的和深入的、整体的和部分的、顺向的和逆向的多方面的观察。学生能否对例证进行有序的观察，是影响学生发现的重要因素。因此教师要注重指导学生进行有序的观察，即从表面到深入，从部分到整体（或从整体到部分）、从顺向到逆向等。

典型案例6

分数基本性质的教学

通过直观操作或演示后，得出一组例证：

3/4=6/8=9/12　　　1/2=2/4=3/6　　　1/4=2/8=4/16…

（1）整体观察。发现这几组分数的分子、分母都起了变化，而分数的大小不变。这里可能存在某种规律。

（2）部分观察。先引导学生对其中一组数3/4=6/8=9/12从左往右观察，并讨论：一个分数的分子、分母怎样变化，分数的大小不变？这时为了有利于学生能正确地运用数学语言表达，可以把这组分数改成下式让学生练习：

$$3/4 = \{3 \times (\ )\}/\{4 \times (\ )\} = 6/8$$
$$3/4 = \{3 \times (\ )\}/\{4 \times (\ )\} = 9/12$$

得出：分数的分子、分母都乘以一个相同的数，分数的大小不变。

接着引导学生从右往左观察，辅之以练习：

$$6/8 = \{6 \div (\ )\}/\{8 \div (\ )\} = 3/4$$
$$9/12 = \{9 \div (\ )\}/\{12 \div (\ )\} = 3/4$$

得出：分数的分子、分母都除以一个相同的数，分数的大小不变。再让学生观察其他几组分数，得出同样的规律。

（3）整体观察。引导学生从整体上观察这组例证，概括出结论后，让学生阅读课本，要求能运用除法的商不变性质说明分数的基本性质，并明确为什么"0除外"。

在解决数学问题的过程中，要引导学生善于变换不同的观察角度，结合想象等抓住问题的特征，形成数学直感或产生直觉以解决问题，培养学生敏锐的观察力。

典型案例 7

　　多媒体显示一个边长为4分米的正方形，把它的每一边中点连接起来，得到第二个正方形，再把第二个正方形各边的中点连接起来，得到第三个正方形（见下图），求第三个正方形的面积。

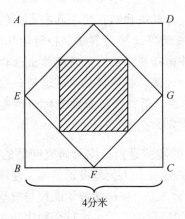

4分米

　　师：想求第三个正方形面积，要知道其边长，边长不知道，那该怎么办？请展开合理的想象，说出你的办法。

　　学生分组讨论，派代表汇报讨论结果，教师运用多媒体演示。

　　学生A：我们想象用分割的方法，在正方形ABCD中作两条对角线，这样把正方形ABCD平均分成了面积相等的16个三角形（见下图），因此，阴影正方形的面积是：$4^2 \div 16 \times 4 = 4$（平方分米）。

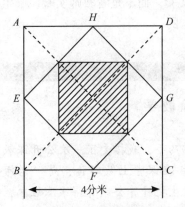

4分米

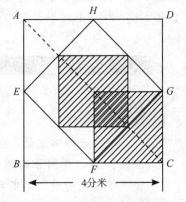

4分米

　　学生B：我们想象用移动的方法，把小正方形沿对角线平移，见上右图就可以知道，小正方形面积是大正方形面积的1/4，所以阴影正方形面积是：$4^2 \div 4 = 4$（平方分米）。

学生C：我们用在脑子里折纸的方法，沿着正方形 *EFGH* 的四条边向正方形中心折去，使 *A*、*B*、*C*、*D* 汇于一点。同样的道理，再把 *E*、*F*、*G*、*H* 汇于中心一点，就知道第三个正方形的边长是2分米，面积是 $2^2 = 4$（平方分米）。

学生D：开始，我们就猜想，第二个正方形的面积是第一个正方形面积的一半，第三个正方形的面积是第二个正方形的一半，从前面三位同学所说，证实了我们的想法是对的，我们的算式是：$4^2 \div 2 \div 2 = 4$（平方分米）。

师：我真佩服你们！想象真丰富，能想象用平移、分割、对折等方法获得正确的解法。D同学从对图形的整体观察出发，很快作出猜想，然后对猜想作出检验。这种方法是科学发现中常用的方法，值得提倡。这道题如果继续这样画下去，用D同学的想法，第四个小正方形的面积是多少？第八个小正方形的面积是多少？[1]

数学方法中的实验是指根据所研究问题的需要，按照研究对象的自然状态和客观规律，人为地设置条件，使所希望的现象产生或对其进行控制的科学方法。在小学数学课程与教学中，数学实验主要指在教师提供的教学情景中，学生进行个别化的必要的对物体的操作或具体运算，使学生通过对客体的直接经验学习数学。儿童需要对他周围物质世界的物体有第一手的经验，应该鼓励学生对物体进行比较、测量、调查、分类——确定这些物体的特点或性质与其他物体的特点或性质之间存在的关系。数学就是研究关系的。实验是一种建立在对物质世界的直接经验基础之上的真正的学习，它使数学成为一门有趣的、受学生欢迎并使学生能够理解的学科。这里特别要强调的是，实验必须是学生自己对客体的直接实验，而不是看教师实验，学生是否直接实验，学习的效果是截然不同的。

典型案例 8

实验教学

一位老师回忆说："1979年，我接受了一次公开课教学的任务，讲的是圆锥的体积。在课堂上做实验，是'老师做实验，学生坐着看'。当时学生把计算公式背得滚瓜烂熟，大多数还能运用公式进行计算，我觉得很满意。公开课完了，学校

[1] 成尚荣. 学会数学地思维——小学数学教学案例解读［M］. 南京：江苏教育出版社，2001：42.

校长对这一节课马上跟踪做了调查。从卷面上发现这样一个问题：一个女学生在一道圆锥体的计算题下面写了两个算式：一个是 $V=1/3Sh$；另一个是 $V=1/2Sh$，而且在方块内写上："注意，请老师给我选对的评，谢谢老师。"我问她为什么写两个算式？她说，"平时我把公式背得很熟，一紧张，我就吃不准是除以2还是除以3，就想了这种办法。"她又补充说："当时老师做实验，我也没看清楚是2还是3"这个问题等于给我留了新的研究课题：怎样组织学生动手做实验，引导学生自己动脑动手分析问题，研究问题。

1983年，我有一次接受了哈尔滨市公开课教学的任务，还是讲圆锥的体积。由于教学设计比较切合学生实际，加强了直观教学，让学生自己动手、动脑做实验，真正参与知识形成的过程，收到了较好的教学效果。我设计两组教具：一组是按教材的要求做一个圆柱和一个与圆柱等底等高的圆锥；另一组是一个圆柱和这个圆柱等底，高为圆柱高的3倍的圆锥。因为课前做了充分的准备，让每个学生都能用上教师准备好的教具做实验。

两次实验，给学生留下深刻的印象。一上课学生都争着汇报做实验的结果和不同的体会。就在热烈的争论中，学生清楚地回答了两个问题：①圆锥的体积 $V=1/3Sh$；②圆锥体积＝圆柱体积×1/3×3（圆锥的高是圆柱高的3倍）。而且在争论的过程中，他们手拿教具，能有理有据地回答问题。

学生甲："实验结果证明：和圆柱等底不等高的圆锥（圆锥的高是等底圆柱高的3倍），它们的体积相等。"

学生乙："圆锥的高是圆柱高的3倍，而且它们的底面积相等。所以，这个圆锥体积和圆柱体积相等。"

学生丙："因为圆锥的体积 V 等于和它等底等高的圆柱体积的三分之一，即把圆柱体积缩小3倍就是圆锥的体积，再把圆锥的体积扩大3倍，就是等底不等高（圆锥的高是圆柱高的3倍）的圆柱体积。"[1]

2. 归纳和演绎

"数学归纳法的基本思想是：以有限来掌握无限，通过有限次的操作，证明关于无限集合的某些命题。"[2]例如通过操作实验得到：

直径是1厘米的圆周，周长约为3厘米多一点；

[1] 张玺恩. 中国著名特级教师教学思想录小学数学卷［M］. 南京：江苏教育出版社，1996：190.

[2] 杜瑞芝. 数学史辞典［Z］. 济南：山东教育出版社，2000：628.

直径是2厘米的圆周，周长约为6厘米多一点，

直径是3厘米的圆周，周长约为9厘米多一点，

直径是4厘米的圆周，周长约为12厘米多一点。

从中归纳出命题：一个圆的周长总是它的直径的3倍多一些。

再如，我们可以根据有限次的观察概括出"水是在0℃结冰的。"这样一种概括包括了比实际所观察到的更多的情况，它是建立在推理基础上的。从许多特殊情况归纳得出的这一类概括的过程叫做归纳推理。可以看出，归纳推理是通过与物质世界的直接感知从实验、观察或者"学习"得到的。所以在小学里运用归纳法是很好的，因为归纳法同发现有关。当小学生在观察特殊的例子时，应当鼓励他们去发现模式或进行概括。例如，发现3 + 5 = 8，同时还发现5 + 3 = 8，显然加数与被加数的次序不会改变总和。再让学生多做几个实例，如3 + 1 = 4，1 + 3 = 4；2 + 6 = 8，6 + 2 = 8；7 + 2 = 9，2 + 7 = 9等，然后引导他们用归纳法做出概括：加数与被加数的次序不改变总和（交换性）。再如，下面的案例"长方体体积计算"的教学，就是用归纳法让学生自己去发现、去概括。

典型案例 9

"长方体体积计算"的教学[1]

师：（指着学生课桌上放的肥皂和魔方）同学们，你们桌上放的是什么？它们的形状是……

生：肥皂的形状是长方体，魔方的形状是正方体。

师：看到这两样东西，你们想知道哪些数学问题？

生1：我想知道它们所占的空间大小，各占多大空间？

生2：我想了解它们的体积各是多少？

……

师：你们能想办法知道它们的体积吗？

生1：用1立方厘米的小正方体拼成一个与魔方同样大的正方体，数出组成这个正方体的小正方体的个数，就是它的以立方厘米为单位的体积数。

生2：把肥皂切成棱长是1厘米的小正方体……

师：同学们真能动脑筋想办法，但是这些办法比较麻烦，想不想找到一种既简单又科学的方法计算出它们的体积呢？

---

[1] 成尚荣. 学会数学地思维——小学数学教学案例解读［M］. 南京：江苏教育出版社，2001：46.

（板书课题）

师：（屏幕上依次出现5个单位小正方体组成1个长方体的过程，由4个这样的长方体并排组成另一个长方体的过程，由3个这样的长方体叠成一个大长方体的过程，如下图所示）每个小正方体体积是1立方厘米，说说先后得到的三个长方体是怎样拼摆成的？各含有多少个1立方厘米的小正方体？各个长方体的体积是多少？

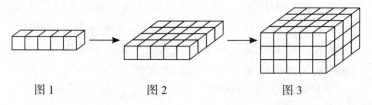

图1　　　　图2　　　　图3

生1：图1每排摆5个正方体，摆成1排，共摆了5个1立方厘米的小正方体，它的体积是5立方厘米。

生2：图2每排摆5个正方体，摆4排，共摆了20个1立方厘米的小正方体。

生3：图3每排摆5个，摆4排，摆3层，共摆了60个1立方厘米的小正方体。

师：（指生3）你是怎样知道的？

生3：先算出一层有20个1立方厘米的小正方体，再算3层有多少个1立方厘米的小正方体。

根据三位学生的回答，分别填写下表并回答物体所含体积单位的个数与每排个数、排数、层数有什么关系。

每排个数	排数	层数	1立方厘米的正方体个数	体积

生：总个数等于每排个数、排数、层数的乘积。

师：再来做个实验，4人一组，每人用12个1立方厘米的小正方体拼成一个长方体，同组同学摆的形状尽可能不同。

师：你们从刚才摆长方体的过程中，发现了什么？

生1：摆成的长方体形状不同。

生2：摆成的长方体每排的个数、排数、层数不同，但是它们所含的体积单位个数都是12。（板书：12）

生3：长方体所含单位体积的个数正好是每排个数、排数、层数的乘积。

生4：它们的体积都是12立方厘米。

师：可见长方体所含的单位体积的个数就是它的……

生：（齐）体积。

师：每排个数、排数、层数分别相当于长方体的什么？

（出示第一组画面）

师：（指图1）这个长方体的长、宽、高分别是多少厘米？

（分别写出长、宽、高）

生：这个长方体的长是5厘米，宽是1厘米，高是1厘米。

师：（指图2、图3）从这两幅图上你们发现了什么？

生：图上每排的小正方体个数就是拼成长方体长所含的厘米数，排数就是宽所含的厘米数，层数就是高所含的厘米数，拼成长方体的体积就是三者的乘积。

根据学生的回答，教师把板书的"每排个数"、"排数"、"层数"换成"长"、"宽"、"高"。

师：长方体的体积与长、宽、高有什么关系？

生：长方体的体积等于长、宽、高的乘积。（板书：长方体的体积＝长×宽×高）

师：这个木块（多媒体显示"单位：厘米"），它的长、宽、高分别是多少？你们有几种方法计算这个长方体的体积？

师：两种方法计算结果一样吗？哪种方法简便？

生：一样。运用公式计算简便。

师：通过验证，说明大家总结的长方体体积计算公式是正确的，大家齐读一遍。

演绎推理就是把经过归纳形成的概括运用到特殊情况中去。例如，通过对如下式子 $3+1=4$，$1+3=4$；$2+6=8$，$6+2=8$；$7+2=9$，$2+7=9$我们归纳出加数与被加数的次序不改变总和，可以表示为：$a+b=b+a$，于是对某一特殊情形写出表达式（如$3+7=7+3$），这就是演绎推理。数学教学中往往根据定义、法则、公式等去解决个别具体的数学问题或说明某个具体的数学问题，就是运用了演绎法。

3. 类比和猜想

类比推理是根据两个对象或两类事物的某些属性相似或相同，从而推出它们的其他属性也可能相似或相同的一种思维方法。例如，根据小数与整数都是十进制，小数中的整数部分加减法与整数加减法相同，推出小数加减法的计算法则。类比推理在小学数学中有广泛的应用，数学教学中经常运用旧知识类比推理出新知识，所以它是学生获取新知识的主要方法之一。在解题过程中还会经常用类比推理的方法进行思考和解答。

用类比推理的方法教学分数乘法应用题[1]

（1）由整数、小数乘法的解法类推出分数乘法的解法。

先让学生解答有关的整数、小数应用题，为教学分数应用题提供"先行组织者"。

有苹果60千克，梨的重量是苹果的3倍。梨有多少千克？

有苹果60千克，梨的重量是苹果的1.6倍。梨有多少千克？

有苹果60千克，梨的重量是苹果的0.6倍。梨有多少千克？

学生解答后，把第3题改编成分数应用题：

有苹果60千克，梨的重量是苹果的3/5。梨有多少千克？

对比上面几题，类推出求60千克的3/5是多少，用乘法计算，得60×3/5。

因为　　　　　　$3/5 = 0.6$，　$60 × 0.6 = 36$

所以　　　　　　　　　$60 × 3/5 = 36$

（2）沟通知识网络，对例题的解加以验证。

① 根据分数的意义，本题是求60的3/5是多少，也就是把60平均分成5份，每份是12千克（$60 ÷ 5 = 12$），表示这样的3份，即36千克（$12 × 3 = 36$）。

② 根据"梨的重量是苹果的3/5"，设梨有x千克。

$$x ÷ 60 = 3/5,　　x = 60 × 3/5,　　x = 36$$

改编验算：苹果60千克，梨36千克。梨的重量是苹果的几分之几？ $36 ÷ 60 = 3/5$。通过验证，说明例题的解正确。

（3）小结。

"梨的重量是苹果的3/5"，这里的3/5是分数倍。当倍数小于1时，通常就说一个数是另一个数的几分之几。求一个数的几倍是多少，用乘法计算，求一个数的几分之几是多少，也用乘法计算。

又如，在工程问题中有这样一道题：车站有货物45吨，用甲汽车10小时可以运完，用乙汽车15小时可以运完。用两辆汽车同时运，多少小时可以运完？

一般学生都能用以前学过的解整数应用题的方法解答：

$$45 ÷ （45 ÷ 10 + 45 ÷ 15） = 6 （小时）$$

在此基础上，可启发学生根据分数乘法的意义进行联想，

---

[1] 成尚荣. 学会数学地思维——小学数学教学案例解读［M］. 南京：江苏教育出版社，2001：57.

先求出甲、乙两辆汽车工作效率之和，再解答。

$$45 \div \left[45 \times (1/10 + 1/15) \right] = 6 （小时）$$

进而要求学生用工程问题的结构特征去联想，把45吨货物看做单位"1"，由类比作如下解答：

$$1 \div (1/10 + 1/15) = 6 （小时）$$

我们可以引导学生借助类比将知识进行延伸拓展，如从加法对乘法的分配律延伸到减法对乘法的分配律等。在归纳知识系统时，可以用类比来串联不同层次的类比内容，以帮助理解记忆。在求解问题时，可以运用类比猜测问题答案或结论，有时还可以运用"选出一个类似的、较容易的问题，去解决它，改造它的解法，以便它可以用作一个模式。然后，利用刚刚建立的模式，以达到原来问题的解决。G.玻利亚指出："这种方法在外人看来似乎是迂回绕圈子，但在数学上或数学以外的科学研究中是常用的。"当然，另一方面，在教学中我们同样要注意防止学生由错误的类比将知识过度地泛化。

尽管由不完全归纳法和类比得到的结论需要经过严格论证才能确认其正确性，它们都是数学创造性思维的一种基本方法，学习和掌握这两种方法，不仅有助于今后进一步学习，而且可以为今后发现人类尚不知道的客观世界的某些规律，在思想方法上打下基础。因此，在数学教学中必须予以充分重视。

猜想是对研究的问题进行观察、实验、分析、比较、联想、归纳、类比等，依据已有的材料和知识作出符合一定的经验和事实的推测性想象的思维方法。猜想是数学发展的动力。波利亚指出："在你证明一个数学定理之前，你必须猜到这个定理证明的主导思想。""数学事实首先是被猜想；然后是被证实。"

猜想在我国传统数学教学中是极其被忽视的，现在国家数学课程标准中十分强调和重视。从课程总目标到学段目标，都明确提出数学猜想的要求，如在总课程目标的"数学思考"部分提出要让学生"经历观察、实验、猜想、证明等数学活动过程……。"[1]在学段目标的"数学思考"部分小学阶段提出了"能根据解决问题的需要，收集有用的材料，进行归纳、类比与猜测，发展初步的合情推理能力。"[2]

在小学数学教学中常用的猜想有如下三个方面。第一，依据

[1] 教育部基础教育司，数学课程标准研制组. 全日制义务教育数学课程标准（实验稿）［M］. 北京：北京师范大学出版社，2001：6.
[2] 教育部基础教育司，数学课程标准研制组. 全日制义务教育数学课程标准（实验稿）［M］. 北京：北京师范大学出版社，2001：9.

已有的知识和结果，经尝试探索而获得对于待解决问题向结果靠近的方向性猜想。第二，运用不完全归纳法对研究的问题的个例、特例进行观察分析，从中得出命题的形式、结论和方法的猜想。如浏览一下2005年的年历，不难发现2005年5月1日是星期日，再随意翻几本日历，如2002年的日历，可以发现2002年的9月1日和12月1日都是星期日，2001年的4月1日和7月1日都是星期日，1998年的1月1日是星期日，1994年的5月1日是星期日。通过这些现象，我们可以提出这样的猜想："是不是每一年都会有某一个月份，它的第一天是星期日？"第三，通过比较两个问题的共同性，得出新命题和新方法的猜想。所谓"新"是相对于思维主体而言的。如学习了积的变化规律后，学生提出"既然有积的变化规律，有没有和的变化规律、差的变化规律、商的变化规律呢？"

4. 概括和抽象

概括就是把对象或关系的某些共同的、本质的属性归结出来，用一种形式把它固定下来。如学习分数乘法后，一个学生就用概括的方式写下了如下的单元小结[1]。

分数乘法
$$\begin{cases}
\text{意义：分数乘以整数 } \dfrac{a}{b} \times c = \dfrac{a}{b} + \dfrac{a}{b} + \cdots + \dfrac{a}{b} \\[2mm]
\text{法则：一个数乘以分数：} a \times \dfrac{c}{b} \text{ 是求}a\text{的}\dfrac{c}{b}\text{是多少} \\[2mm]
\qquad\qquad \dfrac{a}{b} \times \dfrac{d}{c} = \dfrac{ad}{bc} \\[2mm]
\text{运算定律：整数乘法定律对分数也适用} \\[2mm]
\text{倒数：乘积是1的两个数互为倒数}
\end{cases}$$

当然，这个学生对"分数意义"的概括还是值得斟酌的，比如如果是两个分数相乘，那该如何解释呢？但是学生有了这种概括和理解，就可以引导去思考更深层次的问题，即真正从更高的学习水平上去理解和把握算理、算法、法则，等等。

抽象就是把概括出来的共同的、本质的属性，从其他非本质的属性中抽取出来并舍弃这些非本质属性。数学抽象就是从研究对象或问题中抽取出数量关系或空间形式而舍弃其他属性的方法。数学中的概念、关系、定理、公式、符号等都是数学抽象的结果。

概括和抽象在小学数学中有着广泛的应用，因为数学本身就是一门抽象的学科。但是抽象思维有一个发展的过程，尤其是中

---

[1] 张奠恩. 中国著名特级教师教学思想录小学数学卷［M］. 南京：江苏教育出版社，1996：370.

低年级的小学生，抽象思维水平还处于初级阶段，所以，教师要善于引导他们进行抽象概括。首先，教师要认识到，小学生的抽象概括水平大体上要经过三个阶段，即直观形象水平、形象抽象水平和初步本质抽象水平。所以他们的抽象概括一般要经过如下程序：①感知具体形象；②形成数学表象；③抽象概括概念。其次，在认识了抽象思维发展过程的基础上，教师要引导学生逐级概括，指导学生写学习笔记和单元小结，进行抽象概括知识的智力操作。如一位教师在"分数的意义"教学中，按照"观察、操作——形成表象——抽象概括"这样一个程序，让学生进行抽象概括。[1]

第一步：测量黑板的长。

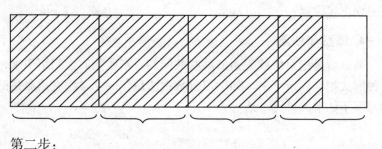

第二步：

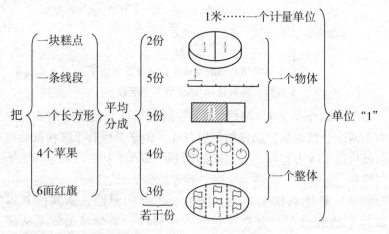

具体事物先抽象概括得到一个计量单位、一个物体、一个整体，再抽象概括成单位"1"；具体分的份数概括为若干份；最后概括得到分数的意义。

第三步：一个学生学习了这节课写了如下关于单位"1"的笔记。

---

[1] 张玺恩. 中国著名特级教师教学思想录小学数学卷［M］. 南京：江苏教育出版社，1996：369.

$$
单位"1"
\begin{cases}
① 表示一\\
\quad 个物体 \\
\\
② 一种计\\
\quad 量单位 \\
\\
③ 表示一\\
\quad 种整体
\end{cases}
$$

① 把一个梨平均分成2份，1份是 $\frac{1}{2}$ 个梨。

② 一千克牛奶平均分成3份，1份是 $\frac{1}{3}$ 千克牛奶。

③ 一堆煤，平均分成5份，1份是 $\frac{1}{5}$ 堆煤。

根据上面的论述和事例，教学生进行抽象概括时，要注意以下几点：

第一，要通过直观形象的材料进行抽象。

第二，注意抽象概括的科学性。

第三，进行抽象概括之后还要注意具体化。

（三）指导学生进行研究和探讨

指导学生进行研究和探讨，首先，教师要善于激励学生，调动学生真正全情参与教学过程。什么是参与？每一个学生发言就是参与吗？发言是参与，但如果仅仅是按照书本上的标准答案或教师给定的答案来发言，就是一种表面上的行为的参与，只有当学生发自自我的需要积极地思维，在阅读、交流、思考中得出自己的结论才是一种真正的参与。学生是否在参与，关键要看学生的思维是否活跃，学生所回答的问题、提出的问题，是否建立在第一个问题的基础之上，每一个学生的发言是否会引起其他学生的思考；要看参与是不是主动、积极，是不是学生的自我需要；要看学生交往的状态，思维的状态，不能满足于学生都在发言，而要看学生有没有独立的思考。

其次，指导学生进行研究和探讨，教师要善于创设问题情景，激发起学生探索的欲望。

再次，善于提出有价值的问题。有价值的问题即有思考价值、且学生感兴趣、愿意独立得出自己结论的问题。

教师善于提出有价值、有针对性的问题，并放权给学生，给他们想、做、说的机会，让他们讨论、质疑、交流，围绕某一个问题展开辩论，学生自然就会兴奋，参与度也会相应提高。

新课程提倡的自主学习、合作学习、探究性学习，都是以学生的积极参与为前提的，没有学生的积极参与，就不可能有真正的自主、探究、合作学习。

最后，要善于激励学生。激励学生，一方面，要不吝啬真诚的赞美；另一方面，要善于鼓励，使学生扬起信心的风帆。英国教师

结合你的理解，谈
谈当代小学数学教师的
角色。

不吝啬给学生鼓励性的语言或表情。他们鼓励性的语言很多，如：
Excellent（真好）Marvellous（真棒）Wonderful（棒极了）Absolutely
right（完全正确）Gorgeous（太美了）Well done（做得好）等。相比
之下，我们中国教师显得"小气"一些。孩子们尚处在成长时期，有
时就像干旱时的幼苗，多么希望教师爱的滋润、爱的鼓励。作为教
师，如果能将你的爱奉献给学生，那么他们就像雨后的春笋。

扩展阅读 2

数学实践中，教师如何定位自己的角色，如何把课堂真正
地交给学生，如何做好课堂教学的引导者、组织者与合作者，
如何正确适度地把握课堂教学成了每个教师的关注点。为了使
每一个教师合理地转变教师角色，特进行了这次调查。通过这
次调查，我们了解到学生心中的教师形象和课堂中希望老师的
状态，进而明确如何转变自己的角色。

研究结果与发现：

（1）在调查的120名同学中，有118名同学希望通过安静有
序的老师的组织，自由学习数学知识。这说明学生有自主学习
的积极性，更需要老师适度的组织与监督。

（2）在调查中发现有118名同学希望数学课在老师的指导
下进行。这说明学生虽然有一定的自习能力，但是对知识的
学习仍需要老师的帮助，他们心中的教师是个"万能的救世
主"，是可以随时给予帮助并指明方向的人。

（3）在调查中还发现有97名希望与老师一起学习数学知识，
占总人数的80.8%，这说明学生希望教师与他们是平等的，像朋友
一样，即能和他们一起学习，一起玩耍，共同学习知识，亲近而
平等，没有隔阂。这正验证了那句古语"亲其师，信其道"。

（4）另外，在调查中，还发现一大部分学生希望教师亲近
得像朋友，在学习中帮助他们，在言语上平等对待他们，在生
活中关心他们，在课余时间能不厌其烦地为他们解答疑问。

（摘自：http://hi.baidu.com/%C7%E5%C7%E7%B8%F3/blog/item/5e13c
208c1697e1595ca6b3f.html）

专题小结

当代小学数学教师角色正在发生变化，其中较为突出的就是要成
为教育研究者和学生的有效指导者。

专题三

数学教师的专业化发展

一、教师专业化的内涵

　　教师专业化是一个相当先进的理论研究和实践行动。从世界范围看，直到20世纪中期，一些国际性组织和团体的研究才真正开始推动教师职业作为一种专业的研究[1]。1966年，联合国教科文组织与国际劳动组织发表了《关于教师地位的建议》，明确阐释了教师的专业性质："应把教育工作视为专门的职业，这种职业要求教师经过严格的、持续的学习并保持专业的知识和特别的技术，它是一种公共的业务。"同年，联合国教科文组织第45届国际教育大会强调："主要通过实施高水平的初期师范教育和终身职业的专业发展，创设多样化的以适当的评价体系为支撑的职业结构，以及提高教师的物质的和社会的地位，来提高教师的专业化"的原则。我国则是1986年将教师列入"专业技术人员"之列。1994年，我国开始实施的《教师法》明确规定："教师是履行教育教学职责的专业人员。"1996年颁布的《教育法》采纳了这一条款。2000年，教育部颁布《教师资格条例实施办法》，教师资格制度在全国开始全面实施，从法律制度上开启了教师专业化的征程。可以说，我国已经有世界上最为庞大的教师队伍，有关法律已经就权益和条件的落实保障方面为教师专业化提供了基本的制度保证。

　　那么，如何增进教师专业化的理性认识，从而深化实践行动呢？华东师范大学叶澜教授将教师专业化的理解归纳为三大类[2]：

　　第一类是指教师专业成长过程。如霍伊尔（Hoyle.E.）认为："教师专业发展是指教学职业的每一阶段，教师掌握良好专业实践所必备的知识和技能的过程"；富兰（Fullan，M.）和哈格里夫斯（Hargreaves.A.）认为："教师专业发展既指通过在职教师教育或教

[1] 柳海民，孙志杰. 试论教师专业化及其专业化培养［J］. 东北师大学报（哲学社会科学版），2003（5）：113–118.

[2] 叶澜. 教师角色与教师发展新探［M］. 北京：教育科学出版社，2001：222–225.

师培训而获得特定方面的发展，也指教师在目标意识、教学技能和与同事合作能力等方面的进步"；格拉特霍恩（Glatthorn.A.）认为："教师发展即'教师由于经验增加和对教学系统审视而获得的专业成长'"；台湾学者罗清水认为"教师专业发展乃是教师为提升专业水准和专业表现而经自我抉择所进行的各项活动与学习的历程，以期促进专业成长，改进教学效果，提高学习效能"。

第二类是指促进教师专业成长的过程。如利特尔（Little，J.W）指出，对教师专业化有两种不同的研究路径，这在一定程度上反映了教师专业一词含义的两个方面：其一是教师掌握教学复杂性的过程。这些研究主要特别关注特定的教学法或课程革新的实施，同时也研究教师是如何学会教学的，他们是如何获得知识和专业成熟的，以及他们如何长期保持对工作的投入等；其二是侧重于研究影响教师和学习机会的组织和职业条件。正如罗清水所指出的，专业发展一般常与专业成长、教师的发展和教师培训等交互作用。

第三类是指第一类与第二类兼有的。如威迪思（Wideen，M.）指出，教师专业化有五层含义。即，协助教师改进教学技巧的训练；学校改革整体活动，以促进个人最大成长，营造良好的气氛，提高学习效果；是一种成人教育，增加教师对其工作和活动的了解，不只是停留在提高教学成果上；是利用最新的教学成效的研究，以改进学校教育的一种手段；专业发展本就是一种目的，协助教师在受尊敬的、受支持的、积极的气氛中，促进个人的专业成长。

通俗地理解，教师专业化意味着不是谁想做教师就可以做教师，而是有个"门槛"，要满足一定的职业标准和要求；并且做了教师后也不意味着就"安稳"，还得继续"爬山登台阶"，始终走在持续的"专业"发展的路上。也就是说，教师首先是一项职业，是谋生、获取酬劳的一种工作，也具有一定的经验性。但跟一般职业不同的是，教师并不仅仅是谋求生活，它从一开始就跟促进个体发展这一神圣使命联系在一起。如果说人类发展的漫长历史中，由于对"人是什么"了解不多，对如何引导人发展也还缺乏足够认识，以致教师职业具有很大的"经验性"，甚至"随意性"和"可变性"，那么20世纪以来的教师职业则要求相当高的"专业性"。

众所周知，20世纪的现代科学迅猛发展，尤其是生物科学、脑科学、心理学、教育学等学科得到了极大的发展，人类对身心发展、神经机制等学习心理问题，以及如何促进个体发展这一教育问题，开始有了初步的认识。教师相应要求在教学过程中必须能把握个体心理，必须具有教育学、心理学的专业知识。事实上，那些真正优秀的教师，除了具备扎实的学科专业知识，还能依据个体学习特点和需要呈现内容、创设情境、设置活动等，具有把抽象、逻辑化的学科知识转化为儿童喜欢并能学习的知识经验，表现出独特的教师专业性素养和能力。但我们得承认，相对个体发展的整体需要来说，当前科学对人的研究还处于较为初级的水平，而教师对个体学习特点和需要的把握更是处于较为低下的水平，都还需要一个持续而长期的认识和把握过程。因此，教师专业性素养和能力的发展必然是一个持续、长期的过程。传统的教研制度、现代的教师学习共同体建构和观课、评课是教师专业化过程中的日常事务与行为。

典型案例11

某地区的教师专业化实践

要提升教师专业化水平，就要提高一线教师的课堂教学水平，学习观摩优质课是一个重要途径。教师的评课水平决定着学习观摩优质课的实效，直接影响教师专业化水平。为此，我区小学数学在区、片两级教研活动中，把提高一线教师的评课能力作为一项重要活动内容，经过两年来的锻炼，全区数学教师的评课水平得到很大的提升，广大一线教师普遍感到获益匪浅。为了进一步促进教师的评课水平不断提高，我区于2007年6月12日在小辛庄小学举行了所有三年级数学任课教师的评课检测。通过此次活动，极大推动我区数学教师的评课活动，为提升课堂教学水平和教师专业化水平奠定坚实的基础。

总体而言，我们可从以下方面理解教师专业化的基本内涵与推进思路：①教师作为专业人员，主要不是学科知识的专业者，更不仅仅只是某种技能、技巧的训练者，而是具有儿童发展的心理、情境以及学科等系统而全面的专业理论和知识的反思性实践者。②教师作为专业人员，其专业范围主要是说在学校生活及课堂教学中，能对儿童所遭遇的疑难具有较高水平的专业判断和引导能力，无论是认知的，还是行为、情感、交往等方面的。③教师作为专业人员的选择，必须要就其把握个体身心规律，理解课程与教学情境，组织教育教学活动，促进师生、同伴以及家校关系和儿童经验等多方面的知识和技能，进行严格的专业倾向测试、专业训练与有效选拔。④特别显著的是，教师作为专业人员必须具有专业责任感和教育使命感。这是由人之发展的宝贵性和教师专业局限性之间的现有矛盾所决定的。前面讲，数学教育正在沦丧为考试、训练的工具，原因很多，但不可否认的一个原因就是，一些教师忘记了"育人"，只知"教书"，缺乏专业责任感和使命感。因此，广大教师必须要时刻怀有警醒和敬畏，努力突破专业局限，持续关注和提升专业化水平。⑤必然地，教师专业本身具有复杂性、长期性和发展性，不可能一次完成，也不可能通过简单的训练就能完成。从历时性看，一方面，要求教师从业者必须接受较长时间、较有计划的专门训练；一方面，要求教师在职业生涯中要不断进修、学习和提高。从共时性看，一方面，教师自身要有积极的自我关注和努力发展；另一方面，社会必须要创设各种支持性条件，如创建完善的教师培训体系，提供多途径、多形式的在职进修和学习的机会，增强教学研究和反思的意识，鼓励和提供参与教育教学研究的机会，提高教师的经济和社会地位等。因此，所谓教师专业化，是指教师职业真正成为一个具有特定标准和要求的专门性职业，教师成为社会中不可简单替代的专业人员的长期过程，同时也是教师素养提升、自我认同和社会认可的互动过程。必须要再次强调的是，当前教师的专业能力和水平尽管有了一定程度的提高，但教师的专业化程度还是非常低下，其社会地位和水平也还是认可度较低，还处于"准专业化"或"前专业化"的尴尬状态。教师专业化要真正成为教师的一种教学追求和现实行动，就必须要更多吸纳和融会脑科学、心理学、信息学、管理学、教育学等多学科的知识，并提供各种外在条件的支持和保障。

二、数学教师的专业化发展问题

数学教师的专业发展研究很多[1]，聚焦点在于数学与教育专业素养的发展，以及由此形成的数学教育的综合性观念与知识技能。但概括起来，基本上都可纳入教师专业化的一般标准，特别是一般性的知识素养要求。[2]具体到数学教师的专业特性与标准方面，全美数学教师理事会（NCTM）曾于1991年发表的《数学教师专业标准》（*The Professional Standards for Teaching Mathematics*）可为参照。它提出了诸如"感受好的数学教学"等6个基本标准，强调有效的数学教学应该建立在"①教师对所教数学内容的深刻理解；②对儿童的深入理解，特别是了解儿童已有的知识经验和需要，然后在这一基础上给他们提供挑战和支持；③对教学方法的熟练运用；④给儿童提供一个既有挑战又能提供指导帮助的课堂学习环境。"等，为每个数学教师工作提出了指导性的意见，当然也试图促进和提升数学教师的专业化发展。

显然，数学教师的专业化发展，关键在于并必须要防止一种根深蒂固的认识误区，即认为学好数学就可以做一个好的数学教师。数

[1] 王子兴. 论数学教师专业化的内涵［J］. 数学教育学报，2002，11（4）：63-66.
[2] 吴卫东. 教师个人知识研究［D］. 上海：华东师范大学，2007：58-61.

学教师当然要有宽厚、扎实的数学知识基础，但并不是有了数学知识就能教好数学，数学教学质量的高低也不一定和数学知识的多少成正比。比如陈景润，是大家熟知的大数学家，做老师却很不成功。原因在于，数学学科知识要转化为儿童能学习的内容，是一个异常复杂的过程，何况还涉及乐学、善学等更为复杂的情感、意志和方法等方面的问题。这里需要的知识应该是数学学科知识、教育学知识、心理学知识，以及各种课堂情境性知识的融合体，姑且叫做数学教学性知识。比如，数概念的教学有哪些不同的方法，在具体的教学中应该如何灵活运用，计算的问题如何让学生理解算理和进行算法多样性教学等，都需要一个复杂"转化"过程，同时又有一定的规则和特性可以把握，自成一种知识类型，即数学教学性知识。数学教学性知识是体现教学专长的一个重要方面。通俗地说，就是教师知道什么类型的知识用什么样的方法，以什么样的活动和情境呈现给儿童，并能有效解决学生的学习疑难；哪一部分知识内容，用什么样的教学方式，安排什么样的教学情境，效果更好。这与教师的数学知识有关，但又不是数学知识本身的内容；这与一般的教学法有关，但又不是将一般的教学法知识直接套用在教学中。小学数学学科领域内有许多常规的教学题目，有许多有用的表达形式和例子。这些形式和例子可以使学生很好地理解这一学科的内容和方法。不同年龄和不同背景的学生在学习过程中经常出现的问题，也是教师组织教学有用的资源。这些方面的知识可以从学科教学法的课程中学，更需要教师在教学实践中积累、反思和概括，表现为数学教师专业化发展的持续提升过程。

三、教师专业化的过程

已经形成的共识是，教师专业化是一个持续的发展过程。还存在多种看法的是，教师专业化过程中有些什么样的阶段和环节？国外关于教师专业发展过程比较有代表性的主张有："教师关注阶段论"、"教师生涯发展三阶段论"、"教师生涯循环说"和"教师生涯发展模式说"。[1]我国有代表性的研究主要有"素养成熟三时期模式"、"业绩发展四阶段论"和"能力形成四阶段说"。这里尝试在选择性简介其中若干看法的基础上，提出我们的一些讨论。

1．教师关注阶段论

20世纪60年代末美国的富乐（Fuller，1969）研制《教师关注问卷》，研究了教师的专业成长过程。他以教师关注事物的次序更迭变化为基点，将教师的专业成长划分为四个阶段：教学前关注—早期生

---

[1] 杨秀玉．教师发展阶段论综述［J］．外国教育研究，1999（6）：36-40.

存关注—教学情境关注—学生关注。他认为，"一个专业教师的成长是经由关注自身、关注教学任务，最后才关注学生的学习以及自身对学生的影响这样的发展阶段而逐渐递进的。"

2. 教师生涯发展模式说

20世纪80年代末90年代初，美国有学者建立了"教师生涯发展模式说"，将教师的专业发展分为五个阶段：职前阶段、专家引领阶段、职业困顿阶段、职业升华阶段以及职业退出阶段。"职业升华阶段"较为典型地体现了教师专业化发展实质。即教师遭遇发展的低潮期和高原现象的困顿时，如果给予适时、适当的协助与支持，他们就可能超越困顿，消除职业倦怠，继续追求专业成长和卓越。教师生涯发展模式依据人本主义心理学的自我实现理论，比较完整、真实地解释了教师发展的历程及动力机制。

3. 素养成熟三时期模式

在我国，长期流行从教师成熟时间的历程，把教师的发展过程大体分为三个阶段：①形成期。教师参加工作最初1~5年是形成正确的教育思想、良好的心理素质的关键期。②发展期。教师参加工作后5~10年是其基本适应教育、教学工作的时期，也是教师逐渐走向成熟的阶段。③成熟期。教师参加工作后的第10~15年，是其完全适应教育教学工作，也是其完全掌握教学主动权，各方面都成熟后成为学校教学骨干的阶段，等等。

4. 业绩发展四时期论

钟祖荣等人通过研究后指出，最能反映教师成长变化的是教师的素质和工作成绩这两个指标。从这两个指标来考察，教师的成长大致要经过准备期、适应期、发展期和创造期四个阶段，而每个阶段结束时的教师可以分别称为新任教师、合格教师、骨干教师和专家教师（学科带头人、特级教师等）。[1]

分析上述不同看法，大的方面还是有共同之处，即根据教师实际的发展历程来进行阶段划分，并对教师专业发展各阶段的特点、目标和任务等都进行了具体的分析和阐述，都有不同程度的指导意义。可以说，教师的专业成长并非一个直线发展的过程，而是一个循环往复、不断更新提高的过程。再者，随着社会的进步和教育的发展，教师专业化的要求和标准也在不断地变化和提高，教师专业化过程自然也显示出动态性，对其认识和划分自然也体现出差异性。

我们认为，教师教育和专业化发展分期既要考虑理性区分和认

[1] 邵宝祥，王金保. 中小学教师继续教育基本模式的理论与实践（上）［M］. 北京：北京教育出版社，1999：124-128.

识的方便，也要统整考虑几种新的趋势，即职业倾向与生涯发展一体化、职前教育和在职培训一体化、学历进修和教学反思一体化、外在支持与自我关注一体化。因此，就我国当前，我们尝试提出教师专业发展过程的职业特性五阶段说：

（1）职业想象与准备阶段。主要包括了职前性的教师教育阶段，但专业化时间历程中的"起点"不限于这个时期。传统上曾把新入职教师作为教师专业发展的起点，这有失偏颇。现在多数人把师范教育（或教师教育）中的学生在校学习作为起点，有合理之处，但仍然不够确实。不可否认，师范教育确实是为培养教师做准备，具有专门性和特定性，但事实是，现在很多所谓师范生因为各种原因并没有做教师；另一个相关的事实则是，许多非师范教育学生（综合大学以及各种专业学校学生），甚至一些社会人士直接进入了教师行列，开始了教师专业化进程。其中可分析的一个原因就是，一些学生尽管进入了师范类院校注册为师范生，但本身可能并没有教师职业意向和倾向，也就可能不会真正意义上的所谓师范教育；而另一些人尽管没有接受师范教育，但可能早在人生的某个时刻就有了"做老师"的理想和想象，并为之投入准备，历经辗转曲折，最后终于"做成老师"。显然，教师专业化在时间进程上有一个起点，但这个点不是僵死不变的，而是生动富有灵性的，开始于教师们对"教师"产生想象并为之准备的那个时刻。其专业化发展有赖于内在动机和身心特质的推动。

教师专业化由此具有更为广阔的视野，对今日教师教育变革具有重大意义，有利于进一步打破教师行业壁垒，有助于真正把各层次、各类型的优秀人才吸纳进教师队伍。要指出的是，这并不否认师范生是教师队伍最主要的后备力量，更没有否认师范教育在教师培养和教师专业发展中的基础性作用，而是要求确立教师专业化的整体视野，真正发现、挖掘和培育具有教师职业性向和特质的优秀人才，真正发挥师范教育的基本作用。

（2）职业定向与谋取阶段。职业定向，包括教育实习对教师职业开始有了切身认识的职业定向，也包括非师范学生打算"找教师职位"的职业定向。职业谋取，包括坚持不懈地看准教师行业、求得教师职位，也包括任职之初渴望并谋取校方、同事、学生对自己教学工作的认可，消极地、事务性地关注学生。其专业化发展有赖于外在动机和外部条件的制约。

（3）职业稳定与探询阶段。职业稳定，是指能安心于教学工作，基本适应了学校教育生活。职业探询，是指在"传、帮、带"机制中，能积极、主动地借助各种资源，探询如何更有效地实施教学和适应学校生活，开始积极地在教学有效性层面关注学生。当然，也可能会遭遇职业困惑与低迷的问题。其专业化发展开始表现出成就动机，仍然有赖于外部条件的制约。

（4）职业巩固与成熟阶段。职业巩固，是指能依照学校要促进学生发展的教育要求，独立、自主地开展各种教育、教学工作和活动，能灵活、有效地应对学校教育生活。职业成熟，是指有了个人独特的教育风格和行为，在学校生活中积极展现这种风格和行为，能在考虑学生身心特点层面积极关注和投入于学生，不断获得各种积极肯定。当然，也可能会遭遇职业倦怠与困顿的问题。其专业化发展有赖于成就动机，开始超越外部条件的制约。

（5）职业创新与使命阶段。职业创新，是指无论对学校教育要求，还是对自己的教学风格与行为，都已经完全不再拘泥于形式，而是确实按照学生发展的需要以及教育的本质属性，富有情境性地开展各种教学活动，超越性地创设各种学校生活，真正做到师生能学、乐学，学习本身成为师生生命存在和优化的文化方式。职业使命，是指不再把"教师职业"看做谋求生存或更多、更大成就的职业与事业，而是能促进个体发展、引人向善的人生际遇与宝贵机会，完全投入于学生，善于挖掘、彰显学生的内在需要和特质，把"发展人"作为考虑一切教育活动与事务的出发点和最终目标。当然，也可能会遭遇职业信仰与高原困境的问题。其专业化发展归复但又超越了一般意义上的内在动机，完全基于一种自我实现的动机，基本超越了外部条件的影响。

上述各阶段并没有严格的年限，主要是从工作事务、教学投入和学生关注及其职业动机等几个方面描述和理解其特点。不同教师会有不同的特点，会有不同的阶段的变化和成长，具有不同的发展内容和侧重点。同时，在教师成长的五阶段中，各阶段在特点上是连续循环、犬牙交错的持续上升过程，但在运行上可能会有断裂和停止。比如，对于当前很多教师来说，终其一生可能都处于职业稳定与探询阶段，其所有作为就是能应对各种教育教学的外部要求，而这已经是有责任心并具有一定能力的教师，算是不错的了。从古至今，基本上也可能只有个别教师可以达到职业创新与使命阶段。但只要我们深入领会教师专业化的整体追求，就可在运行机制上把高阶段的发展特点（包括使命和创新）凝聚为一种实操任务和要求，内化为教师的自觉意识和追求，连续性地推动教师向更高阶段发展。这就从根本上体现了教师专业化发展的"过程"实质，能真正不断地提升教师的专业素养和能力。

■思考活动

结合你对教师发展生涯的理解，谈谈你对教师专业化过程的认识？

扩展阅读 3

教师专业化已成为世界各国教育发展的要求。小学数学职初教师作为教师队伍的新鲜"血液"，其专业发展与成长问题日益引起人们的关注。

　　我校采取"师徒结对"的培养方式，让资深教师成为新教师的伙伴，为他们提供辅导，协助他们尽快适应工作环境，提高教育教学能力。笔者成为一名数学新教师的"师傅"，认为一名数学新教师：不断地进行数学教学技能技巧的训练与提高是其专业化成长的必要条件和基本要求；不断地进行数学专业知识理论的学习与培训是其成长的主要内容和职业支撑；不断地对自己的教学过程进行实践性反思是其专业成长的重要环节和根本措施；不断地进行教育科学研究与探讨是其专业化成长的必备素质和有效保障。为此，笔者尝试让新教师通过"读——精心阅读教材；说——叙述教学过程；听——倾听学生、同事反馈；写——撰写教学反思"四个步骤，进行数学教学基本素养和能力的培养，促使其缩短"磨合期"，加快了专业化成长的速度。

　　一、通过精心阅读教材的过程，理解教学的本质特点

　　教材是小学数学课程内容标准的具体体现，是小学生学习数学知识和发展数学素养的主要依据，是实现小学数学教育目标的重要保证。教参呈现的是内容编制的目的，组织教学活动的基本思想和理念，多种可供选择的学习方法和过程，某些学习方式的案例提示等。

　　新教师首先要尊重教材，阅读教材的教学内容，解读教参的教学目标和教学思想。其次，新教师还要读懂练习设计的意图，即对书上习题、练习册上练习及各类试题，亲自动手解题。

　　二、通过叙述教学环节的过程，理顺课堂教学的程序

　　数学学习活动中，教师的讲授、提问、评价、总结，学生的回答、复述、交流、讨论等，都需要用规范的数学语言。

　　1. 说要有准备

　　2. 说要有激情

　　3. 说得要规范

　　4. 说得有艺术

　　三、通过倾听学生、同事的反馈过程，及时调整后续的教学

　　小学数学新教师要学会倾听，这里的倾听是广义的，指听其言，观其声，思其想。倾听的对象是学生，是同事，是老师。互相的倾听，才能营造和谐而自由的氛围，才能走近对方，走进对方。

　　四、通过撰写教学反思的过程，提高课堂教学的调控能力

　　美国心理学家波斯纳提出一个教师成长的公式：成长＝经验＋反思。一名数学新教师如果只满足于获得而不对经验进行深入的思考，永远只能停留在新手型水准上，反之，则能迅速专业化成熟。

1. 撰写教学反思，提高教学能力
2. 撰写教学案例，提升专业素养
（摘自：http://eblog.xhedu.sh.cn/u/9713/archives/2010/20429.html）

专题小结

教师专业化是一个过程，人们从不同的角度提出了不同的阶段划分模式；我们则从职业特性入手，把它分为相对独立但又相互贯穿的五个阶段和环节。

推荐书目与文章列表

[1] 张奠宙，李士锜，李俊. 数学教育学导论 [M]. 北京：高等教育出版社，2003.
[2] 李三平，罗新兵，张雄. 新课程教师读本（数学）[M]. 西安：陕西师范大学出版社，2006.
[3] 林桂军. 论文规范指导与研究方法 [M]. 北京：对外经济贸易大学出版社，2004.
[4] 曹一鸣. 中国数学课堂教学模式及其发展研究 [M]. 北京：北京师范大学出版社，2007.
[5] 涂荣豹，王光明，宁连华. 新编数学教学论 [M]. 上海：华东师范大学出版社，2006.
[6] 曹才翰，蔡金法. 数学教育学概论 [M]. 南京：江苏教育出版社，1989.
[7] 黄甫全. 课程与教学论学程 [M]. 北京：高教出版社，2002.
[8] 唐瑞芬. 数学教学理论选讲 [M]. 上海：华东师范大学出版社，2001.

思考与练习

一、填空题

1. 2008年，国家教育部和中国_____修订了《中小学教师职业道德规范》。

2. 教师的思想道德素质主要表现在两个方面：一是教师的_____，即教师对自己所从事工作的思想认识，如教育观、学生观、教学观等；二是教师的职业道德。

3. 2000年，针对教师入职和在职从业要求，教育部颁布了_____。

二、名词解释

1. 学生中心教育

2. 教师专业发展

三、简答题

1. 简述一个合格教师的基本素质。
2. 简述教师专业发展的阶段。
3. 简述数学教师应担任的角色。

四、论述题

论述新课标背景下对数学教师素质的新要求。

第六章
数学学习中的认知结构

在大量的数学教学评估中，可以发现这样一个现象：许多看似非常简单的题目，学生却往往将之答错。其中一个很重要的原因是：学生在学习新知识时，不断分化的心理过程特点往往被教师忽略了，从而未能使教学内容适合学生心理发展特点，未能使学生进行有效学习，完成认知结构的建构，使学生对于新知识仅停留于陈述性知识阶段，而未进入程序性知识阶段，形成了有缺陷的、不完备的认知结构，因而不能顺利地进行提取和应用。因此，要有效地进行数学教育，还必须研究数学学习中的认知结构和重视学生认知结构的建立。

本章首先清理了认知结构论及其主要理论；其次，剖析了知识结构和认知结构的基本联系；最后，针对性地探讨了如何帮助学生建立良好的数学认知结构。

 学完本章，你将能够：

1. 理解并掌握认知结构的主要理论；

2. 理解知识结构和认知结构的含义与基本联系；

3. 能帮助学生建立良好的数学认知结构。

专题导读

教育心理学已经对个体认知展开了深入研究，提出了各种有助于理解认同认知的理论。那么儿童认知结构到底是怎么样的呢？什么样的理论可以丰富我们对儿童认知结构的认识呢？

链接

认知科学专题研究和资源库，可参见：http://cbcs.pku.edu.cn/。

专题一

认知结构论及其主要理论

一、有关认知结构的定义

从教育的角度看，认知结构指个人的全部知识（或观念）的内容和组织[1]。即学习者在掌握知识、认识客观事物时，在自己头脑中形成的知识经验系统，它是认识的主体结构（认识结构）和客体结构（知识结构）的统一体。

从心理学看，认知结构是指一种反映事物之间稳定联系或关系的内部认识系统，是人在认识活动中的独特的心理过程。所以它是一个动态的转换体系。人在认知过程中，都会有感觉、知觉、思维、想象、记忆、注意等心理过程的调动和参与，认识就是在主客体相互作用下不断建构起来的产物。心理过程有其个体差异，从而形成了不同的认知结构。如，在对社会、人生的认识中，一人一事，在不同的人眼中，可能有不同甚至是完全相反的认识，其根本原因就在于他们的认识结构不同。数学在人们的眼中，也有不同的认识。有人认为数学最具创造性，极富美感，令人赏心悦目，例如德国著名的数学家希尔伯特极富诗意地写到："在日复一日的无数的散步时刻，我们漫游了数学科学的每个角落。我们爱科学，爱它胜过一切，它把我们联系在一起。在我们看来，它就像鲜花盛开的花园。花园中有许多踏平的路径可以使我们从容地左右环顾，毫不费力地尽情享受。但是我们也喜欢寻求隐秘的小径，发现许多美丽的新景。当我们向对方指出来，我们就更加快乐。"而在有的人看来，数学刻板机械，枯燥难懂，犹如毫无生气的沙漠，令人望而生畏。这样强烈的认识反差，就是由于在认识数学的过程中，各人的认知结构不同，故产生了不同的数学认识。

不同的心理学家从不同的角度使用这一术语，使其具有不同的含义。最早提出"认知结构"概念的是英国学者F. 巴特里特

---

[1] 顾明远. 教育大词典［Z］. 上海：上海教育出版社，1998：1282.

（Frederick Bartlett），随后著名学者Mary John Smith对其加以细致研究，给认知结构下了一个简洁明了的定义：认知结构是支配人们对信息的选择、解读和储存的一套心理机制。奥苏贝尔从学习观点出发使用这一术语，认为个体的认知结构是教材结构的反映。不同个体在原有观念的实质内容、稳定性和新旧观念的可辨别性方面的差异构成了个体认知结构的三个变量。它们决定新知识学习的性质和效率。皮亚杰从认知发展的观点来看待这一术语，他认为儿童智慧能力的发展是主体在环境作用下，借助其两种不变功能（即同化与顺化）改变认知图式的过程。这里的图式与结构大致同义。布鲁纳用类目及其编码系统来描述这一术语。皮亚杰和布鲁纳都强调，认知结构随着儿童年龄的发展有质的不同[1]。不同的观点体现了认知结构理论的发展的过程。

二、认知结构论

认知结构论是认知心理学派的学习理论。其主要代表人物的理论内容如下。

（一）皮亚杰的理论体系

1. 皮亚杰的主要观点及其主要概念

J. 皮亚杰从认知发展的观点看待认知结构，他认为儿童智慧能力的发展是主体在环境的作用下，借助于其随身携带的两种功能（同化和顺应）改变认知图式的过程。这里的图式与结构大致同义。皮亚杰的发生认识论可以说是关于认知结构的发展理论。他把认知结构理解为一个动态的转换体系，体现了认知结构发展的本质。

皮亚杰理论体系中的一个核心概念是图式。图式是指个体对世界的知觉、理解和思考的方式。我们可以把图式看做是心理活动的框架或组织结构。在皮亚杰看来，图式可以说是认知结构的起点和核心，或者说是人类认识事物的基础。因此，图式的形成和变化是认知发展的实质。皮亚杰认为，认知发展是受三个基本过程影响的：同化、顺化和平衡。

同化与顺应是皮亚杰用于解释儿童图式的发展或智力发展的两个基本过程。皮亚杰认为"同化就是外界因素整合于一个正在形成或已形成的结构"，也就是把环境因素纳入机体已有的图式或结构之中，以加强和丰富主体的动作。也就是说，个体在感受到刺激时，把它们纳入头脑中原有的图式之内，使其成为自身的一部分，就像消化系统

图式不是器官或模块

图式是皮亚杰认知理论的核心概念，是一种特定化的心理活动方式与结构功能，是认知功能性的，而非一种实体化的生理器官或模块。

---

[1] 顾明远. 教育大词典［Z］. 上海：上海教育出版社，1998：1282.

将营养物吸收一样。所以，在皮亚杰看来，心理同生理一样，也有吸收外界刺激并使之成为自身的一部分的过程。所不同的只是涉及的变化不是生理性的，而是机能性的。也可以说，同化是通过已有的认知结构获得知识（本质上是旧的观点处理新的情况）。例如，学会抓握的婴儿当看见床上的玩具时，会反复用抓握的动作去获得玩具。当他独自一个人，玩具又较远婴儿手够不着（看得见）时，他仍然用抓握的动作试图得到玩具，这一动作过程就是同化，婴儿用以前的经验来对待新的情境（远处的玩具）。从以上解释可以看出，同化的概念不仅适用于有机体的生活，也适用于行为。顺应是指"同化性的格式或结构受到它所同化的元素的影响而发生的改变。"也就是改变主体动作以适应客观变化。也可以说改变认知结构以处理新的信息（本质上即改变旧观点以适应新情况）。例如上面提到那个婴儿为了得到远处的玩具，反复抓握，偶然地，他抓到床单一拉，玩具从远处来到了近处，这一动作过程就是顺应。可见，就本质而言，同化主要是指个体对环境的作用；顺化主要是指环境对个体的作用。同化不能改变或更新图式，顺应则能起到这种作用。

皮亚杰以同化和顺应来释明主体认知结构与环境刺激之间的关系，同化时主体把刺激整合于自己的认知结构内，一定的环境刺激只有被个体同化（吸收）于它的认知结构（图式）之中，主体才能对之做出反应。或者说，主体之所以能对刺激做出反应，也就是因为主体已具有使这个刺激被同化（吸收）的结构，这个结构正具有对之做出反应的能力。所以，皮亚杰认为，智力结构的形成主要靠同化机能，是同化过程中主体动作反复重复和概括导致了结构的形成。尽管同化作用在保证图式的连续性和把新的要素整合到这些图式中去是十分必要的，但是，同化如果没有它的对立面——顺化的存在，它本身也不能单独存在。认知结构由于受到被同化刺激的影响而发生改变，就是顺应，不做出这种改变（顺应），同化就无法运行。

平衡是指个体通过自我调节机制使认知发展从一种平衡状态向另一种较高平衡状态过渡的过程。平衡过程是皮亚杰认知发展结构理论的核心之一。皮亚杰认为，个体的认知图式是通过同化和顺化而不断发展，以适应新的环境的。一般而言，个体每当遇到新的刺激，总是试图用原有图式去同化，若获得成功，便得到暂时的平衡。如果用原有图式无法同化环境刺激，个体便会做出顺化，即调节原有图式或重建新图式，直至达到认识上的新的平衡。同化与顺化之间的平衡过程，也就是认识上的适应，也就是人类智慧的实质所在。

皮亚杰无疑是当今世界上最有影响的心理学家之一，为心理科学的发展做出了卓越的贡献。尤其是皮亚杰关于儿童认知发展阶段的理论，现已成为一个完整的心理学体系的核心。

平衡不是均衡

主要包含两个意思：不是静态、某个面上的均衡，而是动态、上升中的平衡；不是同化和顺应的对等、均衡，而是日益有效地认识世界的认知适宜与平衡。

2．皮亚杰关于儿童认知发展阶段的理论

皮亚杰通过大量的实验研究，揭示了儿童从出生到青年初期认知发展的具体过程。他把儿童认知的发展分为四个阶段。

1）感觉运动智力阶段（出生至2岁左右）

在这一时期，智力是一种纯实践性的智力。"这种纯实践性智力是以知觉和运动为其唯一的工具，它既不能进行再现，也不能从事思维"，但是"它已构成了行为的图式，用做以后建立运算结构与概念的基础"。简言之，这一阶段语言尚未出现，儿童主要是通过感觉运动图式来与外界相互作用并与之取得平衡。

2）前运算智力阶段（2～7岁左右）

在这一时期，符号和语言的机能开始形成，儿童"能够通过符号或分化了记号的媒介来引起当时感知不到的对象或事物，从而使它们再现出来"，"符号的机能使得感知运动智力有可能借助于思维而扩展自己。"但是，尽管这时儿童可以进行以符号代替外在事物的表象性思维，借此来进行各种象征性活动或游戏，然而，这些表象都具有自我中心性，符号表征水平还缺乏系统和逻辑，还不可能从事物的变化中把握事物概念的守恒性和可逆性。因此，这一阶段的智力思维仍然是前运算的性质。

3）具体运算智力阶段（7～12岁）

具体运算意指儿童的思维运算必须有具体的事物支持，有些问题在具体事物帮助下可以顺利获得解决。皮亚杰举了这样的例子：爱迪丝的头发比苏珊的头发淡些，爱迪丝的头发比莉莎的头发黑些，问儿童："三个人中谁的头发最黑？"这个问题如是以语言的形式出现，则具体运算阶段儿童难以正确回答。但如果拿来三个头发黑白程度不同的布娃娃，分别命名为爱迪丝、苏珊和莉莎，按题目的顺序两两拿出来给儿童看，儿童看过之后，提问者再将布娃娃收藏起来，再让儿童说谁的头发最黑，他们会毫无困难地指出苏珊的头发最黑。儿童已经能够在头脑中从一个概念的具体变化中抓住实质性的东西。他们的动作不仅是内化的，同时也是可逆的，并且已经达到了守恒水平。他们可以进行初步的逻辑思维即通过逆向性和互反性两种可逆性运算图式达到守恒。由于运算守恒的出现，使儿童可以进行群集运算，并正确地把握逻辑概念的内涵和外延。总之，处于这一阶段的儿童已具备初步的逻辑思维能力，但是他们还不能离开具体事物的支持，否则，就难于顺利解决问题。此外，这期间的运算一般比较零散，还不能较好地构成一个整体。

4）形式运算的智力阶段（12～15岁）

当儿童智力进入形式运算阶段，思维不必从具体事物和过程开始，可以利用语言文字，在头脑中想象和思维，重建事物和过程来解决问题。故这一阶段的儿童可以不必借助于娃娃的具体形象来回答

切勿孤立地理解阶段论

主要包含两个意思：各阶段具有独立性，有其独特的认知图式，但图式之间具有相互关联性；阶段发展具有连续性，每一阶段都是前一阶段的延伸。前一阶段的图式是后一阶段图式的先决条件，并被后者所容纳。

"三个人当中谁的头发最黑"这类问题。这种摆脱了具体事物束缚，利用语言文字在头脑中重建事物和过程来解决问题的运算就叫做形式运算。除了利用语言文字外，形式运算阶段的儿童甚至可以以概念、假设等为前提，进行假设演绎推理，得出结论。因此，形式运算也往往称为假设演绎运算。这种推理方式已经不再完全限制于处理具体对象或可以直接再现的现实，而是可以进行命题运算，并运用命题推论出逻辑结论，而且在考虑其含义之前已无须确定其真伪。总之，这个时期的儿童思维发展非常迅速，与成人相近，可以在头脑中把形式和内容分开，可以根据假设和条件进行逻辑推演，即达到了形式思维水平。

皮亚杰的认知阶段具有三个特点：第一，阶段出现的顺序是固定不变的，既不能跨越，也不能颠倒。因而这些阶段具有普遍性。第二，每一阶段有其独特的认知图式，这些相对稳定的图式决定了个体行为的一般特征。第三，认知图式的发展是一个连续不断建构的过程，每一阶段都是前一阶段的延伸。前一阶段的图式是后一阶段图式的先决条件，并为后者所取代。

皮亚杰认为，上述几个发展阶段之间有着本质的区别，但发展又是一个连续的过程，过程中的变化是渐进的，而不是突发的，图式是逐渐被建构、重构的。儿童认知发展的连续性和阶段性的规律还体现在几个方面。首先，每一个发展阶段都具有代表该阶段特征的主要行为模式，这些模式构成一个整体，标志着该阶段的智力。其次，各阶段出现的年龄可因个体和个体环境的差异而有所不同，或是提前，或是推后。但是，无论差异有多大，都不能改变智力发展的阶段的顺序以及定向性。再次，前一阶段的思维模式总是要整合到后一阶段的思维模式之中，为后一阶段做准备，并为后一阶段所取代。前后阶段具有一定程度的交叉和重叠。在连续性和阶段性的发展中，同化和顺应起着不同的作用。在同一阶段中同化作用导致结构的量变，前后阶段推移的顺应则引起质变。

皮亚杰的关于儿童认知发展的连续性和阶段性的理论，向人们展示了一个丰富、复杂而又有规律的儿童心理发展世界，表现了儿童认知发展的一般模式，为教育工作者更好地了解儿童，促进儿童认知发展提供了理论依据。

（二）布鲁纳的理论体系

1. 布鲁纳的主要观点

布鲁纳（1915—　）是美国著名的教育心理学家、哈佛大学教授。他于1960年创建了哈佛大学认知研究中心，任中心主任；1962—1964年间任白宫教育委员会委员。主要著作有《教育过程》、《思维的研究》、《认知心理学》、《发现的行为》。

布鲁纳从最一般的意义上把存在于头脑中的所有知识看做是整体的认知结构，对认知结构做了最抽象的概括。他用类目及其编码系统来描述这一术语，认为：认知结构是知识的有组织结构，它们以系统式的编码结构结合在一起。编码系统的一个重要特征是对相关的类别做出有层次的结构的安排，这种结构对新习得的知识加以一般编码并做出解释，决定这种新知识能否获得意义。其基本观点主要表现在三个方面。

1）学习是主动地形成认知结构的过程

认知结构是指一种反映事物之间稳定联系或关系的内部认识系统，或者说，是某一学习者的观念的全部内容与组织。人的认识活动按照一定的顺序形成，发展成对事物结构的认识后，就形成了认知结构，这个认知结构就是类目及其编码系统。

布鲁纳认为，人是主动参加获得知识的过程的，是主动对进入感官的信息进行选择、转换、存储和应用的。也就是说人是积极主动地选择知识的，是记住知识和改造知识的学习者，而不是一个知识的被动的接受者。布鲁纳认为，学习是在原有认知结构的基础上产生的，不管采取的形式怎样，个人的学习，都是通过把新得到的信息和原有的认知结构联系起来，去积极地建构新的认知结构的。

布鲁纳认为学习包括三种几乎同时发生的过程，这三种过程是：新知识的获得，知识的转化，知识的评价。这三个过程实际上就是学习者主动地建构新认知结构的过程。

2）强调对学科的基本结构的学习

布鲁纳非常重视课程的设置和教材建设，他认为，无论教师选教什么学科，务必要使学生理解学科的基本结构，即概括化了的基本原理或思想，也就是要求学生以有意义地联系起来的方式去理解事物的结构。布鲁纳之所以重视学科的基本结构的学习，是受他的认知观和知识观的影响的。他认为，所有的知识，都是一种具有层次的结构，这种具有层次结构性的知识可以通过一个人发展的编码体系或结构体系（认知结构）而表现出来。人脑的认知结构与教材的基本结构相结合会产生强大的学习效益。如果把一门学科的基本原理弄通了，则有关这门学科的特殊课题也就不难理解了。

在教学当中，教师的任务就是为学生提供最好的编码系统，以保证这些学习材料具有最大的概括性。布鲁纳认为，教师不可能给学生讲遍每个事物，要使教学真正达到目的，教师就必须使学生能在某种程度上获得一套概括了的基本思想或原理。这些基本思想、原理，对学生来说，就构成了一种最佳的知识结构。知识的概括水平越高，知识就越容易被理解和迁移。

发现学习并不简单
否定接受学习

发现学习与接受学习是两个相对的概念，在教学方法上具有互补性。选用哪种方法，要看具体的教学任务、教学内容和教学对象等具体的教学情境与条件。某种程度上，基础教育中主动地发现也就是为了主动地接受。

3）通过主动发现形成认知结构

布鲁纳认为，教学一方面要考虑人的已有知识结构、教材的结构；另一方面，要重视人的主动性和学习的内在动机。他认为，学习的最好动机是对所学材料的兴趣，而不是奖励、竞争之类的外在刺激。因此，他提倡发现学习法，以便使学生更有兴趣、更有自信地主动学习。发现法的特点是关心学习过程胜于关心学习结果。具体知识、原理、规律等让学习者自己去探索、去发现，这样学生便积极主动地参加到学习过程中去，通过独立思考，改组教材，布鲁纳对认知结构进行了较为系统的阐述，他的学习理论被称为认知结构学习理论，足见他对认知结构理论做出的突出贡献。

2. 布鲁纳关于儿童智力发展阶段的观点

布鲁纳受皮亚杰认知发展阶段论的影响，也对儿童的智力发展进行了一些实验研究。他认为，智力乃是人获得知识、保持知识以及将知识转化成他本人的工具的力量。儿童智力的发展表现为再现模式的变化。所谓再现模式（Model of Representation），就是人们再现自己关于世界的知识经验的方式。儿童智力发展的水平不同，再现知识经验的方式也就不同。布鲁纳认为，再现知识的方式有三种，即三种再现模式。这三种再现模式按其在儿童身上发生和发展的顺序，可分为"动作性再现模式"，简称为"动作性模式"（Enactive Model）；"映像性再现模式"，简称为"映像模式"（Icomic Model）和"象征性再现模式"，简称为"象征性模式"（Symbolic Models）。布鲁纳的象征性再现模式是再现知识经验的第三种方式，又称为符号性再现模式。它是用人为设计的特征或符号系统再现的。

（三）奥苏贝尔的主要理论观点

奥苏贝尔（D.P.Ausubel）是认知结构理论的具体化的实用化者。他通俗地认为认知结构就是书本知识在学生头脑中的再现形式，是有意义学习的结果和条件。奥苏贝尔在教育心理学中最重要的一个贡献，是他对学习意义的描述。他认为学生的学习如果有价值的话，就应尽可能地有意义。奥苏贝尔认为当学生把教学内容与自己的认知结构联系起来时，有意义学习便发生了。认知结构是学生现有知识的数量、清晰度和组织结构，它是由学生眼下能回想出的事实、概念、命题、理论等构成的。因此要促进新教材的学习，首先要增强学生认知结构中与新教材有关的观念。奥苏贝尔有意义学习理论（又称同化理论）的核心是：学生能否获得新信息，主要取决于他们认知结构中已有的有关观念；有意义学习是通过新信息与学生认知结构中已有的有关概念的相互作用才得以发生的；由于这种相互作用，导致了新旧知

**接受学习也可以
是有意义的**

奥苏贝尔提出有意义学习理论后，认知结构理论才真正引起人们的重视并为人们广泛理解。围绕认知结构生成的上位学习、下位学习、相关类属学习、并列结合学习和创造学习等几种学习类型，为新旧知识是如何组织的提供了一条较有说服力的解释，也为"接受学习可以是有意义的"提供了有力的支撑。

识的意义的同化。

他着重强调了概括性强、清晰、牢固、具有可辨别性和可利用性的认知结构在学习过程中的作用，并把建立学习者对教材的清晰、牢固、认知结构作为教学的主要任务。奥苏贝尔的有意义学习理论着重强调了认知结构的地位，围绕着认知结构提出的上位学习、下位学习、相关类属学习、并列结合学习和创造学习等几种学习类型，为新旧知识是如何组织的提供了一条较有说服力的解释。自他之后，认知结构理论才真正引起人们的重视并为人们广泛理解。

（四）信息加工理论

近20年来，认知心理学派特别是信息加工理论对认知结构做了更加全面和动态的阐述与开放式的研究。他们认为认知结构的理论可概括为三个方面的命题：知识在头脑中的表征方式，知识的类型和知识的组织。他们把知识的类型分为描述性知识、程序性知识和策略性知识（Mayer, 1981），形成了一种大知识观。他们用信息流的观点把认知结构的形成和使用看做是知识的输入、编码、译码、储存和提取的过程，对过程的各个环节做了深入细致的机制层面的分析。他们对认知结构的形成、保持和激活所做的细微的策略研究，使理论有了更强的操作性。其认知结构论有如下主要观点。

1. 认知结构具有建构的性质

几乎所有的认知结构理论都认为学习过程就是认知结构不断变化和重新组织的过程，存在于人头脑中的认知结构始终处于变动与建构之中，其中，环境和学习者的个体特征是两个决定性因素。皮亚杰用同化、顺化、平衡等过程表征认知结构建构的机制。他的建构主义学习论强调了外在整体环境的重要性，认为环境为学习者提供的丰富、良好的多重刺激是促使认知结构完善和发生变化的根本条件。现代建构主义者认为，完善的环境应包括真实的问题情境，先进的物质设备环境，经过精心组织的教材环境和教师创造的和谐的心理环境。它们共同为学习者的自由探索和自主学习提供具有支持和促进作用的场所。现代认知心理学家奈瑟认为，认知过程是建构性质的，它包括两个过程：个体对外界刺激产生反应的过程（基本过程）和学习者有意识地控制、转换和建构观念的映像的过程（二级过程）。建构来自于外界与主体的相互作用。认知建构就是在外在刺激和学习者个体特征相结合的情况下进行具有渐进和累积性自我建构的过程。

2. 良好的认知结构在学习中具有重要的作用，是学习的核心

这句话包含两层意思，形成良好的认知结构是学习的核心任务，已经形成的良好的认知结构是后继学习的核心条件，研究中发现，良

好的认知结构的作用可体现为下列功能：搜索与预测功能、建构与理解功能、推论与补充功能、整合与迁移功能、指导与应用功能。

认知结构的核心地位来自于它的重要作用。在近年来有关专家和新手的解决问题的比较研究中发现，专家之所以能迅速地解决问题，就在于专家头脑中有某类知识的大约5万~20万个知识组块，这些知识组块按层次网络的方式排列，这使得专家在解决问题时能更注意问题的结构。而新手却相反，他们有关的知识较少，知识之间是零散和孤立水平状态排列，在解决问题时更多地注意问题的细节。对落后新生学习的研究表明，特定知识与技能的缺陷是导致学习能力低下的主要原因（Brown.Campione，1986）。可见，认知结构的确在学习中发挥着强大的作用，特别是良好建构的认知结构在学习中更是必不可少的。布鲁纳主张学习应最先建立学科基本结构即学科的知识体系所能抽象概括的具有普遍和强有力适应性的、能广泛迁移的系统构架，奥苏贝尔把建立概括性强的认知结构作为教学的主要任务，都是有一定道理的。

3. 信息加工理论突出了学生中心的思想

信息加工理论明显由对教师教的研究转向对学生学的研究，把学生作为研究的中心。对认知结构的阐述包含的理论前提是，学生才是决定学习到什么的关键和直接因素，教材、教法、环境条件、社会影响等一切外部条件虽然是重要的，但都是间接的因素。对学生的研究以对学生认知结构的研究为起点，不仅研究学生的认知过程、认知策略、认知条件等，还研究认知活动展开的支持系统如情感、意志等。对认知结构的研究影射到对学生整体的研究。这种研究使得对学生的重视不再仅在思想或经验的水平而是深入到科学行动的阶段，它为科学地发挥学生的主体性提供了依据和实用的操作原理与方法。认知结构与学生主体思想相互印证，相互促进，相得益彰，它随着学生主体思想的发展而发展起来并不断深化下去，突出了学生自主建构的必要性和意义。

思考活动

从目前有代表性的认知结构理论看，都强调要建构个体的认知结构，谈谈小学数学教学中，你如何运用有关认知理论帮助学生建立概括性强的认知结构呢？

扩展阅读 1

经过长期的实验研究和理论探索，奥苏贝尔发现在认知结构中有三方面的特性对于有意义学习的发生与保持具有至关重要的意义和最为直接的影响。称之为三个认知结构变量。

第一个认知结构变量是指认知结构的"可利用性"——学习者原有认知结构中是否存在可用来对新观念（即新概念、新命题、新知识）起固定、吸收作用的观念，必须在包容范围、概括性和抽象性等方面符合认知同化理论的要求。

第二个认知结构变量是指认知结构的"可分辨性"——这个起固定、吸收作用的原有观念与当前所学新观念之间的异同点是否清晰可辨。新旧观念之间的区别愈清楚，愈有利于有意义学习的发生与保持。

第三个认知结构变量是指认知结构的"稳固性"——这个起固定、吸收作用的原有观念是否稳定、牢固。原有观念愈稳固，也愈有利于有意义学习的发生与保持。

所谓确定学习者的认知结构变量，就是要确定学习者认知结构的上述三方面的特性，而首先要确定的就是学习者的认知结构是否具有"可利用性"。通常有以下三种关系。

（1）类属关系，也称上、下位关系，是指当前所学内容（新观念）类属于学习者认知结构中某个包容性更广、抽象概括程度更高的原有观念，即原有观念处于上位，新观念处于下位。这是新观念与原有观念之间最常见的一种关系。

处于下位的新观念（类属观念）又有两种形式：一种是"派生类属"，即新学习内容只是学习者原有认知结构中包容性更广的命题的一个例证，或是能由原有命题直接派生出来。显然，具有这种类属关系的新命题是比较容易学习的，因为在这种情况下，学习者原有命题只需稍做修改或扩展就能产生出新命题的意义。

另一种下位关系的形式是"相关类属"。当新观念是对原有观念的一种扩充、修饰或限定时，就构成相关类属。例如，若学习者有"平行四边形"的概念，则我们可以通过"菱形是四条边一样长的平行四边形"这一新命题来界定菱形。在这种情况下，通过对原有概念"平行四边形"予以适当限定（四边等长），就得出菱形这一新概念。

（2）总括关系，是指当前所学的内容（新观念）具有较广泛的包容性与概括性，因而能把一系列原有观念总括其中（也就是使一系列的原有观念类属其下）。在此情况下，新观念处于上位，而原有观念则处于下位。

（3）并列组合关系，是指当前所学的内容（新观念）与学习者认知结构中的原有观念既不存在类属关系，也不存在总括关系，但却具有某种共同或相关属性的情况。虽然在这类新旧概念之间不存在上述类属关系和总括关系（由以上分析可知，通过上述两种关系可以很容易地直接建立起当前所学新知识与认知结构中原有知识之间的非任意的实质性联系，而建立这种联系是实现有意义学习的关键所在），但是通过仔细分析可以发现，它们之间仍然具有某种或某些相关的甚至共同的属性，正是通过这类相关或共同的属性才使新旧知识之间仍然能够建立起某种非任意的实质性联系，从而达到有意义而非机械的学习。这就要求在新旧知识（新旧概念、命题）之间进行比较深入的分析对比，以便从中找出某种或某些相关的甚至是共同的属性。

接着要分析学习者认知结构中起固定、吸收作用的原有概念与当前所学新概念之间的"可分辨性"。这一步工作实际上可以和前一步工作（确定第一个认知结构变量的工作）几乎同步完成，这是因为：如果可利用的原有概念与当前所学的新概念之间是属于第一种关系（即类属关系），那么，由于类属关系就是上、下位关系——原有概念为上位，新概念为下位，这二者之间的关系无须我们做进一步的分析就已经泾渭分明、清晰可辨了；如果可利用的原有概念与当前所学新概念之间是属于第二种关系（即总括关系），那么，由于总括关系实际上是"下、上位关系"——原有概念为下位，新概念为上位，所以这二者之间的区别实际上和第一种关系中一样，无须进一步分析即已清晰可辨；如果可利用的原有概念与当前所学新概念之间是属于第三种关系（即并列组合关系），这时新旧概念之间的区别就不像在第一、二种关系中那样能直接观察出来，而是要求对新旧概念做比较深入的分析对比，在努力寻找它们共同（或相关）属性的同时，也要注意发现它们彼此之间相区别的属性。

接着就要分析学习者认知结构中起同步、吸收作用的原有观念的"稳固性"。一般说来，若能找到和新观念具有类属关系或总括关系的原有观念，那么，这种原有观念通常对于绝大多数的学习者都是比较稳定而牢固的；假如原有观念与新观念之间是并列组合关系，则这种原有观念的稳固性将随不同的学习内容而有较大的差别。这里又分三种不同情况：如果原有观念贴近学生的日常生活，则这种"原有观念"是比较稳固的。如果原有观念和已学过的某种知识相关，而且该知识的习得意义又能较好地保持，那么这种原有观念也是比较稳固的，并且对新知识的学习能起有效的促进作用。如果原有观念和已学过的某种知识相关，但对该知识的习得意义不能有效保持，那么这种原有观念将是不稳固的，因而将对新知识的学习不会有什么帮助。

对于第三个认知结构变量进行分析的意义在于，明确地区分关于认知结构稳固性的上述各种不同的情况，如果分析结果属于前面几种情况，这就表明学习者认知结构中的原有观念是比较稳固的，可以放心地加以利用；如果分析结果属于最后一种情况，则应在教学过程中设法采取补救措施——努力使当前教学中将要加以利用的原有观念变得稳定、牢固，以免它对新的有意义学习的发生及保持产生不利影响。

（摘自：http://tieba.baidu.com/f?kz=354161119）

专题小结

认知结构是把握儿童认知学习的核心概念。认知结构论是认知心理学派的学习理论，主要代表人物和理论有：皮亚杰的认知发展阶段论、布鲁纳的学科结构论、奥苏贝尔的意义学习论和信息加工理论。

专题二
知识结构和认知结构

专题导读

要有效地把数学学科知识转化为儿童能学习的知识经验，就必须要深刻理解知识结构和认知结构的基本关系。

一、知识结构

所谓知识结构，就是指外部知识的逻辑体系所形成的结构。知识结构是人认识、了解外部世界的一个重要的捷径。在数学教学活动中，作为认识主体的学生，认识外界数学知识是重要目的之一。但知识不是零碎的、累加性的，而是有着内在的逻辑联系。数学教材是数学知识的重要载体，数学教学是呈现、传播数学知识的重要途径之一。所以数学教材、教学应该体现数学的知识结构，加强知识的内在联系，根据学生智力发展的规律，突出教材中那些最基本的概念、法则和原理，并以此为中心，把有关的、有联系的知识串联在一起，变教知识为教结构。例如，进行"同样多"这个基本概念的教学，可以在逐步加深理解的过程中，引出一系列有关新知识，得到新认识，使一个个有关知识联系起来。在比较大小数的时候，学生建立起了"同样多"的概念，就可以以它为中心，学习"求两数的差"、"求比一个数多几的数"、"求比一个数少几的数"。接着，把"同样多"的概念纳入加减的计算中，在计算2＋2＋2、

5＋5异类联系中，引导学生观察加数都相同的特点，进而引出新概念："相同加数"和"相同加数的个数"、"相同加数的和"，为学习乘法意义打下基础。在学习乘法意义时，还以"同样多"为主线，进一步理解"1份的数"、"份数"、"总数"的意义及其之间的关系，为学习除法准备条件。通过每份的数就是"同样多"，继续认识平均分的意义，从而学习了除法的意义。[1]这样，以"同样多"这个基本概念为眼，使有关的知识连成线、形成块、连成网，形成一个较好的知识结构。良好的知识结构，能使知识产生广泛的迁移。知识的广泛迁移，不但使学生学起来容易理解，有利于记忆，而且使学生形成一种学习能力。

二、数学认知结构和数学知识结构的关系

数学认知结构和数学知识结构是两个不同的概念，它们之间既有密切的内在联系，又有严格的区别。两者的联系主要反映为学生的数学认知结构是由教材中的数学知识结构转化而来的，数学知识结构是数学认知结构赖以形成的物质基础和客观依据。两者的区别和联系具体表现在以下几个方面。

1. 区别

第一，概念的内涵不同。数学知识结构是由数学概念和命题构成的数学知识体系，它以最简约、最概括的方式反映了人类对世界数量关系和空间形式的认识成果，是科学真理的客观反映。而数学认知结构是一种经过学生主观改造的数学知识结构，它是数学知识结构与儿童心理结构高度融合的结果，其内容既反映了数学知识的客观性，又体现了认知主体的主观性。

第二，反映的对象不同。知识结构反映数学知识的分布规律；认知结构反映学习的心理规律。

第三，建构的主要方式不同。知识结构通常以演绎方式为主，数学具有高度的抽象性和严密的逻辑性，作为小学课程内容的数学虽然经过了教材编写者的教学法处理，但其内容仍然是一个较为严密的逻辑体系，前后内容连贯有序，整个结构相对完善；认知结构通常以似真推理为主，即以由具体到抽象、由简单到复杂，以归纳、类比为主。所以学生头脑里的数学认知结构、内容之间并无严格的逻辑顺序，它既不是一种条理清楚的线性结构，也不是一种排列有序的网状结构。数学知识结构一旦被学生内化为认知结构以后，其内容之

[1] 北京市朝阳区教育局. 马芯兰数学教学法推广实验［Z］. 北京：华夏出版
社，1994：43.

间的逻辑顺序和层次性往往就被淡化了，不同内容之间表现出一种相互融合的态势，其内部结构也不像数学教材知识结构那样清晰可辨；第四，信息的表达方式不同。数学知识结构和数学认知结构都是表达信息或需借助信息表达的，但两者在信息表达的方式上却有着明显的区别。教材中的数学知识结构是用文字和符号详尽表达有关时间数量关系和空间形式认识成果的信息的。在其载体——数学教材中，它表现为一个逻辑严密、结构相对完善的数学知识体系，其表述明确而具体。而学生头脑里的数学认知结构则主要是以语义的方式概括地、简约地表达信息的，并且通常以直觉的方式将信息储存在头脑里。这种表达方式表明，"认知结构已经将知识表征和个人智力活动方式融为一体"了。[1]

2. 联系

第一，知识结构是由人类科学认识结构整理的结果。人们在认识客观世界的过程中，在生产劳动的过程中，产生了对客观世界、人类本身包括社会的认识，这个认识最初是模糊的、整体而又零碎的，出于生存的本能和繁衍教育后代、求得发展的需要，人们对这些认识不断地进行总结、整理，又不断地深化、发展，逐步形成了日趋完善的知识结构。

第二，知识结构和认知结构都受美感的支配。从某种程度上来说，人是根据美的意识来对待事物的，就像马克思所说，人都是按照美的原则来生活。事实上，人们对同类事物归纳出某个猜想时，所凭借的恰好是对存在一类统一和谐事物的信念。在这方面，数学表现尤其突出。一些数学家提出的假设、猜想及其所推断出的结论，很多都是基于对事物的统一和谐性的信念。例如，19世纪以来，数学的分支学科层出不穷，每门学科都有自己特定的内容和专门的术语，使得不同学科的研究者之间难以建立起共同的语言，彼此之间缺乏了解。不少数学家担心数学会不会遭到有些科学那样的厄运，被分割为许多孤立的分支，使它们之间的关系变得松散起来。希尔伯特以其深邃的洞察力做了如下的回答：

"我不相信有这样的情况，也不希望有这样的情况。我认为，数学科学是一个不可分割的整体，它的生命力正是在于各个部门之间的联系。尽管数学知识千差万别，我们仍然清楚地意识到：在作为整体的数学中，使用着相同的逻辑工具，存在着概念的亲缘关系，同时，在它们不同的部门之间，也有大量相似之处。我们还注意到，数学理论越是向前发展，它的结构就越是变成调和

---

[1] 张庆林. 当代认知心理学在教学中的应用［M］. 重庆：西南师范大学出版社，1995：55.

一致，并且，这门科学一向隔绝的分支之间也会显露出原先意想不到的关系。因此，随着数学的发展，它的有机的特性不会丧失，只会更清楚地呈现出来。"

追求数学结构系统的统一与协调，是数学审美追求的目的之一。虽然数学分支不断涌现，但由于更强的概括性概念的引入，抽象的程度更高，使得许多似乎没有多少共同之处的数学分支，有可能建立在统一的基础之上。克莱因用群的观点统一几何学，不同的几何学是研究不同的变换群下不变性的科学。同态、同构、同胚、同伦等追求统一性的概念，被一一在数学中建立起来。而进行科学整理、演绎的结果，证明了在一个个知识领域中的和谐和统一，则支持了存在一类统一和谐事物的信念。

第三，认知结构又受知识结构的影响。如前所说，认知结构不是同一的，而具有极大的差异性。认知结构的差异性除了源于社会文化的、思维方式的、价值取向等方面的影响，同时又受知识结构的影响。知识结构合理、相应的完备、牢固扎实，就可以使人建立起简约而具张力和灵活性的认知结构，很好地同化或顺应外界事物，反过来又促进知识结构及认识和认知结构的发展。同时，良好的知识结构还可以使人的认识过程跳跃过必要的感性准备阶段，或者简约掉一定的知识结构。比如，苏联教育家P.A舍瓦列夫的实验证明，随着学生对数学推理过程和解数学题技能的熟练掌握，他们将渐渐意识不到所用的法则。推理过程的中间环节渐渐缩短或简缩，有时甚至消失，虽然这一过程依然是进行运算的基础。苏联另一位数学教育家克鲁捷茨基的实验也得出了相同的结论。这给我们一个启示：帮助学生建立良好的知识结构是非常必要、非常重要的，不然，良好认知结构的建立如无源之水、无本之木。

第四，认知结构同样作用于人的知识结构。良好的认知结构将影响学生对知识的理解和掌握，尤其是对知识结构（知识的组成及相互之间的内在逻辑联系）的明察、理解和掌握。皮亚杰认为。人的认识活动是按照一定认识阶段顺序形成和发展的认知结构进行的。他把通过同化与顺应两机能的平衡而形成的认知结构单元称为图式。在"遗传性图式"的基础上不断通过同化作用丰富原有图式，通过顺应作用改变旧图式，形成新图式，打破旧平衡，建立新平衡，从而使认知结构得到发展。合理的认知结构，可使学习新知识的认知过程简约、迅速、质量高。反之，效果就差。

从知识结构和认知结构的关系来看，要使学生在数学学习中建立良好的认知结构，除了要注意培养学生的思维及其能力外，还要注意建构良好的数学知识结构。

思考活动

请结合你对知识教学的理解，谈谈如何理解知识结构与认知结构的关系。

小学数学知识结构的建构

一、以最基本的概念为核心组建知识结构

小学数学知识以十几个最基本的概念为核心，"和"这个概念则是知识的核心的核心。如，在学生学习"10以内数的认识"时就开始以渗透的手段逐步建立"和"的概念。这样，以"和"的概念为核心的核心，以十几个最基本的概念为主线组成了小学数学知识网络图。

在整个知识网络中，蕴含着小学阶段540多个大小概念，分布在小学五、六年的十几本教材之中。若无论大小概念都给予加强，必然使小学数学知识内容过于"丰厚"，这540多个概念，分布在各年级，每年至少讲100多个概念，这样必然造成师生每年都处于紧张的完成任务之中。

知识是思维的产物、智慧的结晶。没有思维就谈不上知识，这是我们学习知识与发展智力的依据。

数学知识本身蕴含着思维方法，我们在研究数学知识时，绝不能只停留在知识的本身，而是要揭示知识所蕴含的思维方法，以一定的思维方法为指导，构建知识，这样的知识是活的，有力量的。为此，从540多个大小概念中抓住十几个最基本、起决定作用的概念作为知识网络中的主概念，把它放在中心位置，以此来将其他概念统率起来，从而确立了知识网络中的概念的从属关系。

数学中最基本的概念，具有其本质性、概括性和指示性的意义，是学生学习知识的导航器，是思维活动的钥匙。若能使知识形成科学的有机整体，就要抓住各个概念和各条原理之间内在联系的逻辑性、系统性和连贯性，同时使知识网络本身反映出知识自身的传授、能力培养的"序"，使前后内容相互蕴含、自然推演，在思维上为学生提供一个由已知到未知的逻辑思路和迁移条件，形成具有生命力的、使知识处于运动中的、蕴含着较高的思维价值的知识网络。

二、以最基本的概念为核心组建学生较好的认知结构

由于较好的知识结构是以一定的思维方法为指导构建起来的，故其本身蕴含着思维方法。在客观上，结构中的每一部分知识具有较好逻辑关系和迁移条件。而且知识结构中的纲目是清楚的，主次是分明的，关系是紧密的，是我们组建学生认知结构的依据，也为我们形成新的教学方法，打开了思维的大门。

知识结构本身决定了我们不可能将零散的、孤立的知识教给学生，也不可能学一例题，就在一例题的范围内进行练习。这就势必要打破旧的模式，在加强知识的内在联系上下工夫，抓住知识间的关系来钻研教材，研究每一知识与整体知识结构的关系及相互作用，研究已有知识怎样成为后续知识的基础，从中悟出科学的方法。

这样决定了我们的教学着眼点绝非是单纯传授知识，而应把方法教学寓于学习知识之中，在研究基本概念、基本原理、基础知识中，研究学习知识的基本方法，这样，学生在学习知识的同时，自然地学到了学习知识的基本方法，提高了学习数学的能力。这是组建学生认知结构的意义所在。

在组建学生认知结构的全过程中，始终渗透着让学生掌握数学结构的能力，提高学生逻辑推理能力、概括能力……，所以说怎样使学生能有较好的认知结构，是我们教学工作的核心。

若想使学生形成较好的认知结构，就要研究数学知识的发生过程、概念的形成过程、结论的推导过程、问题的发现过程、规律的揭示过程、方法的思考过程、揭示知识间内在联系的过程。

以最基本的概念为核心组建学生的认知结构，便于学生学习的迁移、运用、记忆，而且使学生学得积极主动。由于学生对最基本的概念有不断理解、反复认识和运用的机会，即使前面知识由于各种原因学得不扎实，在学习后面有关知识时也会有时机弥补，便于不同层次的学生学习掌握，使较差学生不至掉队。

由于学生对最基本的概念在学习过程中有"悟"的过程，也可以说是有不断消化吸收的过程，因此就使学生学习时感到"难的不难"、"旧的不旧"、"新的不新"，培养了学生不断索取知识的能力，提高了教学效率。

三、抓知识间的内在联系，组建学生的认知结构

系统性、逻辑性是数学的主要特征之一。数学本身的知识间的内在联系是很紧密的，各部分知识都不是孤立的，而是一个结构严密的整体。前面多次强调，我们已有了一个较好的知识结构，这就要求我们时时从整体结构中，研究每一局部知识在结构中的地位、作用及其之间的内在联系，挖掘它们中间潜在的智力与逻辑关系。

数学教学主要是思维活动的教学，只有根据学生的认知特点，引导学生按照思维过程的规律进行思维活动，才能提高学生的思维能力。小学数学教学主要培养学生的逻辑推理能力。

为此，教学应从较好的知识结构出发，把教学的重点放在引导学生分析数量关系上，依据知识之间的逻辑关系和迁移条件，引导学生抓住旧知识与新知识的连接点，抓住知识的生长点，抓住逻辑推理的新起点。这样就自然地把新的知识与已有的知识科学地联系起来。新的知识一经建立，便会纳入到学生原有的认知结构中去，建成新的知识系统。

（摘自：http://www.cngr.cn/article/61/388/2006/2006071920334_8.shtml）

专题小结

基于帮助学生建构认知结构的任务，教学需要帮助学生建立知识结构。知识结构和认知结构是互为表里、不可分割的关系。

专题三

良好数学认知结构的建立

专题导读

学生学好数学的基础是要具备一定的认知结构，数学教学的一个基本任务就是帮助学生建立良好的数学认知结构。如何理解数学认知结构，实施这样的教学呢？

一、数学认知结构的概念

（一）数学认知结构定义

现代认知心理学研究告诉我们，学生学习数学的过程实际上是一个数学认知的过程，在这个过程中学生在老师的指导下把教材知识结构转化成自己的数学认知结构。认知是指认识的过程以及对认识过程的分析。美国心理学家吉尔伯特（G. A. Gilbert）认为："认知是一个人'了解'客观世界时所经历的几个过程的总称。它包括感知、领悟和推理等几个比较独特的过程，这个术语含有'意识到'的意思。"认知的构造已成为现代教育心理学家试图理解学生心理的核心问题。

"所谓数学认知结构，就是学生头脑里的数学知识按照自己的理解深度、广度，结合着自己的感觉、知觉、记忆、思维、联想等认知特点，组成的一个具有内部规律的整体结构"[1]。从横向看，数学认知结构包括学习者头脑中观念的两个方面：内容和组织。所谓内容是

[1] 曹才翰，蔡金法. 数学教育学概论［M］. 南京：江苏教育出版社，1998：52.

指数学知识结构的最基本的内容在学习者头脑中的反映，即数学学科最基本的概念、公理、公式等在学习者头脑中的直接反映。而组织则有两方面的含义：其一是指把数学知识内容组合成学习者头脑中的数学知识系统的逻辑联系，以及学习者头脑中的数学方法、解题技巧、运用数学知识的手段等，它们都带有主观能动性的色彩，因而其中都潜藏着解决数学问题的能力；其二是指数学方法论和数学观方面的联系。

因此，数学认知结构可用图解表示如下：

$$数学认知结构 \begin{cases} 内容（基本概念、公理、公式、定理） \\ 组织 \begin{cases} 组成系统的逻辑联系、数学方法、解题技巧等 \\ 数学方法论、数学观等 \end{cases} \end{cases}$$

例如，一元二次方程的认知结构可表示如下：

$$一元二次方程\\的认知结构 \begin{cases} 内容：一元二次方程的概念、根的概念、判别式的概念等 \\ 组织 \begin{cases} 一元二次方程的求根公式、根与系数的关系及一元二次方程根的方法等 \\ 方程解法是否对错、好坏的自我评价能力 \end{cases} \end{cases}$$

从纵向看，随着数学学习过程的不断发生，数学认知结构的内部的概念在不断地分化和抽象，形成了许多大大小小的"金字塔"形结构。这些小的"金字塔"结构又互相联系形成了一种立体网状的"格"的结构，即所谓的"格"式"金字塔"结构。这种数学认知结构的发展可概括成以下四个方面：其一，原始概念的生成；其二，概念抽象及分化；其三，具体概念的进一步抽象和集中；其四，并列概念的形成。

认识和理解数学认知结构的意义在于：

（1）重视人在学习活动中的主体价值，充分肯定学习者的自觉能动性。

（2）强调认知、意义理解、独立思考等意识活动在数学学习中的重要地位和作用。

（3）重视人在学习活动中的准备状态。即一个人学习的效果，不仅取决于外部刺激和个体的主观努力，还取决于一个人已有的知识水平、认知结构、非认知因素。准备是任何有意义学习赖以产生的前提，所以在学习数学新知识前，教师在教学中要作铺垫。

（4）重视强化的功能。认知学习理论由于把人的学习看成是一种积极主动的过程，因而很重视内在的动机与学习活动本身带来的内在强化的作用。

（5）主张人的学习的创造性。布鲁纳提倡的发现学习论就强调学生学习的灵活性、主动性和发现性。它要求学生自己观察、探索和实验，发扬创造精神，独立思考，改组材料，自己发现知识、掌握原理原则，提倡一种探究性的学习方法。强调通过发现学习来使学生开发智慧潜力，调节和强化学习动机，牢固掌握知识并形成创新的本领。

（二）数学认知结构的基本特点

1．具有主客观的统一性

数学认知结构是一种经过学生主观改造的数学知识结构，它是数学知识结构与儿童心理结构高度融合的结果，即数学认知结构是数学知识结构与学生心理结构相互作用的产物。其内容既反映了数学知识的客观性，又体现了认知主体的主观性。

教材中的数学知识结构是用文字和符号详尽表达有关世界数量关系和空间形式认识成果的信息的。它表现为一个逻辑严密、结构相对完善的数学知识体系。学生的数学认知结构是由教材知识结构转化而来的，它一方面，保留了数学知识结构的抽象性和逻辑性等特点；另一方面，又融合了学生感知、理解、记忆、思维和想象等心理特点。它是科学的数学知识结构与学生心理结构相互作用、协调发展的结果。在其发展过程中两者表现出互相影响、互相促进、辩证统一的发展态势，一方面，数学知识结构直接影响着学生心理结构的发展，不仅规定着数学认知结构的内容和发展方向，同时还制约着学生感知、理解等心理活动的过程和方式；另一方面，学生的心理结构又不断地改造着数学知识结构，使数学知识结构变成与他们心理发展水平和认知特点相适应的数学认知结构。正是由于学生心理结构对数学知识结构的主观改造，导致了学生数学认知结构的个体差异。

2．具有建构性

现代认知心理学家奈瑟认为，认知过程是建构性质的，它包括两个过程：个体对外界刺激产生反应的过程（基本过程）和学习者有意识地控制、转换和建构观念的映像的过程（二级过程）。建构来自于外界与主体的相互作用。认知建构就是在外在刺激和学习者个体特征相结合的情况下进行具有渐进和累积性自我建构的过程。

从学生构建数学认知结构的过程和方式来看，他们都是以原有知识为基础对新的数学知识进行加工改造或者适当调整自己的数学认知结构，然后按照一定的方式将所要学习的新知识内化组织到头脑里，使新旧内容融为一体，形成相应的数学认知结构，并通过这种形式把所学数学知识储存下来的。几乎所有的认知结构理论都认为学习过程就是认知结构不断变化和重新组织的过程，存在于人头脑中的认知结构始终处于变动与建构之中，其中，环境和学习者的个体特征是两个决定性因素。具体来讲，源源不断的新知识内化到头脑里以后，在新旧内容相互作用的基础上，学生将所掌握的数学知识形成若干系统，由此在头脑里组成相应的数学知识板块，板块的大小和多少直接受所学数学知识内容的多少的制约和影响。呈板块结构状态的数学知识既便于储存，又便于提取。由于个人的学习、经验和已有认知结构的不同，每个人对数学知识和数学经验的组织建构都有所不同。

3．具有动态性

由于学生的数学认知结构是在后天的学习活动中逐步形成和发展起来的，所以数学认知结构是一个不断发展变化的动态结构。其动态性主要表现在以下几个方面。一是数学认知结构的建立要经历一个逐步巩固的发展过程。对某一具体数学知识的学习来说，学习初期，学生在教师的帮助下通过原有认知结构和新知识的相互作用，只能在头脑里形成相应数学认知结构的雏形，其结构极不稳定，需要紧跟其后的有效练习和在后继内容学习中的进一步应用，所形成的数学认知结构才能逐步巩固和稳定。二是学生头脑里的数学认知结构经过不断分化逐步趋于精确。学习初期学生头脑里形成的数学认知结构是笼统的，甚至是模糊的，随着认知活动的不断深入，他们头脑里的数学知识经过不断分化才能形成比较精确的数学认知结构。如学习三角形，学生首先获得的是"由三条线段围成的封闭图形"、"三角形有三条边、三个角"的笼统认识。随着学习过程的不断深入。学生会逐步发现：就角来讲，三角形可以分为锐角三角形、直角三角形、钝角三角形；从边来看，三角形有等边三角形、等腰三角形和不等边三角形。这一过程的完成，标志着学生对三角形有了比较精确的认识。三是学生的数学认知结构是逐步扩充和完善的。随着学习过程的逐步深入和数学知识的不断积累，学生的数学认知结构将会随之不断地扩充和完善。如有关整数乘法的认知结构，在二年级学生仅形成了一位数乘一位数（即表内乘法）的认知结构，在三年级又分别形成了一位数乘多位数和两位数乘多位数的认知结构，在四年级又进一步形成了三、四位数乘法的认知结构。经过三年级的系统学习，学生最终才在头脑里形成了一个相对完善的整数乘法认知结构，每次新的学习对学生原有认知结构来说都是一次新的扩充。

4．具有多层次性

数学认知结构是一个相对的概念，它的内容是一个多层次的庞大系统。即它既可以是大到包括整个小学数学知识系统在内的数学认知结构，也可以是小到由一个概念或命题组成的数学认知结构。数学认知结构的层次性主要是由数学知识结构内部的层次性和逻辑系统性决定的，原则上数学知识有怎样的分类，学生的数学认知结构就有怎样的划分。如分数可以分为真分数和假分数，假分数又可以分为整数和带分数，相应的学生头脑里的分数认知结构在层次上也可做出相应的划分。数学认知结构的层次性还体现在认知结构的发展水平上，对小学生来讲既有直观水平上的数学认知结构，也有抽象化水平上的数学认知结构。

（三）数学认知结构的组成要素

数学认知由以下三个要素组成：

（1）最基本的知识。

（2）基本知识与其他知识的联系。

（3）诸如思维、情感、能力等心理因素。

数学认知结构的特点及其组成要素，对数学教学有一定的启发意义：第一，为学生提供知识的原型。原型是理论产生的背景，学生占有了这样的背景材料，就有可能能动地去揭示理论，如梯形面积计算公式的推导。不仅如此，学生还可以产生如下的反应：①为可能存在某种规律性所激动；②提出该规律的猜想；③感到值得对之做出理论证明；④有时还可以看出理论证明的端倪，从而，后继的理论知识，就同最基本的材料——观察和归纳的结果挂上了钩。第二，应让学生充分地活动。认识和理解认知须在活动中形成，在活动中，学生不仅能有效而充分地理解知识，有助于形成思维的细胞——概念，而且还能发现和体会知识之间的联系，从而建立起良好的认知结构。

（四）什么是良好的数学认知结构

认知心理学家布鲁纳认为良好的数学认知结构有如下三个特点。

（1）可利用性。当学习者学习新的数学知识时，他原有的数学认知结构中是否具有可以同化新的知识的固定点。

（2）可辨别性。当原有的数学认知结构同化新的数学知识时，新旧知识的异同点是否可以清楚地被辨别。

（3）稳定性。数学认知结构里的原有观念是相对稳定的。

二、良好数学认知结构的建立

（一）认知结构需在活动中形成

1. 认知结构需在活动中形成的原因

人的认知活动应该在数学活动中形成，数学教学应该是数学活动的教学。建构主义学者认为，学习是主体在现实的特定操作过程中对自己的活动过程的性质做反省、抽象而产生的，学习数学是一个"做数学"的过程。学生用自己的活动建立对人类已有的数学知识的理解。数学学习不是单纯的知识的接受，而是以学生为主体的数学活动。例如，梯形面积的计算公式的学习，不应该是教师讲公式—学生背公式—用公式解答数学习题，而应当是让学生通过图形的拼摆、拆凑等活动，认识到梯形可以由三角形、正方形、长方形、平行四边形等图形组成，从而发现可以利用已有知识解决梯形面积的计算，并自己概括出公式。在活动中，学生从行为、情感、认知等多个方面投入于课堂教学的过程之中，就可以在知识能力和品质方面得到提高。再如，让儿童自由地玩弄积木，他们也许将积木堆成房屋、汽车、猫狗之类的形状，同时，亦让他们了解积木代表的数学意义。只有在数学活动中，学生才能够真正建立起他们自己的认知结构，而且是良好的认知结构。孤立、静止的结论灌输只能使学生记住知识，建立起不完整的、支离破碎的认知结构。因为，如前所说，认知结构是学习者主体的知识结构，具有主体的认识结构的特征。主体须借助于自身的认知活动，才能把数学知识纳入自己头脑的原有结构中去。

2. 在数学活动中形成的认知结构的意义

在数学活动中形成的认知结构，具有很强的效果和益处，表现在：

（1）能帮助学生有效地理解新概念。所谓理解，应该包含两层含义：第一，可以用更基本的道理来解释处于这种结构中的知识点；第二，同最基本知识建立了密切的联系。例如，梯形面积的计算公式，学生在操作活动过程中概括总结出来了，那么，他就能用图形分割、组合的道理来解释为什么梯形面积的计算公式是（上底＋下底）×高÷2。理解了梯形面积的计算公式，就能同正方形面积、平行四边形面积、三角形面积的计算公式联系起来，并悟出复杂图形面积计算的思路和方法。这种意义上的理解，是我们传统数学教学所欠缺的。我们往往只注重学生是否记住了知识，是否能解题，而较少注意学生是否真正理解，即是否能用更基本的道理来解释说明，是否能用联系的观点来看待知识与知识之间的关系，并利用知识这种密切相关的联系来灵活地、综合地的解决问题，因而，造成了学生循规蹈矩、死记硬背，缺乏创造性地解决问题的能力的问题。这个问题已引起了一些有识之士的高度重视，因为现在的学生直接影响到未来我国的创造力。如李俊峰今年23岁，在中国一所名牌大学攻读数学博士学位。他遇到了一个问题。他说，当他与同学们畅谈未来的梦想时，"我们总是会谈到那些名人"。他一口气列举了一大批解开过历史上最复杂的数学难题的学者。这些人当中有美国人、法国人、德国人，却没有中国人。他一本正经地说："我们不谈中国人的事，因为名人不多。"

这个问题令一些才智超群的中国学者感到恼火：中国在数学方面为什么远远落后于世界呢？无论如何，这个国家有着悠久的治学传统，发明了算盘，可能早在毕达哥拉斯之前就发现了毕达哥拉斯定律。当然，在国际数学奥林匹克竞赛上，中国中学生的高分和金牌让全世界赞叹不已。但是中学时代似乎就是他们的顶峰时期。学者们说，中国学者在现代数学研究方面几乎毫无建树，甚至连乐观的人都承认，中国比顶尖水平落后了至少十年。

在菲尔茨奖的70年历史中，只有一位出生在中国的数学家获得过这个相当于数学领域诺贝尔奖的奖项，这个人就是丘成桐，而他是最感忧虑的人士之一。丘成桐目前是哈佛大学的教授，最近在对中国一所知名大学的教师候选人进行面试后，他目瞪口呆，说："如果学生处于这种水平，我连硕士学位都不会给他。我这不是悲观，但问题确实存在。"

中国许多著名学者认为，问题在于中国竞争性的应试教育制度。小学和中学强调死记硬背，无情地压制创造性的独立思维——一次糟糕的考试成绩就可能会过早地断送学生上大学的机会。由于这个原因，博士生从事着低风险、毫无独创性的研究工作。清华大学数学系副主任白峰杉悲叹说："学生们进了大学以后，我们不得不改变他们的思维方式。重要的就是创造性，但由于他们一门心思重视考试，所以把大部分时间用在了循规蹈矩上。"在决定晋升与否时，中国的大学往往只列出某个人发表的论文的篇数。其结果是，许多中国学者发表的论文水平质量平平，毫无突破性。

这种平庸的水平可能会损害中国的技术抱负。中国希望自己不只是世界工厂，北京希望自己的高技术中心能与硅谷媲美。但是，许多最伟大的革新来自单纯从事实验室研究的学者。当然，这个中学数学神童随处可见的国家能为世界提供大批合格的电脑程序员。可是，如果中国真的想要成为高技术的竞争者，中国学生就必须创造尖端技术，而不是单纯使用这种技术。

中国的数学家也许仍然能消除这些变数。许多学校在努力改革职称评审制度，例如，在有的学校，三人评审小组之中必须包括两名外国专家。更给人以希望的是，中国的大学已经把眼光超出了城市里面的重点学校，到贫困山区去寻找中国未来的牛顿和纳什。哈佛大学的丘教授帮助在香港建立了一个数学研究所。他说，在那些开展最富创造力的工作的学生当中，有许多人来自农村或者大陆最贫困的地区。[1]

（2）通过数学活动建立的认知结构，有利于记忆教学材料。为什么通过数学活动建立的认知结构，有利于记忆教学材料呢？原因有

[1]［美］萨拉.谢弗.中国数学的未来在于增强创造力［N］.参考消息，2002-11-05.

两点：第一，是由记忆的功能决定的。记忆的功能一是储存；二是检索。检索基于储存之上，而检索的效率也有赖于储存的有序，储存的有序依赖于知识的有序，知识的有序有赖于对知识意义的理解，尤其是对知识结构的理解。数学活动的意义就在于，使学习成为有意义的学习。学生在数学活动中，不是对知识点的零碎记忆，而是对知识的发现、理解：知识的意义、知识之间的联系、知识的来龙去脉等，使知识有意义地、有序地储存在大脑之中。第二，亲身经历的最难忘。经过自己动手、动脑，对知识的记忆也更鲜明、更生动、更形象，故也十分有助于记忆。

（3）有利于知识的积极迁移。知识的迁移表现在两方面，一是前后知识的融会贯通、举一反三；二是个体解题的灵活性。良好的认知结构有很强的活动性，其原因在于结构中的知识总是联系着基本的概念。在数学活动中形成的认知结构，总是由旧知识开始探索、发现和学习新知识，因而知识之间的联系体现得最充分、最明显，使学生有意无意地进行了知识的迁移。教师只要善于提供迁移的情景和利用知识之间的迁移，就能收到良好的教学效果。如甘肃省兰州市的郑崇淑老师在教学"圆的周长"单元引入新课时就特别注重承上启下，既体现知识的连续性，又注意启迪学生的思维，使他们因势自然引入对新知识的学习，向攫取新知识顺利冲击，使知识发生正迁移。

典型案例1

郑崇淑老师教学"圆的周长"单元的新课导入

上课开始，在教师出示一个标有直径、半径、圆心的圆以后，师生进行下列谈话。

师：这是我们最近学过的图形，它是什么图形？

生：圆形。

师：图中标有字母"o"的部位叫什么？

生：叫圆心。

师：（用教鞭指着半径）从圆心到圆上的这条线段叫什么？用什么字母表示？

生：叫半径，半径用"r"表示。

师：（指着直径）过圆心两端都在圆上的这条线段叫什么？用什么字母表示？

生：叫直径，直径用字母"d"表示。

师：哪位同学说说直径和半径的关系？

（学生回答后教师予以肯定）

师：圆的一周的长度叫什么？

生：叫圆的周长。

师：今天我们学习"圆的周长"。（板书）

师：（出示一铁丝围成的圆圈）我们想知道这个圆的周长怎么办？

生：把圆圈截开拉直，用尺子量一量它的长度，就得到圆的周长。（教师示范）

师：（出示另一个圆）这个圆的周长不能拉直，那怎么知道它的周长呢？

生：（思索一会儿后）用绳子围着圆周绕一圈，再用尺子量出绳子的长度。

师：要想知道自行车一个轮子的周长，用什么办法量比较好呢？

生：先在自行车轮和地上各做一个记号，两个记号对准后，从记号开始把自行车轮子在地上滚一圈，再量出自行车轮子滚过的长度就是它的周长。

师：（出示一个直径2分米的圆）老师只要量出这个圆的直径，就可以知道这个圆的周长是6.28分米（边说边量并把直径2分米，周长6.28分米板书在预先画好的表格里）。老师是根据一个计算公式算出来的。今天这节课就是帮助同学学习计算圆的周长公式的。

……

这段引入，在引导复习了圆的基本概念以后，紧紧围绕测量"圆的周长"问题，由浅入深，由"截开拉直"测量，到测量"围着圆周绕一圈"的绳子，再到测量"沿着地上的线滚一圈的长度"，一步步深入，最后使人感到在实际当中要这样测量圆的周长是烦琐的。在思想中会产生"有简便方法吗？"的想法。很自然地要求通过计算来求"圆的周长"。在帮助学生理解圆周率时，郑老师让学生把一定直径的圆在直尺上滚一周，并逐次报告自己测得的圆的直径和圆的周长的数据，利用"倍数"的旧知识，观察得出"圆周率"的概念。

（二）教学内容的设计要以条理化、结构化和整合化为原则

这一原理并不是要求教学必须从基本的概念和原理教起，而是要以形成结构化、层次化的认知结构为最终目标和总的设计原则。根据认知建构理论所揭示的原理，教学内容的设计可采取两条互逆的途径：由一般到特殊和由特殊到一般的设计顺序，即遵循逐步分化和逐步统合的原则（奥苏贝尔的观点）。运用这两条途径的共同前提是，

教师对学科的基本结构和各部分的相互关系能精细了解并且始终以形成学生优质的认知结构为目标。在20世纪六七十年代出现的"单元教学法"苏联使用的是从一般到具体的设计方案。在实际的教学设计中,两条途径一般进行交叉使用。在奥苏贝尔的多种学习分类中,在他的逐渐分化和统整协调的内容设计原则中,也明显地体现了交叉使用的原则。斯皮诺(Raan Spiro,1991)的概念与案例构成多维与非线性的"十字交叉"形状的知识表征理论认为:双重表征知识能加强学习的认知弹性,促进语义表征和图像表征的结合,清除单纯语义表征的弊端。这一观点为我们提供对二者交叉使用的又一理论依据。

(三)提供有利的学习条件

1. 提供优化的外部条件

主要指教材和教师提供的有意义的、经过组织的信息。教材具有严密的逻辑结构,但这并不等同于学生有效学习后生成的认知结构也有严密的逻辑结构,因此需经教师在教学活动中提供有意义、有组织的信息的帮助。但有组织的信息必须考虑到另两个方面:学生原有的知识和技能,即原有认知结构,以及学习者在学习过程中的主动加工活动。

2. 利用内部条件

学习者原有的知识和技能,即原有的知识结构(陈述性知识和程序性知识)是进行新的学习的重要内部条件。美国认知心理学家奥苏贝尔说:"影响学习的唯一的重要因素就是学习者已经知道了什么。"加涅和梅耶都认为:教新知识之前,必须激活学生长时记忆中相关的原有知识。因此,学生已有的知识水平怎样,将会直接影响学生的心理建构的过程。

3. 充分发挥学习者的主动性

有适当的外部条件和原有认知结构的基础,如果缺乏学习者的主动加工,有效学习仍然不能发生,它还需要学生的学习动机和学习策略的结合。学生的主动加工活动反映在注意和生成新知识的内部联系和新旧知识的联系中,因此在教学活动中,教师应创造出情境和空间,让学生将新知识同化、丰富、扩大到原有的认知结构中去。教学要为学生的自主活动留有余地,以学生的现有认知结构为起点,以学生自主建构的良好认知结构为终点。在空间设计上注意广延性、开放性;时间设计上要求有弹性,少讲多练,为学生的自学和思考留下足够的时间;方法设计上注意以教法促学法,教会学生学的方法和策略;内容设计上要循序渐进,以旧知促新知,让学生能够自主吸纳,自主建构。总之要学生做到建构性地学,累积式地学,目标指引式地学,反思性地学。

思考活动

结合个人数学学习体会,谈谈数学认知结构的特点。

扩展阅读 3

数学认知结构的基本特点

（1）数学认知结构是数学知识结构与学生心理结构相互作用的产物。学生的数学认知结构是由教材知识结构转化而来的，它一方面，保留了数学知识结构的抽象性和逻辑性等特点；另一方面，又融进了学生感知、理解、记忆、思维和想象等心理特点。它是科学的数学知识结构与学生心理结构相互作用、协调发展的结果。在其发展过程中两者表现出互相影响、互相促进、辩证统一的发展态势，一方面，数学知识结构直接影响着学生心理结构的发展，不仅规定着数学认知结构的内容和发展方向，同时还制约着学生感知、理解等心理活动的过程和方式；另一方面，学生的心理结构又不断地改造着数学知识结构，使数学知识结构变成与他们心理发展水平和认知特点相适应的数学认知结构。正是由于学生心理结构对数学知识结构的主观改造，导致了学生数学认知结构的个体差异。

（2）数学认知结构是学生已有数学知识在头脑里的组织形式。从学生构建数学认知结构的过程和方式来看，他们都是以原有知识为基础对新的数学知识进行加工改造或者适当调整为自己的数学认知结构，然后按照一定的方式将所要学习的新知识内化到头脑里，使新旧内容融为一体，形成相应的数学认知结构，并通过这种形式把所学数学知识储存下来的。由此表明，就其形态而言，数学认知结构又是学生已获得的数学知识和数学经验在头脑里的组织形式，这种组织形式反映了数学知识内化到学生头脑里以后的结构状态。有关研究表明，数学认知结构在学生头脑里是呈板块结构的。具体来讲，源源不断的新知识内化到头脑里以后，在新旧内容相互作用的基础上，学生将所掌握的数学知识形成若干系统，由此在头脑里组成相应的数学知识板块，板块的大小和多少直接受所学数学知识内容的多少的制约和影响。呈板块结构状态的数学知识既便于储存，又便于提取。

（3）数学认知结构是一个不断发展变化的动态结构。由于学生的数学认知结构是在后天的学习活动中逐步形成和发展起来的，所以它又是一个不断发展变化的动态结构，其动态性主要表现在以下几个方面。一是数学认知结构的建立要经历一个逐步巩固的发展过程。对某一具体数学知识的学习来说，学习初期，学生在教师的帮助下通过原有认知结构和新知识的相互作用，只能在头脑里形成相应数学认知结构的雏形，其结构极不稳定，需要紧跟其后的有效练习和在后继内容学习中的进一步应用，所形成的数学认知结构才能逐步巩固和稳定。二是学生头脑里的数学认知结构经过不断分化逐步趋于精确。学习初期学生头脑里形成的数学认知结构是笼统的，甚至是模糊的，随着认知活动的不断深入，他们头脑里的数学知识经过不断分化才能形成比较精确的数学认知结构。如学习三角形，学生首先获得的是"由三条线段围成的封闭图形"、"三角形有三条边、三个角"的笼统认识。随着学习过程的不断深入。学生会逐步发现：就角来讲，三角形可以分为锐角三角形、直角三角形、钝角三角形；从边来看，三角形有等边三角形、等腰三角形和不等边三角形。这一过程的完成，标志着学生对三角形有了比较精确的认识。三是学生的数学认知结构是逐步扩充和完善的。随着学习过程的逐步深入和数学知识的不断积累，学生的数学认知结构将会随之不断地扩充和完善。如有关整数乘法的认知结构，在二年级学生仅形成了一位数乘一位数（即表内乘法）的认知结构，在三年级又分别形成了一位数乘多位数和两位数乘多位数的认知结构，在四年级又进一步形成了三、四位数乘法的认知结构。经过三年级的系统学习，学生最终才在头脑里形成了一个相对完善的整数乘法认知结构，每次新的学习对学生原有认知结构来说都是一次新的扩充。

（4）数学认知结构是一个多层次的组织系统。数学认知结构是一个相对的概念，它的内容是一个多层次的庞大系统。既可以是大到包括整个小学数学知识系统在内的数学认知结构，也可以是小到由一个概念或命题组成的数学认知结构。数学认知结构的层次性主要是由数学知识结构内部的层次性和逻辑系统性决定的，原则上数学知识有怎样的分类，学生的数学认知结构就有怎样的划分。如分数可以分为真分数和假分数，假分数又可以分为整数和带分数，相应的学生头脑里的分数认知结构在层次上也可做出相应的划分。数学认知结构的层次性还体现在认知结构的发展水平上，对小学生来讲既有直观水平上的数学认知结构，也有抽象化水平上的数学认知结构。

（摘自：http://new.060s.com/article/2008/10/18/105018.5.htm）

专题小结

　　帮助学生建立良好的数学认知结构，须在活动中形成，教学内容的设计要以条理化、结构化和整合化为原则，并为学生提供有利的学习条件。

推荐书目与文章列表

［1］张春莉，王晓明. 数学学习与教学设计［M］. 上海：上海教育出版社，2004.
［2］张奠宙，李士锜，李俊. 数学教育学导论［M］. 北京：高等教育出版社，2003.
［3］郭思乐，喻纬. 数学思维教育论［M］. 上海：上海教育出版社，1997.
［4］施良方. 学习论［M］. 北京：人民教育出版社，1994.
［5］肖柏荣，潘娉娇. 数学思想方法及其教学示例［M］. 南京：江苏教育出版社，2000.
［6］朱智贤，林崇德. 思维发展心理学［M］. 北京：北京师范大学出版社，1986.
［7］李善良. 现代认知观下的数学概念学习与教学［M］. 南京：江苏教育出版社，2005.
［8］［美］奥苏伯尔等. 教育心理学——认知观点. 余星南，守钧译. 北京：人民教育出版社，2000.

思考与练习

一、填空题

1. 布鲁纳学习理论提倡的学习方法是_____。

2. 奥苏贝尔的认知结构理论是_____。

3. 数学教材、教学应该体现数学的_____，加强知识的内在联系。

4. 良好的知识结构，能使知识产生广泛的_____，而且使学生形成一种学习能力。

5. 认知结构须在_____中形成。

6. 依照奥苏贝尔的观点，数学教学内容的设计可遵循_____和逐步统合的原则。

7. 皮亚杰的发生认识论可以说是关于认知结构的_____理论。

8. 图式的形成和变化是_____发展的实质。

二、名词解释

1. 同化
2. 顺应
3. 平衡
4. 再现模式
5. 数学认知结构

三、简答题

1. 简述信息加工理论的主要观点。
2. 简述数学认知结构的基本特点。
3. 简述数学认知结构的基本组成要素。
4. 简述布鲁纳关于认知学说的主要观点。

四、论述题

结合实际，论述如何帮助学生建立良好的数学认知结构。

第七章

学生数学思维能力的培养

在数学教学中，思维能力是培养学生能力的核心。数学教学实质上是思维活动的教学，学生学习数学离不开思维。随着教育改革的不断深化，对学生加强思维能力的培养和发展，已成为广大教育工作者的共识和自觉行为，这就要求教师在传授基本知识的同时，应把培养、发展学生的思维能力放在核心位置。

本章首先探析了数学思维能力的含义和类型，然后讨论了如何在教学中培养和发展学生数学思维能力的基本问题，最后清理了常见的思维策略。

 学完本章，你将能够：

1. 理解数学思维能力的含义；

2. 把握数学思维能力的类型；

3. 能帮助学生发展数学思维能力；

4. 理解并掌握常见的数学思维策略。

📖 专题导读

　　我们都很重视把知识正确地、全面地，甚至高密度地传授给学生，都很重视让学生把定义、定理、公式正确地、全面地接受下来，但是往往不去探讨它们的由来和实质；都很注意认真地、严格地对每一个定理加以证明，对每一个公式给予推导，却往往忽略了采用这样的证明和推导方法的原因。在讲例题时，把解题过程写得很详细，却不重视解题的思维过程，造成学生只注意单纯模仿，而缺乏独立分析问题的能力，遇到新问题时往往束手无策。要克服教学中这些缺陷，就应随时地、自觉地注意培养学生的思维能力，提高学生的思维素质。什么是数学思维能力？人们已做了大量探讨，取得了很多成果。

🌀 链接

　　专门的思维研究与训练，可参见：http://www.zaojiao.net/bbs/。

专题一
关于数学思维能力的概述

一、思维能力的含义及思维素质

　　思维能力是人们顺利完成任务或活动的稳定的个性心理特征之一，它表现为理解、概括、归纳推理、解决问题等。它主要包含思维素质、思维策略等因素。思维能力最基本的成分是思维素质。

　　所谓素质主要有两层含义，一是指个人先天具有的解剖生理特点。包括神经系统、感觉器官和运动器官的机能特点，因为是通过遗传获得的，故又称做遗传素质或禀赋。二是指公民或某种专门人才的基本品质。如国民素质、民族素质、教师素质、艺术素质等都是个人在后天环境、教育影响下形成的。前者是人的心理特征形成和发展不可缺少的生物前提，但不是唯一的因素，只有和后者结合起来，才能发展优异的才能和良好的个性品质。

　　思维在心理学中定义为人对客观现实的间接的概括的反映过程，是在感知经验的基础上，在人脑中进行分析综合、抽象概括、形成概念，并进行判断和推理的一种高级的认识过程。思维素质就是指思维的基本品质，如深刻性、敏捷性、灵活性、独创性、批判性等。从很多数学家、具有数学独特天赋能力的学生的个案，以及数学教师的反映来看，独特的数学思维品质主要表现在敏捷性、独创性、经济性、灵活性、概括性和对数学有一种明显的倾向性等方面。

　　数学思维的敏捷性表现在推理和心理定向的迅速性和从正向思维序列到逆向思维序列的转换能力。苏联著名的心理学家克鲁捷茨基在他的对具有独特数学天赋的女孩索尼娅的研究中指出："推理和心理定向的敏捷性是索尼娅最独特的特征之一。凡是她可以理解的问题，她通常以惊人的速度得出解题的方法（实际上，她解这种题所需的时间仅决定于她花在计算上面所需的时间）。例如，有关一个三角形外角大小的这个定理是她所不熟悉的，但她只需要几秒钟就能得出证明定理的方法。"[1]

独创性表现在具有充分发展的数学想象力，不重复别人的想法，不受陈旧的、固定的解法的羁绊，机智地寻找多种解法和最优解法。

数学思维的经济性表现在两个方面：

第一方面，是问题解决中推理过程的迅速缩短、"简缩"的倾向。克鲁捷茨基的个案研究对象索尼娅、伏洛佳、基里亚、S. 艾拉、L. 迪马等富有数学天赋的儿童都具有这一思维品质。例如，伏洛佳解数学题时的思维过程是极其简缩的，下面这道题："两兄弟住在一起，并且在同一家工厂干活。伊凡上班在路上要花 30 分钟，但彼得上班路上要花 40 分钟。彼得比伊凡早 5 分钟上班。问伊凡在路途中哪一段赶上彼得？"伏洛佳解法的原始记录是这样的："经过 5 分钟他走了全路程的 1/8，然后 1/4，而另外一人仅走了 1/6，再过 5 分钟 3/8，而另外一人 1/3。再过 5 分钟 4/8 和 3/6……经过 15 分钟在路程当中他们相遇。"这道题，伏洛佳得到答案只需 32 秒。简缩思维过程是他所习惯的一种思维方式，因为要求他将一种解法发展成完整的结构，或是要求他解释一种解法时，他往往感到非常困难。不管他怎样努力去尝试，他总不能解释他的某些正的解法，而当他看到别人听不懂时，他就失望地闷声不响了。有时人们只能猜测他在解题时到底是怎样思考的。上面那道题，伏洛佳解题需 32 秒，但他花了很长时间也不能解释他的解法，也不能用某种方式把它弄清楚一些。仅经过长时间的努力，他才能解释出他的解题方案是这样的："如果彼得一个人走路，经过 5 分钟他走了全路程的 1/8，第二个 5 分钟过去时，他总共走了 2/8，而在这 5 分钟里，伊凡走了路程的 1/6，再过 5 分钟，彼得已经走了全路程的 3/8，而伊凡则走了 2/6。再经过 5 分钟，彼得已走了路程的 4/8，而伊凡走了 3/6，即每人都走了路程的一半。这就是说，在伊凡开始出发后，他们需要 3 个 5 分钟的时间，在中途才能相遇。"[2]当然，很多具有简缩思维过程倾向的人，如果别人需要解释，他们一般都能顺利解释自己详细的思维过程。

第二方面，是一种独特的思维节约倾向，即努力找寻最节约的解题方法以及努力求得解法的简明和清晰。数学头脑是经济的头脑。这个头脑能找出最简易的方法去达到目标，并因此而体验到一种美感。数学上有优美的解法和笨拙的解法之分，这同节约还是徒耗精力有关。具有经济性思维的人常常求花最少的精力去得到最佳的结果。例如，前面提到的索尼娅通常选择能达到目的的最迅速和最便当的方

思维是可以培养的

生活中有的人看起来木讷、迟钝，而有的人表现快捷、灵活，两种不同的思维状态似乎自然地就客观存在，思维能力似乎是天生的。这是片面的，思维素养有一定遗传性，但最终是在外界的交互作用中发展起来的，是可以培养的。

---

[1] ［苏］克鲁捷茨基. 中小学生数学能力心理学［M］. 李伯黍等译. 上海：上海教育出版社，1983：235.

[2] ［苏］克鲁捷茨基. 中小学生数学能力心理学［M］. 李伯黍等译. 上海：上海教育出版社，1983：245.

法，因此她的解法中有许多是"优美"的。题目"如果一条鱼的尾巴重4千克，头部的重量等于尾巴的重量加躯干重量的一半，而躯干的重量等于头部的重量加尾巴的重量，问该鱼重多少千克？"索尼娅的解法："鱼的躯干的重量等于头部的重量加尾巴的重量。但它头部的重量等于尾巴的重量加躯干重量的一半，而尾巴重4千克。于是躯干的重量等于两条尾巴的重量加躯干重量的一半——等于8千克加躯干重量的一半。于是躯干的另外一半重8千克，而整个躯干重16千克。"下面说明一下索尼娅是怎样运用已提供的图（见下图）简明而独立地证明三角形的外角定理。"三角形的内角和是2d（注：即两直角）。当角BAC与外角（作为补邻角）相加时，或当角BAC与角B与角C（作为内角）相加时，结果都得出2d。因此外角等于角B与角C之和"。[1]

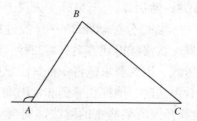

数学思维的灵活性，即很容易从一种心理运算转换到另一种心理运算，从一种解题方法转到另一种解题方法，以及解题方法上的多样化。如数学上的鸡兔同笼问题："鸡兔同笼，头有35个，脚有94只，求鸡兔各多少只？"具有思维灵活性的学生常常主动找出两种或三种的解题方法：

解法一，如果总数为35，则鸡和兔共有35只。如果全部都是鸡，则脚共有70只，这就是说还有另外的24只脚，这是因为有些兔子代替了一部分鸡。每一只兔子比鸡多2只脚，这就是说共有12只兔子和23只鸡。

解法二，脚共有94只。如果全部是鸡的话，则它们应有47个头。但总共有35个头——少12个头。于是这12只中每只应有4只脚而不是2只脚。这样共有兔子12只和鸡23只。

数学思维的概括性是一种发现在普遍的现象中存在着差异的能力，在异类现象间建立联系的能力，分离出问题核心和实质的技能以及从特殊到一般的能力。这一品质同抽象能力有关，同倾向于以及专注于抽象的论证有关，同一种从非本质的细节中使自己摆脱出来的能力有关。年幼的学生不仅能迅速概括数学材料，而且能迅速概括推理和证明的方法。如索尼娅善于对数学上类似的材料迅速地进行概括。

[1] ［苏］克鲁捷茨基. 中小学生数学能力心理学［M］. 李伯黍等译. 上海：上海教育出版社，1983：239.

她通常是在一个抽象的水平上解释她所解的题，把题目看做是某种类型的题目来解。她毫不费力地从不同的题目（它们属于同一个类型）中发现它们的共同特征。当她发现一种解题方法并将这种方法移用到别的同类型题目上时，她往往不会发生任何困难。例如，对于这个题目："有两个互补的邻角，其中一个等于45度。两角的平分线都已做出。问两条平分线间的角等于多少度？"索尼娅很快地得出答案90度，而且不假思索地概括如下："对于所有的补邻角而言，平分线应构成一个90度的角，理由是补邻角之和等于180度，而这个和的一半恒等于90度。"

在证出了一个三角形的内角和等于2d（注：即两直角后，索尼娅根据实验者的要求，很容易证明出一个四边形的内角和等于4d，一个五边形的内角和等于6d。她作出下图所示的图形，经过一番思索后随即说道："从任何形（多边形——原作者注）都可以发现下列事实：三角形的个数总比边数小2（理由是有两个外侧的三角形占两条边，而其他所有的三角形各占一条边）。为了求出内角和，我们必须从边数减去2，然后乘以2d。"这样索尼娅用概括的方法独立地得出公式2d（n-2）（即任何一个多边形的内角和）。随后她只用2秒钟就算出了一个608边形的内角和。[1]

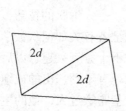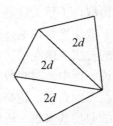

再如同是克鲁捷茨基个案研究对象的列尼亚在9岁时已能很好地应付三、四年级课程范围内数学材料的概括工作。在一次实验中，他在解了一道题目后，还要从向他提出的若干题目中选择一些与第一道题目相类似的题目。并说："选择相类似的题目，就是指那些可用同样方式解的题目。"他很快而且正确地完成了任务，并解释他做了一些什么以及他为什么这样做。

实验者要求他从下面一些例题着手，推导出一个法则出来："猜猜看，构成下列等式的法则是什么。应用你已经发现的法则，自己再排出这样一个等式出来：$12 \times 42 = 21 \times 24$；$13 \times 62 = 31 \times 26$。"列尼亚回答道：这里的数字已经移位。等式左边的两数之和等于54，而右边的两数之和等于45，这也是一种移位。这是很明显的。我可以想出

[1] ［苏］克鲁捷茨基. 中小学生数学能力心理学［M］. 李伯黍等译. 上海：上海教育出版社，1983：237.

如下的另一个等式：$14 \times 82 = 41 \times 28$。数字都已移位了。等式左边的两数之和等于96，右边的两数之和与它移位，是69。

实验者给列尼亚一些长度不同的线段（用纸板制成的狭条），上面都清楚地说明长度（单位为厘米）。要求他推导出一条法则，说明用哪几条线段才能作出一个三角形来。列尼亚开始尝试了几次，就得出如下结论："这时其他两边加起来必须大于另一边，否则作不出什么三角形来。"[1]

对数学有明显的倾向性也是数学思维很明显的一个品质特征。所有具有数学能力的人几乎都无一例外地热爱数学、痴情于数学、刻苦学习数学、感到有钻到数学中去的需要。如去年在中国召开的世界数学家大会上，法国高等科学研究院的洛朗·拉佛阁和美国普林斯顿高等研究院的弗拉基米尔·沃沃斯基两个36岁的小伙子夺得了菲尔茨大奖。菲尔茨奖是国际数学联合会主持评定的世界数学界最高奖。在每四年举行一次的国际数学家大会上，菲尔茨奖的颁发，总是令众人翘首以待的盛事。当走下人民大会堂主席台时，两位获奖者面对记者连珠炮似的发问，他们述说最多的依然是对数学的痴情和陶醉。

高深、枯燥的数学，在这两位年轻数学家眼里却是"美丽的"、"富有乐趣"和"有竞争性"。洛朗·拉佛阁的主要成就是在朗兰兹纲领的研究方面取得了重大进展，从而在数论与分析两大领域之间建立了新的联系。数学界对他的评价是：令人惊叹的技巧，深刻的洞察力和系统有力的方法。他在回答本报记者有关如何从数学研究中找到乐趣的提问时说，读中学时对数学并不十分有兴趣，以后研究数学取得了一点成绩就感到高兴，越高兴就越有干劲，出的成绩也就越大。出生在俄罗斯的弗拉基米尔·沃沃斯基聪敏过人，他的主要贡献是发展了新的代数簇上同调理论，为深刻理论数论与代数几何提供了新的观点。他的工作特点是能简单灵活地处理高度抽象的概念，并将这些概念用于解决相当具体的数学问题。他是这样回答记者提问的：数学是最聪明人之间的较量，因而更具有挑战性，同时数学的美丽使研究数学成为一种乐趣。

综上可见，数学思维能力是由思维的动机、态度、意志，以及思维的策略、知识品质和思维的反应能力等组成的。

二、数学思维能力的类型

一般来说，一提到数学思维能力，我们常常想到的就是逻辑思维能力。在我们传统的数学教育中，培养学生的数学思维能力也主要

数学思维能力并不仅仅是逻辑思维能力

逻辑思维是数学思维的重要部分，但数学思维能力内涵更丰富，还包括直觉思维能力和形象思维能力。

---

[1] ［苏］克鲁捷茨基. 中小学生数学能力心理学［M］. 李伯黍等译. 上海：上海教育出版社，1983：261.

是培养逻辑思维能力。其实数学思维能力除逻辑思维能力外，还有形象思维能力和直觉思维能力等。《全日制义务教育数学课程标准(实验稿)》强调在数学课程中要使学生在思维能力、情感态度与价值观等方面得到可持续的提高和发展，从而实现"人人学有价值的数学，人人都能获得必需的数学，不同的人在数学上得到不同的发展"。这里，把以前教学大纲中的培养学生的三大能力之一"逻辑思维能力"改为"思维能力"，虽然只是去掉两个字，概念的内涵却更加丰富，我们在教育的实践中要实现认识上的转变。在注重逻辑思维能力培养的同时，还应该注重非逻辑思维能力——直觉思维能力、形象思维能力等的培养。特别是直觉思维能力的培养，由于长期得不到重视，学生在学习的过程中对数学的本质容易造成误解，认为数学是枯燥乏味的；同时对数学的学习也缺乏取得成功的必要信心，从而丧失数学学习的兴趣。过多地注重逻辑思维能力的培养，不利于思维能力的整体发展。培养直觉思维能力和形象思维能力是社会发展的需要，是适应新时期社会对人才的需求。

（一）逻辑思维能力

逻辑思维是指根据事实材料，遵循逻辑规律、规则，有步骤、有根据地从已知的知识和条件推导出新结论的思维。

逻辑思维的特征是：无意识成分很少；思维集中；前后一贯；思维过程分段清楚。

中小学常用的逻辑思维有以下几种。

1. 分析与综合的方法

所谓分析的方法，就是把研究的对象分解成它的各个组成部分，然后分别研究每一个组成部分，从而获得对研究对象的本质认识的思维方法。分析是人们认识事物的基本方法之一，是揭示事物的本质和了解事物的内在联系的重要方法。

 典型案例1

数字5的教学

学生认识数字5时，教师要求学生把5个苹果放在两个盘子里，从而得到四种分法：1和4；2和3；3和2；4和1。由此学生认识到5可以分成1和4，也可以分成2和3等。人们在研究函数时，总是先把它分解为代数函数与基本初等函数，再把代数函数分解为有理函数和无理函数，把有理函数分解为一次函数、二次函数……，把基本初等函数分解为幂函数、指数函数、对数函数、三角函数、反三角函数等，然后分别进行考察，从而认识各种函数的性质。认识"5"和"函数"的这种思维方法就是分析法。

分析法的重要特征就是把事物的各个部分、方面、环节或阶段从总体中分离出来做单独研究，着眼于各部分的属性。运用分析法，有利于深入事物的细部，洞察事物的内部结构；有利于排除表面现象，了解事物的本质规律和内在联系。

综合的方法是把认识对象的各个部分联系起来加以研究，从整体上认识它的本质。同分析法一样，综合法也是人们认识事物的一个基本方法。例如，在分别考察了一次函数、二次函数、指数函数、对数函数、三角函数、反三角函数等各类函数后，把各种函数的性质综合在一起，去研究函数的奇偶性、单调性、周期性等性质，就形成了对函数性质的认识，这种思维方法就是综合法。

综合法的主要特征是，把事物的各个部分连接起来做整体考察，着眼于事物整体性质的研究。运用综合法研究事物，可以有利于全面地看问题，避免片面性；有利于把对事物的零乱的、不系统的个别认识提高到整体的、规律性的认识，避免局限于个别的、表面现象的认识，从而实现认识过程的质的飞跃。

2. 比较与分类的方法

比较是用以确定研究对象和现象之间的共同点和不同点的方法。有比较才有鉴别，它是人们思维的基础。分类是整理加工科学事实的基本方法。

3. 抽象与概括的方法

抽象就是从许多客观事物中舍弃个别的、非本质的属性，抽出共同的、本质的属性的思维方法，概括就是把同类事物的共同本质属性综合起来成为一个整体。

4. 逻辑推理方法

推理是由一个或几个已知判断做出一个新的判断的思维形式。由于数学中通常把判断称为命题，因而数学推理是由已知命题推出新的命题的思维形式。按照推理结论的真假，可以把数学推理划分为必真推理与似真推理两大类。在前提正确无误的情况下，如果推理方法可以导出真实的推理结论，即导出真命题，则称这种推理方法为必真推理法。

中小学常用的必真推理法有演绎法、完全归纳法、科学归纳法。演绎法是由一般推到特殊的思维方法。从思维过程来看，演绎法是以某一类事物的一般判断为前提，而做出关于该事物中的个别特殊事物的判断。演绎法也是一种必真推理方法。演绎法是从一般到特殊的推理，由于前提判断中已包含了结论的特殊判断，只要前提判断正确，结论自然是真实判断，所以演绎法是必真推理方法。

所谓归纳法，是由个别的或特殊事物的判断而做出关于同类一般事物的判断的思维方法，是从特殊到一般的推理。所谓完全归纳法就是前提判断的范围与结论判断的范围相同。由此可见完全归纳法是必真推理方法，因为完全归纳法前提中已经对结论涉及的对象全部做出了判断，因而只要前提判断为真，结论也必然是正确的。

所谓科学归纳法就是先由对个别事物或对象的据实判断，概括出对同类所有事物的一般判断，然后运用已知数学理论证明该结论判断的正确性。因为结论判断已被论证为真命题，所以科学归纳法也是一种必真归纳法。

似真归纳法就是在推理中，如果推理前提正确无误，即为真命题，而推理结论不一定为真的一种推理方法。似真推理法也称为或然推理法。由于推理结论不一定为真，所以似真推理法不能成为数学中严格的论证方法。但是，似真推理常常是一种大胆的猜想，具有很强的创造性，因而在数学发现中有着重要的作用，它对培养学生的数学创造精神和能力也有着重要的训练价值。

似真推理方法主要有不完全归纳法和类比法。不完全归纳法也称为枚举归纳法，它是由某一类事物的部分具有的属性出发，而得到该类事物都具有这类属性的思维形式。不完全归纳法的推理基于对个别或部分对象的实验和观察，而缺乏对全体对象的考察，因而所得结论具有或然性，只能是一种归纳猜想，其正确与错误需要严格论证，其归纳猜想也需要进一步做出判断。因为从个别事物中概括出来的结论不一定是事物的共性，也不一定反映了事物的本质。所以不完全归纳法属于似真推理。

类比法是根据两个或两类事物的某些属性相同或相似，而推出它们的某种其他属性也相同或相似的思维方法。类比法是以比较为基础的，但它的比较是以相似事物之间的同一性和稳定性为基础的，但众所周知，任何两个相似之物不仅有同一性的一面，也必然存在差异性的一面，因而从两个或两类事物之间的某些属性的相同或相似，并不能得出它们在其他方面也必然具有同一性或相似性的结论。如果经过严格的论证这两个或两类事物的某些属性相同或相似，而它们的某种其他属性也的确相同或相似，那么这个类比推理得出的结论就是正确的；如果推出的结论恰巧是它们的差异性时，就导致了结论的谬误。因此类比推理的结论也具有或然性，是一种似真推理，其结论的正误是需要严格论证的。

（二）直觉思维能力

直觉思维是对问题的突然领悟、理解或给出答案的思维。直觉思维一般和灵感相提并论。与逻辑思维能力相比较它的特征是：无意识成分很多；思维相对分散；过程简缩而没有清晰的步骤。

在数学思维活动中，"直觉"一直扮演着一个特殊的角色。它既不同于逻辑，又不同于经验，是一种介于逻辑与经验之间的、时常带有一定神秘色彩的创造性思维活动。很多数学家都对直觉给予很高的评价。著名数学家F. 克莱因经常使用这种方法，即猜出某些十分困难的问题的答案，因而被称为"伟大的直觉天才"。正因为如此，新数学课程标准里把直觉思维提到了一个显著的位置，学生直觉思维能力培养也成了数学课堂教学的一个重要目标。但是，应当指出的是，直觉并不都是可靠的，正像庞加莱说的那样："直觉是不难发现的。它不能给我们以严格性，甚至不能给我们以可靠性；这一点愈来愈得到公认。"事实上，在实际教学中也确实如此。

对于直觉思维我们并不陌生。众所周知，各种各样的题目作业（包括数学题目）的解答，往往不是一系列清晰和精确的连续思维的结果。在整个一系列情况中，经过无效的尝试和失败后，"灵感"会突然出现，一种猜测，即仿佛是偶然的、难以解释的解题思想会从心里冒出来。这种"灵感"突然冒出来的思想就是直觉思维在用的表现，这种突然出现之所以连本人也无法做出满意的解释，是因为他对这种有成效的新思路的一切起因一无所知。有的心理学家把这种突然解出题目的现象看做是一种特殊能力的表现（英语和德语都称为洞察力）。这种特殊能力可以不依赖过去经验而直接"掌握"环境中本质的（数量的和空间的）关系。

许多国外的心理学家和一些数学家把这种对事实的直接理解，即一种直接的"心理判断"比做是一种散漫的认识活动，认为它建立在从某些逻辑运算连续迁移到另一些逻辑运算的详细推理过程的基础上，即一个人体验到突如其来的灵感的现象，尽管表面上看来好像与过去的经验没有联系，但毕竟是先前长期思维的结果，是先前获得的经验、技能和知识的结果。它需要加工并运用一个人早先积累的信息。

据分析，直觉思维直接依赖于三个条件：

第一，经过了长期专注而又紧张的思考。

第二，对数学对象、关系和运算的概括能力和用简缩的结构进行思维的能力。

第三，对数学对象、关系和运算的超常敏感。对如高斯在小学时就能解决问题"$1 + 2 + \cdots + 99 + 100 = ?$"，这是基于他对数的敏感性的超常把握。

直觉思维和逻辑思维在数学中同等重要。有的学者把数学家的头脑分为两种类型，一种是能迅速领会和掌握不同领域的知识（成为学识渊博的人）；另一种是思维比较迟缓但更有独创性。在有创造性天赋的数学家中，除了非常全面的学者外，不乏思维迟钝的人：他们甚至不能迅速接触较为简单的题目，但另一方面他们在长时间内能持久而深刻地思考极其困难的问题。在要求短时间内解出一些难题的数学奥林匹克中，数学班上大多数有发展前途的学生都名落孙山。但同时，当他们不受任何严格时间限制时，却能解出艰深得多的题目。

"有些数学家把握问题实质的速度快得惊人，而且能深入问题的内部。但我们遇到的极有能力的数学家中的另一些人，给人的印象却是迟钝的。他们慢慢地进行推理，一步一步地、思维没有一点跳跃。但仔细观察他们的著作，你会对他们环环紧扣的、协调一致的、令人十分信服的、周密的数学体系惊诧不已。"[1]

据此，有人把数学家分为逻辑思维型和直觉思维型两种。前者能发现正确解题依据，后者能立刻领悟难题的解法；前者有更多的逻辑因素，后者有更多的幻想因素；前者热衷于一般推理，后者知道怎样去解题而且喜欢解题。

正因为直觉思维和逻辑思维在数学中同等重要，所以，培养学生的直觉思维和逻辑思维不能偏废，应该很好结合起来。这样不但有利于培养学生全面的数学思维能力，而且有利于培养学生的大胆猜测和自信。高斯在小学时就能解决问题"$1 + 2 + \cdots + 99 + 100 = $"，这是基于他对数的敏感性的超常把握，这对他一生的成功产生了不可磨灭的影响。而现在的中学生极少具有直觉意识，对有限的直觉也半信半疑，不能从整体上驾驭问题，也就无法形成自信。其实，中小学生在学习数学的过程中，直觉思维有时也发生，当然在表现的程度上是初级的。面对学生的直觉，教师要保护和尊重，哪怕是错误的，也不能讥笑和打击。而且还应该有意识地培养学生的直觉思维能力。徐利治教授指出："数学直觉是可以后天培养的，实际上每个人的数学直觉也是不断提高的。"数学直觉是可以通过训练提高的。

（三）形象思维能力

形象思维是凭借头脑中积累的事物的表象展开的思维活动。表象是我们以前知觉过的，而在头脑中再现的那些对象的形象。形象思维具有间接性和概括性的特点。形象思维同抽象思维一样，是认识的高级形式——理性认识。

俗话说"万物皆有形"，这个"形"就是事物的存在形式。数学研究中的"形"不是一般的初级的知觉形象，而是通过逻辑思维的渗

---

[1] ［苏］克鲁捷茨基. 中小学生数学能力心理学［M］. 李伯黍等译. 上海：上海教育出版社，1983：229.

透并由数学语言、符号作为物质外壳，运用典型化手段概括的理想化形象，例如各种图形、符号、语言、图表等。它们不表示哪一个特殊的或个别的数学对象，而是理想化的带有普遍性的数学形象。纯粹的"圆"、"直线"等，在现实世界中是不存在的，它们只是理想化的数学形象。所以，数学形象思维就是凭借头脑中的数学形象进行加工并形成新形象的过程。

按照对数学形象加工方式的不同，可以把数学形象思维划分为联想和想象。

所谓联想，是由一种事物而想到另一种事物的思维方法。联想方法是数学形象思维的最基本的方法之一。客观事物之间存在着千丝万缕的联系，通过这些联系，人们可以由此及彼地产生联想，从而认识、把握、体验事物，所以，联想具有普遍的应用性。在数学中也不例外。图形、符号、语言、图表等之间也存在着各种各样的联系，这些联系的内化是数学联想的基础，正是这些联系，才使人能通过联想的方法达到对数学对象由此及彼的认识和把握。例如，椭圆与双曲线都是有心形二次曲线，在概念、标准方程、图形等方面比较接近，因而容易形成形象链，由椭圆的某些性质容易联想到双曲线的相应性质，从而加深对二次曲线的本质的认识。

所谓想象是人对头脑中已有的表象进行加工改造，创造出新形象的过程。它是人脑特有的功能，即使在人们面前并没有一定的实物或人工符号，人们也可以把新的关系、符号和事物自由地构想出来。从对表象进行加工改造的结果看，想象可以分为再造性想象和创造性想象两种。所谓再造性想象就是根据语言的描述或根据图样、图解、符号、记录等在头脑中产生新形象的过程；创造性想象是不依据现成的描述而独立地创造出新形象的过程。可见，前一种形象是曾经存在过的或现在还存在着的，但想象者在实践中没有遇到过它们，是根据媒介并加入他个人的经验而形成的形象，因此对他个人来说就是"新"的；后一种却是当时还不存在的形象，它的特点是新颖、独创、奇特，但是，它确实也来自思考者长期记忆中的各种储存，这些储存元素随意地组合而不只是"块"的检索，并且它们组合的方式和过程也各种各样，有时形成幻想，即幻想是它的特殊形式，它没有固定的逻辑格式，不受逻辑框框条件的限制，因此比较自由和敏捷，当它直接地显示出来时，就是作为一种敏锐的想象，也称之为直觉的想象。创造性想象对科学家来说具有重要的作用，对数学家来说甚至更加重要。牛顿发明微积分，曾经得力于他对几何与运动的直觉想象；德国数学家闵可夫斯基的想象力使他把三维空间和一维时间构筑在一起，提出了四维时空的表达式；爱因斯坦在创建狭义相对论的过程中也创造性地想象过人以光速运行，在建立广义相对论时又设想过光线穿过升降机发生弯曲。

三、数学教育在培养思维能力中的意义

数学教育在培养学生思维能力中具有不可取代的意义和作用。我们知道，思维素质主要是在后天环境、教育影响下形成的。基础教育的各门学科的一个共同的重要任务，就是培养学生的思维能力。思维能力最基本的成分是思维素质。数学本身严密而抽象，富有创造力和智力挑战性，可以说是培养和训练思维素质的绝好材料，"数学是思维的体操"是公认的。我们仅从两个最基本、最普遍的事实来说明数学基础教育在培养学生思维能力中具有不可取代的意义和作用，以及数学对学生学习的影响。

一个事实是，数学学科的学习可以培养学生一种数学眼光，即用纯粹的抽象、高度的严密、完善的系统来处理自己的认识。数学给人的思维教育，正是与之相关的精神、态度和方法。

另一个事实是，数学把人类思维中的间接性、概括性、逻辑性、批判性都集中在一起。所以数学不仅是科学的实用技术和思维工具，而且使接受数学教育，具有数学思维素养的人都更具精确性、条理性和逻辑性。

思考活动

请结合对具有数学独特天赋能力的学生的观察，谈谈你对独特的数学思维品质的理解和认识。

扩展阅读 1

数学思维的特点是准确。在美国广为流传的一道数学题目是："老板给你两个加工资的方案。一是每年年末加1000元；二是每半年结束时加300元。请选一种。一般不擅数学的，很容易选择前者：因为一年加1000元总比两个半年共加600元要多。其实，由于加工资是累计的，时间稍长，往往第二种方案更有利。例如，在第二年的年末，依第一种方案可以加得1000 + 2000 = 3000元。而第二种方案在第一年加得300 + 600元，第二年加得900 + 1200 = 2100元，总数也是3000元。但到第三年，第一方案可得1000 + 2000 + 3000 = 6000元，而第二方案则为300 + 600 + 900 + 1200 + 1500 + 1800 = 6300元，比第一方案多了300元。到第四年、第五年会更多。因此，你若会在该公司干三年以上，则应选第二方案.

那么，第二方案中的每半年加300元改成200元如何？对不起，那就永远赶不上第一种方案得到的加薪数了。不信请做做看！明眼人一看便知，这是一道等差级数的好题目，中学生应该都会做。这一问题还可以做更细致的分析和推广。可惜的是，我们中学的数学教学还不大关注这类身边的数学。其实，学数学，就是要使人聪明，使人的思维更加缜密。

数学的思维是严密的，最讲究秩序的。确实，五花八门的几何图形，如三角形、圆、多边形、长方体、圆锥面等，居然可以从一组平凡的公理出发，步步为营，依次展开，推论出一系列的前后有序的定理链条，最后构成了欧氏几何学。另外，我们能从一堆乱麻似的数据中，找到一些关系，写成方程式，而且可以按部就班地把未知数一一解出来。一个数学命题的正确与否，通常都有方法，按照一定的程序，丝丝入扣地给以证明。这一切，都是反映数学思维的"秩序化"特征。学习数学，就是要学会逻辑，使人的头脑有条理，能够按照事物发展的逻辑顺序安排工作，办起事来有条不紊。

有人说，数学思维太死板。例如，"三角形的三内角之和是180度"。这需要证明吗？用量角器量一量，大概差不多不就得了？数学却说不行，非得证明不可。我们说，这是一种理性的思维方式，是数学科学中所独有的。当然我们并非"数学至上"论者。数学思维只是思维方式的一种，但却是最有特点的一种。我们不妨从各种思维中有关"证明"的方法来考察数学思维。证明，是人们为了说服别人相信某个结论而使用的方法。说服人的证明方法有很多种：

a. 引用权威的话。

b. 相信大家的看法。

c. 观察实验证实。例如，我的眼睛看到太阳是绕地球转的。

d. 举例说明。

e. 举不出反例。

以上的证明，是日常所用的，都有其重要的证明价值（绝无加以否定的意思），但是又都可能出错（如所举各例）。唯独数学证明，则是千真万确的，不可动摇的。数学的逻辑证明，其价值也正在这里。因此，"三角形内角和为180度"在数学上必须从平行公理出发进行证明，人们从小就要学会这样思考，认这个死理。值得注意的是，中国传统文化中缺乏这种打破沙锅问到底的理性思维。因此，吸收古希腊数学家的这份科学遗产，把人类文明的理性精华融入中华文化，是我们的责任。

（摘自：http://www.people.com.cn/GB/kejiao/20010328/427451.html）

专题小结

独特的数学思维品质主要表现在敏捷性、独创性、经济性、灵活性、概括性和对数学有一种明显的倾向性等方面，数学思维能力包括数学逻辑思维能力、直觉思维能力和形象思维能力。数学教育对培养数学思维能力具有重要意义。

专题二

教学中思维能力的培养和发展

一、数学教材要恰当复现数学思维过程

　　数学教材反映的是数学最基本的知识和结构，在其简洁的表述后面，其实蕴藏着数学家复杂的思维过程，如果把这些思维过程揭示和复现出来，其过程是非常奇妙和丰富的，它如同音乐创作一样，富有活动情节性，且有血有肉，充满了创造和情感。如果能把这些思维过程揭示和复现出来，那么，很多人就可以充分领略和欣赏数学那种高超的思维艺术了。所以，数学不是一种技巧，因为技巧是远远不能代表数学的内涵的，这就比如调配颜色远不能当做绘画一样，技巧只是将数学的激情、推理、美和深刻的内涵剥落后的那种东西。但如同要具体、真实、详尽地描述出音乐家的创作过程是几乎不可能的一样，要描述出和复现出数学家的思维过程也是很难很难的。但是，不论个体的认识过程有多复杂，有多么抽象、有多么不可捉摸，它都具有一般思维过程的特点，即从问题出发、尝试解决、探究、解决问题。问题的解决或得到思维的结果，有时显得意外、突然，不可理解，其实也是在大量而专注的思考基础上得到的顿悟，仍然离不开问题探究。

典型案例

阿基米得关于比重的发现

　　当时，阿基米得的祖国西西里岛的叙拉古的国王艾希罗，交给金匠一块纯金，命令他制出一顶非常精巧、华丽的王冠。王冠制成后，国王拿在手里掂了掂，觉得有点轻。他叫来金匠

专题导读

　　加里宁指出："数学是锻炼思维的体操。"数学思维对人的发展如此重要，那么如何通过教学来培养和发展学生的数学思维能力呢？人们已经做了大量研究，取得了丰富的成果。

提示

数学思维可以是美的

　　很多人一说数学思维，就是抽象、理性的，甚至是冰冷的。其实，数学思维除了逻辑思维，还有直观思维和形象思维。即便数学逻辑思维，思维过程中也饱含积极的情感和坚定的投入，富有美感，比如专注美。

问是否掺了假。金匠以脑袋担保，并当面拿秤来称，与原来的金块的重量一两不差。可是掺入其他的东西也可以凑足重量的。国王既不能肯定有假，又不相信金匠的誓言，于是把阿基米得叫来，要他解此难题。

一连几天，阿基米得闭门谢客，反复琢磨，因为实心的金块与镂空的金冠外形不同，不砸碎王冠铸成金块，便无法求算其体积，也就无法验证是否掺了假。他绞尽脑汁却百思不得其解。

疲倦中，他放了满满一池水准备洗澡，由于水太满，人泡进去水溢了出来，地上的鞋子也泡进了水里。他急忙探身去取，发现池里的水缩了回去，他泡进水里，水又溢了出来，反复试验，阿基米得恍然大悟，兴奋得一丝不挂地冲了出来向王宫跑去，边跑边喊："优勒加！优勒加！"（意即我发现了）。

原来，阿基米得由澡盆溢水联想到王冠也可以放进水里，溢出水的体积就是王冠的体积，而这体积与等重的金块的体积应该是相同的，否则王冠里肯定掺了假。就是说同等质量的东西泡进水里而溢出的水不一样，肯定它们就是不同的物质，每一种物质和相同体积的水都有一个固定的质量比，这就是比重。直到现在，物理试验室里还有一种求比重的仪器，名字就叫"优勒加"，以纪念这一不寻常的发现。

不论多么复杂抽象而不可再现的数学思维都具有一般思维的特征，而且，数学教学有其自己的间接性和引导性的特点。因此，根据数学思维过程的一般特征，以及学生的身心发展规律，把它复现或设计在数学教材中，不但可行，而且能很好地培养学生的思维素质。例如，在数与代数中，学生将学习方程、不等式、函数等内容，他们是研究现实世界数量关系和变化规律的重要数学模型，可以帮助学生从数量关系的角度更准确、更清晰地描述和把握现实世界，因此编写上述内容的教材时，要体现出数学建模的过程。如教材可以从生活中常见的"梯子问题"出发，引导学生进行讨论，获得"一元二次方程"的模型和近似解：

一个长为10米的梯子斜靠在墙上，梯子的顶端距地面的垂直距离为8米。如果梯子的顶端下滑1米，那么：

（1）猜一猜，底端也将下滑1米吗？

（2）列出底端滑动距离所满足的方程。

（3）你能尝试得出这个方程的近似解吗？底端滑动的距离比1大，还是比1小？与同学交流你的想法。[1]

[1] 教育部基础教育司，数学课程标准研制组. 全日制义务教育国家数学课程标准（实验稿）［M］. 北京：北京师范大学出版社，2001：95.

　　具体说来，数学教材可以结合两方面的因素，恢复和设计数学思维过程。第一，问题产生、问题解决、得出结论的基本认识过程；第二，问题、方法的思考过程。

　　在教学过程中恢复和体现数学思维过程可以从如下几个方面进行。

1．酝酿问题

　　思维发自问题。数学思维首先需要发现和提出数学问题。所以教师要善于设计问题情景，激发学生的学习兴趣和求知欲，使学生自己发现和提出力所能及的数学问题，包括日常生活中的实际问题，数学趣味问题，从已学过的旧知识生发出来的问题等。

2．探索学习

　　问题产生后，教师要放手让学生自己去尝试解决，学生在教师引导下，利用知识之间的逻辑联系，在已有知识的基础上通过自己的尝试活动，探究解决新问题，以寻求新知和探索问题的解法。在这一过程中，教师还要善于引导归纳思维过程，使学生自觉意识到自己的思想方法。

3．恢复原型

　　数学结论形成后，并不是束之高阁，教师还要指导学生将高度抽象的数学概念或原理同生活原型结合起来，化抽象为具体，便于学生的理解和掌握，并领悟如何把生活原型中的事实和材料上升概括为一个数学问题。这是一个非常必要的训练，通过这一过程，不但可以使学生体会思考的快乐和价值，还可以使学生练就一双善于发现的眼睛。

二、在教学中引导数学思维的展开

1．在知识引入时，激发求知欲，唤起学生积极思维

　　即在教学中，教师要激起学生强烈的学习兴趣和对知识的渴求，有了这种情感，就可以激发他们克服困难的动力，学生就能带着一种高涨激动的情绪从事学习和思考。学生学习的主动性、积极性在很大程度上取决于学生的情感。苏联教育家赞可夫认为："教师在课堂上要十分重视儿童的情绪生活，发展他们的意志品质。要激发学生独立的探索性的思想，而这种思想又跟活生生的情绪有机联系着。好的情绪使学生精神振奋，不好的情绪则抑制学生的智力活动。"因此，根据学生的认知规律、心理特征，将智力因素、非智力因素有机结合起来，在知识引入时，创设问题情境，在教材内容和学生求知心理之间制造一种不协调，造成一种"心求通而未得"、"口欲言而不能"的

态势，充分调动学生的学习积极性，激发学生的学习兴趣是十分重要的。如在学习角的性质时，教师在纸上画了一个60°的角，在黑板上画了一个60°的角，又在操场上画了一个60°的角，问学生这三个角，哪个角大呀？一个学生说，"当然是操场上那个角大！"教师又问："我把一个30°的角放在10倍放大镜下一看，你们猜，现在看见的角多少度了？"同学们众说纷纭。通过热烈的讨论和实际测量，得出角的大小与所画的边的长短、粗细无关，而角的大小决定于夹角的大小。

"学起于思，思源于疑，可疑而不疑者，不曾学，学者须疑。"没有疑难问题向学生提出，学生的思维训练也就落空。所以教师要善于引发学生的疑问。如学习对数，可以提出这些问题：① 为何要引入对数的概念？对数的本质是什么？② 为什么要把底数 a 规定为 $a > 0$，$a \neq 1$？等。这正如朱熹所说："读书无疑者，须教有疑，疑者却要无疑，到这里方是长进。"这不啻为我们设计出一系列的"设疑—问疑—释疑"的活动过程。

2. 要展示数学思维的活动过程

传统的数学教学注重数学的结果教学，即以知识和已有的数学结论为中心，目的是让学生学习和掌握系统的数学知识，忽视数学知识本身的产生和发展过程。现代数学教学观则强调数学的思维活动教学，数学教学不仅要反映数学活动的结果——理论，而且还要反映这些理论的形成发展以及思维的活动过程。

数学教材所表现的是经过逻辑加工后的数学理论体系，呈现为概念—定理（公式、法则）—例题（习题）的纯数学系统，而没有揭示概念的发展、定理的发现、证明思路的猜测和证明方法的探索等过程，这事实上在一定程度上颠倒了数学发现的过程，掩盖、湮没了数学发现、数学创造和数学应用的思维活动。如果教师在教学中照本宣科，把教材内容原样地灌给学生，这无疑将会抑制学生的探索、发现、创新思想，阻碍学生思维的发展和能力的提高。因此在教学中，教师要精心组织教学内容，将凝结于教材中的思维活动展开，把演绎体系背后存在的大量丰富内容挖掘出来，为学生创设问题情景，引起认知冲突，构建知识体系。

3. 在教学过程中为学生积极思维创设条件

不论谁思考问题，都是基于已有知识经验之上，学生更是如此。所以教师在教学过程中，为学生创设积极思维的条件，很重要的一点就是，让学生在联系中掌握。即使新学的知识与学生认知结构中已有的知识建立联系，促使学生产生思维上的心理转移。例如，学习"工程问题"，工程问题与相向运动在认知结构方面有相同点，抓住这一点先复习相向运动，当学生对"路程÷速度和＝相遇时间"等数量关系很清楚时，揭示出工程问题，引导学生发现工程问题与相向运动，只是总数量由具体的实际量转化为"1"，"1"代表一项过程、一段路、一部书稿等。新知在与旧知异同点的比较中被掌握了。在利用旧知学习新知时，从共同因素的联系点展开，创造迁移的环境，使学生在观察比较中获得新知，使新知纳入到原有的知识体系中。

为学生创设积极思维的条件，还可以利用知识的比较，让学生在知识的比较中区分异同，理解概念，并培养学生初步的辩证思维。例如，学习了面积的概念以后，可以在与周长的比较中进一步加深对面积意义的理解。如下图中判断甲、乙谁的周长长？谁的面积大？在不断的比较中加深对概念的理解。[1]

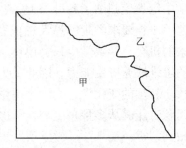

4．在知识的深化中为学生积极思维创造条件

深化知识就是从广度和深度来进一步展开对知识的理解，把所学的知识进行系统的整理、概括、比较，理清知识的来龙去脉，把握知识之间的内在联系和区别。重点放在培养学生的思维品质上。

综上所述，培养学生的数学思维品质是发展数学能力的突破口。如前所说，思维品质主要表现在敏捷性、独创性、经济性、灵活性、概括性和对数学有一种明显的倾向性等方面，它们反映了思维的不同方面的特征，因此在教学过程中应该有不同的培养手段。

例如，数学思维的敏捷性，主要反映了正确前提下的速度问题。因此，数学教学中，一方面，可以考虑训练学生的运算速度；另一方面，要尽量使学生掌握数学概念、原理的本质，提高所掌握的数学知识的抽象程度。因为所掌握的知识越本质、抽象程度越高，其适应的范围就越广泛，检索的速度也就越快。另外，运算速度不仅仅是对数学知识理解程度的差异，而且还有运算习惯以及思维概括能力的差异。因此，数学教学中，应当时刻向学生提出速度方面的要求，另外还要使学生掌握速算的要领。例如，每次上课时都可以选择一些数学习题，让学生计时演算；结合教学内容教给学生一定的速算要领

[1] 周玉仁．全国小学数学特级教师课堂教学艺术集萃［Z］．济南：山东教育出版社，1994：22．

和方法；常用的数字，如20以内自然数的平方数、10以内自然数的立方数、特殊角的三角函数值、无理数$\sqrt{2}$与$\sqrt{3}$、π、e、lg2、lg3的近似值都要做到"一口清"；常用的数学公式如平方和、平方差、立方和、立方差、一元二次方程的有关公式、对数和指数的有关公式、三角函数的有关公式、各种面积与体积公式、基本不等式、排列数和组合数公式、二项式定理、复数的有关公式、斜率公式、直线的标准方程、二次曲线的标准方程等，都要做到应用自如。实际上，速算要领的掌握和熟记一些数据、公式等，在思维活动中都是一个概括的过程，同时也训练了学生的数学技能，而数学技能泛化就成为能力。

又如，数学思维功能僵化现象在学生中是大量存在的，这与学生平时所受的思维训练有很大关系。教师在教学过程中过分强调程式化和模式化；例题教学中给学生归纳了各种类型，并要求学生按部就班地解题，不许越雷池一步；要求学生解答大量重复性练习题，减少了学生自己思考和探索的机会，导致学生只会模仿、套用模式解题；灌输式的教学使学生的思维缺乏应变能力。因此，为了培养学生的思维灵活性，应当增强数学教学的变化性，为学生提供思维的广泛联想空间，使学生在面临问题时能够从多种角度进行考虑，并迅速地建立起自己的思路，真正做到"举一反三"。教学实践表明，变式教学对于培养学生思维的灵活性有很大作用。在概念教学中，使学生用等值语言叙述概念；数学公式教学中，要求学生掌握公式的各种变形，都有利于培养思维的灵活性。另外，思维的灵活性与思维的敏捷性是相互依存的，因此数学教学中采取措施（如编制口答练习题）加快学生的思维节奏，对于培养学生的思维灵活性也是很有好处的。

再如，概括是思维的基础。学习和研究数学，能否获得正确的抽象结论，完全取决于概括的过程和概括的水平。数学的概括是一个从具体到抽象、初级到高级发展的过程，概括是有层次的、逐步深入的。随着概括水平的提高，学生的思维从具体形象思维向抽象逻辑思维发展。数学教学中，教师应根据学生思维发展水平和概念的发展过程，及时向学生提出高一级的概括任务，以逐步发展学生的概括能力。

在数学概念、原理的教学中，教师应创设教学情境，为学生提供具有典型性的、数量适当的具体材料，并要给学生的概括活动提供适当的台阶，做好恰当的铺垫，以引导学生猜想、发现并归纳出抽象结论。这里，教师铺设的台阶是否适当，主要看它是否能让学生处于一种"似懂非懂"、"似会非会"、"半生不熟"的状态。猜想实际上是在新旧知识相互作用的过程中，学生对新知识的尝试性掌握。教师设计教学情境时，首先，应当在分析新旧知识间的本质联系与区别的基础上，紧密围绕揭示知识间本质联系这个目的，安排猜想过程，促使学生发现内在规律；其次，应当分析学生已有数学认知结构与新知识之间的关系，并确定同化（顺应）模式，从而确定猜想的主要内容；再次，要尽量设计多种启发路线，在关键步骤上放手让学生猜想，使学生的思维真正经历概括过程。

在概括过程中，还要重视变式训练的作用。通过变式，使学生达到对新知识认识的全面性；还要重视反思、系统化的作用，通过反思，引导学生回顾数学结论概括的整个思维过程，检查得失，从而加深对数学原理、通性通法的认识；通过系统化，使新知识与已有认知结构中的相关知识建立横向联系，并概括出带有普遍性的规律，从而推动同化、顺应的深入。

思考活动

结合个人学习和体会，谈谈如何在数学教学中促进学生数学思维的发展。

扩展阅读2

数学思维具有一般思维的特征，思维的目的性、深刻性、灵活性、广阔性、批判性、敏捷性等品质在数学思维中得到充分的体现，因而亦可称之为数学思维的品质。数学思维的品质是衡量数学思维质量高低的指标，是数学思维能力形成和发展的重要因素。教师在教学实践中应从学生的实际出发，根据教学内容有目的有计划地培养学生优良的数学思维品质。如何在小学数学教学中培养思维品质，可以从以下几方面做起。

一、提倡求异思维，培养思维的独创性

创新是社会进步和民族复兴的灵魂，也是教学改革与教育发展的动力，创新观念应贯穿于数学教学的各个环节之中，统领数学教学的全过程。创造思维能力是获取和发现新知识活动中应具备的一种重要思维，它表现为不循常规、不拘常法、不落俗套、寻求变异、勇于创新。在教学中要提倡求异思维，鼓励学生探究求新，激发学生在头脑中对已有知识进行"再加工"，以"调整、改组和充实"，创造性地寻找独特简捷的解法，提出各种"别出心裁"的方法，这些都能促进学生思维独创性的形成。

例如，引导概括圆柱体表面积计算公式时，有学生将圆柱体的底拼成近似的长方形，通过观察发现一个底面拼成的长方形的长相当于圆柱底面周长的一半，两个底面合拼成的长方形的长恰好是圆柱的底面周长，宽又正好是圆柱底面的半径，从而得出两底面积的和为cr，因圆柱的侧面积是ch，因此圆柱的表面积计算公式为$S = c(h + r)$。

这样进一步发挥了学生的创造才能，调动了他们学习的积极性和主动性，使所学知识理解得更深刻，独创性思维品质也得以培养和发展。

二、强化技能训练，培养思维的敏捷性

思维的敏捷性是指思维活动的速度，表现在数学学习中是能善于抓住问题的本质，正确、合理、巧妙地运用概念、法则、性质、公式等基本知识，简缩运算环节和推理过程，使运算既准又快。因此，强化技能训练是培养思维敏捷性的主要手段。

同时，强化技能训练一定要在学生切实理解运算法则、定律、性质等基础上，要求学生熟记一些常用的数据，平时坚持适量的口算和应用题练习，通过视算、听算、口答、速算比赛等，采用"定时间比做题数量"、"定做题数量比完成时间"的训练方式，强化学生的基本技能，从而达到培养思维敏捷性的目的。

三、沟通内在联系，培养思维的深刻性

思维的深刻性就是思维的深度，是发现和辨别事物本质的能力。数学思维的深刻性表现在：善于抓住主要矛盾的特殊性，善于洞察数学对象的本质属性和内在联系，善于挖掘隐含的条件和发现新的有价值的因素，能迅速确定解题策略和组合成各种有效的解题方法。因此沟通知识间的内在联系，是培养思维深刻性的主要手段。

例如：教学合数时，让学生判断两个素数的积是否为合数，并说明理由。可以引导学生从"整除—约数—素数—合数"这样的知识链去思考：如果素数甲乘以素数乙得丙，则丙除了1和丙两个约数外，必然还有约数甲和乙，所以丙一定是合数。这样的思考过程是从知识的内在联系中演绎出来的，能把学生的认识引向概括，引向深层，从而培养思维的深刻性。

四、开拓解题思路，培养思维的灵活性

客观事物是发展变化的，这就要求人们用变化、发展的观点去认识事物和解决问题。数学思维的灵活性的突出表现是善于发现新的条件和新的因素，在思维受阻时能及时改变原订策略，及时修正思考路线，探索出解决问题的有效途径。思维的灵活性指的是善于从不同角度和不同方面进行分析思考，学生解题的思路广、方法多、解法好就是思维灵活的表现。在数学教学中，教师要注重启发学生多角度地思考问题，鼓励联想和提倡一题多解，可以设计开放性的练习，能促进学生思维灵活性的发展，提高他们创造性地解决问题的能力。

例如，客车每小时行60千米，货车每小时行50千米，两车同时从相距500千米的地方出发，经过2小时，两车相距多少千米？这道题由于条件不明确，从而存在三种情况。一种是两车相对而行，$500-（60+50）\times 2=280$（千米）。第二种是两车背向而行，$500+（60+50）\times 2=720$（千米）。第三种是两车同向而行，如果货车在前，$500-60\times 2+50\times 2=480$（千米）；如果客车在前，$500-50\times 2+60\times 2=520$（千米）。

通过设计条件开放的练习，让学生从不同角度给题目补充合适的条件或舍去多余的条件，创设一个学生之间互相交流、讨论共同提高的氛围，有利于学生全面深入地考察问题，善于透过问题的现象看到问题的本质规律，能从多方面以及多种联系中系统地理解和掌握数学知识，以解决实际问题。学生的思维是多向的，有利于灵活性思维的培养。

总之，数学是一门培养思维能力的基础课程。我们应该不断分析、总结和改进自己的教学工作，探寻开展思维训练的方法和途径，以思维训练为中心，提高学生的数学能力、数学素质，培养学生形成良好的数学思维品质，养成积极钻研、探索和创造的数学学习习惯。

（摘自：http://www.zjjyedu.org/show.aspx?id=4193&cid=31）

专题小结

数学教学能促进数学思维的发展。首先数学教材要恰当复现数学思维过程，其次在教学中引导数学思维的展开。

专题三

数学学习中的常见思维策略

专题导读

要真正有效培养学生的数学思维能力，还需要深刻理解数学学习中运用的思维策略，并在教学中引导学生发展这些策略。数学学习中常见的思维策略到底有哪些呢？数学教育研究领域已经做了很多探索。

一、思维策略及其意义

学生在数学学习过程中不但在形成和发展着数学思维素质，而且也在形成和发展着数学思维策略。数学思维素质是数学思维的基本品质，数学思维策略则是对思维过程起调节和监控作用的一类内部组织起来的认知技能。数学思维策略使学生知道如何学习、如何思维。

图式不是器官或模块

图式是皮亚杰认知理论的核心概念，是一种特定化的心理活动方式与结构功能，是认知功能性的，而非一种实体化的生理器官或模块。

在学习和思考时，我们不仅要意识到自己的加工材料，而且要意识到自己的加工过程及加工方法，不断反省自己的策略是否恰当，优化思维的加工过程。尤其是着手解决非常规和非标准化的问题之初，学生要在理解题义以后使用思维策略，以寻求解题的思路与入手方向。如一个人在解一道题目之前，必须理解它、解释它、对它定向，并找出它的成分，所有的学生都是这样做，但对于具有一定思维策略的学生来说，对一道题目的初步的定向有其独特性。即在感知一道数学题和掌握它的结构时，他们把题目中给定的一些数学的量系统化，从分析和综合两个方面来评价和舍弃不必要的数据，从众多的数量中分离出那些解题所必需的数量来。从而不仅感知个别的元素，而且也感知那些特殊的有数学意义的结构，把每个元素看做是整体的一部分，并从相互联系中形成完整结构的基础上来感知这些元素以及每个元素在这个结构中的作用，这样就形成了清晰的、完整的、分解了的题目的表象。而没有一定思维策略的学生就很难从题目的具体内容中摆脱出来，难于掌握构成题目本质的各种依赖关系的集合，并且不能从非本质的特征中区分出本质特征来，不能有区别地评价它们，也不能建立它们的层次，因此，他们在解题中不能区分不必要的数量和必要的数量。例如，这样一道题："一罐蜂蜜重500克，用同样的罐装满煤油，重350克。问空罐重多少？"欠缺思维策略的学生不能指出题目中少掉的环节，只能用现成的数量500克、350克不断尝试，试图解出这道题。而有思维策略的学生听了这道题的条件后，好奇地问实验者："后面呢？"当实验者告诉他这就是整个题目时，他回答说："不，这不完整，我还必须知道蜜比煤油重多少。"实验者问为什么，他解释说："没有那个，将会有许多解。这里有两个不等的量，它们之间有联系，就是它们的某一部分是相等的。这些相等的部分可以有许多。为了限制它们的值，我们必须再引进一个量来表示'剩余部分'的性质。"[1]

二、中小学数学学习中常见的思维策略

中小学数学学习中常见的思维策略有搜索策略、中途点策略、分解方法、基底方法、特殊试探方法、递归策略、变换策略、上升策略等。下面分别做一些简单的介绍。

1. 搜索策略

所谓搜索策略就是善于从众多的信息（包括数据、条件等）中，经过条分缕析，舍弃非本质因素，捕捉和突出本质因素，以达到对问

[1] ［苏］克鲁捷茨基. 中小学生数学能力心理学［M］. 李伯黍等译. 上海：上海教育出版社，1983：281.

题整体的把握和解决的一种认知技能。

2. 中途点策略

所谓中途点策略就是指把数学问题看做是一个条件和结论构成的系统，条件组是子系统，当子系统不足以得出结论时，就分析子系统是否有什么新的元素，以构成新的条件，以此为桥梁，把新条件与原条件结合起来，构成新的条件组，再把它们与原结论联系起来思考，以求解的思维策略。

3. 分解方法

分解方法就是把复杂的问题分解为尽可能小的部分，从最简单情况做起的一个思维策略。有时面对一个复杂的问题，很难找到问题的解法，可以考虑去掉某个（或几个）限制条件，或把某个（或几个）条件放宽，从而把原来较复杂的问题转化为一个简单的问题，引导问题的解决。正如我国数学家华罗庚所说：善于"退"，足够地"退"，"退"到最原始而不失去重要性的地方，是学好数学的一个诀窍。

 典型案例3

复杂数字的计算[1]

$9999999999 \times 9999999999 + 9999999999$

这道题目，如果直接解答要有比较高的技巧性，一般学生不会想到用乘法分配律进行解答，那怎么办呢？先考察特例，从特例中找出一般模式，从而解决问题。

$9 \times 9 + 9 = 90$

$99 \times 99 + 99 = 9900$

$999 \times 999 + 999 = 999000$

由此可以运用"一般化"推理，得出问题的结果是

$9999999999 \times 9999999999 + 9999999999 = 99999999990000000000$

当然得到这个结果后再进一步"核实"结果的正确性，可用计算机或其他方法，这样问题就得到了解决。

4. 基底方法

基底思想或形式不变方法就是从初始概念和初始命题出发，按一定的逻辑规则，定义出其他有关的概念、推演出其他有关命题的思维

---

[1] 成尚荣. 学会数学地思维——小学数学教学案例解读［M］. 南京：江苏教育出版社，2001：232.

策略。它的特点在于就重避轻，抓住主要矛盾，系统化、最优化地处理问题。初始概念或初始命题通常也被称为"基底"。基底具有知识"胚胎"的性质，蕴涵着丰富的内涵、迁移力、再生性。利用基底，可以大大简化思考所涉及的元素，从而较方便地索解，因此这是一个很常用的策略。

5．特殊试探方法

所谓特殊试探方法就是将一般的认识过程由具体到抽象反其道而行之，把一般性结论具体化、现实化、特殊化，以退为进的思维策略。如三角形，是指凡是符合三角形定义的对象。但我们在思考的时候，总是具体地画出某一个图形来。这便是由一般回到具体。通过对特殊的、具体的事物的考察，我们就可以提出一般性的结论。

6．递归策略

所谓递归策略就是初始条件以及递推关系，来求得一般结果的思维策略。通常所谓的"降维法"，把多元问题化为一元问题，把空间问题转化为平面上的问题，把平面上的问题转化为直线上的问题，都体现了递归策略。

7．变换策略

所谓变换策略就是根据解决问题的需要，重组、改变数学问题的结构，将不容易理解或解决的问题转化为容易理解或解决的问题的策略。一般来说，在用变换策略处理问题时，既可变换问题的条件，也可以变换问题的结论；既可以变换问题的内部组织结构，也可以变换问题的外部表现形式；既可以从局部量的方面入手，也可以从整体质的方面进行。不论怎么变换，关键是一要对问题的深刻而全面的把握，二要遵循简单化、熟悉化、直观化的方向，对问题做出恰当的变换。在中小学数学中，经常进行如下几个变换。

（1）数形的变换。数学以现实世界的数量关系与空间形式作为其研究的对象，而数和形是相互联系，也是可以相互转化的，把问题的数量关系转化为图形的性质问题，或者把图形的性质转化为数量关系，是数学活动中一种十分重要的思维策略。

纵观数学的发展史，数形结合的思想开辟了很多新的研究方向。例如，笛卡儿通过数形结合使几何问题转化为代数问题，把长期分道扬镳的代数与几何结合起来，开辟了数学发展的新纪元，不仅由此创立的解析几何成为数学发展史上不朽的里程碑，而且他的研究也是运用数形结合思想方法的光辉典范。又如，在现代数学中，人们把函数看做一个个"点"，把一类函数的全体看做一个"空间"，由此引出了无穷维函数空间的概念，这也是成功地运用数形结合的思想方法的结果，这样的例子不胜枚举。

数形结合也是初等数学及高等数学中十分重要的思想方法，在数学问题解决中，具有极为独特的策略指导与调节作用。

（2）变量替换。即通过对条件或结论的局部量的代换，使原问题的外在形式发生变化，从而变换为较简单的新问题的策略。

（3）空间关系的变换。如位置变换、几何图形的旋转、反演、平移、投影、对称变换等。

做出一个合适的变换，不但有利于问题的解决，而且它本身也是一个很好的创造活动，是创造性地解决问题的好方法。但在运用这一策略时，必须注意其不变性或变换中的不动点。

8．上升策略

上升策略就是把认识提升到理性上去，借助于理性的纯粹性和既有的理论成果，从本质上认识事物，方便于理论思维的策略。上升策略的本质就是抽象化，所谓数学模型方法实际上就是一种上升策略的运用。

数学思维策略尽管多种多样，但它们都有一个共同点，就是把新问题的解决转到熟悉的领域，这可以说就是数学思维策略的基本原理。所以，数学思想方法对各行各业都有重大的指导意义，这正如我国著名数学家陈省身所说："其实，大家都可以享用数学思想。比如，数学中有一种重要的思想方法，就是把遇到的困难的事物尽可能地划分成许多小的部分，每一部分便容易解答……人人都可以用这种方法来处理日常问题。"

思考活动

结合你的学习和体会，谈谈中小学数学学习中常见的思维策略有哪些。

扩展阅读3

法国教育家弗雷内说过"知识不能单方面靠教师向学生传授，提供知识并不是教育的根本目的。获得探索方法，培养思维能力，具有创造性和批判精神，才是教育所要追求的目标"。因此，在教学中对学生思维的批判性训练和培养是数学素质教育的重要内容。

一、克服盲从心理，是培养学生思维批判性的基础

思维的批判性是在思维活动中善于严格估计思维材料和精细检查思维过程，不轻信、不盲从的一种智力品质。要形成这样的智力品质教师必须进行有效的引导，在实际教学中经常将学生容易出错的地方设计成练习，让学生去发现、评价。

例如，在学习了商不变性质后，设计这样的判断题：

$$2900 \div 700 = 29 \div 7 = 4 \cdots 1$$
$$\quad（1）\qquad（2）\qquad（3）$$

这题学生很容易判为正确，实际上（1）和（2）是相等的，根据被除数和除数同时缩小相同的倍数，商不变的道理，

（2）和（3）是相等的，但（1）和（3）不相等，2900÷700与29÷7所得的余数不相同。

又如：

$42÷12＝（42÷2）÷（12÷2）$

有的同学分别计算$42÷12＝3…6$，$（42÷2）÷（12÷2）＝3…3$。这时有同学就认为这是错误的，因为余数变了。实际上这道题是对的，左右两式用等于号连接符合商不变性质。

这样培养学生接受某一结论时，学生通过自己的思考和判断，克服了盲从的思想。

二、大胆质疑，是培养思维批判性的前提

心理学认为："疑，最易引起定向探究反射。"有了这种反射，思维就应运而生。因此在教学中，教师应引导学生"不惟书，不惟师"，鼓励学生勇于质疑、争论和大胆发表自己的意见，注意引导他们全面分析和思考问题，克服思维的表面性和片面性。

例如，教学"除数是小数的除法"，有一位学生突然提出了自己的独特见解：课本上把除数变成整数，而我把被除数变成整数，再移动除数的小数点位置，一样能算出结果来。随后，自己上来板演了原来的题目。接着便问老师："课本上为什么不用我这种办法呢？"面临这种情况，教师十分冷静地顺手把原有题目改为$87.5÷0.35$，让全班同学都用两种不同的方法算一算，并进行小组讨论。学生很快就会发现：当被除数变成整数，而除数仍是小数，于是学生心悦诚服地承认课本上的方法更具有普遍性。因此，在教学过程中要从儿童的好奇、好问、求知欲旺盛的特点出发，引导学生勤于思考，敢于善于提出问题，并不断地去探求解决问题的新方法，培养学生思维的批判性，播下大胆质疑的种子。

三、形成"自由争辩"的学风，是培养思维批判性的途径

组织学生争辩是培养学生思维批判性的重要途径。我在组织学生学习新知识时，常常首先引导学生利用旧知识创造性地探求新问题。当学生各自获得解决新问题的方法后，再组织学生学习新知识。例如，我在教有括号的两步混合运算时，先把学生分成若干小组，要求各小组完成下列习题。

填写下列方框，并列出综合算式：

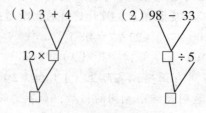

学生填写后，开始列出的综合算式是：

（1）12×3+4　　　（2）98-33÷5

写完之后，他们发现列的算式与原来的计算顺序不一致。于是每个小组纷纷想办法解决这个问题。通过讨论，分别想出了解决的办法：

甲小组用加引号的办法解决，即

（1）12×"3+4"　　（2）"98-33"÷5

并规定要先算引号内的。

乙小组用加横线的办法解决，即

（1）12×3+4　　　（2）98-33÷5

也规定要先算横线上的。

丙小组用加括号的办法解决，即

（1）12×（3+4）　（2）（98-33）÷5

也规定要先算括号里面的。

这时，教师不加评论，而是问学生："你们认为哪种方法最好？并说明理由。"学生展开了激烈的争辩。最后，教师表扬了他们的办法想得好，并且指出：数学中规定的符号是括号，用括号的方法书写方便，算式也较美观。由于长期的坚持，逐步形成了课堂上"自由争辩"的学风。

四、引导学生"自我反省"，促使思维批判性的发展得以延续

由于小学生自我意识的发展还不成熟，他们往往忽视自己的内部心理活动，对自己的思维破绽、错误不加注意。这就要求我们在教学中须经常引导学生反省自己思维的过程并做出正确的评价，使之逐步养成习惯，促使思维批判性的发展得以延续。

第一，当学生回答问题后，追问"为什么？""你是怎样想的？"等问题，让学生讲出思维的过程，并尽量要求学生自己做出评价。例如，我在教学倒数时，有一个学生回答说"假分数的倒数都小于1。"这时我不做评价，而是追问"为什么？"这位学生说："因为假分数的分子都大于分母，所以它们的倒数都小于1。"我接着追问："假分数的分子都大于分母吗？"这位学生顿时醒悟了："我讲得不完整，应该是假分数的倒数都小于或等于1"。这样学生通过反省纠正了错误。

第二，在处理学生的作业时，我对学生做错的题目及少量正确的题目不加批注（√或×），把作业本发下去，告诉学生：没有批的题目，请你自己批，如果你认为正确的，请说明理由；如果你认为错误的，说明错在什么地方，为什么会做错，并订正。这样学生在检查时，就必须努力反省自己解题的思维过程，并做出评价，坚持正确的，改正错误的。

经过一段时间的努力，学生养成了"自我反省"的习惯。在他们回答问题时，能自觉地表述思维过程并做自我评价；在做练习题时，能自觉地加以检验，有效地促进了思维批判性的发展。

（摘自：http://www.xiexingcun.com/xkcjsjy/xkjs2008/xkjs20080716.html）

 专题小结

学生在数学学习过程中不但在形成和发展着数学思维素质，而且也在形成和发展着数学思维策略。中小学数学学习中常见的思维策略有搜索策略、中途点策略、分解方法、基底方法、特殊试探方法、递归策略、变换策略、上升策略。

推荐书目与文章列表

［1］［苏］克鲁捷茨基. 中小学生数学能力心理学［M］. 李伯黍等译. 上海：上海教育出版社，1983.
［2］张奠宙，李士锜，李俊. 数学教育学导论［M］. 北京：高等教育出版社，2003.
［3］郭思乐，喻纬. 数学思维教育论［M］. 上海：上海教育出版社，1997.
［4］施良方. 学习论［M］. 北京：人民教育出版社，1994.
［5］肖柏荣，潘娉娇. 数学思想方法及其教学示例［M］. 南京：江苏教育出版社，2000.
［6］朱智贤，林崇德. 思维发展心理学［M］. 北京：北京师范大学出版社，1986.
［7］李善良. 现代认知观下的数学概念学习与教学［M］. 南京：江苏教育出版社，2005.
［8］张春莉，王晓明. 数学学习与教学设计［M］. 上海：上海教育出版社，2004.

思考与练习

一、填空题
1. 思维能力最基本的成分是_____。
2. 数学思维素质主要表现在敏捷性、独创性、经济性、灵活性、概括性和对数学有一种明显的_____等方面。

3. 高斯在小学时就能解决问题"$1 + 2 + \cdots + 99 + 100 =$",说明他的数学_____思维能力很好。

4. 如果人们认为数学是一种文化体系,就会把数学看成是一种_____的社会建构。

5. 逻辑思维_____成分很少,思维集中。

二、名词解释

1. 思维能力
2. 思维素质
3. 逻辑思维
4. 直觉思维
5. 基底思想

三、简答题

1. 简述独特的数学思维品质。
2. 简述数学思维能力的类型。
3. 简述中小学数学学习中常见的思维策略。

四、论述题

结合实际,论述小学数学教学如何培养学生的思维能力。

第八章

数学教学重要方式（一）：数学活动

　　教师在教学中必须改变过去那种只重视学习结果的获取，而忽视学习的过程与方法的现状。教学时，我们应结合学生的实际经验和已有知识，设计富有情趣和意义的活动，使他们有更多的机会，从周围熟悉的事物中学习和理解数学，感受数学与现实生活的密切联系，提高学生运用数学知识解决实际问题的能力，从而提高学生的综合素质。

　　本章首先阐明了数学活动及数学活动教学的含义、特征与类型；其次，讨论了数学活动教学的意义；最后，探析了数学活动教学的心理学依据。

 学完本章，你将能够：

1. 理解数学活动教学的含义、特征与类型；

2. 数学活动教学的意义；

3. 掌握数学活动教学的心理学依据。

专题导读

　　教师在教学中必须根据学生已有的知识水平和经验，使学生参与到特定的数学活动中体验知识、获取知识，并在活动中获得积极的成功体验，即让学生在活动体验中学习。那么，数学活动教学是什么意思，又有哪些特征和类型呢？这是老师必须思考的问题。

**数学活动教学
要防止活动泛化**

　　数学活动教学日益成为小学数学教学中广泛运用的教学方式，但也存在为活动而活动的活动泛化现象，出现两种误区：一是不注重教学组织和引导；二是有教学活动，但数学意义上的活动甚少，没有了数学教学的韵味。

专题一
数学活动及数学活动教学

一、数学是一种活动

　　数学在教科书上表现为一系列非常规范和简明的结论，似乎数学就是确定不变的符号、公式、定理等。然而我们从数学的本质可以看出，数学实际上是一系列的活动。

　　一方面，从数学学科本身及其发展来看，第一，无论是数学概念，还是数学的运算的规则，都是由现实世界的实际需要而形成的，数学家需要通过从活动中去掌握背景和方法，通过活动去发现数学结论；第二，数学是人类以一定形式征服自然和揭示客观世界规律的活动的一种表达方式；第三，数学内部也充满了矛盾运动。

　　另一方面，从数学学习的真正意义上来说，学数学实际上是学"做数学"。如果仅仅是学概念、学结论，学生不可能真正理解数学，在学生面前数学只不过是一堆了无生气的死物，与实际生活无关。要使学生真正地学习数学，学习数学的过程就应该是做数学的过程。根据建构主义理论，学习是主体在现实的特定操作过程中对自己的活动过程的性质做反省、抽象而产生的，学习数学过程就是一个"做数学"的过程，数学教学就是数学活动的教学：给学生提供生动的具体模型和与外部现实密切联系的数学，让学生从具体情境中提取适当的概念，从观察到的实例进行概括，再通过归纳、类比，在直觉的基础上形成猜想。因此，在数学课堂上要让学生有自主探索、合作交流、积极思考和操作实验等活动的机会。现实的、有趣的和探索性的数学课题的学习活动要成为数学学习内容的有机组成部分。正是基于数学是一种活动的认识，所以，在数学教学方式上产生了数学活动教学。

二、数学活动教学的含义

　　所谓数学活动教学，就是数学思维活动的教学，亦即强调数学知识在人们头脑中产生和发展的活动过程的教学。其特征就是学生作为学习的主体，积极地参与到获得数学知识的活动过程之中。它是相对于数学结论的教学而言的。数学结论的教学仅仅把数学教学看做是教人掌握和运用数学结论。故数学活动教学和数学结论教学有着质的不同。前者把教学设计成学生进行数学活动过程，后者把教学设计成学生接受现成结论的过程；前者学生是积极的参与者，后者学生是被动的容器；前者是由学习的认识规律以及数学的特点决定的，后者是由教者决定的。

三、数学活动教学的特征

数学活动教学的特征有如下几点。

（1）重过程，重体验。现代著名教育心理学家布鲁纳认为："认知是一个过程，而不是一个结果。"因此，他强调："教一个人某门学科，不是要使他把一些结果记下来，而是要教他参与把知识建立起来的过程。"只有切实克服传统教学存在的"重结论"、"轻过程"的弊端，根据不同的教学内容，精心安排以学生的"学"为轴心的教学活动，多方引导学生参与把知识建立起来的过程，使之体察和发现到知识的产生、发展和应用，他才能充分地理解知识，彻底地掌握知识，并在这个过程中发展思维能力。

传统的教学不但重结果、轻过程，而且重记忆、轻体验。新课程标准提出重过程，并强调数学学习的重要方式是动手操作、亲身经历等，也就是提倡在教学中要重视学生的体验。在教学中根据学生已有的知识水平和经验，使学生参与到特定的数学活动中体验知识、获取知识，并在活动中获得积极的成功体验，即让学生在体验中学习。这就需要教师创设情境，使学生体验数学就在自己身边；让学生主动探究，体验数学知识的形成过程；挖掘素材，使学生体验数学知识的内在美；积极评价，使学生体验学习数学的乐趣。

（2）以学生为主体。辩证唯物论认为，内因是事物变化的根据，外因是事物变化的条件，外因通过内因而起作用。教学活动是学生的认识活动，学生是学习活动的主体，教师的任务是引导和促进学生"主动学习"，让他们看、让他们说、让他们想、让他们听，让他们在参与教学活动的过程中主动地建构知识。如教学平面图形的周长、面积公式时，如果让学生自己动手操作、自己推导总结公式，不但能主动推导出课本上的公式，而且常常还会想出课本之外的方法来。如求三角形的面积，有的学生用割补法把三角形拼成长方形，如下页左图所示；有的学生用折纸法把三角形折成两个重叠的长方形，如下页右图所示。

**数学活动教学不同于
数学实践活动**

数学活动教学主要属于教学方式范畴，是小学数学重要教学方式之一；数学实践活动主要属于教学内容范畴，是小学数学重要教学内容领域之一。当然由于方法和内容的相互依存性，数学活动教学与数学实践活动天然就有内在联系。

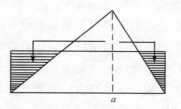 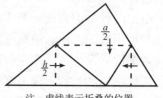

注：虚线表示折叠的位置。

在数学活动教学中，要实现"以学生为主体"，就要针对学生的思维和心理特点创设情境，让学生在实践中力求实现自我组织、自我发展、自我总结和学生自主学习的目的，真正做到学生起主体作用、教师起主导作用，真正做到乐中学、学中乐。如：在数学活动课"找错误"中，如果单纯让学生找错误，势必单调乏味，学生的自主性得不到发挥。为此，在函数一部分复习活动课中，针对学生平时常见的错误把活动课设计成"找特务"的形式。活动中让学生自行组织，谁找出的"特务"最多，谁就是本次活动的英雄。整个活动过程中不仅使学生的自主性得到了充分发挥，又培养了学生良好的学习情境。又如：让学生办数学小报方法也较好，让学生几个人为一组，自己组稿，自己编排，自己抄写。通过这种方法，学生们用自己的心血和汗水得到成果，小报办好后他们就会有很强的欣慰感，兴趣会越来越高。这样，经过几次实践，在办报中自己总结，自己纠正，自己积累经验和办法，数学小报一定会越办越好，学生的数学知识和组织能力等方面也必将得到加强。在此过程中如有需求教师可根据实际情况给予必要的指导和支持。再如：让学生自我组织数学应用小知识比赛，在比赛中得到知识和能力的实践，教师在此之前可给予指导，结束后可进行评说，通过这种办法，学生们就会在愉悦的情境中发现自己的优缺点。

当然，在数学活动课开展的过程中，发挥学生的主体作用，并不是教师对学生的活动放任自流，教师从活动的组织与准备到活动的进行与结束都要发挥积极的导向作用，并且要注重学生的主人翁地位，使学生人人积极参与，个个动手、动口、动脑，同时注重学生自我组织、互相启发、多向交流、独立自主地开展活动。学生的"自主性"越强，对教师的"导向性"要求越高，二者必须和谐发展。总之，数学活动课这台"戏"，归根到底，是要学生自己去"演"，在教师的"服务"下，学生自己去策划、安排、"演出"。酸甜苦辣都有营养，成功失败都是收获。尊重学生属于自己的体验，让他们走进自己的生活世界，体验生活、体验社会，即使是失败，也可能成为学生终生受益无穷的财富。这就对我们教师提出了更高的要求，不但要更新知识，扩大视野，更要转变我们陈旧的教育观念。

（3）开放性。从系统论的观点看，"开放性"是有序性的前提，数学活动课只有成为开放的系统，其质量才能沿着由低级到高级的有序阶梯，拾级而上，逐步发展与提高。开放性是促使活动与现实生活结合、数学教育与社会实践结合的重要保证。数学活动课上的内容不要局限于数学知识，可以是跨学科知识的综合运用。比如，开展专题研究活动"学生压岁钱使用情况统计分析"，先统计，再分析，最后得出结论。另外，在数学活动教学中，学生的思想和行为可以充分自由，有广阔的活动空间和灵活的活动时间。解决问题的思路、完成任务的方法和活动成果的呈现，教师基本不加限制，学生可以充分自主、自由开动脑筋，大胆想象，积极创新。

典型案例1

小数点教学

在教学"小数点移动引起小数大小变化"时，一位老师在练习题中设计了这样一道判断题"270的小数点向左移动三位是0.270"。这时学生们展开了争论，有的学生说"对"，有的学生说"错"，并都说出了自己的见解。有一个学生说："如果要求保留三位小数是错的。"另一个学生说："根据小数的性质，为了书写简便，小数末尾的'0'可以省略不写。"最后，有一位学生说："在题中没有具体要求时，根据小数的性质来判断也是对的。"在这样一个有疑问、有争论的课堂上，激活了学生创造思维的"火花"，学生的创新意识在这种探索的过程中得以有效培养。

四、数学活动教学的类别

数学活动教学主要包括以下三个类别。

1. 具体材料的数学化

所谓数学化，就是人们运用数学的方法观察现实世界，分析研究各种具体现象，并加以整理组织，以发现其规律，这个过程就是数学化。简单地说，数学地组织现实世界的过程，将生活原型抽象成数学模型就是数学化。数学的产生与发展本身就是一个数学化的过程。数学教育应该尊重数学的传统，要按照历史的本来面目，根据数学的发展规律来进行。一切数学概念、公式、规律、法则均可视为数学模型。学生在生活中碰到过的问题很多都是数学知识的具体化。如长方形、正方形的面积，周长的知识，生活中随处可见。可不少学生对此仍有学习障碍。为什么呢？究其原因，正是因为平时的教学与生活的脱节，很多简单的数学问题，学生都难以理解它、接受它。所以，教师要善于引导学生从已有的生活经验出发，亲身经历将生活原型抽象成数学模型。如：在生活中,学生经常经历的选举，很多学生都有亲身体验。教师可引导学生进行一次选举活动，从而进行归纳、总结，亲身经历将日常的生活原型抽象成数学模型，从而揭示出统计的概念。这样的教学既贴近生活又学习了数学知识。长此进行这样的训练，引导学生从生活中寻找素材，努力将日常生活知识进行抽象，既利于知识的学习又利于学生多方面能力的发展。这也是实践向认识的一次飞跃。

　　再如，当儿童通过模仿学会计数时，当他们把两组具体对象的集合放在一起而引出加法规律时，这实质上是历史上现实世界数学化过程的再现。我们当然没有必要也没有可能将数学教学过程变成历史发展过程的机械重复，但确实必须而且也可以从中获得很好的借鉴。事实证明，只有将数学同与它有关的现实世界背景紧密联系在一起，也就是说只有通过"数学化"的途径来进行数学的教与学，才能使学生真正获得充满着关系的、富有生命力的数学知识，使他们不仅理解这些知识，而且能够应用。

　　具体材料的数学化，可以是让学生养成留心周围事物、有意识地用数学的观点观察和认识周围事物的习惯。如参观大自然、文化遗产、风景名胜时，让学生用数学的眼光去观察、去思考测量方面的、形状方面的、年代方面的等，还可以引导学生根据周围的事物编成数学应用题。经常有意识地这样做，学生就会逐渐地学会数学化的思想，并自觉地把所学习的知识与现实中的事物建立起联系。具体材料的数学化，还可以通过促进和加强学生的反思活动来进行，例如，学生也许凭眼睛观察就可以得出平行四边形对角线互相平分这一直觉形象，可是如果让学生考虑一下为什么，对这个结论有意识地进行反思，可能会得到意想不到的收获；有些学生会从逻辑推理的角度，从平行四边形的性质来推证，因而在建立演绎体系上前进了一步；也有些学生会以图形结构的眼光，将平行四边形绕中心旋转180°与自身重合而得出这一结论。如果让学生继续将反思推进到更高水平上，他们就会更进一步发现对称、反射以至变换、映射等概念。而正是环绕着这一连串的直觉思维、反思、表达、判断，人们可以不断地将数学化过程推向前进。

2．数学材料的逻辑组织化

　　数学的特点之一是逻辑的严密性。因为数学是抽象的，所以它的展开只能靠逻辑，这一点对我们来说也是非常重要的训练。所以，数学活动的一个重要类别就是数学材料的逻辑组织化。这方面是很多成功的数学课所看重的。

 **典型案例2**

美国的活动教学

美国中学数学课上，老师出了一道题：8减6是2，8加6也是2，有这种可能吗？请给予证明。一位男学生站起来作答："数学上，8减6是2，但8加6也是2却是不可能的。一个不可能的问题作为可能提出来，肯定有它的可能的因素，所以数学上既然没这种可能，生活和自然中肯定有这种可能。譬如，上午8点的6个小时之前是凌晨2点，6个小时之后是下午2点。"[1]这样的数学课，不是最看重学生是否能算出结果，而是最看重学生的逻辑思维过程。

3. 数学结论的应用化

数学活动教学的另一类型就是数学结论的应用化，即教师设计的数学活动有利于学生应用数学的知识及其思想方法，使学生不但能够运用数学解决实际问题，而且从中体会数学的价值和意义。如学生学了长方形、正方形的面积计算公式后，教师让他们去测量、计算课桌、教室或花坛、草坪等的面积。

思考活动

结合实际，谈谈你对数学活动教学的特征的认识和体会。

扩展阅读1

我们常看到这样的现象：有的学生对长度、重量单位间的进率背得滚瓜烂熟，却估算不出一支铅笔的长度、一只鸡蛋的重量；有的学生认识直角却不会用一张纸折出直角……就是只会死记，不会活用。

教学论研究表明：学生的认识主要是在实践和活动中发展起来的。然而传统的、单一的讲解—接受式教学模式以"教师讲—学生听"、"教师问—学生答"代替学生在教学中应有的探索活动，导致学生只会机械接受，课堂失去了应有的生机和活力。

针对传统教学模式的弊端，不断尝试并发展起来的"数

---

[1] 窦文涛. 思维一旦有了翅膀. 报刊文摘. 2005-02-02.

学活动教学"是在以"活动"促"发展"理论指导下的一种全面的、动态的、富有效率的现代教学。它以教师精心设计和创设的具有教育性、探索性、创造性、操作性的学生主体性活动为主要形式，以学生主动参与、主动探索、主动思考、主动操作、自主活动为特征，从而促进学生认知、情感、个性行为等全面和谐发展。开设数学活动课主要是发展学生的数学思维能力，并能用所学知识技能解决在学习、工作和生活中遇到的数学问题，数学活动教学体现"活"和"动"，让学生在"活"中获得数学经验和即时信息，在"动"中发展数学思维，从而提高学生的数学素质。

一、让课堂尽显"活"力，保持学习热度

要使数学活动教学真正发挥其效应，就应该在"活"字上做文章。要让课堂尽显"活"力，即选材要"活"，设计要"活"，教法要"活"，作业要"活"，在"活"中激发学生的学习兴趣，提高学习积极性，使他自始至终保持对学习的热度，从而领悟到知识的真谛。

1. 选材要"活"——寻"热"

数学活动教学内容的选择较灵活，它可以选一些侧重于对教材知识的拓宽、加深和渗透的作为学科的数学；也可以选一些培养学生应用数学知识解决各种问题的意识和能力的生活中的数学，工农业生产中的数学，科学技术中的数学；还可以选一些在培养学生数学兴趣的同时，发展学生的智力和能力的智力活动中的数学。

要做到选材灵活，还应该考虑以下几点。

1）趣味性

数学活动教学内容选择要充分考虑儿童的年龄和心理特征，从学生熟悉和感兴趣的事物出发确定教学内容，力求新颖、生动、灵活多样、富于变化，使学生感到活泼有趣。

2）启发性

数学活动教学内容的选择要考虑能鼓励学生通过探索发现规律，让学生在参与中学会学习，增长才干，成为学习的主人。如学生认识了线段后，可让学生专门来学数线段。例如，线段AB上有C、D、E三点，在线段AB上共有几条线段？这题离开了教材内容，需要学生认真分析。数时怎么数才不会遗漏成了谈论的焦点，学生在探索、讨论中培养了思维的有序性。

2. 设计要"活"——导"热"

传统的数学课堂上，向学生提供的是理想化、格式化的数学问题，这严重束缚了学生的思维，扼杀了他们的创新能力。

因此，我们要更新观念，大胆设计充满活力的开放性问题，让学生在条件开放、问题开放、策略开放、结论开放的广阔空间里自主探索，以培养他们的创新意识、创新精神和创新能力。

3. 教法要"活"——探"热"

教学方法是为教学目的服务的。在数学活动教学中，教师要彻底改变以往过分强调传递与接受的教法，要通过各种手段，为学生提供丰富多彩的自主参与的活动，拓宽学生获取感性经验的渠道，提高学习兴趣，确立学生的主体地位，从而使学生生动、活泼、主动地发展。活动时可采取听听、想想、议议、画画、摆摆、贴贴、剪剪、拼拼、量量、数数、算算等多种手段，调动学生多种感官协同活动，全方位、多层次调动积极性。如：一年级"数的认识"实践活动课上，可利用多媒体出示漂亮的动物园，让学生数数有几只小鸟，几只小鸡；剪几面小红旗，几面小黄旗；用积木摆一摆；拨几颗珠子；画几只苹果；课后让学生数数教室里有几盏灯；几个女生，几个男生；每天的值日生有几个等。从中激发了学习的兴趣，发展了思维能力。

4. 作业要"活"——拓"热"

通过作业可以强化学生对知识的理解，又可以把课本知识转化成自己的知识，在知识转化过程中，既培养了学生的思维能力，也反映了学生学习活动的态度和学习习惯。除了口头作业和书面作业外，更要灵活地设计以学生的主动参与、独立探究为主要特征，以体验生活、启迪思维、培养能力、促进学生综合素质的全面发展为目的的实践性作业。

二、让学生充满"动"力，培养思维能力

常见到有些教师在课堂上也安排了让学生活动的环节，但不让学生动脑、动眼、动口，过早地让学生收起学具，看教师操作，听教师讲解。显然，这样的活动并没有真正发挥活动本身的作用。心理学家认为：人的最初阶段的思维是从动作开始的。所以数学活动教学必须引导学生主动操作、主动探讨、主动思考，让学生经历探索知识的全部思维过程，并把实践和说理紧密结合，通过培养和发展良好的思维品质来培养和发展他们的思维能力。

总之，在"活"和"动"中进行数学活动教学，能够为学生创造一个良好的教育与发展的环境，使学生在和谐、轻松而愉快的气氛中学有所乐、学有所得、学有发展。

（摘自：http://www.mdeps.net/blog/user1/64/archives/2004/317.html）

专题小结

数学活动教学是一种注重数学思维活动的教学，具有重过程、重体验、以学生为主体、开放性等基本特征，有着多种类型。

专题二
数学活动教学的意义

一、调动学生的学习积极性

数学活动教学有助于最大限度地调动学生的学习积极性。因为：

第一，数学活动教学变被动地接受知识为主动地寻求知识。在数学活动教学中，学生不是被动地听知识、记知识，而是要亲自参与教学过程，自己动手操作、实验、动手动脑、合作交流等，在此基础上主动地去探索知识、发现规律。

第二，数学活动教学变疏远无味的数学内容为贴紧学生生活实际的数学材料。数学活动往往取材于学生的生活实际，使远离学生的抽象的数学变成为学生熟悉的、亲切的、可以触摸的数学。兴趣是推动学生探究知识和获得能力的动力，是调动学生学习积极性的催化剂。教学中的数学知识内容，如果能够让学生在玩和做中摸索出来，那么他们的学习兴趣一定会很浓厚，求知欲也会更为强烈。因此，要从学生熟悉的生活情境和感兴趣的事物出发，指导学生学会从亲身经历的现实生活中发现问题。如教学"分数的初步认识"，先让学生分饼：分别把2个饼平均分成2份，1个饼平均分成2份，1个饼平均分成3份，求平均每份分得多少个？当学生不能用已学的整数来表示半个饼时，老师就板书出1/2，但不读不解释，学生对这样的数是陌生的，这迫使他们提出问题：这些数怎样读？怎样写？表示什么意义？这样把生活中的问题转化成数学问题，无形中强化了学生的问题意识。

在实际生活中，问题并不像课本中的标准题那样有明确的条件和问题。这就要求学生自己去找——把生活实际问题转化成数学问题。如在解决调查问卷的第一题"圆珠笔2.3元一支，10元够不够买4支？为什么？"时，有的学生不能清楚地把问题换个提法："4支共多少钱，再看10元够不够？"或"10元可以买多少支，还剩多少元？"等。教师若能够引导学生把司空见惯、熟视无睹的生活用数学的语言、用数学的眼光来思考，数学教学就和学生生活融合了。这样，把学生的生活问题和已经积累的知识联系起来，构建成新知识的事实材料，在如此生活化的教学情境中，学生更能体会到数学的趣味，学习的欲望更能得到满足。实践证明，只有在学生强烈的求知心理需求下，在生活问题和数学问题的联系下，教师才能有效地让学生养成用数学的思想、方法去观察生活、认识世界的习惯。

再如，荷兰的数学课程中有很多贴近学生生活实际的数学内容：通过公共汽车上下车人数的变化引入整数的加减法，并找出运算规律；借助学生上学乘汽车、骑自行车或步行等多种交通工具以及途中出现的意外情况，介绍各种类型的图像表示、解析表示。根据血压的变化引入一般周期函数的概念，再进到更有规律的正弦函数及其性质；或者从物质的生长率引进指数函数概念，从而导出对数函数等。这些都是将数学与生活融合的好例子。

二、在数学活动中增强学生的运用意识

以讲授为主的数学教学是以教学系统的理论知识为主，而数学活动教学则好比是在理论知识与生活实际之间搭起的桥梁，是以学生所学的数学知识为基础，让学生通过实践活动，拓宽知识范围，并观察和体会所学数学知识在实际中的运用。在设计教学内容时，教师更注意从学生熟悉的生活和所感兴趣的事物出发，充分利用学生生活环境中的人和事，适时创设环境，促使学生以积极的心态投入学习。让学生有更多的机会从周围的事物中学习数学和理解数学，让学生体验到数学知识就在身边，生活中充满数学；并让其在实践活动中理解知识、掌握知识和应用知识，用自己的思维方式去重新创造知识，在创造的过程体会数学就在身边，感受到数学的趣味和价值，体验到数学的魅力，增强数学意识和应用意识。

例如，在学习统计后，教师组织学生参与贴近他们生活实际的数家禽和调查参加兴趣小组的人数等实际活动，让学生经历收集数据、整理数据、描述分析数据的过程，学习画"√"的方法记录调查获得的信息，学习用方块表示统计的对象和结果，通过"从图里你知道些什么？""你还发现什么？"等问题，让学生感知怎样对统计结果进行简单的比较、分析从而做出判断。这样，学生在经历简单统计的过程中，既能培养学生的统计观念、应用意识和创新意识，又能巩固知识，拓展学生思维。又如教学"归一问题"的应用题时，教师可组织学生进行调查，有的深入到工厂，了解一周内全车间工人生产的产品

数学活动教学能促进运用

学生通过数学活动教学，头、口、手在数学内容的操作中动起来了，实际上增进了数学内容的运用。

数量；有的深入到商店，了解商品的价格等。当在课堂上教师出示学生自己收集的素材编成的题目时，学生觉得十分亲切，并且学生在掌握归一应用题的解题方法之后，还能根据自己调查来的数据与事例编写成归一应用题。这样，就促使学生进一步发现数学就在身边，从而提高学生应用数学的观点看待实际问题的能力。

生产、生活等方面都存在着大量的数学问题，只要我们善于观察、收集具体素材，将实际问题经过综合、概括、抽象之后，设计成数学活动教学的素材，提炼出适合学生的数学问题，让学生把学到的知识应用于现实生活、服务于现实生活，就能使学生认识到数学的价值，激发学生的学习兴趣，激活学生的思维，提高学生灵活运用数学的意识和能力。

三、在数学活动教学中提高学生的素质

数学活动教学提供了个体探求和获取知识的过程，使之锻炼了意志，增强了思维能力，领会了数学的基本思想和方法。例如，柳州市第十八中学张留伟老师在上"可能性"这一课题时，设计了"一定摸到红球吗？"的游戏，让学生经历猜测、试验、收集与分析试验结果等过程，发展学生收集信息、处理信息的能力和语言表达能力。

柳州市第十八中学张留伟老师"可能性"教学过程

第一步，提出问题引入新课

根据当时的实际情境，提出三个生活中的不同事件，引出本节课所要研究的问题。

第二步，问题研究活动

活动（一）：用身边的素材进行试验研究。

活动要求：请同学们任意翻开课本，分别记录左边和右边的页码，连续做五次，研究你所得的五组数据。

（1）"左边页码是偶数，右边页码是奇数。"这个事件是否一定会发生？请你用实验所得数据说明。

（2）"左边页码是奇数，右边页码是偶数。"这个事件是否一定会发生？请你用实验所得数据说明。

（3）"有被5整除的页码。" 这个事件是否一定会发生？请你用实验所得数据说明。

从刚才的实验研究中，我们又发现有些事件肯定会发生，有

**数学活动教学
能提高素质**

现代教育的一个重要使命就是培养学生的实践能力，数学活动教学增强学生运用意识，促使其操作数学内容，也就提高了实践能力和综合素质。

些事件肯定不会发生，有些事件不能确定是否一定会发生。

活动（二）：利用教材中的游戏进行试验研究。

（1）右边的图中，"一定能摸到红球"。请你与同伴讨论研究，这个事件是否一定会发生？并发表你的见解。

我们把这样肯定发生的事件叫必然事件。（板书：必然事件）

（2）中间的图中，"一定能摸到红球"。请你与同伴讨论研究，这个事件是否一定会发生？并发表你的见解。

我们把这样肯定不会发生的事件叫不可能事件。（板书：不可能事件）

（3）左边的图中，"一定能摸到红球"。请你与同伴讨论研究，这个事件是否一定会发生？并发表你的见解。

我们把这样不能确定是否一定会发生的事件叫不确定事件。（板书：不确定事件）

回想一下，刚上课时我们所讲的三个事件及大家做试验研究中所提出的三个事件，符合这三类事件中的哪一种事件？请发表你的看法。

活动（三）：三种事件的实际应用。

（1）教师给出事件，学生判断。比如：

① "我们每天都做眼保健操。" 这是属于哪一类事件？

② "人是长生不老的。" 这是属于哪一类事件？

③ "地球每天都在转。" 这是属于哪一类事件？

（2）学生自己举例，自己判定所举事件是属于哪一类事件。

（3）学生甲给出事件，学生乙判定所举事件是属于哪一类事件。

（4）在生活中的应用：实际上，三类事件在生活中也有广泛应用，比如：根据"不同的人有不同的指纹"这个必然事件，可以判断一个人的身份；再比如：足球比赛前，裁判通常用抛硬币出现正反面这个不确定事件的方法来决定双方的比赛场地等。还有很多这方面的例子，现在请同学们再举几个。

第三步，小结

本节课，我很高兴地与大家共同体验了事件的发生可分为必然事件、不可能事件、不确定事件。相信大家一定会利用这些知识去认识生活、改变我们的生活，让我们的生活变得更加丰富多彩和幸福。

从这个例子可以看出，教师在活动教学中让让学生经历了猜想、实验、收集与分析等过程，可以让学生的收集信息、处理信息能力和语言表达能力得到发展，达到了锻炼其思维，培养其数学的思想方法的目的。

数学活动教学不仅增强了学生的思维能力和数学的基本思想与方法，而且还可以培养学生的辩证主义的科学世界观。辩证唯物主义思想体系中重要一点就是：认识是从实践开始的，经过实践得到了的理论知识，还须再回到实践中去。人民教育家陶行知先生也早就提出"教学做合一"的"生活教育"理论，他强调："教学做是一件事，而不是三件事。我们都要在做上教，在做上学"，"先生拿做来教，即是真教；学生拿做来学，方是实学"。这里强调的无疑是教学的实践性，自己来做，在做中自己学会这正是我们数学活动课所强调和所想达到的。数学活动课最重要的就是让学生身体力行，强调的就是学生在活动过程中体会和得到知识的实践。数学活动将数学教学与实践相结合，把数学知识应用化，就体现了辩证唯物主义的科学世界观。在数学活动课中学生身体力行，又发展着人的头脑中的数学现实认识。比如，培养学生在实践中的动口动脑能力，在训练学生的说话技能时，要讲究数学活动的多样性、复杂性，训练学生叙述表达的准确度、简洁度、条理性和思路连贯。同时通过口头表达的形式可以有效地提高学生的心算能力和分析能力，这些都有利于学生对数学现实的认识。

四、在数学活动中提高学生的行为品质

这里所谓的行为品质主要指意志、敏感、行为意识。这是从观察数学家、具有数学天赋儿童的行为中总结出来的。所谓意志，就是人们自觉地确定目的，支配和调节自己的行为去克服困难，以实现自己目的的心理过程。它有两个基本特点：自觉的目的性和与克服困难相联系。意志对行为具有发动、制止和调节控制的作用。人的意志品质主要表现在自觉性、果断性、坚毅性和自制力四个方面。数学教育之所以可以培养人的意志，是与数学追求完美的特性分不开的，也是与数学是一种理性的科学分不开的。大的意志品质的优劣和勤劳与否是一个人进行科学研究成败的关键，对此华罗庚深有体会。

他于1955年3月1日在《人民日报》上发表了《我从事科学研究工作的体会》，其中写道："不轻视点滴工作，才能不畏惧困难。而不畏惧困难，才能开始研究工作。轻视困难和畏惧困难是孪生兄弟；往往出现在同一个人身上。我看见过不少青年，眼高手低，浅尝辄止，忽忽十年，一无成就，这便是由于这一缺点。必须知道，只有不畏困难、辛勤劳动的科学家，才有可能攀登上旁人没有登上过的峰顶，才有可能获得值得称道的成果。所谓天才是不足恃的，必须认识，辛勤劳动才是科学研究成功的唯一的有力的保证，天才的光荣称号是绝不会属于懒汉的！"

提示

数学活动教学能提高行为品质

数学活动教学实质就是让学生做数学，需要持续的意志投入，能提高学生行为的自觉性、果断性、坚毅性和自制力等基本品质。

　　所谓敏锐，就是指对于某些刺激的感觉和认识超出正常水平。这里所说的敏锐主要是指对数学材料及空间形式、数量关系的感觉和认识超出正常水平。它的表现形式是，努力使外界现象数学化，注意现象的数学方面，到处注意空间形式和数量关系及函数间的依赖关系。如对数字的敏锐感受，对数量关系的敏锐感受，用数学方式来解释或记忆其他领域的知识等。

　　所谓行为意识是指控制行为的意识和能力，即行为的目的意识强烈，并有意识地对行为进行控制和调节。如前所说，数学具有很强的理性精神，它需要人静下心脚踏实地一步一步地解决问题，不容想入非非玄而不解或情感用事。数学的这种品性可以培养人控制行为的意识和能力，使行为成为自觉的行为。所以，学数学的人常常表现出行为的条理性和目的性。

　　学生的行为品质可以通过数学活动来提高。就拿数学教育来说，学生的意志、敏感、行为意识，是在数学学科活动教学中形成的，是在学生自身的活动中去培养和训练的，而不能靠说教去获得。故现在有数学教学专家指出，"学数学"不如说是"做数学"。"做数学"是目前数学教育的一个重要的观点，它强调学生学习数学是一个现实的体验、理解和反思的过程，认为学生的实践、探索和思考是学生理解数学的重要条件。因此提倡学生的数学学习要大量采用动手操作、亲自实验、自主探索、大胆猜测、合作交流等活动方式。在这样"做数学"的活动中，学生才能真正理解数学知识，形成数学的思想、方法和发挥数学思想教育的功能。我们要培养学生概括的意识，就必须在数学教学中，让学生自己去概括，而不是去记忆概念、公式、法则等。例如，在教梯形的概念时，首先要学生大量感知大小、形状、位置不同的梯形，让他们进行比较分析，找出它们的共同属性，即它们都是四边形，并且只有一组对边是互相平行的。引导学生概括时，可提出如下问题：

　　（1）这几个图形都是几边形？

　　（2）四条边可以分为几组？

　　（3）这两组对边各有什么特点？

　　在这基础上，进一步引导学生用准确的数学语言把梯形的定义概括出来。在概括的过程中，学生难免出现语言表达不规范的现象，教师再引导他们做适当的调整或补充、改进，就有可能达到概括的目的。[1]

　　再如，有的教师根据"生活中的对称图形"的课题，着力从学生

[1] 周玉仁. 全国小学数学特级教师课堂教学艺术集萃. 济南：山东教育出版社，1994：515.

的生活经验出发，通过多种多样的活动，让学生自己体验和理解对称概念。这里，我们不妨将这堂课摘录如下。

 典型案例4

"生活中的数学"的研究课案例[1]

课题：生活中的对称图形

执教者：卢湾区第二中心小学　俞晴

教学特点：教师从学生的生活经验出发，通过多种多样的活动，激发学生对数学学习的兴趣，让学生在具体活动中体验和理解对称的概念，让学生在生活的情境 中学习几何知识，使学生初步认识轴对称图形，初步培养儿童的观察、想象、操作与创造能力。并且结合教学过程进行审美教育，以及让学生体验成功感，培养自信、合作的精神。

教学过程：

（一）感知与体验

遵循学生的认知规律，抓住学生美术课剪窗花这一知识的内在联系，在学生学习兴趣的引发中展开教学，推进教学；在游戏操作中感受新知。

1. 操作感知

（1）通过剪窗花初步感知"对称"。

师：今天这节课先让我们来说说教学课以外的事。朱嘉欣，跟俞老师说说心里话，你最喜欢什么课？

生1：我最喜欢上美术课。

师：你呢？

生2：我最喜欢上手工课。

师：生！那就让我们来讲一下美术课的事。听说你们在美术课上学过剪纸花。

全体：对！

师：请谁来表演一下？

生：我来！我来！

师：同学们那么踊跃，就来个比赛，看谁剪得最漂亮！

生：全体活动。（学生将自己剪的窗花贴在黑板上）

师：老师现场采访一名同学，请你边剪边介绍。

生：我将一张正方形的纸对折，对折，再对折，这样对折

---

[1] 孔企平. 小学儿童如何学数学. 上海：华东师范大学出版社，2001：127.

三次，再开始剪自己喜爱的图案。

师：为什么你要对折，对折，再对折？

生：因为——我也不大清楚。

生：我想大概是……

师：看来，剪纸中还大有学问，可能还和数学有关呢。今天就让我们边剪纸边讨论"剪纸中的数学问题"。（板书课题：剪纸中的数学问题）

师：让我们回过头来，看一看谁剪的窗花最美？

生1：我觉得沈一竟剪的窗花很美，线条很流畅。

生2：我觉得潘佳颖剪得也不错，图案给人一种协调、优美的感觉。

生3：我认为他们都剪得很漂亮。老师，你认为呢？

生：我觉得各有特色。但它们都有一个共同的特点。

生：这些窗花都对称！（板书：对称）

（2）列举生活中的"对称"。

2. 理解新知

（1）通过游戏，理解"轴对称图形"概念。

师：我们来做一个小游戏，这是对折后的图形，你们能猜出它是什么吗？（出示松树、衣服、蝴蝶的图形）

师：你们是怎么猜出来的？

生1：这些图形都是沿着一条直线对折。

生2：这些图形左右两边都是对称的。

生3：这些图形的两侧正好能够完全重合。

生4：我觉得这些图形都是沿着一条直线对折以后，图形的两边能够完全一样。（电脑演示）

（2）提示课题。

师：像这样的对称图形有一个专门的名称叫轴对称图形，中间的一条直线叫对称轴。请看书上第126页最后三行。（板书：轴对称图形）

（3）理解对称轴。

师：书上四张图中蝴蝶和双喜是不是轴对称图形？两位同学互相找一找对称轴，注意对称轴用什么线表示？（点划线）

（4）质疑。

师：书上内容你们懂了吗？还有什么问题？

生：（略）

（二）探索与发现

充分提高学生课堂学习主体地位，通过寻找生活中的对称、平面图形中的轴对称图形，培养学生自我学习能力和意识。

1. 引导学生发现在日常生活中的轴对称图形

师：其实在生活中具有轴对称特性的物体很多很多，只要细心观察就会发现。下面我们以小组为单位，根据屏幕中的指示找一找。（电脑演示）

（学生活动）

生1：我们小组在教室中发现的风筝、三角尺、开主题班会用的面具，都具有对称性；我发现连树叶也是对称的。

生2：我们小组发现阿拉伯数字0～9中，0和8是轴对称图形。对称轴在这儿。（这里是印刷体，一般书写不是轴对称图形）

生3：我们小组也发现英文字母中，A……都是轴对称图形。

生4：我们小组也想说一说。瞧，我们的汉字中也有一些是轴对称图形。如：中、田。

生5：京剧脸谱是我国的艺术瑰宝，它们当中有一些也是轴对称图形。它们的对称轴是鼻子中线的延长线。

2. 引导学生探索平面图形中的轴对称图形及对称轴

（1）**师**：在我们已学过的平面图形中有许多是轴对称图形，（拿出信封中的图形）找一找哪些是轴对称图形，把它们摆在小黑板上。哪些不是？（学生活动）

师：为什么不是轴对称图形？

生：我来解释。我们小组经过这样折，再这样折，无论怎样折，左右图形都不重要，找不到它的对称轴，所以不是轴对称图形。

生：老师，如果这样剪下来再转一个方向的话就对称了。

师：这就说明可能这也是一种对称图形，只不过不是轴对称图形，那么是什么对称呢，这是我们以后要学习的。

（2）画出轴对称图形的对称轴。

讨论：有两条对称轴；有六条对称轴；有四条对称轴；有无数条对称轴；有三条对称轴。

（三）创造与开放

利用折剪轴对称图形，巩固本课知识，在小组合作中创造一幅剪纸画使学生得到审美教育，并在小组活动中体验成功的喜悦。

1. 小结

师：今天我们学习了什么？

生1：今天我们学习了具有对称性的平面图形，轴对称图形。

生2：我们还知道了轴对称图形有对称轴，有的图形有一条对称轴，有的图形有两条对称轴，有的图形甚至有无数条对称轴。

生3：我们还学会了画对称轴。

师：同学们说得真好，老师有一个问题，刚才我们剪窗花时为什么要对折？

生：因为窗花就是一个轴对称图形，对折一次就有一条对称轴，对折两次就有两条对称轴，对折三次就有三条对称轴。

师：真聪明，这就是我们在剪窗花活动中利用到"轴对称图形"这个知识的地方。

2. 发挥想象创作剪纸画

师：下面请大家以小组为单位合作创作一幅剪纸主题画。要求这幅画中的所有剪纸都是轴对称图形，当然对称轴可以是一条、两条……看哪个小组主题最新颖，颜色最鲜艳，图案最漂亮！

（学生活动）

生1：我们小组创作的主题是"春"……

生2：我们小组创作的主题是"海洋世界"……

生3：我们小组创作的主题是"龟兔赛跑"……

生4：我们小组用轴对称图形的字母写了一句话"I AM A BOY"……

生5：这幅主题为"学习天地"的剪纸画是我们小组合作制作的……

3. 总结

师：同学们想象力真丰富。剪纸中有数学问题，其实在我们生活中会遇到许许多多有关的数学问题，只要我们仔细观察，认真思考，就能让数学帮助我们创造美好生活。

实际上，仅靠传统的数学教育经验，即"讲练结合"不可能发挥数学的教养功能，所以，我们必须要有强烈的在学科活动教学中提高人的行为品质的意识。另外，我们也要注意数学万能教育的倾向。实际上，任何一门学科如果处理不当，都可能带来负面的教育影响。如数学教育虽然可以培养学生坚忍不拔的意志，但走向极端，也容易导致学生钻死牛角尖的偏执性格。所以，在注意培养学生意志的同时，又要注意引导学生灵活转换的思维和态度。

总而言之，数学活动对人的发展的意义，就是，如果学生积极参与发展数学思想的程序，他就能理解数学，同时使自己的思维习惯、思维方式、思维结构都得到发展。

思考活动

结合你的经验和体会，谈谈数学活动教学的意义。

扩展阅读2

数学课堂活动教学的现实意义

一、课堂活动教学是实施素质教育的必然要求

素质教育过程不同于以往的"唯认知教学"过程，一方面，它要求改变学生被动学习的处境，成为学习的主体；另一方面，它要求重视学生的主动活动的独特价值，强调依靠学生积极主动地活动去推动他们自身素质的形成。可以说，只有活动的教育价值真正为人们认识并重视，学生作为学习与发展的主体才能受到重视，学生主体性的发展、素质教育理念和价值才能得以实现。数学课堂活动教学通过活动切实在课堂教学中构建学生的主体学习，学生主体作用得到充分发挥，课堂焕发出激情和活力，最终实现对传统数学课堂教学的变革。由此可见，数学课堂活动教学是素质教育落到实处的最佳途径。

二、数学课堂活动教学有助于提高学生学习数学的兴趣

长期的数学教学中，由于教师教学方法、数学教材编写、学生自身因素等多方面原因，学生对于数学学习的畏难情绪比较明显，部分学生学习数学的兴趣低下，在课堂教学中融入体现学生主体性的活动，成为提高学生学习兴趣的重要途径，数学课堂活动教学不把教材内容传授作为唯一目标，不把教师作为唯一主体，而是把教材内容的传授与学生智力的开发、创新能力的训练、品德的培养相结合，把教师的授课与学生的活动相结合，把师生互动、生生互动相结合，使课堂教学生动活泼、丰富多彩。

学生通过活动可以增进学习主体意识，经历和感受数学的魅力，习得实在的数学知识。获得师生之间、同学之间的交际乐趣，最终使学生产生数学学习的直接兴趣并更积极地投入到数学学科的学习中去。由此可见，数学课堂活动教学是引发和维系学生数学学习兴趣的主要途径。

三、数学课堂活动教学有助于数学基本活动经验的形成

在数学课堂活动教学中，数学活动的一个主要目的是让学生经历探究的过程、思考的过程、抽象的过程、预测的过程、推理的过程以及反思的过程等，从而使学习者在参与数学活动的过程中形成感性知识、情绪体验和应用意识，即形成数学基本活动经验。数学基本活动经验是建立在人们的感觉基础上的，又是在活动过程中具体体现的，与形式化的数学知识相比，它没有明确的逻辑起点，也没有明显的逻辑结构，是动态的、隐性的和个人化的。

数学课堂活动教学强调学生活动的主体性。数学学习中，学生通过感悟数学的理性精神，形成了创新能力，积累了丰富而有效的数学活动经验。这些经验包括检索、抽取数字信息的经验，选择和运用已有知识的经验，建立数学模型的经验，应用数学符号进行表达的经验，抽象化、形式化的经验，选择不同数学模型的经验，预测结论的经验，对有关结论进行证明的经验，调整、加工、完善数学模型的经验，对所得结果进行解释和说明的经验，巩固、记忆、应用所得知识的经验，等等。

四、数学课堂活动教学有利于学生数学学习能力的培养

数学教育的一个重要目的是使学生获得基本的数学知识、技能和数学学习能力，培养学生的数学技能和数学能力，尤其是形象思维能力和逻辑思维能力是数学教学对培养学生智力发展的主要目标。在数学课堂活动教学中，教师精讲、点拨、评价所占的时间不多，大部分时间是师生、生生之间的交流与活动，活动设计得合理与否、学生思维活跃性的程度高低、参与学习活动的机会多少是决定课堂上学生是否能在活动体验中培养和发展数学学习能力的三个不可替代的变量。数学课堂活动教学满足了学生表现、参与、交往、合作的欲望，学生的学习积极性普遍高涨，活动教学对促进学生积极思维，尤其是数学思维的发散性、独特性有不可取代的作用。通过学生思维的发展可以促进学生智力水平的提高。

数学课堂活动教学提供了个体探索和获取知识的过程，久而久之，可以使学生"爱学、会学、学会"，在信息丰富、竞争激烈的现代社会中，对广大学生进行数学课堂活动教学，更具培养学生机动灵活、迎接挑战的思维品质的意义。把数学的基本方法与思想寓于数学活动中，数学的基本方法与思想就不再是具体的法则和方法，而是产生具体法则和方法的活动中表现出来的一种智慧手段。

五、数学课堂活动教学有助于学生人格的整合与完善

在数学课堂活动教学中，学生通过活动主动地、有选择地吸收来自教师及同学传递的数学知识和技能，课堂教学中的活动包括学生的外显活动和内隐活动，学生要完成这些活动，小组成员之间、同学之间、师生之间必须进行密切合作交流，团结合作是完成活动任务的前提和条件，通过团结合作学生完成了个人所无法完成的任务，认识到团结合作的重要性，培养了合作意识。这种合作意识的形成，不是教师主观强加的，而是学生在活动中体会到的，它比教师的说教有更大的说服力，有助于学生人格的整合与完善。

总之，数学课堂活动教学是以学生的活动和教师的点拨引导相结合为基础，其目的是在教师的指导下，学生通过活动自主、能动地发现和解决问题，避免了以往教学可能出现的学生参与性不足，甚至不参与教学过程的弊端，从而保证了全体学生在活动中增长知识和能力的基本条件。同时由于活动形式多样，交流、互动、讨论的热烈气氛，学生努力带来的成功体验，使学生对学习由兴趣到责任，从而进一步深入探究发展，更加有利于学生创新思维和创造力的培养与发展。

（摘自：http://edubooks.org/bencandy.php?fid-117-id-30197-page-1.htm）

 专题小结

实践证明，数学活动教学，具有重大意义，有助于最大限度地调动学生的学习积极性，在数学活动中增强学生的运用意识，在数学活动教学中提高学生的素质，可在数学活动中提高学生的行为品质。

专题导读

数学活动教学关注学生的思维活动，尊重学生内在的心理活动机制。那么，有哪些心理学理论可以支撑数学活动教学呢？对这个问题的清晰回答和认识，有助于更深入地理解数学活动教学，更好地开展数学活动教学。

专题三

数学活动教学的心理学依据

一、智力发展理论

智力发展理论揭示了数学教学方法对于人的年龄特征的依赖性，它不主张单纯的数学结论教学，而强调多样化的数学活动教学。其代表人物是瑞士心理学家皮亚杰。他强调人的智力发展遵循一定的阶段，即感觉运算阶段、前运算阶段、具体运算阶段和形式运算阶段。这几个阶段是循序的、衔接的、不可超越的。每一个阶段都各有其质的特点。据此，皮亚杰认为，向一定年龄阶段的儿童讲授的材料存在着固有的限制，故他强调教学要遵循心理发展规律，教学新概念应尽可能地按学生在自发的认识过程中的顺序进行。不要去教那些明显超出学生认知发展阶段的材料，教师要力图避免从外部人为地加速学生对某种问题的认识过程。而且，皮亚杰认为，经验在人的智力发展中是不可缺少的。他非常重视经验，指出经验是知识的来源，是智力增长的重要条件，但是经验因素也是不充分的，不能决定心理及智慧的发展。所谓物理经验是通过一种简单的抽象过程从客体本身中引出的。例如，儿童关于物体的重量、物体的颜色、物体表面的光滑程度、声音的高低、木块浮在水面、水结成冰等经验是通过儿童的触觉、视觉、听觉等从物体中抽象出来的。这种经验最本质的特点是来源于物体本身，这些物体的性质（重量大小、声音高低等）是客观存在的，即使儿童不去看、不去摸或不去作用于这些物体，这些物体性质依然存在。

所以，皮亚杰指出，逻辑数理经验虽也来源于主体与客体的相互作用中，但这种经验不是由物体抽出，而是产生于主体客体所施的动作及协调。皮亚杰举过一个他的一位数学家朋友的例子来解释这种逻辑数理经验：这位数学家朋友小时在沙滩上玩卵石，他把10个卵石排成一行，发现不论从哪端开始数都是10个，然后他又把卵石排成另外的形状，如排成圆形、四方形，数出来的数目仍然不变。于是他得出"和与顺序无关"的结论。皮亚杰认为，这件事对于成人来说极为平常，但对儿童来说却是一件了不起的发现。在玩卵石的时候，可以感受到卵石的重量、形状及大小等，这是物理经验。而"和与顺序无关"也是经验，但它不是由感知的直觉获得，反映的也不是卵石的物理性状，故不是物理经验。儿童是通过计数卵石的动作得到的这种经验，它是关于数和数的交换性的概念，这就是逻辑数理经验。智慧自动作发端，所以要把活动原则实施于教学过程，应放手让儿童去动手、动脑探索外物，获得丰富的逻辑——数理经验，通过反省的抽象，逐步形成、发展自己的认知结构。例如，让儿童参与购物活动，一旦儿童知道如何用钱购买糖果等，数对他们来说便有了崭新的意义。当儿童从商店购买零食或文具后，才真正了解了数的用途和价值。儿童从钱币的运用，能够学到判断各种具体数字的大小的方法，进而初步建立了推理的思想。

二、数学概念学习理论

数学概念学习理论，揭示了概念形成过程同以直观经验为基础的数学活动的关系。其代表人物是英国的教育家迪恩斯。迪恩斯重视学生学习数学过程中的具体化学具的研究，旨在提高学生学习数学的兴趣，改变学数学中的为难情绪。他在这一方面对数学学习理论做出了重要的贡献。

1. 迪恩斯关于"数学概念"的理论

在迪恩斯的理论中，"数学概念"比一般的数学概念要广义一些，可以分为纯数学概念、记号概念和应用概念。纯数学概念指的是处理数和量的分类及它们之间的关系的概念；所谓记号概念，指的是数或量的表达方式，以及它们的性质的概念；所谓应用概念，指的是"纯数学概念"和"记号概念"在数学和其他学科中的应用。

2. 迪恩斯关于数学的认识

迪恩斯把数学看做是关于结构的科学。他认为，数学可以看做是结构的研究，结构的分类、各结构内部关系的整理，各结构之间关系的归类。

3. 迪恩斯关于数学学习的看法

迪恩斯把数学看做是关于结构的科学，因此，他认为数学学习就是广义的数学概念的学习，概念学习步骤同皮亚杰的智力发展步骤相类似，这就是：自由活动、游戏、寻找共性、表达、符号化、正式化。据此，他认为数学教学必须强调"数学实验"，即动手操作、实验、活动等。强调设计多种数学学具，以适合不同程度的学生的需要。学生利用学具，可以从具体情景出发来理解数学概念。例如，学生学习简单加法，可以利用熟悉的物体作为辅助教具，如糖果、火柴、钱币等，示范加法的计算。

4. 迪恩斯关于数学概念学习的原理

迪恩斯认为，数学概念学习的原理有三个：第一，生动原理；第二，构造性原理；第三，变化性原理。

5. 迪恩斯理论的启迪

迪恩斯理论的中心是概念在数学学习中的地位，认为形成数学概念的过程，必须是数学活动的过程，即提出了"数学概念活动"的问题。我们反思，把数学概念看做是定义的条文，认为教学概念就是抠字眼、背法则、套公式的人不少，故不重视概念教学，把精力和时间更多地投入讲题、练题；他们忽视了概念是一个连续的认识活动，需要在活动中不断地深化、扩展概念，结果造成学生对概念的理解模糊、狭隘和片面，现在我们必须克服这种弊端。

三、意义学习理论

意义学习理论揭示了科学教学法必须遵循的"有意义的原则"，而"有意义的原则"必须在数学教学活动中才能实现。其代表人物是美国现代认知心理学家奥苏贝尔。

（一）奥苏贝尔关于意义学习的解释

奥苏贝尔有意义学习理论（又称同化理论）的核心是：学生能否获得新信息，主要取决于他们认知结构中已有的有关观念；意义学习是通过新信息与学生认知结构中已有的有关概念的相互作用才得以发生的；由于这种相互作用的结果，导致了新旧知识的意义的同化。

奥苏贝尔认为学校应将精力集中在传授有意义的信息和基本技能上。什么是"有意义"的呢？奥苏贝尔把一项知识同教育对象联系起来，提出了三种意义的概念：

第一，逻辑意义。逻辑意义即材料本身与学生学习范围内的有关概念可以建立非人为的和实质性的联系。学习材料本身有逻辑意义，但学生原有认知结构中没有适当知识基础可以用来同化它们。有意义学习的实质是个体获得有逻辑意义的文字符号的意义，是以符号为代表的新观念与学生认知结构中原有的观念建立实质性的而非人为的联系。逻辑意义是有意义学习产生的外部条件。

第二，潜在意义。学习内容对学习者必须具有潜在意义，学习者必须积极主动地使这种具有潜在意义的新知识与他的认知结构中有关的旧知识发生相互作用，结果，旧知识得到改造，新知识获得实际意义。

第三，心理意义。意义学习过程就是个体从无意义到获得意义的过程。这种个体获得的意义就叫心理意义，以区别于材料的逻辑意义。所以有意义学习过程也就是个体获得对有意义的材料的心理意义的过程。

这三种意义对学生来说，最根本的是心理意义。新知识只有同学生的原有知识发生了联系，发生了相互作用后，才成为学生的知识，也就是建立了心理意义。建立了心理意义的学习即是有意义的学习。奥苏贝尔认为，建立有意义学习必须有两个先决条件：一是学生具有有意义学习的态度和思想条件，即学习者必须具有进行有意义学习的心向，也就是有积极地将新旧知识关联起来的倾向，学习者必须积极主动地使这种具有潜在意义的新知识与认识结构中的旧知识发生相互作用；二是学生所学内容对他来说是具有潜在意义的。除此之外，建立有意义学习还必须具备如下条件：第一，新的学习材料本身具有逻辑意义。教材一般符合此要求。第二，学习者认知结构中具有同化新材料的适当知识基础（固定点），便于与新知识进行联系，也就是具有必要的起点。

（二）奥苏贝尔对教法改革的批判

奥苏贝尔首先就否定了人们心目中的两个等式：

**讲授学习也可以
是有意义的**

奥苏贝尔反对一味
地强调发现法而否定讲授
法。奥苏贝尔认为无论是
接受学习还是发现学习都
有可能是机械的，也有可
能是有意义的。而他更强
调有意义地接受学习。

（1）讲授学习 = 记忆学习；

（2）理解意义学习 = 发现学习。

奥苏贝尔反对一味地强调发现法而否定讲授法。奥苏贝尔认为无论是接受学习还是发现学习都有可能是机械的，也有可能是有意义的。而他更强调有意义地接受学习。教师给学生提供的材料应该是经过仔细考虑的、有组织的、有序列的、完整的形式，因此学生接受的是最有用的材料，他把这种强调接受学习的方法叫做"讲解教学"。

他认为教授方法是将人类积累的知识传授给后代的有效的甚至是唯一有效的方式。因为它既有效又经济。在接受学习中，学习的主要内容基本上是以定论的形式传授给学生的。对学生来讲，学习不包括任何发现，只要求他们把教学内容加以内化（即把它结合进自己的认知结构之内），以便将来能够再现或派作它用。

他认为发现学习的基本特征是学习的主要内容不是现成地给予学生的，而是在学习内化之前，必须由他们自己去发现这些内容。换言之，学习的首要任务是发现，然后便同接受学习一样，把发现的内容加以内化，以便以后在一定场合下予以运用。

他认为，一味强调发现，实际上不能促进有意义的学习，不宜经常使用。他指出，接受学习和发现学习都有可能引起机械学习或有意义的学习，这取决于学习具备的条件。

四、认知发现理论

认知发现理论借助于科学认识活动和学习认识活动的一致性，强调了数学活动教学的必要性和可行性。其代表人物是美国心理学家布鲁纳。

布鲁纳强调了科学认识活动与学生认识活动的一致性。因为，第一，他们都是对未知的认识。学生学习的前人知识对他自己来说是新鲜的、未知的。第二，他们都有创造的成分。就像科学家获取知识的情形一样，学生获取"新知"仍然算是创造。第三，他们认识的基本过程相同。都是由具体到抽象，再由抽象到具体的过程，都是由低级到高级，由表及里，由粗到精的过程。由此，在学习论方面他提出了如下主张。

1. 学生是认识的主体

布鲁纳接受了完形说关于刺激与反应是以意识为中介的认识，强调人的学习不单纯是刺激反应，而是通过人的意识为中介的认知过程，就像科学家的认识过程一样，学生是认识的主体，学习是主动地形成认知结构的过程。布鲁纳认为，人是主动参加获得知识的过程的，是主动对进入感官的信息进行选择、转换、存储和应用的。也就是说人是积极主动地选择知识的，是记住知识和改造知识的学习者，而不是一个知识的被动的接受者。布鲁纳认为，学习是在原有认知结构的基础上产生的，不管采取的形式怎样，个人的学习，都是通过把新得到的信息和原有的认知结构联系起来，去积极地建构新的认知结构的。

布鲁纳认为学习包括三种几乎同时发生的过程，这三种过程是：新知识的获得，知识的转化，知识的评价。这三个过程实际上就是学习者主动地建构新认知结构的过程。

2. 强调学科活动学习可以早期进行

基于对儿童认识和学习的特定理解，直面当时美国基础教育在杜威思想影响下的"过于经验化"的弊端，正视时间有限而文化无限、特别是科学技术迅猛发展的现实，布鲁纳旗帜鲜明地提出了"学科结构"的课程与教学理论，并自信乐观地认为学科活动的学习可以在儿童早期进行。

布鲁纳首先强调指出"学习任何学科，务必使学生掌握这一学科的基本结构"。学科的基本结构具有很多重要作用，归纳起来主要有两点：①单纯化，即可以把错综复杂的教材内容"单纯化"，可以带来经济性的效果，使学习者容易理解和记忆。对人类记忆的研究表明，一件件放进构造很好的模式里的东西更容易记忆。②迁移，即可以促使学习者在今后的学习中易于举一反三，扩大对学习内容的理解。而领会基本的学科结构原理和观念是迁移的基础。显然，在布鲁纳看来，理解了基本原理就可以使学科更易于理解，"把事物作为更普遍的事情的特例去理解——理解更基本的原理或结构的意义就在于此——就是不但必须学习有特点的事物，还必须学习一个模式，这个模式有助于理解可能遇见的其他类似的事物"。例如，布鲁纳注意到，代数学就是把已知数同未知数用方程排列起来，从而使未知数成为可知的一种方法。在求解未知数过程中，可以运用三个基本法则：交换律、分配律和结合律。学生一旦掌握了这三个基本法则所体现的思想，他就能认识到，所要求解的"新"方程式完全不是新的。它不过是一个熟悉的题目的变形罢了。

布鲁纳进而大胆假设"任何学科都能够用在智育上是正确的方式，有效地教给任何发展阶段的任何儿童"，从而表明了他对儿童的早期教育的鲜明立场。他指出，美国的学校也许因为以过分困难为理由，把许多重要学科的教学推迟了，因而浪费了宝贵的岁月。他还结合近年来儿童身心发展均有"成熟加速化"的趋势，论证了儿童早期学习学科结构的可能性。基于儿童智力发展的研究，儿童在发展的每个阶段都有他自己的观察世界的独特方式。那么教给任何特定年龄儿童某门学科，其任务就是按照这个年龄儿童观察事物的方式去阐述那门学科的结构，前提就在于"任何观念都能够用学龄儿童的思想方式正确地和有效地阐述出来；而且这些初次阐述过的观念，由于这种早期学习，在日后学起来会比较容易，也比较有效和精确"。他甚至举例说，教小学一年级学生掌握微积分初步也是可以的，只不过在这里学过的微积分初步将是未来系统学习微积分的重要基础。

3．提倡发现法

所谓发现学习，就是学生不是从教师的讲述中得到一个概念或原则，而是在教师组织的学习情境中，学生通过自己的头脑亲自获得知识的一种方法。发现学习的根本目的在于，促进学生在获得知识的同时发展思维能力，培养独立思考能力和创造精神。布鲁纳认为，教学一方面，要考虑人的已有知识结构、教材的结构；另一方面，要重视人的主动性和学习的内在动机。他认为，学习的最好动机是对所学材料的兴趣，而不是奖励竞争之类的外在刺激。因此，他提倡发现学习法，以便使学生更有兴趣、更有自信地主动学习。

发现法的特点是关心学习过程甚于关心学习结果。具体知识、原理、规律等让学习者自己去探索、去发现，这样学生便积极主动地参加到学习过程中去，通过独立思考，改组教材。"学习中的发现确实影响着学生，使之成为一个'构造主义者'"。学习是认知结构的组织与重新组织。他既强调已有知识经验的作用，又强调学习材料本身的内在逻辑结构。

布鲁纳认为发现学习的作用有以下几点：

（1）提高智慧的潜力。

（2）使外来动因变成内在动机。

（3）学会发现。

（4）有助于对所学材料保持记忆。

布鲁纳主张人的学习的创造性。布鲁纳提倡的发现学习论就强调学生学习的灵活性、主动性和发现性。它要求学生自己观察、探索和实验，发扬创造精神，独立思考，改组材料，自己发现知识、掌握原理原则，提倡一种探究性的学习方法。强调通过发现学习来使学生开发智慧潜力，调节和强化学习动机，牢固掌握知识并形成创新的本领。

值得注意的是，许多著名的数学家或数学教育家都或早或迟、不同程度地意识到、提到过或赞同认知发现的学习理论。如19世纪末的德国数学家F．克莱因主张"教育必须是发生的方法"。著名的美国数学家和数学教育家玻利亚指出：必须教学生"证明"，而且教学生"猜测"。他说："只要数学的学习过程稍能反映出数学的发明过程的话，那么就应当让猜测、合情推理占有适当的位置。"著名的荷兰数学教育家弗洛登塔尔强调教学"现实的数学"，所谓"现实的数学"就是与现实密切联系的数学，能够在实际中得到应用的数学。教学"现实的数学"实质上就是"现实的数学化"，即"教师的任务就在于了解学生的现实世界扩展到什么范围，并据此而教，这样学生才可能理解新现象，并用数学工具来组织它"。

五、建构主义的学习观

（一）建构主义的主要观点

**建构主义并不否定
知识教学**

建构主义反对以外在灌输为主的教学方式，却并不拒斥知识教学，而是改善知识教学方式，提升知识教学效果。

建构主义学习理论是行为主义发展到认知主义以后的进一步发展。建构主义学习理论认为人们通过个人的经历和图式不断地建构个体对世界的认识，基于这个假设，建构主义学习理论强调培养学习者在真实的情境中进行问题解决（注：图式是学习者内部知识结构。图式可以被合并、扩展或改变来适应新的信息）。

建构主义学习观认为，知识不是通过教师传授得到，而是学习者在一定的情境即社会文化背景下，借助学习这个获取知识的过程，在其他人（包括教师和学习伙伴）的帮助下，利用必要的学习资料，通过意义建构的方式而获得的。由于学习是在一定的情境即社会文化背景下，借助其他人的帮助即通过人际间的协作活动而实现的意义建构过程，因此建构主义学习理论认为"情境"、"协作"、"会话"和"意义建构"是学习环境中的四大要素或四大属性。

（1）"情境"：学习环境中的情境必须有利于学生对所学内容的意义建构。这就对教学设计提出了新的要求，也就是说，在建构主义学习环境下，教学设计不仅要考虑教学目标分析，还要考虑有利于学生建构意义的情境的创设问题，并把情境创设看做是教学设计的最重要内容之一。

（2）"协作"：协作发生在学习过程的始终。协作对学习资料的搜集与分析、假设的提出与验证、学习成果的评价直至意义的最终建构均有重要作用。

（3）"会话"：会话是协作过程中的不可缺少环节。学习小组成员之间必须通过会话商讨如何完成规定的学习任务的计划；此外，协作学习过程也是会话过程，在此过程中，每个学习者的思维成果（智慧）为整个学习群体所共享，因此会话是达到意义建构的重要手段之一。

（4）"意义建构"：这是整个学习过程的最终目标。所谓建构的意义，是指事物的性质、规律以及事物之间的内在联系。

建构主义认为学习是主体和客体之间的交互作用，学习者主动地去接触有关的信息，并利用学习者已有的知识来解释这些信息。学习者以自己的经验和观念来建构客观世界，获得对客观世界的理解并赋予意义。故教师注意的重点在于学生的认知过程，关注的是学生的学习品质和"质的评估"。可概括为：

第一，课本知识是关于客观世界的较为可靠的假设，而不是问题的唯一答案。学生对这些知识的学习是在理解的基础上，对这些假设做出自己的检验和调整的过程。

第二，在建构自己的知识的过程中，现有的知识和经验具有重要的作用。

第三，强调教学中的社会性和相互作用对于知识建构的重要作用，主张教师与学生、学生与学生进行丰富的多向的交流、讨论和合作解决问题，提倡合作学习和交互教学。

第四，学习可分为初级学习和高级学习的不同层次。

第五，重视活动性学习在学生学习中的重要作用。

建构主义的数学教学观同我国数学教育家积极倡导的"让学生通过自己思维来学习数学"的内在本质是一致的。在一定意义上说，我们认为没有一个教师能够教数学，好的教师不是在教数学而是能激发学生自己去学数学。好的教学也并非是把数学内容解释清楚，阐述明白就足够了。事实上，我们往往会发现在教室里除了自己以外，学生并未学懂数学。教师必须要让学生自己研究数学，或者和学生们一起做数学；教师应鼓励学生们独立思考，并接受每个学生做数学的不同想法；教师应积极为学生创设问题解决的情景，让学生通过观察、试验、归纳、做出猜想、发现模式、得出结论并证明、推广，等等。只有当学生通过自己的思考建构起自己的数学理解力时，才能真正学好数学。例如，教师在讲授勾股定理时，让学生通过对图形的割、补、拼、凑，在经过了亲自观察和动手操作后，发现直角三角形三边之间的数量关系。这样不仅使学生认识了勾股定理，熟悉了用面积割补法证明勾股定理的思想，而且更重要的是培养了学生的数学思维能力和自我探究的习惯，激发了学生学习数学的兴趣。

（二）建构主义的教学模式与教学方法

教学模式是指在一定的教育思想、教学理论和学习理论指导下的、在某种环境中展开的教学活动进程的稳定结构形式。教学活动进程的简称就是通常所说的"教学过程"。众所周知，教学过程中包含教师、学生、媒体等要素，这些要素在教学过程中不是彼此孤立、互不相关地简单组合在一起，而是彼此相互联系、相互作用形成一个有机的整体。既然是有机的整体就必定具有稳定的结构形式，由教学过程中的要素所形成的稳定的结构形式，就称之为"教学模式"。例如，以教师为中心，教师利用讲解、板书和各种媒体作为教学的手段和方法向学生传授知识；学生则被动地接受教师传授的知识是一种比较传统的教学模式。在这种模式中，教师是主动的施教者（知识的传授者、灌输者）；学生是外界刺激的被动接受者、知识灌输的对象；教材是教师向学生灌输的内容；教学媒体则是教师向学生灌输的方法、手段。教师、学生、教材、媒体四要素各自的作用清楚，彼此之间的关系明确，从而成为教学活动进程的一种稳定结构形式，即教学模式。

那么，建构主义的教学模式又是怎样的呢？如上所述，建构主义学习理论提倡的学习是教师指导下的、以学生为中心的学习；建构主义学习环境包含情境、协作、会话和意义建构四大要素。所以北京师范大学现代教育技术研究所的何克抗在"建构主义与教学改革（上）——革新传统教学的理论基础"一文中指出，我们可以将与建构主义学习理论以及建构主义学习环境相适应的教学模式概括为："以学生为中心，在整个教学过程中由教师起组织者、指导者、帮助者和促进者的作用，利用情境、协作、会话等学习环境要素充分发挥学生的主动性、积极性和首创精神，最终达到使学生有效地实现对当前所学知识的意义建构的目的。"在这种模式中，学生是知识意义的主动建构者；教师是教学过程的组织者、指导者，意义建构的帮助者、促进者；教材所提供的知识不再是教师传授的内容，而是学生主动建构意义的对象；媒体也不再是帮助教师传授知识的手段、方法，而是用来创设情境、进行协作学习和会话交流，即作为学生主动学习、协作式探索的认知工具。显然，在这种场合，教师、学生、教材和媒体等四要素与传统教学相比，各自有完全不同的作用，彼此之间有完全不同的关系。但是这些作用与关系也是非常清楚、非常明确的，因而成为教学活动进程的另外一种稳定结构形式，即建构主义学习环境下的教学模式。

在上述建构主义的教学模式下，目前已开发出的、比较成熟的教学方法主要有以下几种。

1. 支架式教学（Scaffolding Instruction）

根据欧共体"远距离教育与训练项目"（DGXⅢ）的有关文件，支架式教学被定义为："支架式教学应当为学习者建构对知识的理解提供一种概念框架（Conceptual Framework）。这种框架中的概念是为发展学习者对问题的进一步理解所需要的，为此，事先要把复杂的学习任务加以分解，以便于把学习者的理解逐步引向深入。"

建构主义者借用建筑行业中使用的"脚手架"（Scaffolding）作为概念框架的形象化比喻，其实质是利用概念框架作为学习过程中的脚手架。如上所述，这种框架中的概念是为发展学生对问题的进一步理解所需要的，也就是说，该框架应按照苏联著名心理学家维果斯基所提出的学生智力的"最邻近发展区"来建立，因而可通过这种脚手架的支撑作用（或曰"支架作用"）不停顿地把学生的智力从一个水平提升到另一个新的更高水平，真正做到使教学走在发展的前面。

支架式教学由以下几个环节组成。

（1）搭脚手架：围绕当前学习主题，按"最邻近发展区"的要求建立概念框架。

（2）进入情境：将学生引入一定的问题情境（概念框架中的某个节点）。

（3）独立探索：让学生独立探索。探索内容包括：确定与给定概念有关的各种属性，并将各种属性按其重要性大小顺序排列。探索开始时要先由教师启发引导（例如演示或介绍理解类似概念的过程），然后让学生自己去分析；探索过程中教师要适时提示，帮助学生沿概念框架逐步攀升。起初的引导、帮助可以多一些，以后逐渐减少而愈来愈多地放手让学生自己探索，促使学生自己最终能在概念框架中继续攀升。

（4）协作学习：进行小组协商、讨论。讨论的结果有可能使原来确定的、与当前所学概念有关的属性增加或减少，各种属性的排列次序也可能有所调整，并使原来多种意见相互矛盾、且态度纷呈的复杂局面逐渐变得明朗、一致起来。在共享集体思维成果的基础上达到对当前所学概念比较全面、正确的理解，即最终完成对所学知识的意义建构。

（5）效果评价：对学习效果的评价包括学生个人的自我评价和学习小组对个人的学习评价，评价内容包括三方面：第一，自主学习能力；第二，对小组协作学习所做出的贡献；第三，是否完成对所学知识的意义建构。

2．抛锚式教学（Anchored Instruction）

抛锚式教学要求建立在有感染力的真实事件或真实问题的基础上。确定这类真实事件或问题被形象地比喻为"抛锚"，因为一旦这类事件或问题被确定了，整个教学内容和教学进程也就被确定了（就像轮船被锚固定一样）。建构主义认为，学习者要想完成对所学知识的意义建构，即达到对该知识所反映事物的性质、规律以及该事物与其他事物之间联系的深刻理解，最好的办法是让学习者到现实世界的真实环境中去感受、去体验（即通过获取直接经验来学习），而不是仅仅聆听别人（例如教师）关于这种经验的介绍和讲解。由于抛锚式教学要以真实事例或问题为基础（作为"锚"），所以有时也被称为"实例式教学"或"基于问题的教学"。

抛锚式教学由以下几个环节组成。

（1）创设情境：使学习能在和现实情况基本一致或相类似的情境中发生。

（2）确定问题：在上述情境下，选择出与当前学习主题密切相关的真实性事件或问题作为学习的中心内容（让学生面临一个需要立即去解决的现实问题）。选出的事件或问题就是"锚"，这一环节的作用就是"抛锚"。

（3）自主学习：不是由教师直接告诉学生应当如何去解决面临的问题，而是由教师向学生提供解决该问题的有关线索（例如，需要搜集哪一类资料、从何处获取有关的信息资料以及现实中专家解决类似问题的探索过程等），并要特别注意发展学生的"自主学习"能力。自主学习能力包括五个：第一，确定学习内容表的能力（学习内容表是指，为完成与给定问题有关的学习任务所需要的知识点清单）；第二，获取有关信息与资料的能力（知道从何处获取以及如何去获取所需的信息与资料）；第三，利用、评价有关信息与资料的能力；第四，协作学习：讨论、交流，通过不同观点的交锋，补充、修正，加深每个学生对当前问题的理解；第五，效果评价：由于抛锚式教学要求学生解决面临的现实问题，学习过程就是解决问题的过程，即由该过程可以直接反映出学生的学习效果。因此对这种教学效果的评价往往不需要进行独立于教学过程的专门测验，只需在学习过程中随时观察并记录学生的表现即可。

3. 随机进入教学（Random Access Instruction）

由于事物的复杂性和问题的多面性，要做到对事物内在性质和事物之间相互联系的全面了解和掌握、即真正达到对所学知识的全面而深刻的意义建构是很困难的。往往从不同的角度考虑可以得出不同的理解。为克服这方面的弊病，在教学中就要注意对同一教学内容，要在不同的时间、不同的情境下，为不同的教学目的、用不同的方式加以呈现。换句话说，学习者可以随意通过不同途径、不同方式进入同样教学内容的学习，从而获得对同一事物或同一问题的多方面的认识与理解，这就是所谓的"随机进入教学"。显然，学习者通过多次"进入"同一教学内容，将能达到对该知识内容比较全面而深入的掌

思考活动

结合你的学习和体会，谈谈哪种心理学理论最有助于你理解和实施数学活动教学。

握。这种多次进入，绝不是像传统教学中那样，只是为巩固一般的知识、技能而实施的简单重复。这里的每次进入都有不同的学习目的，都有不同的问题侧重点。因此多次进入的结果，绝不仅仅是对同一知识内容的简单重复和巩固，而是使学习者获得对事物全貌的理解与认识上的飞跃。

随机进入教学主要包括以下几个环节。

（1）呈现基本情境：向学生呈现与当前学习主题的基本内容相关的情境。

（2）随机进入学习：取决于学生"随机进入"学习所选择的内容，而呈现与当前学习主题的不同侧面特性相关联的情境。在此过程中教师应注意发展学生的自主学习能力，使学生逐步学会自己学习。

（3）思维发展训练：由于随机进入学习的内容通常比较复杂，所研究的问题往往涉及许多方面，因此，在这类学习中，教师还应特别注意发展学生的思维能力。其方法是

第一，教师与学生之间的交互应在"元认知级"进行（即教师向学生提出的问题，应有利于促进学生认知能力的发展而非纯知识性提问）。

第二，要注意建立学生的思维模型，即要了解学生思维的特点（例如，教师可通过这样一些问题来建立学生的思维模型："你的意思是指？""你怎么知道这是正确的？""这是为什么？"等）。

第三，注意培养学生的发散性思维（这可通过提出这样一些问题来达到："还有没有其他的含义？""请对A与B之间做出比较？"，"请评价某种观点"等）。

第四，小组协作学习：围绕呈现不同侧面的情境所获得的认识展开小组讨论。在讨论中，每个学生的观点在和其他学生以及教师一起建立的社会协商环境中受到考察、评论，同时每个学生也对别人的观点、看法进行思考并做出反应。

第五，学习效果评价：包括自我评价与小组评价，评价内容与支架式教学中相同。

由以上介绍可见，建构主义的教学方法尽管有多种不同的形式，但是又有其共性，即它们的教学环节中都包含情境创设、协作学习（在协作、讨论过程中当然还包含"对话"），并在此基础上由学习者自身最终完成对所学知识的意义建构。这是由建构主义的学习环境所决定的。如前所述，建构主义的学习环境包含情境、协作、会话和意义建构四大要素。既然上述各种教学方法都是在建构主义学习环境下实施的，那就不能不受到这些要素的制约，否则将不成其为建构主义理论指导下的教学过程。

扩展阅读3

　　活动教学是充分挖掘和吸收了杜威、皮亚杰和苏联心理学家的主动活动思想及其理论的精髓，借鉴了活动教育教学的丰厚实践经验，同时赋予了时代发展的新理念而诞生的一种教学思想和教学形式，是对历史的继承和超越。确立活动教学的思想理论依据是丰富而深厚的，主要表现在以下几方面。

　　（一）活动教学的马克思主义认识论基础——对教学活动本质的再认识

　　很长时期以来，我国教育理论对教学活动本质的学说普遍承袭着这样一个经典命题：教学过程是"一种特殊的认识过程"，在这样一个理论框架定向下，教学过程被视为在教师指导下，学生凭借书本间接地认识人类知识成果的单一过程，是知识的授—受过程，甚至演化成简单地告诉与被告诉的过程。在这样的认识前提下，不可避免地造成了教育实践相当程度的偏差。现状迫使我们对这个教学的基本问题必须重新进行审视与思考。

　　苏联的一些教育家和心理学家如列昂节夫、达维多夫等人的研究使传统认识有革命性的突破。他们认为以上对教学过程的简约化认识，忽略了教学活动与人类认识事物的一般规律具有同源性，即实践才是认识的起点。他们把马克思主义认识论中的"实践"概念引入到教学理论中，重视实践在认识形成中的作用，同时也看到了教学中的实践与人类一般的实践活动的差异，即不是以改造客观世界为目的，而是在于实现学生的有效发展，从而用"活动"这个概念实现了"实践"在学生这个特殊主体的认识发生中的作用的教育学对应概念、观念的转换，揭示了活动对教学的方法论意义，探索了活动在学生认识形成中的机制，从而为正确而全面地理解教学活动奠定了基础：教学既是认识过程，也应当是活动、实践过程，这种活动不是为实现教学的认识任务而作铺垫，可有可无，而是学生获得充分、全面发展的必需。教学理论和实践，必须重视学生主体活动的价值，只有这样，才是对马克思主义的认识论在教学中的辩证理解与发展。这种对教学"认识过程"的超越性认识，是活动教学得以构建的认识论基础。

（二）"活动—经验论"与活动教学

活动教育教学思想在西方经历了一个长期演变、发展、完善的过程，而真正在理论上成熟并走向教育实践却是在杜威时代。杜威对传统教育的种种弊端进行了深刻而系统的剖析和批判，提出了以儿童为中心、以活动为主和以个体经验为主的具有鲜明时代特征的活动教育的思想与主张。他强调儿童个体经验在教育中的地位，他认为，"教育即经验的连续不断的改造"，而经验都是由"做"、由"活动"得来的，特别强调了儿童主动活动、主动"作业"的教育价值，以"做中学"作为基本原则和方法论体系的核心。他说："教学应从学生的经验和活动出发，使学校在游戏和工作中采用与儿童、青年在校外所从事的活动类似的活动方式"[1]，为此，学校必须围绕儿童的各种本能的活动和社会生活经验这个中心来组织课程，提倡"活动—经验课程"。这些思想和实践在体系上更加丰富了活动教学的内涵。

杜威提出的具有划时代意义的活动教育理论和实践的完整思想体系，不仅开启了进步主义教育运动的序幕，推动了欧美现代化教育的进程，而且对于今天我们重新探讨活动教学具有重要的现实意义。

（三）活动教学的心理学基础

当代心理学的多项研究成果表明，活动与人的心理的形成发展有着密不可分的关系。皮亚杰和列昂节夫等人关于活动在人的认识、思维、个性等形成发展中的作用的研究，为活动教学提供了充分的心理学依据。皮亚杰的发生认识论和儿童心理学深刻地说明活动在儿童智慧、思维，认识发生、发展过程中所起的决定作用，他认为，人对客体的认识是从人对客体的活动开始的，思维、认识的发展过程就是在实践活动中主体对客体的认识结构不断建构的过程。活动既是认识的源泉，又是思维发展的基础，只有活动，才引起思维和认识的发展；儿童的活动水平是逐步提高并在不同年龄段有着阶段性特征，儿童思维的发展正是由一系列不同水平活动内化的结果。列昂节夫以马克思主义的实践理论为指导，深入地探讨了对象性实践活动在人的意识、心理以及个性形成中的作用。他着重对人的个性这一更为复杂的心理构成物的形成发展机制进行了充分的揭示。他认为，个性是现实关系的总和，而这些关系是在活动中实现的，个性形成的动机是

---

[1] 杜威教育论著选. 赵详麟等译. 上海：华东师范大学出版社，1981：202.

在活动中产生的，个性是在后天活动中才能形成的。人通过活动与周围环境发生联系，不断接受社会环境影响，积累经验，实现由"自然人"到"社会人"的转变，因此，活动是个性形成和发展的稳定基础。

（四）活动是实现学生发展的教育学基础

对于影响个体发展的因素问题，最具代表性的论断是凯洛夫提出的三因素论。这种观点认为，个体的发展受来自遗传、环境与教育三方面的影响，这些因素各自在发展中起着不同的作用。随着教育科学、心理科学的日益发展，这种具有"真理性"的论断越来越受到挑战，对其最大的质疑就是：这种论断局限在环境与有机体相互作用的水平上，过分强调了外在因素的作用，简单地把教育过程等同于发展过程，忽视了发展的主体——人的独特能动性对人发展的重要作用，忽视了人的主体活动和行为在发展中的作用。人的发展，不是由遗传环境和教育消极决定的，它们只是人发展的必要条件，而真正推动这种发展的是作为发展主体的人及其自主的、积极的、创造性的活动，活动才是影响人发展的决定性因素，只有通过活动，人的发展才能得以实现；没有活动，没有主客体的相互作用，也就失缺了个体身心发展的内在动力，个体的发展也就无从谈起。

（摘自：http://www.eku.cc/xzy/jxly/1787.htm）

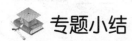 专题小结

数学活动教学具有坚实的心理学依据，较有代表性的心理学理论基础有智力发展理论、数学概念学习理论、意义学习理论、建构主义学习理论，等等。

推荐书目与文章列表

［1］［苏］克鲁捷茨基. 中小学生数学能力心理学［M］. 李伯黍等译. 上海：上海教育出版社，1983.
［2］张兴华. 走进儿童的数学学习［M］. 南京：河海大学出版社，2002.
［3］［美］理查德·E. 迈耶. 多媒体学习［M］. 北京：商务印书馆，2000.
［4］施良方. 学习论［M］. 北京：人民教育出版社，1994.
［5］肖柏荣，潘娉娇. 数学思想方法及其教学示例［M］. 南京：江苏教育出版社，2000.
［6］朱智贤，林崇德. 思维发展心理学［M］. 北京：北京师范大学出版社，1986.

［7］李善良. 现代认知观下的数学概念学习与教学［M］. 南京：江苏教育出版
社，2005.
［8］张春莉，王晓明. 数学学习与教学设计［M］. 上海：上海教育出版社，
2004.

思考与练习

一、填空题

1. 数学概念学习理论，揭示了概念形成过程同以_____为基础的数学活动的关系。

2. 数学概念学习理论的代表人物是英国的教育家_____。

3. "有意义的原则"必须在数学教学_____中才能实现。

4. 建构主义学习理论认为"情境"、"协作"、"会话"和"_____"是学习环境中的四大要素或四大属性。

5. 随机进入学习：取决于学生"随机进入"学习所选择的_____，而呈现与当前学习主题的不同侧面特性相关联的情境。

6. 支架式教学搭脚手架是围绕当前学习主题，按"_____"的要求建立概念框架。

7. 抛锚式教学要求建立在有感染力的真实事件或_____的基础上。

二、名词解释

1. 数学活动教学

2. 随机进入教学

三、简答题

1. 简述数学活动教学的特征。

2. 简述数学活动教学的意义。

3. 简述建构主义学习理论的四大要素或四大属性。

4. 简述概念同化的条件。

5. 简述概念同化过程的五个阶段。

四、论述题

1. 结合实际，论述数学活动教学的类别。

2. 结合实际，论述支架式教学模式。

第九章

数学教学重要方式（二）：游戏教学

人类天性好玩，大人和小孩都一样，都喜欢做各种各样的游戏，并且乐此不疲。这是因为游戏符合人类某些天性：喜欢嬉戏、喜欢智力挑战、有所期待（具有一定的机遇性）、好胜（竞赛）等。这给我们的教育启示就是，如果能善用人类这种喜好游戏的天性，引导到各科教学上，必能增加学习的动机和乐趣。国外许多教师在各科教学上采用游戏法教学策略，普遍获得学生的喜爱。国内教育也开始重视游戏教学。数学与游戏本来有着天然的联系，所以我们应该有充分的理由和条件开发数学游戏教学。

本章首先探析了数学游戏与数学游戏教学的含义；其次，讨论了数学游戏教学的意义及目的；再次，探讨了数学游戏教学的基本原则和方法；最后，剖析了当前数学游戏教学中存在的问题及其对策。

 学完本章，你将能够：

1. 理解数学游戏教学的含义；

2. 领会数学游戏教学的意义及目的；

3. 掌握数学游戏教学的基本原则和方法；

4. 把握当前数学游戏教学中存在的问题及其对策。

专题导读

电脑游戏、网络游戏如此风靡，不少孩子沉迷其中，误了学习。教师们在忧虑，同时也进行了积极的思考，如果能开发数学游戏，实施数学游戏教学，想必孩子们也会痴情投入学习，提升数学学习效果。为此，就要理解什么是数学游戏，何谓数学游戏教学。

链接

儿童数学游戏教学网站与资源库，可参阅：http://www.tom61.com/FLASHzhiyuang/FLASHyouxilei/shuxueyouxi/。

专题一
数学游戏与数学游戏教学

一、数学与游戏

把数学与游戏并提似乎不太严肃。一般认为，游戏是一个广泛的概念，它包括任何一种旨在消遣时光或寻求娱乐的活动。而数学则是一丝不苟的高智力工作，同时是具有巨大实用价值的科学。因为数学是抽象的，所以它的展开和论证只能靠逻辑，数学总是和逻辑在一起，正因为如此，严谨和认真是人们对数学的一种追求，数学家在从事研究时一般不是戏谑的，游戏对于数学只不过起激发兴趣和调节情绪的作用。然而，事实上情况并非那么简单。考察一下数学与游戏，我们发现关系非常密切。无论从数学知识的本身，还是数学活动的过程，如在从事数学活动的人们的动机、方法等方面都可发现游戏的因素。上海交通大学科学史系博士生王幼军对此做了比较详细的论述，他从数学知识本身、数学活动和数学与游戏的共同特征三个方面来说明两者的密切关系。

首先，就数学知识本身来说，在传统数学领域和现代数学领域中都可发现大量赏心悦目的具有游戏性质的内容和问题。在算术中，毕达哥拉斯学派对于完全数和亲和数等数字的奇特性研究，以及用石块游戏列出的有趣定理都具有游戏的性质。在代数中，三次方程早已出现在公元前1900—前1600年巴比伦的泥板书中，当时并没有实际的问题导致三次方程，显然巴比伦人把这个问题当做消遣。公元前3世纪阿基米得提出的"群牛问题"导致包含8个未知数的代数不定方程组。5—6世纪《张丘建算经》中记载的"百鸡问题"导致三元不定方程组。几何学中的游戏趣题更是花样繁多，如由勾股定理所编制的大量趣题，古希腊人研究的角的三等分、化圆为方、三大几何作图问题以及对割圆曲线等奇异曲线的研究、用相同形状的图形铺满整个平面的问题，等等。许多深奥的、严肃的数学也带有游戏的情趣。例如，从16世纪以来，在微积分中人们对各种奇形怪状的曲线研究显然带有娱乐的性质。最早纯粹关于消遣性数学问题的书籍出现于17世纪，其后200年中，数学中的游戏及数学谜题的种类和数量大增。在此时期人们的兴趣大都集中在数字的奇特性、单纯的几何谜题算术故事问题、魔（术）方（块）、赌博等游戏。到了19世纪，人们的兴趣开始转向一些现代数学领域，如拓扑学、组合几何、图论、逻辑学、概率论等，其中研究对象性质的奇特性、推理方法的迷惑性，以及各种组合问题和几何图形操作的灵活多变性等，都是给人以乐趣的、带有游戏色彩的问题。

其次，数学作为一项人类活动，自古以来一直是一个特殊的人类智力活动领域，被看成是人类智力的象征。它能使参与者产生情感方面的体验，给人乐趣。因此，许多人不单是因为数学有用而研究数学，他们的出发点则是把数学作为一种自娱自乐的游戏，一种高级的心理追求和精神享受。许多数学思想是人们锲而不舍地思索一个令人迷惑的概念或问题的结果。有些人可以就一些问题和趣题连续工作几个小时，甚至花费几天、几年的时间去探讨那起初从表面上看来不过是消遣的东西，直至细枝末节，以求得彻底解决。例如，几何学起源于实际的需要，其繁荣发展却开始于古希腊。尽管希腊人把几何看做是与对于世界本质的思索一样严肃的事，但实际上希腊人却把几何当做智力游戏对待，他们的大部分工作本质上都具有游戏的性质——远离功利，满足好奇心和求知欲，是有闲人的消遣，比如他们把大部分的精力都集中在许多单纯的几何谜题上。可以说数学只是希腊人的一个高级玩具，而并非一个有用的工具。

数学即游戏的观念在19世纪数学变为一种职业以后仍然在发挥作用，实际上这种观念一直持续到现代。在此，引用爱因斯坦于1918年4月所讲的一段意味深长的话："许多人爱好科学，是因为科学给了他们异乎寻常的智力上的快感，对于这些人科学是一种特殊的娱乐；还有许多人之所以把他们的智力奉献给科学祭坛，为的是纯粹的功利。如果把这两类人都赶出神圣的殿堂，那么，这里的人就会大为减少……"爱因斯坦这段描述在科学殿堂活跃的人们的话同样也适用于数学。著名数学家哈代曾说："激励数学家做研究的主要动力是智力上的好奇心，是谜团吸引力。"正如希尔伯特所说："问题就在那里，你必须解决它。"

正是这种永不满足的激情吸引了大批的人献身于数学，从而导致了大量问题离奇地绽开数学的嫩芽。可以说数学在其成长和发展中一直伴随着游戏的精神。

最后，数学与游戏具有许多共同的特点。古希腊人的数学即游戏观念并非出于偶然，从本质上做一番考察，我们会发现数学与游戏具有许多共同的特点，它们的关系是相互渗透、相互统一的，这种统一主要体现在活动的性质、结构的形式以及实践三个方面。

数学游戏切勿嬉戏化

无论是家庭教育还是学校中数学课堂教学，数学游戏都得到了重视和广泛运用。但问题是，一些老师和家长有随意嬉戏化的迹象。游戏在形式和效果上确实要轻松愉悦，但就其规则和投入来说，则又必须认真。

1. 数学与游戏作为两项人类活动具有许多共同的性质

有些社会学家曾经对游戏进行了深入的分析，以下性质是游戏的基本特征[1]。

（1）游戏是一种"自由活动"。"自由"在希腊语中的意思是"无报酬的"，即活动本身是为了锻炼，而不是为了从中获取利益。

（2）游戏在人类的发展中起着"一定的作用"。幼儿从游戏中丰富情感、获得知识、发展智力和能力，从而为将来的竞争和生活做准备。成年人玩游戏则是为了体验解放、回避和放松、满足好奇心等感觉。

（3）游戏不是玩笑，做游戏必须相当认真。不认真对待的人是在糟蹋游戏。

（4）游戏就像艺术工作一样，在深思熟虑、实施以及取得成功的过程中能够得到巨大的乐趣。

（5）通过游戏规则可以创造一种新秩序和充满和谐韵律的世界。

（6）游戏有自己独立的时间和空间。

显然，数学作为一项人类的活动也具有以上所有的特点，从这一点来讲，数学的确是一种游戏。

2. 数学与游戏的系统结构也有共同的形式

数学具有演绎体系或称为公理化系统，这种系统由不加定义的概念（原始概念），不加证明的命题（公理）组成。其中原始概念的含义由公理体现出来。任何游戏在一开始都是介绍一些对象或部件、一系列的规则，这些对象或部件的作用由那些规则所决定，两者的相似是显然的，它们的差异只是叫法不同而已。数学中的不加定义的概念对应游戏中的对象或部件，公理对应着游戏的规则，数学中的定理则对应着游戏过程中的每一状态。两个系统中都有"定义"，也都有"证明"。

典型案例1

数学的字母游戏

以下"字母游戏"的系统可以用数学的语言描述[2]。

不加定义的概念：字母M、I和U。

定义：x指任何由若干个I和若干个U组成的字母串。

---

[1] Miguel de Guzman. 数学与游戏. 数学教育评价研究. 上海：上海教育出版社，1996.

[2] Rudiger Thiele.Companion Encyclopedia of the History and Philosophy of the Mathematical Sciences. Mathematical Games Vol.2.1555—1567.

公理：

① 如果字母串的最后一个字母是I，则可在最后加上字母U。

② 如果已有Mx，则可以加上x变为Mxx，此称为加倍法则。

③ 如果在字母串中出现三个I相连的情况，即III可用一个U来代替。

④ 如果UU出现，则一局结束。

定理："由MI，必然导出MUIU"

证明：MI→（公理2）MII→（公理2）MIIII→（公理1）MIIIIU→（公理3）MUIU

正是由于数学与游戏的形式结构相似，20世纪初数学哲学中形式主义学派的代表人物希尔伯特（D. Hilbert）有一个极端的观点："数学是根据某些简单规则使用毫无意义的符号在纸上进行的游戏。"这个观点在一定程度上反映出两者结构的相似性。

3. 数学与游戏的实践也有共同的特征

任何人在开始做游戏时，都必须对它的规则、步骤有一定的了解，将各部分的相互联系弄清楚，就像数学的初学者那样，用同样的方法比较并建立该理论中的基本元素之间的相互关系和作用，这些都是游戏和数学的基本练习。无论在数学中还是在游戏中，较深层次的、更复杂的步骤和策略的运用都需要特殊的洞察力。

在玩高级游戏的过程中，总是有问题出现，哪怕是平常的游戏，也可以创造出不同的玩法，人们总想要在从未探索过的游戏情境中用首创的方法来解决，这对应于数学理论中未解决的问题的研究。在创造新游戏的过程中，需要设计情境，给出新颖的策略和创造性的游戏方式。将其与创立新的数学理论相类比的话，就相当于提出新颖的思想和方法，并将之应用于其他未解决的问题，从而更深刻地揭示现实生活中某些至今尚不明了的真理。

因此，从广义上来讲，可以说数学也是一种游戏，只不过这种游戏要涉及科学、哲学、艺术等更广泛的人类文化范围。从狭义上说，数学中的游戏是指那些具有娱乐和消遣性质的并带有数学因素的游戏和智力难题。数学的许多问题和内容很难说是应归于纯数学研究还是归于有趣的智力游戏，可以说数学中几乎每一门学科都或多或少受到游戏精神的激发而得到发展。如图论就是一门起源于游戏的学科，它起源于欧拉关于哥尼斯堡七桥问题的研究。再如自古以来，悖论出现在广泛的学科范围，包括文学、科学、数学。不管什么类型的悖论，其中的创造性和令人困惑的推理都充满了趣味和给人异乎寻常的智力上的快感。许多数学学科的完善都与悖论有关，如实数理论、微积分、集合论等；不仅如此，人们对于数学的兴趣是由于数学中的游戏因素，还是由于数学的其他因素也是难于区分的。总之，数学中有游戏的精神和乐趣，游戏中有数学的思想和严谨，要想在两者之间画出一道分明的界限是不可能的。

二、数学游戏教学的含义

数学游戏教学要注意数学学科性

数学游戏教学不是为游戏而游戏，为热闹而热闹，其主体形式是展现和转化数学学科内容的教学活动。

游戏是和工作相对的一个概念。数学游戏教学法就是把数学学科的教学活动转变成游戏活动的教学方法。

和一般的教学方法相比，数学游戏教学法的特征有以下几点。

1. 具有很强的兴奋性

因为游戏是一种娱乐，且具有一定的刺激性，如竞赛、公平的机遇、可能出乎意料的结果等。

2. 具有很高的参与性

因为人的天性使然，又加上游戏的娱乐性，因此学生的参与积极性很高。

3. 具有较高的自主性

正因为学生参与积极性高，不论是动脑，还是动手、动口，都必须是自己尽力，而且游戏氛围宽松、自由，所以游戏的自主性比较高。

4. 具有很强的创造性

在数学游戏中，创造成分占了很大比重。这是由数学学科特点决定的。数学追求的就是利用最独特的、最简便的、最多样的方法解决问题。就拿小学数学游戏中的拼图来说，梯形可以由不同的图形拼成，比如三角形、平行四边形、正方形、长方形等，而三角形、平行四边形、正方形、长方形等图形又可以拼成无穷的其他图形。

可见，数学游戏教学不同于所谓的数学游戏。数学游戏是有一定难度的数学问题，表现为只有有数学天赋的或经过了特别训练的学生才能完成，大多数学生望而生畏。而数学游戏教学则是面对全部学生，让学生在愉快的游戏中学习数学、发现数学、体验数学。如让学生分成小组，发与每组七巧板，让他们合作拼图，比一比哪组拼的图又多又好又奇。再如，练习万以内加法时，可以做"除万留千"的游戏：把学生分成四组，每组各派出一名学生到老师手中抽1~9的数字牌（可用扑克牌代替）一张，四个同学交换看过别人抽的数后，迅速将四个数组成任意千位数。如四个同学抽的数分别是5、2、9、6，那么四个同学可以就此组成5296、9562、2956或6295四组数，然后写在黑板上自己那组的名下，每组的第二个同学又上前抽数字牌，又就此组成四组数，并各自将自己组的数，与本组第一个同学的数相加，得出和，如果"和"超过了万位数，万位数则被去除，只留下千位数。每组的第三个同学又上前抽数字牌，就此又组成四组数，并各自将自己组的数，与本组第二个同学的数相加，得出和，如果"和"超过了万位数，万位数则仍被去除，只留下千位数。由此轮流抽数计算，直到每组最后一个同学抽数计算完，游戏就结束，这时以数字最大的那组为胜。

扩展阅读1

游戏在数学教育中的作用

古往今来的数学教育的理论和实践都已证明游戏对于数学教育具有极大的价值。对此，马丁·加德纳曾经做了相当正确的评价："唤醒学生的最好办法是向他们提供有吸引力的数学游戏、智力题、魔术、笑话、悖论、打油诗或那些呆板的教师认为无意义而避开的其他东西。"具体说来，游戏在数学教育中的有效性主要表现在以下三个方面。

首先，游戏是数学内容获得的有效方法之一。因为游戏为不同年龄层次的人提供了这样的机会——通过具体的经验去为今后所必须学习的内容做准备。例如折纸的游戏，折纸的对象是一个正方形的纸张，留在正方形的纸张上的折痕揭示出大量几何的对象和性质；相似、轴对称、心对称、全等、相似形、比例，以及类似于几何分形结构的迭代。折纸的过程也极具启发性：开始用一个正方形（二维物体）的纸张来折一个立方体（三维物体），如果折出了新的东西，那么折纸的人就把这个立方体摊开并研究留在正方形纸上的折痕。这个过程包含了维数的变动。一个二维物体到三维物体，又回到二维，这就跟投影几何的领域发生了关系。

其次，游戏与数学结构的相似性保证了游戏有利于数学思维的培养，从而使学生更深刻地理解数学的精神。例如，计算机游戏可以发展几何的空间感觉和意识，某些棋类或字母游戏提供了公理系统的体验，从而使游戏成为学生从具体过渡到抽象数学证明的桥梁。通过游戏也会使学生体会到数学的另一种精神：数学不是一门一成不变的课程，数学知识也不是绝对的真理，"数学是人类心灵的自由创造"。或者说数学思想是人的想象力的虚构物和创造物。数学世界独立于我们的现实世

思考活动

结合你的经验和体会，谈谈你对数学和游戏关系的认识。

界，尽管它和现实世界以不可思议的对应联系起来，并成为人类认识自然界和认识人类社会自身的有效工具，这正是数学的奇妙所在。

最后，游戏可以培养正确的数学态度。这一点主要体现在两个方面。一方面，游戏是培养好奇心的有效方法之一，这是由游戏的性质决定的——趣味性强，令人兴奋，具有挑战性等。好奇心又为探索数学现象的奥秘提供了强大的动力。如果学生没有对于这门学科的强烈兴趣和探索未知问题的好奇心，那么数学学习将是一项艰苦而缓慢的工作。许多数学家开始对某一问题做研究时，总带着与小孩子玩新玩具一样的兴致，先是带有好奇的惊讶，在神秘被揭开后又有发现的喜悦。

另外，游戏还可以培养学生养成乐于吸取不同的思路、勇于创造的研究态度。许多研究人员都为游戏和不同思路之间的关系之密切提供了大量的事例[3]。例如，一个小女孩玩积木时，可能会尝试着用不同的组合方法来观察把一块积木放在另一块上面时，摆多少块可以不倒下来。她边玩边对自己的设想进行判断，充分发挥了她的主动性和创造性。并且，她还可以用从游戏中所获得的思路和方法去解决其他的问题。在游戏时所用的不同思路就是在为某种任务或问题寻找解决方案，因此，可以说游戏是研究的最高形式。爱因斯坦在1954年说过的一句话就指出了这一点："要获得最终的或逻辑的概念的愿望，也就是玩一场结果不明的游戏的感情基础……这种组合游戏看来就是创造性思维的重要表现形式。"

对于数学教育来说，游戏的方法并不能代替一切，但如果在正规严肃的教学方法之外多为学生提供机会参加一些游戏，或至少提供一本好的数学游戏选集，即在教学中掺入游戏的精神，那么精神教育将会起到事半功倍的效果。游戏可以使任何水平的学生都从自己的最佳观测点面对每一个题材。学生除了学到数学的内容，体验数学的思维方式，还可以培养正确的学习态度：不同的思路、创造、动力、兴趣、热情、喜悦……总之，游戏对数学的教育价值和重要意义是不容忽视的。

综上所述，游戏对于数学的发展产生了重要影响，并在数学教育中起着重要的作用。所以，从理论上探讨数学与游戏的关系对数学的进一步发展乃至当今数学教育研究都具有深刻的启迪作用和借鉴价值。当然应当指出，游戏本身并不是数学的终点，它不能完全取代对所有数学活动的分析，数学是一种多边的人类活动，数学中的游戏娱乐、美学欣赏、哲学思考、实用价值探索等因素是如此紧密地交织在一起，如果拆散和剔除任何一个可能不合我们个人爱好的方面，都将给数学带来不可估量的损失。只有认真研究和总结数学发展中的各种因素，才能客观地、全面地认识和评价数学，从而促进数学事业的研究和发展。

（摘自：http://www.studa.net/zhexueqita/081103/13395652.html）

专题小结

　　游戏与数学的关系非常密切，可以从数学知识本身、数学活动和数学与游戏的共同特征三个方面来说明两者的密切关系。数学游戏教学法就是把数学学科的教学活动转变成游戏活动的教学方法。

专题二

数学游戏教学的意义及目的

专题导读

　　数学游戏教学因其游戏性能激发学生的动机和兴趣，促使学生投入到数学学习中。那它到底具有什么样的意义，并需要确立什么样的目标呢？人们为此也展开了探索。

一、数学游戏教学的意义

1. 激发和培养数学兴趣

　　正如卢梭所说的，"无论做任何游戏，只要我们能使他们相信那不过是一场游戏，他们就会毫无怨言的，甚至还会笑嘻嘻地忍受其中的痛苦的"。数学游戏其实是儿童学习的最为直观的形式，由于思维发展阶段的限制，儿童的形象思维处于优势地位，抽象思维在逐渐形成之中，为此，我们应根据儿童的认知特点，通过组织各种观察活动，提供丰富的感性材料和接触现实生活的机会，使儿童体味到数学学习中的快乐，产生愉悦的情感，引发学生学习数学的兴趣。

2. 培养和形成数学素养

　　所谓具有数学素养是指在数学知识、数学理论、数学思想等方面具有一定的水平。基本的数学素养有三方面：①能运用数学知识解决日常生活中的数学问题。如计算、测量、绘制、统计等。②能正确阅读、理解和表达、处理数字信息的能力。也有人将其称为"数学交流"能力，认为它主要包括三方面内容：其一，数学思想的表达。把自己的思想以某种形式（直观的或非直观的、口头的或书面的、普通语言或书面语言的）表达出来。其二，数学思想的接受。以某种方式（听、读、看、摸等）接受来自他人的思想。其三，数学思想载体的转换。把数学思想由一种表达方式转化成另一种表达方式。如把一个概念用图画或符号表达出来，把图表或事物模型转化成符号或语言。③具有一定的数学意识和数学思维。数学意识实际上就是通常所说的"数学头脑"，即善于利用数学来思考、分析、解决问题，如在实际生活中能够有意识地运用定量分析思想和量化手段，通过"质"的数量界限来反映实际事物的状态及其变化，即将定性研究划归为定量研究。如创设游戏情境，让学生尝试购买东西时如何做到价廉物美，旅行中如何选择交通工具和旅行路线，使游行费最省。数学思维主要指逻辑推理、直觉集合思维和创造思维。此外，游戏与数学结构的相似性保证了游戏有利于数学思维的培养，从而使学生更深刻地理解数学的精神。例如，计算机游戏可以发展几何的空间感觉和意识；某些棋类或字母游戏提供了公理系统的体验，从而使游戏成为学生从具体过渡到抽象数学证明的桥梁。通过游戏还可以使学生体会到数学的另一种精神：数学不是一成不变的现成的结论，它可以用不同的方法、途径发现，或得出不同的结论，数学知识不是绝对的真理，"数学是人类心灵的自由创造"。或者说数学思想是人的想象力的虚构物和创造物。数学世界独立于我们的现实世界，尽管它和现实世界以不可思议的对应联系起来，并成为人类认识自然界和认识人类社会自身的有效工具。这正是数学的奇妙所在。

数学素养不是靠死记硬背现成的数学知识便能形成的，它必须在数学活动中养成，在用数学、做数学题中养成。儿童天性好玩，让他们像成人一样从事数学活动，是不合适的。就像幼小动物是在嬉戏打闹中学会撕、咬、扑、打一样，儿童喜欢在游戏中学习。儿童喜欢过家家、照顾洋娃娃、舞"枪"弄棒等，大人看似无聊，儿童却从中学会了交往、程序、规则、合作、爱心等。把数学活动组织成儿童喜欢的游戏，如扮演角色（扮演古人打猎记数、丈量土地；扮演数学家，模仿他们的言行举止、某个生活情节等）、猜想、竞赛、镶嵌、拼图、制作、创造等，可以有效地培养学生的数学素养。这是传统数学教育中仅仅重视知识教学的教学方式所不能达到的。

3. 培养合作精神

数学游戏是多个人共同合作进行的，游戏的愉悦氛围，能使处于其中的儿童解除自我中心，易于理解和接受别人，体验到游戏的完成需要多个成员共同努力，而且相互之间需要有效合作，认识到个体不仅要认识接纳自我，更要学会理解别人。这种在数学游戏中形成的关于合作的体验；一方面对其进入社会，成为社会成员有着重要的意义，另一方面，为以后进行数学及其他科学研究与人进行真诚有效的合作打下心理基础。在各门学科逐渐走向综合化的现今社会，学会合作将是每一个公民的必修课。

4. 培养创造精神

现实的数学课程和教学中，由于将数学知识划分为知识单元，在课堂中进行以数学知识为中心的教学，给学生留的空间太小，学生的思维和想象力都受到了限制。数学游戏课程在一定程度上就可以很好地弥补这种欠缺，数学游戏给予学生足够的空间并让其参与到数学教学和数学活动中去，而参与的过程最能调动学生的积极性和主动性，并使其在做的过程中插上想象的翅膀。只有具有足够的想象力，学生才可能有创造性。比如，给一定的七巧板，在不受局限的情况下，学生可以拼出人物、动物、植物、交通工具等数十种图案，并发现"一个梯形等于两个菱形"，"白色三角形的角等于30°，30°加60°再加90°等于180°"，"内错角相等"，"用割补法容易计算面积"等，充分发挥了想象力和创造力。正因为自己有很多发现，在整个游戏过程中，学生都兴趣盎然，十分兴奋。

5. 促进学生在发现中学习数学

基本知识，基本技能无论何时都应作为数学教育的根本基础而存在，因为它们是学生构建数学知识系统的基本要素，数学游戏强调让学生真正地理解数学知识，在发现中学习数学，并非简单的模仿运用。例如，在学生做题的过程中，由教师适当提出要求：小组讨论，尝试用语言描述自己做题的过程，与自己组员交换意见，推选出小组内最为简捷的方法或最准确的结论。最后每个小组选派代表向大家介绍自己小组所发现的解法或结论。这样，学生作为一个发现者的身份切实参与了这一发现的过程，这样在理解的基础上建构的知识才是有意义的。

二、数学游戏教学的目的

我国在新颁布的《全日制义务教育数学课程标准》中指出，义务教育阶段的数学课程，其基本出发点是促进学生全面、持续、和谐地发展。它不仅要考虑数学自身的特点，更应遵循学生学习数学的心理规律，强调从学生已有的生活经验出发，让学生亲身经历将实际问题抽象成数学模型并进行解释与应用的过程，进而使学生获得对数学理解的同时，在思维能力、情感态度价值观等多方面得到进步和发展。而数学游戏的特点，从一定程度上适应了新课程标准的要求。它所创设的情境和所涉及的内容都是学生实际生活中常见的、孩子们喜闻乐见的生活场景，这就让学生体会到数学就在我们身边。同时，数学游戏的趣味性、挑战性、创新性等也符合学生的认知特点，他们喜欢进行游戏，乐于进行活动，勤于操作，二者不谋而合。数学游戏教学既能让学生从游戏中体会到数学问题，也让他们在思维、情感态度价值观方面得到提高。具体说来，数学游戏教学具有以下目的。

1. 让数学走进生活

义务教育阶段的数学课程应突出体现基础性、普及性和发展性，使数学教育面向全体学生，实现人人学有价值的数学，人人都能获得必需的数学，不同的人在数学上得到不同的发展。这是新课程标准中所提倡的数学教育的基本理念，也是进行数学教育所追求的目标。

在某个文化背景下长大的孩子，会学习区分和表示他生活世界中的元素：人和动物，树木和云彩，房屋和电视机等。相类似的，他们在学习期间逐渐熟悉文字和计数语言的使用，熟悉相应的数字以及其他数学符号——圆、长方形、球形或金字塔等。那些数字、运算符号和基本几何图形表示的数学也是他们生活世界的组成部分。在数学游戏中，用这些熟悉的数字和几何图形设计相关的背景和情节，可以拉近数学和生活的距离。

在日常生活中许多问题都是我们在有意无意中运用数学，用数学的思维思考而解决的，只是我们并没有意识到。世界著名数学家和数学教育家弗赖登塔尔（Hans Freudenthal，1905—1990）在1987年对中国访问时的报告上，曾经以一个数学游戏为例，来说明数学问题就在我们生活中，数学就在我们身边。

典型案例2

数数的游戏教学

比如数数时，一般会用数字母等很多较为抽象的替代性办法。但为什么不用真正的数一直数下去呢？究竟要数到什么时候？每个人都同意应有一个上限，比如说到100。这种"为什么"和"为什么不"可能会成为一个讨论的焦点——指的是在课堂上，在课前或课后，在我头脑中的一系列课上。

　　让孩子们围坐成一圈，让他们自己报数，而不是让他们中的一个或局外的人去数。指定一人从1开始报数，挨着他的人报2，下面一人报3，后面依次加1，没有"上限"。因为圈中最后一个人的后面又是第一个人，他继续报数，一圈、二圈、三圈……

　　另外两个不同的或额外的活动是：在数数过程中，传一叠数字卡片（或纸牌），每个孩子依次取出一张卡片，并大声报出上面的数，或者把数写在一张纸上。这个围成的圈不一定把整个班的人都包含进去。相反的，人数少点开始进行也符合目的，比如两人，可以依次说出或写出奇数、偶数，然后是3、4、5个人一组，10人一组是最好的。

　　这个游戏和数学有什么关系？弗赖登塔尔的回答是：所有人都能做这件事。为证明这一点，弗赖登塔尔接着列出一系列问题，让孩子单独或整个班级都回答：

　　（1）在现在的圈中，如果你报的数是××那么下一圈你将报什么数？两圈后、三圈后呢？……一圈前、二圈前呢？……最开始报的数是什么？

　　（2）如果把1作为××开始，你将报什么数？如把第××个数作为开始，你的数是多少呢？

　　（3）谁报100，在多少圈之后呢？

　　（4）你的第一个超过100的数是多少？在多少圈之后？你的比100小而最接近100的数是多少？在多少圈之后？

　　（5）如果反向数数，你的数将怎样改变？

　　（6）如果你和××人一起做游戏，多少圈后会数到100？

　　更一般的问题是：

　　（7）如果看着你报过的数的集合，什么最能引起你的注意？是什么模式，有什么规律吗？

　　弗赖登塔尔用一个很常见的数数游戏，引导出一个数学问题，寓教于乐。我们的身边就存在着许多数学，数学就在我们身边。

2. 发展学生创造性思维

　　数学是一种创造性的活动。儿童天性是好奇的、喜欢探索和创造的。而数学就是一种创造性的活动，是对人类智力的一种挑战。比如，如何发现问题及其症结所在，如何把日常生活中的问题归结为数学问题，怎样去解决问题等。但我们的数学课程与教学往往忽略了这一点，而专注于数学公理、定理、规律、法则的体系。所以我们必须在数学课程与教学中注意到，数学本身是一种科学的过程，创造的过程，是建立在人们对客观世界定性把握和定量刻画的基础之上,逐步抽象概括并应用的过程。这一过程充满着探索与创造、观察、试验、模拟猜测和纠正等，忽视了这一过程,将是忽视了数学对人想象力、创造力、批判意识的培养。数学游戏作为智力游戏的一种，在启发人的创造性思维方面有重要的作用。有许多游戏看似复杂，用常规方法也许需要耗费大量的精力，但若能放开思路，打破常规，灵机一动，从另一个角度去考虑，就可能事半功倍，得到一种简捷而优美的解法。这种思维方式是解决数学游戏的一种重要方法，同时数学游戏也锻炼了人的这种思维能力。通过游戏发展学生的创造性思维，是创造性思维教学与数学游戏特征的统一。

创造性思维教学，是教师通过课程的内容及有计划的教学活动，以激发和增长学生创造行为的一种教学模式，即利用创造性思维的策略，配合课程，让学生有应用想象力的机会，以培养学生敏锐力、流畅力、变通力、独创力及周密的思维能力的教学模式。

事实上，创造性思维教学从学习的种类来看，是属于思维的、问题解决的。从创造的本质来看，是流畅的、独创的、变通的与周密的。不管创造是一种思维的能力还是过程，都表现在教学上。

而数学游戏是一种运用数学知识的大众化的智力娱乐活动，它寓数学问题于游戏之中，让人们在做游戏的过程中学到数学知识、数学方法和数学思想。可见，数学游戏必须既是数学问题又是游戏，同时具备知识性、趣味性和娱乐性。凡是蕴涵着数学原理，在游戏过程中运用到数学知识的智力游戏均可归结为数学游戏。由于数学的触角几乎延伸到人类的一切科学文化领域（包括文学、艺术、法律、语言等历来认为"与数学风马牛不相及"的学科），因此在未来的信息化社会中，被称为"大脑体操"的趣味数学将发挥越来越大的作用，数学游戏也将作为趣味数学的主体，对整个数学的传播、发展和教育产生更大的影响。

由上可见，创造性思维教学与数学游戏教学是充分统一的。在数学游戏教学中，教师可以运用创造性思维教学的策略来最大限度地培养学生的创造意识和能力。如可以从以下几点来做：

（1）鼓励学生应用想象力，增进其创造性思维能力。

（2）学习活动以学生为主体，在教学中教师不独占整个教学活动时间。

（3）特别注意提供自由、安全、和谐的情境与气氛。

（4）教学方法注重激发学生兴趣、鼓励学生表达与容忍不同的意见，不急于下判断支持和鼓励学生独特的想法和见解，接纳学生的错误和过失之处，使每个学生都有能够进行活动和表达自己意见和想法的机会。

（5）尊重学生个体之间的差异，不求标准答案。

只要在游戏教学中，师生间、同学间的关系融洽，相互尊重和接纳，教师能够专心听取学生的叙述，接纳学生的反应，与学生一起讨论，共同评价，在游戏中和游戏之外师生和生生之间和睦相处，就能达成学生的成功。

3. 传播数学文化

毫无疑问，学校数学教育有助于数学流传，不管教学过程进行得如何，也不管学生和教师是否意识到这种流传的功能。海曼区分了三种数学流传：学校对数学日常文化连续性的贡献；数学教学要保持学校数学的连续性；科学数学的连续性。在传播数学文化的过程中，数学游戏发挥了独特的作用。以游戏的形式表达数学思想比纯粹宣讲数学理论更易于让大众接受。美国数学家马丁·加德纳（Martin Gardner，1949—　）充分认识到这一点，利用在《科学美国人》（*Scientific American*）杂志上逐月发表的"数学游戏"专栏，在改善数学的可接受性方面迈出巨大的步伐，把一门历来人们认为枯燥乏味的学科，变成了生动活泼、有血有肉的"艺术"，吸引了大批青少年和业余爱好者投身数学门下，他也因此被誉为"数学的传教士"、"数学园丁"。他选择数学游戏作为传播数学的手段，成为他事业成功的决定性因素。加德纳专门设计了一些数学问题以引起广大业余爱好者的兴趣，启发一些业余爱好者依靠自己的智慧、灵感和技巧得到了若干重要发现。由此许多人对问题别出心裁的解决方案，有时胜过专业数学家的深思熟虑，为数学的传播和普及作出了贡献，同时，也传播了数学文化。

数学游戏使人们摆脱常规思维的束缚，取得一些巧妙的解法，从而为数学大众化贡献出力量，使数学不再是禁地，使每个有志于此的人都能徜徉其中，并从自己的成果中得到乐趣。一些经典数学游戏作为数学理论的载体，历经千年而不衰，始终焕发着极强的生命力，描述了一种最高的文化成就。从历史记载看，数学或准数学活动早在4500年前就已发生。数学理论发展的线索从未间断，无数无名的成就和个人的成就加入数学，这种文化的连续性显然和数学游戏是分不开的。数学游戏以它浅显易懂又妙趣横生的语言引出深奥的数学原理和数学思想，传播着数学思想，传播着数学文化。

4. 培养数学兴趣和数学意识

兴趣是学习的动力和源泉。在小学数学教育阶段，使学生对数学产生兴趣可以说是一个非常重要的目的。而数学游戏因为具有趣味性、挑战性、合作性，使学生在其中获得了极大的乐趣。因为是数学游戏，所以里面包含了大量的数学因素，如计算、观察、寻求最佳方法等，能够很好地培养学生的数学意识。例如我们在小学组织了一个贸易游戏：让分组的学生照黑板上的图形，按尺寸标准合作制作三角形、圆形、半圆形、长方形。每一图形下面有不同的标价（但价格随时变换），学生可拿成品到"银行"换钱存款。游戏结束时，存款最多的组获胜。存钱最少的组总结经验时大多会说：没有注意观察"市场"的变化；没有进行很好的分工合作；没有按标准生产。而获胜的组则相反，他们往往一开始就讨论怎样做效率最高；尽量精确，不让产品报废；随时注意"市场"的变化。在这样的游戏中，学生往往十分投入。

思考活动

请结合个人体会，谈谈小学数学游戏教学的意义。

扩展阅读2

游戏是一种极为古老、极为普遍的活动，但要问游戏是什么？答案却有很多种。游戏在1999年版的《辞海》中是这样定义的：它是文化娱乐的一种，有发展智力的游戏和发展体力的游戏两类。前者包括文字游戏、图画游戏、数字游戏等，习称"智力游戏"。后者包括活动性游戏和非竞赛性体育活动。数学游戏是指那些带有趣味性、竞争性和娱乐性，含有部分未知的或全然未知的结果，小学生可投入很大兴趣，寓数学知识或数学原理于其中的游戏。

1. 数学游戏有利于激发小学生学习数学的兴趣

数学学习兴趣是小学生进行数学学习的先导，是推动数学学习的一种精神力量。学习兴趣缺乏往往使小学生视学习数学为一种苦役，并导致数学学习成绩下降。据有关调查分析，一个小学生之所以成为数学"差生"，其主要原因之一，就在于他缺乏学习数学的兴趣，认为数学枯燥乏味，甚至厌恶数学。要使小学生学好数学，对数学学习感兴趣，就首先要保证数学教学有趣味，要能吸引小学生。由于数学游戏集知识性和趣味性于一身，可以很好地调动小学生学习数学的积极性，尤其对小学低年级阶段的学生来说，他们的好奇心、好胜心和求知欲都非常旺盛，对新事物的接受能力也比较强，对于新颖的教学形式非常感兴趣。因此，数学游戏引入数学课堂教学是很有必要的。另外，数学游戏可以为小学生的学习提供宽松的活动空间，数学学习可以在这种宽

松、能够自我把握的环境中进行，这样就更有利于激发小学
生学习数学的兴趣。

2. 数学游戏有利于师生和生生有效的交流

在数学教育中，交流的重要性长期以来一直没有受到应
有的重视，更没有被作为一个重要的课程目标。从小学生数
学学习的角度讲，数学游戏中的交流可以帮助小学生在非正
式的直觉的观念与抽象的数学语言符号之间建立起联系，可
以帮助小学生把实物的、图画的、符号的、口头的以及心智
描绘的数学概念联系起来。可以发展和深化小学生对数学的
理解。因为在游戏过程中的解释、推断和对自己思想进行的
口头和书面的表达可以使小学生加深对数学概念和数学原理
的理解。由于数学游戏是以开发和利用课堂中人的关系为基
点，以教学目标设计为先导，以群体参与性为基本动力，以
小组活动或个人活动为基本教学形式，以游戏为基本手段，
以全面提高小学生的学习成绩为根本目标的一系列教学活
动。因此数学游戏教学可以很好地改善目前教学中存在的
"师生个别对话"或"生生个别对话"的情况，可以给小学
生更大地进行合作交流的空间，达到教室中每个成员都参与
到游戏中来，实现班级所有同学的交流，从而使层次不同的
同学得到不同程度发展的效果。

3. 数学游戏有利于小学生体验数学知识再创造的过程

现代教育强调在教学活动中要尊重小学生的主体地位，
使小学生成为教学活动的主动参与者，只有使小学生积极地
参与到教学活动中，才能使小学生的"创新"品质得到培
养，才能使小学生在学习活动中真正体验到学习的美好，发
自内心地热爱学习。尊重小学生的主体地位并不只是教育的
理想，而是小学生所具有的主体性所决定的。因此，就数学
游戏而言，人的主体性决定了游戏要充分发挥小学生的主体
地位。主体性是个体所具有的独立性、选择性、能动性和创
造性，是人作为人的本质存在。主体性是在游戏中生成，在
游戏中赋予，并在游戏中发展的，因此，要使小学生成为数
学课堂教学的主体，就必须让小学生进行自主的数学活动。
在游戏教学中，由于其教学形式的开放性，可以为小学生的
学习提供一种很好的主动建构的环境。数学教学中小学生的
建构是存在于由师生共创的学习氛围与师生交流的环境之中
的，特别是有教师的指导，这才决定了小学生有目的、有成
效的建构活动。因此，数学游戏教学中小学生的自主活动并
不单是小学生个体独自地进行的，而是在教师指导下的"再

创造"过程。数学游戏教学是以小学生主体作用的充分发挥、自主活动为主的教学，但是，数学游戏教学作为一种特殊的活动，它的内容和时间是有限制的。作为学习内容的数学游戏主要是前人完成的数学，对小学生来说是间接经验，小学生不可能也没必要完全重复前人发现和创造的过程。"再创造"也只是简约式地再现数学结论的发现过程，数学游戏教学，是相对于数学结论的教学而言的。我们反对完全结论式的教学，但并不是说不要教数学结论。有意义的接受学习还是必要的，"过程与结论并重"才是最合理的，在教学过程中教师应该善于分析教材内容，根据内容的性质，引导小学生去经历、体验数学的发现过程，即使是一些结论形式的数学知识，也应是小学生积极参与的，而不是简单地由教学告诉的。另外，在小学生体验数学知识再创造的过程中，还可以充分培养小学生的自信心。自信心作为数学教育的目标之一，在小学生的数学学习中起着重要的作用。以往的精英教育模式把数学作为一个筛子，更多的是起到选择与淘汰的作用，其结果是导致一代代的年轻人对数学没有兴趣，在数学面前自信心受到极大的伤害。很多人以一种被淘汰者的心态走向社会，这种心态会影响他们一生的发展。目前，世界上许多国家和地区都把培养小学生的态度情感与自信心作为数学教育的一个目标，以此促进小学生运用数学解决问题的能力。

在数学教学中合理地利用数学游戏，可使小学生在参与游戏的过程中自主性、独立性、能动性和创造性都得到张扬和提升；实践能力和创新精神、创造性思维得到锻炼和培养；自主探索、合作交流的能力，以及意志品质、态度情感等因素也得到锻炼和培养。这有利于改革以书本知识为本位的传统教学，实施以小学生发展为本位，以小学生学习为本位、以开放为本位和以提高小学生整体素质为目的的教学，能对新课程的实施起到推动作用。

（摘自：http://www.17xing.com/class/diary/detail.html?diaryid=2290835&id=444752）

专题小结

小学数学游戏具有重要意义：激发和培养数学兴趣；培养和形成数学素养；培养合作精神；培养创造精神；促进学生在发现中学习数学，能实现和达成多方面的教学目的。

进行数学游戏教学的基本原则和方法

一、数学游戏教学的基本原则

1. 趣味性原则

趣味性是游戏的主要特征。游戏把现实生活中的各种因素经过加工、提炼，成为生活缩影，能够使游戏者体味到生活的快乐。游戏中所创设的情境，和现实世界、游戏者身边的生活有很大的联系性。在数学游戏中，游戏采取数学谜语、数学魔术、数学故事、数学活动等形式，具有很强的趣味性。游戏中所使用的道具，如魔方、扑克牌、棋类玩具（中国象棋、国际象棋、跳棋、军棋等）、卡通玩具（面具）、模型、购物券、学习用具（铅笔、小刀、直尺、圆规、蜡笔、彩色笔、剪刀、双面胶、贴纸等）等物品都是游戏者十分熟悉和喜欢的，能够极大地引起游戏者的兴趣，游戏者能够带着好奇和探究的心情，十分投入地参与到游戏中。

游戏所创设的情境有时也不全是和生活相吻合的情境，有极大部分和现实生活相差较远。比如，通过给游戏者讲述数学家的故事、历史上有名的数学谜语等情节，可以激发游戏者或向故事中的人物学习，或向故事中的人物挑战。一些游戏所创设的情境也是虚拟的生活情境，比如和童话故事中的人物一起游戏，实现童话中的美好愿望等。创设童话类似的情节可以开拓游戏者的思维，激发他们的灵感，使他们感受到游戏的快乐。同时，许多游戏都设有一定的奖励原则，新颖、独特、刺激、好玩的奖励方式和小小的奖品能给游戏者带来浓厚的学习热情，让他们回味无穷。这些都体现了数学游戏的要求。

2. 自由性和规则性原则

自由性不仅指游戏形式的自由，而且游戏的内容也是自由的。它能够使游戏者自由发挥，在游戏中，游戏者的思维能够自由发展，不受约束。真正的游戏不为外物所限制，而有自己内在的目的。所以，

专题导读

有别于传统数学教育，数学游戏教学使学生不再害怕数学，不再对数学存在敬畏感。它使学生感受到数学就在自己的身边，从而对数学产生了亲切感。同时数学游戏教学寓教于乐的特点已经为一些教师所认识，并在教学实践中探索和运用，提出了一些基本原则和基本方法。

在游戏中游戏者要摆脱一切外在的目的和压力，完全投入和沉浸在游戏之中，被游戏所吸引，达到"物我两忘"的境界。可以说，没有自由就没有游戏，但自由并非恣意妄为，它需要规矩和规则。当然这种规矩是游戏继续的根本要求，可以说它是游戏存在的条件，是游戏内在的需要。因为"只有当游戏者全神贯注于游戏时，游戏活动才会达到目的。谁不严肃地对待游戏，谁就是游戏的破坏者。游戏的存在方式不允许游戏者像对待一个对象那样去对待游戏"。一句话，游戏是一种在某一固定的时空范围内进行的自愿的活动或消遣，它以自身为目的，其规则是游戏者自由接受的，但又有绝对的约束力。

我们强调游戏的自由性，并不排斥游戏的规则。正如没有规矩难成方圆一样，游戏需要一定的规则。游戏的规则是游戏得以延续和发展的必要条件，它是每个参与的游戏者所必须遵守的，正是在这些规则的约束下，游戏者才能体验到游戏的快乐和趣味。就数学游戏教学而言，游戏的规则更是必要条件。游戏教学是在课堂中进行的教学，需要一定的纪律约束，否则，课堂秩序混乱，组织无序，教学效果甚微。同时，多数的游戏伴有一定的竞争因素，只有竞争公平，才能激发游戏者参与的热情、游戏者的创造力和创造热情。这就需要教师或者游戏编制者在编制游戏或组织游戏的过程中，既要考虑到游戏的自由特性，更要注重游戏的规则，制定详尽、必要、恰当的规则能够使一个游戏经久不衰。

3. 开放性原则

开放性，既指游戏者心态和游戏者间关系的开放，也指游戏形式和内容的开放。在游戏中，游戏者全身心沉浸于游戏之中，游戏者之间能够相互敞开，又相互接纳，从而不断实现视阈融合和精神的拓展，这就是我们所指的"对话"。游戏的"对话"使游戏者不断从一种可能性迈向新的可能性，在"往返重复"中不断更新自己。这正是伽达默尔所强调的游戏的"特有的精神"。他说："对于人类的游戏来说，富有特征的东西是游戏自身某种东西"，正是这些魅惑力的东西使游戏把游戏者卷入其中。"游戏的真正主体并不是游戏者，而是游戏本身"。所以，游戏靠它特有的内部秩序所规定的境域是有限的、封闭的，但同时又是无限的、开放的。游戏的开放性使得游戏者能够真正投入到游戏中，使自己的思维畅通和精力无限释放。

数学游戏非常注重开放性。在数学教育中，数学开放题已经成为全世界数学教育者所共同关注的一个热点。开放题的开放性吸引了无数数学教育家，因为它能够培养思维的深刻性、思维的灵活性、思维的批判性、思维的创造性。因此，和开放性问题的数学教学模式相一致的数学游戏教学也具有这一特性。数学游戏的开放性，有助于游戏者（学生）更积极地参与到数学课堂中间，能够经常表达自己的真实想法。游戏者之间能够通过游戏这个中介，展开"对话"和交流，培养他们的集体团队精神。通过数学游戏，学生可以拥有更多的机会，全面地使用数学知识和数学技能，所有的学生（包括成绩较差的学生）都能够以他们自己的方式回答和解决数学问题。

4. 体验性原则

体验性指的是游戏者能够真正进入到游戏所创设的情境，能够自由发挥，体验到游戏的真本和游戏的乐趣。虽然从形式上看，游戏是假想的、虚构的，和真实世界有一定的距离。但从本质上看，游戏者在游戏中获得的体验却是真实的，感受是深刻的。在游戏中，游戏者把自身完全交付游戏，没有真实与虚幻之分，无所谓主体，也无所谓客体。游戏者与游戏世界直接"遭遇"，其身心与游戏世界不可分割地融合在一起。这里，不仅人的意识处于"悬置"状态，而且一切事物都富有了生命意蕴。因此，这种体验也必然是本真的。

数学游戏所追求的目标之一就是要让数学回到生活中，让数学成为"大众数学"，让学生体会到数学就在身边，学习数学容易，也能够运用到实际中，使得数学教育面向全体学生，实现人人学有价值的数学、人人都能获得必需的数学、不同的人在数学上得到不同的发展。这正体现了游戏的体验性原则。在数学游戏中，游戏所创设的情境和游戏者的实际生活相贴近，但又不同于实际生活。通过一个个实际的有趣的游戏，游戏者可以体验到生活的情趣，能够品到成功的滋味，也能够尝到失败的苦果，能够丰富他们的生活经历。

5. 创新性原则

创新性是游戏所遵循的基本原则，游戏能够使游戏者感到有规律可寻，也能够使游戏者面临挑战，诱发他们进一步的思考。游戏者可以在游戏中展现他不平凡的想法，教师要支持并鼓励学生不平凡的想法和回答。当学生提出独特的意见或想法时，如果教师暂缓判断，给予支持和鼓励，不但增强了此学生的反应，而且往往会影响到全体学生，使他们也勇于表达，进而造成热烈讨论的气氛，此为创造性思维教学的起点。学生都是朝着教师鼓励的方向发展，教师鼓励学生创新，学生就会成长为一个创新者。

创造力不仅表现在认知能力（敏锐力）、流畅力、变通力、独创力、精进力等能力上，也表现在其情致态度、好奇心、冒险性、挑战性、想象力上。创造力的表达方式也不仅限于纸笔，在唱歌、美术、语言、动作方面皆可涉及。因此，教师在教学中应让学生有机会充分表达自己的作品，他们可以用故事、唱歌、绘图或捏泥巴的方式来表现。而游戏教学就给他们提供了这样的平台，学生能够尽情、自由地施展自己的才能。

二、数学游戏教学的基本方法

1. 竞赛

竞赛是游戏的基本方法之一，通过竞赛可以激发游戏者参与的积极性。能满足学生好胜与好表现的欲望，能有效地增强学生的竞争意识与创造能力的培养。竞赛可以是团体（小组）赛，也可以是个人赛；可以是抽签答题，也可以是抢答；可以是书面答题，也可以是口头回答。为了使竞赛能对绝大多数学生起到激励作用，应注意以下两点：①按"组内异质，组间同质"分组竞赛，这样多数学生都有获胜的机会。②鼓励学生自己和自己竞赛。争取这次成绩比上次好。许多游戏都采取了小组竞赛的方式。小组与小组之间的竞赛可以给游戏带来趣味性和挑战性，吸引游戏者积极参与。比如，在国际贸易游戏中，各游戏组间的激烈竞争是现实世界各个国家之间相互竞争的充分体现，这种带有奖励先进者和成功者的竞争性游戏，能够让学生从游戏中学习到数学知识的妙用，也可以体会到竞争的残酷。

2. 观察

通过观察数学现象，可以培养与加强学生头脑中"数"和"形"的基本概念、培养学生数学意识和敏锐的观察力。比如观察由几何图形拼成的人、树、桥、兔子等是由哪些图形组成的？观察雪花的形状、观察一组算式有何规律等。

3. 猜想

通过猜想可以让学生展开想象力，进行合理的推测和验证。比如猜一袋水果有多重？一捆筷子有多少根？一栋楼房有多高？还会有什么结果？等等。

4. 操作

操作包括实验、模拟、绘制、创造等。操作是游戏的基本方法。操作与制作是一种手、眼、口、脑多种感官参与的活动，它体现活动课"做"中学的特质。动手操作不仅符合小学生活泼好动的特点，也有利于激发学生的兴趣，而且通过动手操作还能将某些规律性的数学知识形象直观地展现在学生面前，促使学生进一步展开思维活动。数学游戏课操作的内容很多，如几何图形与形体的拼一拼、搭一搭、剪一剪、叠一叠等。操作是中低年级数学活动课的主要活动方式。让学生动手操作是游戏的主要形式之一，只有学生动手了，才能真正参与到游戏中，才能体会到游戏的趣味性和娱乐性。如上文提到的国际贸易游戏中，游戏需要制造"产品"，规定只有合格的产品才能够在市场上进行交易，这就是在检验游戏者的动手操作能力。游戏者运用自己的"劳动工具"——铅笔、圆规、直尺、剪刀，加上游戏者巧妙的思考和动手能力，才能制造出符合"市场要求的产品"，才能在"市场上销售"。

5. 角色扮演

角色扮演是一种实践活动，它让学生担任某一角色，并从事与这一角色相应的活动。角色扮演不仅可以增强学生的学习兴趣，而且还增进了同学之间的情感交流。游戏中所创设的情境都是游戏者所熟悉的，比如，让学生开展模拟的"小小超市"，开展模拟的拍卖活动，进行短剧表演，开展国际贸易活动，开展模拟小法庭，开展小聚会或派对等，这些来源于真实生活的、和现实世界相联系但又不同于现实的小活动，需要有各自的角色，只有不同的角色进行不同的活动，游戏才有其应有的效果，有趣味性，有情境感。在这些情境中，学生在表演不同角色进行游戏的过程中，运用数学知识，发展数学思维，既能够体会到游戏的情节，也能从游戏中体会到一定的情感、态度、价值观。

综上所述，我们提出的数学游戏教学不同于数学游戏。后者主要是一种智力游戏，它更需要一种数学天赋和专业的训练，不太适合于数学课堂教学。数学教学游戏主要是根据当代小学数学课程与教学的基本理念，针对数学教学内容和一般学生的心理和学习特点而设计的教学游戏。从教师角度来说，数学教学游戏可以调动学生的主动性和积极性，从学生角度来说，数学教学游戏可以让他们学得主动而愉快，并能在游戏中建构数学、体验数学、培养数学思维和数学精神以及现代社会所需的一些基本品质——合作、交流、创造、相互欣赏和尊重。

思考活动

结合个人经验和体会，谈谈小学数学游戏教学可以运用哪些方法。

扩展阅读3

游戏是儿童酷爱的一种活动。游戏引入课堂，开始是作为一种辅助的教学手段，现在已发展为一种重要的教学方法——游戏教学法。游戏教学是指寓教学内容于游戏中，让儿童在玩中学，在学中获取知识，增长才干。在小学低年级数学教学中，游戏教学显得尤为重要。下面就一年级数学如何开展游戏教学谈些认识。

一、游戏导入，激发兴趣

兴趣是最好的老师。它是学生主动学习，积极思维，勇于探索的强大内驱力。为了使学生对新课产生兴趣。教师可以根据儿童的心理特征，精心设计形式多样、新颖有趣、儿童喜闻乐见的各种数学游戏，从而使学生一开始就进入最佳的学习状态。

例如教学"4的认识"时，我就设计了"游动物园"的游戏。上新课前我先说："小朋友，你们喜欢游动物园吗？"孩子们都兴奋地说："喜欢！""好！老师就带你们去看一看动物园中可爱的动物，有的动物如熊猫还是我国的国宝呢！"接着投影出示动物园里的各种动物图，并让学生仔细观察。然后问："谁能从这些动物中找出数量'4'吗？"孩子们争先恐后地说出了很多数量是"4"的东西。如：老虎、大象、熊猫等都有4只脚；有如：一头大象有2只耳朵，两头大象有4只耳朵，两头大象还有4只眼睛，4颗象牙；有如：地上有3只猴子，树上还有1只，一共有4只猴子等。这样，不仅儿童饶有兴趣地投入到新课学习中去了，而且使学生感到生活中处处有数学，从而激发学生学习数学的兴趣和动机，同时学生的观察能力也得到训练与培养。

二、课中穿插，悟理益知

儿童注意的特点是无意注意占优势，有意注意不易持久。因此儿童学习一段时间后，就容易注意力分散，精神疲倦，思维松懈，有时还玩一会儿与学习无关的东西。所以在教学中间，把教学内容转换成游戏活动，穿插安排，这样可以使学生在玩中悟理益智，形成积极思维的心向。

例如，我在教学"7的加减法"时，上课十多分钟后，发现不少学生出现注意力不集中的现象。于是，我就进行猜数游戏，我展示出了一幅小老鼠背土豆的画面。画面的小老鼠背着土豆飞快地跑着，它边跑边喊："妈妈，我背回17个土豆。"但是它的袋子烂了它一点儿也没有发现，画面上看见已经掉出了4个土豆。我边讲故事边引入，孩子们一下就被这个故事吸引了，于是我接着引出下面的问题："小朋友，请你猜一猜，小老鼠回到家时，袋子里还能剩几个土豆？"要求填出下面的算式，并说明理由。（　）+（　）= 17，17 -（　）=（　）。

学生1："袋子里还剩13个土豆。因为掉了4个土豆。4和3组成7，所以算式应写成（13）+（4）= 17，17 -（4）=（13）"。

学生2："还可以填成（4）+（13）= 17，17 -（13）=（4），因为17个土豆减出袋子里的13个等于掉了的4个。所以袋子里也是剩下13个土豆。"

学生3："不对！不对！因为袋子是烂的，小老鼠边跑土豆边掉，等到回到家时，可能土豆已经掉光了，袋子里一个土

豆也没有剩下。所以算式应该这样填17 +（0）=（17），17 -
（17）=（0）。"还有些学生说："还有别的填法。"大家你
说你的填法对，我说我的填法对，争先恐后地猜数、填数，生
怕老师没有叫到他，这时课堂气氛十分活跃，学生的精神不
但集中了，思维也积极了，学生不仅掌握了"7的加减法"知
识与技能，而且提高学习的积极性，培养了思维的灵活性与
敏捷性。

（摘自：http://teach.suqian.gov.cn/?uid－7605－action－viewspace－itemid－207303）

专题小结

　　小学数学游戏教学需要遵循和体现一些基本的原则：趣味性原
则、自由性和规则性原则、开放性原则、体验性原则、创新性原则，
有竞赛、观察、猜想、角色扮演等基本方法。

专题四

当前数学游戏教学中存在的问题及其对策

专题导读

　　数学游戏教学是非常复杂的过程，老师们对其认识和运用也面临各种不可预料的影响因素，实践中不同程度地暴露出一些问题。正视并认清这些问题的缘由所在，才能有针对性地找到解决问题的对策。

一、存在的问题

（一）欠缺有关数学游戏方面的系统理论指导

　　我国数学游戏课程的研究由于起步较晚，理论探索深度不够，所
以在理论系统方面还存在如下问题。

1. 对数学游戏课程的本质研究不够深入

　　这是由于一直以来对"课程"本质的狭隘理解造成的，即长期
以来将课程窄化为科目，认为"课程和学科是等同的"，从而做出数
学游戏课程应从属于数学学科课程的结论，将数学游戏课程放在辅助
和被支配甚至可有可无的地位，造成数学游戏课程价值不大的错误认
识。由于对数学课程本质研究欠缺，加上没有从整个教育历史发展的

**数学游戏教学要注意
适宜性**

我国数学游戏教学
理论探索不够、实践经验
不足，出现了"假游戏"、
"为游戏而游戏"、"游戏
不当"、"游戏无意义"等
诸多问题。因此，数学游
戏教学必须注意适宜性，
要注意体现数学教学目
的和任务，要紧扣数学教
学内容和情境，要始终致
力于数学思维与素养的
发展。

全过程理解数学游戏课程对人发展的价值和意义，从而错误地提出数学游戏的实质只是教学的辅助方法和手段，不能与课程相提并论。数学游戏究竟应是什么，从本体论而言仍没一个科学的界定，这种本体论认识的欠缺是数学游戏课程价值认识误区的根本原因所在，对数学游戏课程的实质不能准确把握是现实游戏课程实施中理论研究不够的重要表现之一。

2．欠缺完整的理论体系

由于对数学游戏课程欠缺系统的研究，造成许多有关理论仍停留于实践层面的经验总结，或游戏本身的收集。对作为一个整体的数学游戏课程理论而言，完整性显得尤其欠缺，比如有关数学游戏的形式与内容、组织原则、目标与模式，据我们所知还没有系统的、深入的理论出现。

（二）数学游戏操作层面存在误区

由于没有系统的理论研究指导，相关的观念没有建立或转变，小学数学教学中的游戏出现了种种不太合理的方面，主要表现如下。

1．学科化倾向严重

在实践中，将游戏课程等同于课本知识教学，并囿于其中，且有将数学游戏课程学科化的倾向，主要表现为：第一，游戏课程内容的设计拘泥于学科课程的范畴，深度有余，广度不足。从而将数学游戏课程在目标上只是满足于数学学科课程的目标，只是作为数学课程的延伸和加深。第二，数学游戏内容的组织套用学科课程的逻辑，"教科书化"现象严重，数学游戏课程仍是针对数学学科知识点的有序排列，并以数学学科课程为基础形成数学游戏的组织、选择、编排原则，数学游戏课程目标也停留于传统知识内容的达成，在很大程度上忽视了数学思维、能力、兴趣、情感的培养，从而偏离了开发数学游戏的本意，使其走向学科化。

2．游戏的内容与形式理解狭隘

数学游戏课程实施过程中，对数学游戏形式开发的角度单一，往往将其游戏形式开发的维度局限于游戏本身，即仅仅从游戏的形式来开发数学游戏的形式。而忽视了数学本身也是游戏开发的一个重要维度。

其实数学游戏可以从两个维度研究开发，其一从数学本身，包括数学与数学家的故事，自然与生活中的数学及其趣闻；其二则从游戏出发，包括数学猜想、数学发现、数学创造与数学竞赛。

3．数学游戏还未成为重要的教学方式

现在所存在的数学游戏只不过是数学课堂知识教学的附庸、点缀，数学游戏只是被穿插在数学知识教学过程中，作为一种课堂气氛的调节手段、练习的辅助形式而存在的。

二、对策

首先，数学游戏的教学须建立在现代数学观和数学教育观的基础之上。只有建立在现代数学观和现代数学教育观之上，处理好数学、数学教育与社会、文化之间的关系，充分认识到数学的生动性、创造性、变化性、活动性，才能真正将数学游戏作为一个独立的活动纳入到小学数学课程和教育之中，弥补和完善现实小学数学课程与教学的不足和缺陷，从而才有可能从一个全新的、广阔的视阈去重新审视和思考数学与数学教育、数学课程和数学教学，改变数学和数学教育僵化、严肃、令人疏远、害怕的面孔，使数学和数学教育成为生动、有趣、亲切现实的、富于创造性和审美情趣的活动，使数学游戏不再作为一个花架子（为了体现教学的生动性）摆放，或仅仅作为知识教学的一种练习。

其次，完善数学游戏的理论体系和实践操作体系。在重新审视数学与数学教育的基础之上，进一步开展数学游戏课程的本质、目的、组织、原则、形式和内容的理论研究工作，并用课件的形式设计出具体的、可操作的数学游戏，真正建立起以数学游戏为主要教学形式（小学低年级）或主要辅助形式（小学中、高年级）的教学观，把数学课程与教学变成生气勃勃的、充满乐趣、美和创造的活动，并力求使之确实成为一种教学行为。

思考活动

结合你的一些观察和感受，谈谈当前小学数学游戏教学存在哪些问题，该如何应对。

扩展阅读4

为使小学数学课堂教学变得更加生动、活泼，充满艺术性，许多教师千方百计地将游戏引入课堂。这种游戏与教学联系在一起，使带有一定强制性的教学过程与儿童在游戏中体验轻松愉悦的情感得到了有机的结合，吸引了学生的注意力，增添了学生学习的兴趣，活跃了学生的思维，使学生对知识的掌握、技能的运用和情感的陶冶起到了一举多得的好效果。然而，笔者通过听取多次数学课，对运用游戏教学的情况进行了分析，发现存在不少弊端。下面针对存在的弊端及其对策谈几点个人的看法。

一、运用游戏教学存在的弊端

1. 游戏内容与教学内容相偏离

运用游戏教学本来是使教学内容变得更加形象、生动而有艺术性，是具有积极意义的，然而，笔者发现有的教师运用游戏的内容与教学内容严重脱离实际，有的甚至风马牛不相及，教学游戏便成了一般的娱乐游戏，其结果只是给孩子们带来一阵欢笑。如一位教师在教学"加减乘除混合运算"时，组织学生做"按个子高矮顺序排队"的游戏，其游戏内容与教学内容无任何关联。这种为游戏而游戏的做法，完全失去了游戏在教学中的意义与价值。

2. 游戏形式陈旧、单一，缺乏创新性、思维性

运用游戏教学，可让学生活跃气氛，增添学习兴趣。然而陈旧单一的游戏形式，也会给学生带来厌倦感受。如许多教师上课时经常运用"找朋友"、"对口令"游戏。起初，同学们还有新鲜感，后来运用多了，便觉得腻烦，有时甚至还产生反感情绪，给教学带来一定的消极影响。

3. 游戏组织混乱

课堂游戏组织无力，学生活动的秩序较差，结果收效甚微。如一位教师为调动学生做计算题又快又准的积极性而组织"争红旗"游戏，把8名学生分成两组，出示8道计算题，以老师所发粉笔为"接力棒"，一个接一个做题，看哪一组做得又快又准，获胜方将可争到"红旗"，其余学生做拉拉队。这样的游戏表面上很热闹，然而真正参与计算比赛的只有8名学生。其余学生只是在座位上逍遥自在，打闹起哄，营造了一个看似热闹，实则混乱的氛围。这样的游戏其意义究竟又有多大呢？

4. 游戏运用"量"多"质"低

课堂教学中运用游戏"量"多"质"低的现象也很普遍。曾有一位小学教师在讲授加法运算时，采用了五种形式的游戏：对口令、找朋友、摘苹果、小猫钓鱼、蜜蜂采蜜。学生忙得不亦乐乎，其实是疲于应付，而教学效果却事倍功半。

二、运用游戏教学要"明、精、严、巧"

为了真正提高游戏运用的质量与效益，避免上述现象的出现，在课堂上运用游戏教学还须注意以下几点。

1. 运用游戏目的要"明"

教学游戏是寓教育教学内容于游戏之中，以提高教学效率的一种方式。它与一般游戏的区别在于它是应用于教学过程中、结合教学目的而从事的游戏活动。其根本目的在于达到一定的教学目的，而一般游戏的目的旨在娱乐。因此，每一个教学游戏的设计都必须服从教学的需要，服从教材的需要，把抽象的甚至于枯燥无味的数学知识与儿童喜闻乐见的游戏形式有机地结合在一起，既要充分体现数学教学的特点，又必须充分具备游戏的特征。教学游戏的目的是"教学"，手段是"游戏"。教学为神，游戏为形；教学为内容，游戏为形式。离开了教学内容而设计的游戏，不是教学游戏，而是一种娱乐游戏。因此，在使用游戏教学时千万要注意这一点。

2. 设计游戏时构思要"精"

一个好的教学游戏，无论是内容还是形式，都应该对学生产生强烈的吸引力，也就是说，设计游戏要树立精品意识，满足学生喜新奇、厌恶呆板的心理。所以，在设计游戏时，一要注意不断推陈出新，给学生以耳目一新之感。教学中的游戏构思新点子越多，游戏过程越是有新意，学生参与游戏的积极性也就越高涨。此外，还要善变，千篇一律的东西不但不能引起人的注意，还会使人产生疲劳感。俗话说，"兵无常势，水无常态"，运用游戏时要特别注意变换的技巧，以去重复之弊端。此外，还要注意求"活"，在组织开展游戏时，强调教师的组织作用，更要重视学生的主体作用。要在游戏中留有让学生创造、活动的天地，让学生用脑想、用眼看、用耳听、用嘴说、动手做，学生始终是游戏的真正主人。

3. 组织游戏时秩序要"严"

游戏的顺利开展，需要较为完备、严密的规则。游戏规则是根据游戏任务而提出的、每个游戏参加者必须遵守的行为规范及行为结果的评判处理规定。它是游戏教学中控制学生认识活动和游戏活动的主要武器。教学正是通过游戏规则来引导游戏朝既定的方向发展，通过游戏规则把游戏与教学任务有机地结合起来。游戏还必须在学生共同参与协作下方可完成，因此游戏应面向全体学生，而不是少数学生的专利品。此外，组织游戏过程要完整、善始善终。游戏之前要讲明有关规定；游戏过程中要处理好个体与群体的关系、竞争与合作的关系；游戏结束后，要结合游戏开展讲评。

4. 运用游戏的时机要"巧"

教学游戏的运用并不意味着整个课堂充满游戏，也不意味着每一节课都非要安排游戏不可。不同的课中，不同的游戏所运用的时机不同。教师应根据教学目的、教学内容、课堂教学具体情况等巧妙安排，灵活运用。具体来讲，应做到：课始运用，先声夺人；课中运用，有张有弛，动静交错；课尾运用，高潮迭起，让人流连忘返。

（摘自：http://www.edudo.com/ziyuan/0605/16092.asp）

专题小结

我国数学游戏课程的研究由于起步较晚，在理论系统方面还存在一些问题，在数学游戏操作层面也存在误区。为此，数学游戏的教学须建立在现代数学观和数学教育观的基础之上，完善数学游戏的理论体系和实践操作体系。

推荐书目与文章列表

［1］［法］让·迪厄多内. 当代数学: 为了人类心智的荣耀［M］. 沈永欢译. 上海：上海教育出版社，1999.

［2］张春莉，王晓明. 数学学习与教学设计［M］. 上海：上海教育出版社，2004.

［3］［美］帕帕斯. 数学的奇妙［M］. 陈以鸿译. 上海：上海科技教育出版社，1999.

［4］［美］帕帕斯. 数学趣闻集锦［M］. 张远南等译. 上海：上海教育出版社，1998.

［5］［美］马丁·加德纳. 引人入胜的数学趣题［M］. 林自新译. 上海：上海科技教育出版社，1999.

［6］朱智贤，林崇德. 思维发展心理学［M］. 北京：北京师范大学出版社，1986.

［7］李善良. 现代认知观下的数学概念学习与教学［M］. 南京：江苏教育出版社，2005.

［8］郭凯声. 数学游戏［M］. 北京：科学技术文献出版社，1999.

思考与练习

一、填空题

1. 最早纯粹关于消遣性数学问题的书籍出现于_____世纪。
2. 数学即游戏的观念在_____世纪数学变为一种职业以后仍然在发挥作用。

二、名词解释

1. 角色扮演
2. 数学游戏教学
3. 操作
4. 猜想

三、简答题

1. 简述数学与游戏的关系。
2. 简述游戏的基本特点。
3. 简述数学游戏教学法的特征。
4. 简述数学游戏教学法的原则。

四、论述题

1. 结合实际，论述数学游戏教学实践中存在的问题与对策。
2. 结合实际，论述数学游戏教学的基本方法。

第十章

小学数学综合实践与研究性学习

2000年9月，研究性学习作为必修课纳入教育部《全日制普通高级中学课程计划（实验修订稿）》，是综合实践领域（《标准》称"实践与综合运用"，下同）的基本内容，体现了研究性学习在面向21世纪基础教育的新课程体系中的突出地位。与此同时，研究性学习作为一种重要学习方式，日益广泛地渗透于各年级、各学科，已经被广泛运用于小学数学教学，也是小学数学综合实践运用的基本内容与主要方式。

本章尝试对已有研究性学习的含义进行反思和总结，理清研究性学习的内涵，阐明小学数学研究性学习的意义和目的，明确其实施所需要的条件，以推进研究性学习的深入实施。最后探讨了小学数学内容的综合实践领域及其运用。这也有助于更深入地理解研究性学习。

 ### 学完本章，你将能够：

1. 理解研究性学习的内涵和特征；

2. 理解小学数学研究性学习的意义和目的；

3. 掌握实施小学数学研究性学习的意义的策略；

4. 理解小学数学综合实践领域及其意义、特点。

专题导读

研究性学习属于综合实践领域，具有课程的含义，针对的是被动的接受学习，又具有学习论的含义。因此，到底什么是研究性学习，目前可谓众说纷纭。有必要对它的内涵及特征等问题展开讨论。

专题一

研究性学习概论

一、研究性学习的内涵

综合已有认识，研究性学习就是学生以类似科学研究的方法，以问题为载体，以课题研究为基本活动形式，在与被动接受式学习相对的意义上，自主自觉、积极探索地获取知识、应用知识、解决问题的学习方式。它本身包含着多种具体的学习方法，如观察法、调查法、访谈法、实验法、文献综述法等。

链接

研究性学习专题网站和资源库，可参见：http://www.yj.pte.sh.cn/。

其实在人类的教育实践中，历来包含着两种不同类型的教育形式：一是通过系统的传授，让学习者"接受"人类已有的知识；二是通过学生亲身的实践，让学习者"体验"到获得知识和使用知识的乐趣，自主建构自己的知识体系。如果把与前者相应的教育称为"传授性教育"，与之相适应的学习方式称为"接受性学习"的话，那么，我们可以把与后者相适应的教育称为"体验性教育"，与之相适应的学习方式称为"研究性学习"。研究性学习方式发展至今，它的内涵更丰富，意义更深远，它不仅仅是一种学习，更是一种发展。从一个人的全面发展来看，这两种教育和学习方式缺一不可，就像一个人的两条腿，只有两条腿都健壮，才能走得稳、跑得快。应当看到，这两种学习方式各有所长："研究性学习"在积累直接经验、培养学生的创新精神和实践能力方面有其独到之处；而"接受性学习"在积累间接经验、传递系统的学科知识方面，其效率之高是其他方法无法比拟的。因此，这两种学习方式在学科教学中都是必要的，而且是相辅相成的。今天强调"研究性学习"的重要性，是由于过去传统教学观念的影响，存在着过于注重知识传授，过于强调接受学习、死记硬背、机械训练的现象，学生的学习兴趣被忽视，学习主动性被压抑，因而不利于培养学生的创新精神和实践能力。因此，我们不能据此贬低"接受性学习"的价值。

作为一种学习方式，研究性学习与学科研究有着很大的区别。虽然在研究方法上大同小异（研究性学习是用类似于科学研究的方式），但两者的目的有着本质的区别。科学研究的目的是为了发现、得到新的成果。而研究性学习则主要是为了让学生从这一学习过程中学会运用基本的科学研究方法，提高学生发现和解决问题的能力，培养学生科学的态度和高尚的道德。在这里研究的结果并不是最主要的，重要的是学生在这一过程中所学到的东西。

二、研究性学习的特征

研究性学习不同于传授知识为主的授受式教学。授受式教学以学生理解、记忆和掌握知识为主要目的。知识具有系统性、层次性等特点，这些特点内在地要求教学具有一定的预设性和程序性。而研究性学习则主要是为了让学生从学习过程中学会运用基本的科学研究方法，提高学生发现和解决问题的能力，培养学生科学的态度和高尚的道德。在这里研究的结果并不是最主要的，重要的是学生在这一过程中所学到的东西。所以研究性学习的目的在于"改变学生以单纯地接受教师传授知识为主的学习方式，为学生构建开放性的学习环境，提供多渠道获取知识、并将学到的知识综合应用于实践的机会，促进他们形成积极的学习态度和良好的学习策略，培养创新精神和实践能力"。[1]由此可见，研究性学习具有探究性、生成性、开放性和自主性的特点。

1. 探究性

研究性学习的过程就是从问题出发，通过确立研究课题，搜集、开发和利用资源，进行深入研究，写出论文报告，进行成果展示。研究性学习中的问题多来源于学生自己提出的或在和他人的交流中产生的问题，没有标准的答案，需要以类似科学研究的方式，查资料，做调查或实验才能解决的具有探究性的问题。正是这些问题和解决的过程体现了研究性学习的探究性这一特征。

2. 生成性

传授和接受知识为主的学科授受式教学具有一定的预设性和程序性，因为它是以间接方式为学生提供大量知识的主要渠道。在授受式学习中，教师提供的知识主要以陈述性知识为主。陈述性知识是对世界的主张或陈述。这些陈述被组织成系统的知识就形成了学科或原则（例如数学、生物、历史、语言和心理学）。这些知识构成了我们的文化遗产，并且以符号的形式被保留下来。所以，陈述性知识多为前人积累的知识，这些知识不需要新生的一代亲自反复实践而得到，可以通过间接学习去理解、记忆，从而内化为自己的知识。因为知识一般具有系统性、层次性等特点，就要求授受式教学具有一定的预设性和程序性。

研究性学习并不对立于授受式教学

研究性学习与授受式教学都是人类最基本的教学方式，各自适用于不同的知识类型、教学情境和教学对象的教学，互为补充。过去教学的问题就是过于注重授受或把授受教学作为唯一方式。

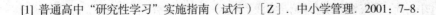

[1] 普通高中"研究性学习"实施指南（试行）[Z]. 中小学管理. 2001: 7-8.

研究性学习主要是类似研究的学习

研究性学习在科学精神、操作程序和思维方式上与一般意义上的研究相同，但在性质和目的上还是有所不同的，即不是为了发现、得到新的成果。

研究性学习侧重于培养学生发现问题、解决问题的能力，并以学生感兴趣的问题为核心而展开。学生解决问题的过程也就是课程和教学建构的过程。在这一过程中，课程的开发并不依赖于专家学者的权威，教学的过程也不完全由教师操控，而是依赖于学习者与周围的环境、指导老师以及合作者之间的交互作用。"在传统的预设课程活动中，教师只是作为既定课程的阐释者与传递者，学生只是作为既定课程的接受者与吸收者。而对于生成性课程来说，教师和学生都是参与课程建构的有机组成部分，他们既是课程的传递者、吸收者，又是课程的开发者与创造者。"[1]课程的开发与组织过程基本上与学生的探究学习过程合二为一。研究性学习自始至终离不开学生的自我建构，研究性学习的目的只有在学生的自我建构中才能实现。研究性学习的运行和对学生的影响都是一个渐进的不断生成的过程。

3. 开放性

研究性学习课程的整个过程，可以简单地划分为进入问题情境、实践研究和总结表达交流三个阶段，每个阶段都体现出研究性学习课程具有开放性这一特征。

（1）从进入问题情境这个阶段来看，课题内容具有开放性。研究性学习课程的内容不局限于特定的学科知识体系，更多的还来源于自然、社会和生活中学生感兴趣的问题。这一开放性使研究性学习课程冲破了在学科知识的序列中寻找课程学习内容的限制，将课程内容开放到现实社会生活中，从中寻找具有探索性和操作性的问题。

（2）从进行实践研究的阶段来看，这一阶段涉及的研究资源、研究时空和研究的组织形式都具有开放性。

首先，研究资源是开放的。由于要研究的问题多来源于自然和社会而不是书本，所以课题研究中资料收集也是来自多方面的，可以来自书本，但更多的是通过调查、访问、上网搜索等途径获得资料。

其次，研究时空是开放的。研究性学习课程所要做的探索，学生可以在校内进行，也可以在校外进行；可以在学校规定的课时内完成，也可以在课外时间进行。其在时间和空间上都具有很大的弹性。"一般来说，学生的研究性学习课程由课内延伸到课外，由校园扩展到社会，实现了课内与课外、学校与社会的有机联系。"[2]

最后，组织形式的开放。一般来说，研究性学习课程根据学生自身的特点和需要自主选择课题和组织形式，可以个人独立研究，也可以几个人合作研究，因学生能力有限，小组合作的形式更值得提倡。小组内成员的分工也可视具体情况而定。在研究过程中还有一个值得

[1] 夏正江，梅珍兰. 对研究性课程内涵的一种解读［J］. 教育研究. 2001，（6）.
[2] 王升. 研究性学习的理论与实践［M］. 北京：教育科学出版社，200217.

注意的问题就是，解决研究问题所涉及的知识一般都具有跨学科性。在研究性学习过程中所确立的选题都是开放性的问题，比如探讨某地环境问题的现状、产生的原因及影响，并提出可行的防治措施。要有效地解决这一问题不仅涉及地理方面的知识，还涉及化学、数学等方面的知识。由于社会系统极为复杂，每一个社会问题都会涉及人文与科学的综合知识，分割状态的学科式的问题几乎很难遇到。因此，对某一问题的研究常常需要做出跨学科的努力。

（3）从总结表达交流阶段来看，这一阶段的形式和评价方式都是开放的。在形式方面，成果汇报既可以采取由小组推荐一人负责，其他人作补充的形式，也可采取小组内成员每人负责一部分的形式，可以展示也可以表演，在形式上不拘一格。研究成果的评价具有开放性。学科课程中对学生作业质量的评价只是与事先设计好的标准答案作对比。而研究性学习课程允许学生按自己的理解以及自己喜欢的方式去解决问题，允许学生根据所掌握的资料，依照自己的思维方式得出不同的结论，只要研究方法正确，结论有据，学生的研究项目就是成功的，而不是追求结果的唯一性和标准化。

研究性学习课程的开放性使学生摆脱被动封闭的学习环境的禁锢，以积极主动的姿态去探索、去尝试，去谋求个体潜能的充分发挥。

4. 自主性

研究性学习一改学生被动接受知识的学习方式，将学生的需要和兴趣置于核心地位，鼓励学生自主选择，积极主动地去探索、尝试。从选题、收集分析资料到成果展示，在整个学习过程中，学生始终拥有很大的自主性，能够对学习过程进行自我设计和自我调控，而教师只是一个指导者和帮助者，仅仅在必要时给学生以研究方法和学习条件方面的指导和帮助，使学生的主动性得以充分发挥。

研究性学习课程具有探究性、生成性、开放性和自主性这些鲜明特征。在课程的开发和实施中，只有抓住这些特征，才能使其得以有效的实施，不至于流于形式或与学科课程混为一谈，并在与小学数学教学的紧密联系和渗透中，成为小学数学教学的重要方式。

思考活动

请结合个人体会和观察，谈谈研究性学习的特点。

扩展阅读1

研究性学习是学生在教师指导下，从自然、社会和生活中选择和确定专题进行研究，并在研究过程中主动地获取知识、应用知识、解决问题的学习活动。

研究性学习的开展，对于改变学生在教室里等老师教知识，学生在课堂上被动接受知识的学习方式，对于教会学生学会学习，学会寻找解决问题所需的信息、资料、数据并不断提高思维能力，进一步增强主体意识，对于引导学生学会用多种方法思考问题，尝试用相关学科知识分析和解决问题，对于引导学生在亲身体验成功与失败、发现与创造中初步获得科学研究的一般方法，对于培养学生的探索精神，对于培养学生的团队精神与合作意识，都有着极其深远的意义。拥有这些，在未来的生活中将会是一笔不小的财富。

1. 学习内容是综合开放的

研究性学习无固定的、统一的课程内容，许多来源于学生的学习生活和社会生活，立足于研究、解决学生关注的一些社会问题或其他问题，涉及的范围很广泛。它可能是某学科的，也可能是多学科综合、交叉的;它可能偏重于实践方面，也可能偏重于理论研究方面。学生可根据自己的兴趣或经验，从不同视角出发，运用不同方法和手段进行研究。

2. 学习过程需要积极主动参与

在研究性学习过程中，学习的内容是在教师的指导下学生自主确定的研究课题。学习的方式不是被动地记忆、理解教师传授的知识，而是敏锐地发现问题，主动地提出问题，积极地寻求解决问题的方法，探求结论的自主学习的过程。

研究性学习多采用小组学习形式，这不仅有益于个人发挥特长，而且有助于培养每个学生的责任感和协作精神，体验到个人与集体共同成功的快乐。

3. 学习过程强调实践体验

研究性学习强调理论与社会、科技与生活实际的联系，特别关注环境问题、现代科技对当代生活的影响以及与社会发展密切相关的重大问题。

4. 重视创造能力的培养

学生应在研究性学习过程中充分发挥创新潜能，提高自己的创造能力。创造力是一种综合能力，是知识、能力、人格的有机融合和相互促进，是人的一种潜能。

具体地说，研究性学习的特点表现在如下几方面。

第一，在研究性学习中"学什么"要由同学们自己选择。

研究性学习没有统一的教材，而是以同学们提出的问题为中心展开。即使学校或班级提出一个研究的主题，从这个主题派生出来的问题也是要靠同学们自己去思考选择的。凡是你看到的、听到的、想到的所有感兴趣的未知问题都可以作为研究性学习的内容。

比如，有个同学在路上经常遇到外地游客向自己打听路线，他认为作为一个旅游城市居民应该给来访的客人提供更多的方便，通过和几个同学商量，他们选择了自己研究性学习的方向——公交线路查询系统研制。

第二，在研究性学习中"怎么学"要由同学们自己设计。

由于研究性学习的内容丰富多彩，问题各不相同，所以研究问题解决问题的途径、步骤、方法也就不可能统一步调整齐划一了。与同学们熟悉的课堂学习方式相比，研究性学习整个处于开放的状态，真是"海阔凭鱼跃，天高任鸟飞"。

在研究性学习的具体方法上，则需要同学们依据自己的问题选取不同的解决方法，如历史资料法、实验研究法、调查研究等。

第三，在研究性学习中"学到什么程度"要由同学们自己做出预测和规定。

一个研究性学习的周期以提出问题为起始，以解决问题为归宿。但是，人们对任何事物的认识不可能终止，对任何问题的解决也不会一劳永逸。所以，依据外界条件限定和内在基础能力，同学们对提出的问题到底解决到什么程度，只能自己预先订立一个合适的目标。

（摘自：http://edu.sina.com.cn/l/2005-09-05/1210126348.html）

专题小结

研究性学习具有探究性、生成性、开放性和自主性的特点，日益成为小学数学教学中的一种重要教学方式。

专题二

小学数学研究性学习的意义及目的

一、拓展学生的知识视野，增强学生综合运用知识的能力

任何问题的解决都离不开一定的知识，而且知识越丰富、越深

刻，解决问题的可能性就越大，创造性就越强，速度也越快。所以，研究性学习虽然注重学习的过程，但并不排斥知识的学习和积累，只是对获取知识的方式进行了变革。因为不具备一定的从学科教学中获得的知识，开展研究学习便只能是无本之木，无源之水。研究性学习"使学生畅游于知识的海洋"，利用知识进行研究，在研究过程中获取知识和丰富知识，使他们的课堂在自身的主动参与下得到延伸，使他们的知识视野得到拓展。

数学来源于实践。现实生活、生产中处处蕴涵着数学问题，教师应创设条件，让学生走出校门、走向社会，了解数学在工农业生产、生活中的应用，体验数学的价值。

例如，"吸烟有害"的实践活动课中，让学生调查家庭中吸烟人数、香烟品牌、香烟价格，同时调查一名学生一年学习费用是多少，核算浪费的这些钱可以资助多少失学儿童等，使学生利用数字的对比，进一步加深对吸烟有害的认识，增强社会责任感。

再如：组织学生到附近工厂参观学习，请厂里的专家领导讲几年来工厂的发展变化、效益增长情况，体会改革开放以来工厂的巨大变化。

研究性学习不仅可以拓展学生的知识视野，还可以增强学生综合运用知识的能力。我们都知道，传统课程重在专门性知识，按一定逻辑顺序将知识分门别类。这样虽然知识十分专业和精细，但知识与知识之间却失去了联系，成了一块块孤立的知识板块，就像俗话说的"隔行如隔山"。在这样的学习状态下，人的思维也变得单一和僵化。而研究性学习是围绕问题来开展的，所以在知识维度上淡化了知识分割和学科之间的界限，使学生在解决问题的过程中综合运用学科知识甚至是各科知识。例如，春天到了，可以提出"怎样使我们的校园更美丽"的问题，设计《我心中的校园》的研究课题，组织学生开展实地测量、科学规划、拿出方案，向学校提建议。在这个活动中，仅是数学知识，就要涉及测量、计算、统计、画平面图等，不难看出，其中还涉及美术、文学、生物等学科的知识。

再如，"春游中的数学问题"的实践活动课中，针对春游中路线设计、乘车方案、购买门票等问题让学生进行科学的规划、设计，培养学生解决实际问题的能力。

二、培养学生的创新意识和创新能力

小学数学研究性学习往往需要围绕某一数学问题进行，其中更多的是采用自主研究模式，学生在研究性学习的探讨过程中不拘泥于书本，不迷信权威，不墨守成规。它要求教师尽量减少对学生的限制，并适时、适度地给学生以指导和帮助，鼓励学生充分发挥自己的主观能动性，独立思考，大胆探索，标新立异，积极提出自己的新观点、新思路和新方法，培养学生的创新意识和创新能力。

不仅如此，小学数学研究性学习以学生的活动为主体，让学生在有情、有趣的活动中，亲自感受，体验，更好地启动自己的内驱力，最大限度地发挥、发展自身各种智力因素，从而锻炼独立意识，培养创造精神。如在学习"圆柱、圆锥的体积"之后开设动脑筋活动课，主要内容有：①不用计量工具怎样判断圆柱体玻璃杯中的水多于一半，等于一半还是少于一半？②怎样利用量杯和水计量出不规则石头的体积？③用直尺和水怎样计量出酒瓶的容积？在老师的指导下，充分让学生亲身去体验、发现诸如"水的形状能任意改变，但体积不变"的道理，使之独立思考问题，解决问题，进而有效地培养学生的创造精神。

三、培养学生的信息素养和主动获取信息、处理信息的能力

信息素养（Information Literally）是现代社会公民所必须具备的素质。面对大量的社会信息，"教育系统承担着重大责任：它应使每个人拥有控制信息大量增加的手段……"[1]主要包括学生对信息的收集、选择与识别、加工与处理、综合与创新能力等。从认知心理学信息加工理论来看，学生开展研究的过程就是处理信息的过程。研究性学习的过程通常围绕着一个需要解决的实际问题展开，以解决问题和表达、交流、分享为结束。因而，研究性学习的重要目标之一，就是创设一种类似科学研究的情境和途径，让学生通过主动的探索、发现和体验，学会对大量信息的收集、分析和判断方法，从而增进思考力和创造力。

21世纪是信息时代，学会收集、分析、处理信息显得愈来愈重要，教师要善于引导学生把发生在自己身边的一些问题抽象出来，转换成数学问题并设计实践活动课。

例如，针对学生"零花钱过多，乱花零花钱"的现象，设计"手中的零花钱"实践活动课，让学生调查零花钱的来源、支出情况，分析零花钱的利弊，最后提出"培养勤俭节约，不乱花钱"的倡议和可行性方案。

再如，记录10天内的天气情况，分类整理，并进行简单分析，使

学生学会在信息社会中接收信息、加工信息、应用信息。

还有，不同面积的房间和厅堂，铺设不同质地、价格的地板木、地板砖，该如何装修才能既美观舒适又省钱？

四、培养学生的合作意识和学会沟通与交往的能力

"合作的意识和能力，是现代人所应具备的基本素质。现代科学技术的发展都是人们合作探索的结果，社会的人文精神弘扬也把乐于合作、善于合作作为重要的基石。但是在以往的课堂教学中，培养学生合作精神的机会并不多，且较多停留在口头引导鼓励的层面。"[1] 而在研究性学习中，小组合作学习作为基本组织形式贯穿研究过程始终。为完成共同的任务，学生们在与同伴分工合作、制订方案、收集信息、寻找答案、完成研究课题的过程中，必然涉及怎样协调责任分工和人际关系，怎样调动每个人活动的积极性，学会如何倾听别人的意见，如何表达自己的观点，如何与他人共同分享研究成果。因此，合作与交往的能力就会在探究过程中得以形成，得到发展。

典型案例 1

反比例的研究性学习

在学习反比例后，教师向学生指出自行车上有两个齿轮，能否利用自行车来完成1000米越野长跑距离的测定工作。学生经过思考后纷纷举手发言：根据"齿数×转数＝总齿数"的数量关系，可以知道两齿轮在链条的传动下，各自经过的总齿数是相等的，所以大小齿轮的齿数和转数成反比例，只要知道大小齿轮的齿数和车轮直径，这个测定工作就能完成。学生利用星期天分小组亲自实践并将探究情况和实践结果记录下来，其中充满着独立探讨与合作研究的过程，这种独立与合作是相辅相成、双向互动的，但更多地体现了学生间的合作交流。当他们通过实际测量后发现测量结果和理论数据不一致而且有较大误差时进入了思索阶段，这时的合作交流发挥了作用。一个组长对教师讲：当时组内四人测得的数据分别为200、195、196和203，后来各人又将自己在测量途中的情况你一言我一语地汇集

[1] 钟启泉，崔允漷，张华. 为了中华民族的复兴为了每位学生的发展——基础教育课程改革纲要（试行）解读［M］. 华东师范大学出版社，2001：136.

起来，归纳了出现误差的三大原因是——曲线前进，刹车、趟车现象和车胎气不足。在注意上述情况后又重测了一次，得到四个数据分别为：198.5、197.5、198和196.5。我们感到这次和理论数据接近了，但仍有差距，当我们为此而困惑时，一个同学突然提醒大家，在步测时可以先量出50米，用均匀的步子直线行走三四次后算出平均数，那么我们车测也可以算平均数呀！当我们将前后两组四个数据分别计算平均转数时，（200 + 195 + 196 + 203）= 198.5，（198.5 + 197.5 + 198 + 196.5）÷ 4 = 197.625，发现和理论数据198基本一致，我们四个人高兴得相互击掌。

五、培养学生的问题意识和独立发现问题、提出问题、解决问题的能力

"发明千千万，起点在一问"，发现问题往往比解决问题更重要。问题是最好的老师，学生研究性学习的积极性、主动性，往往来自于充满疑问和问题的情境。研究性学习一般是以问题开始的，小学数学研究性学习里的问题，有别于传统课堂上教师向学生提出的记忆性问题，而是具有真实意义的问题和"非常规性问题"——学生的数学认知结构里没有什么现成的法则、原理可以直接利用，需要一定的创造性才能求解。研究性学习的主线活动是解决问题，学生必须进行一系列的解决问题的思维活动，如界定问题、分析问题、提出假设、收集资料以及验证假设等。由于问题是开放式的，没有现成的答案，需要进行创造性的思维。例如思维尽可能发散，学生之间相互启发，各自提出不同的想法，并且，学生最终要彼此评论各自的工作和想法，因此学生需要进行自主而积极的批判性思维。但是小学数学中研究性学习不以问题的解决作为教学的最终目标，而是把问题解决看成是一种创造性的活动，是综合地、创造性地应用所学知识和方法去解决非常规性问题的过程。在这样的过程中，教师鼓励学生不应满足于用某种方法（包括观察、实验和猜测）求得具体的解答，而要进一步追究相应的解释，思考是否存在有不同的解法，以及是否可能对所获得的结果作出进一步的推广。所以研究性学习能够很好地帮助学生学会"数学地思维"，培养学生的问题意识和独立发现问题、提出问题、解决问题的能力。

思考活动

请结合你的学习和理解，谈谈小学数学研究性学习的意义及目的。

典型案例2

数学项目活动的设计是学生进行数学研究性学习的平台，

通过这个平台学生应该达到如下目标。

（1）体验日常数学与学校数学的联系。一般来说日常数学是在真实世界的情境中为了真实的目的而运行，它总是包括实际的物体而几乎很少进行文字、符号活动。与之相对，学校数学通常是为了自身的目的运行，与真实或具体的环境无关，而且几乎总是包括使用文字符号。儿童对日常遇到的数学问题充满信心，但当他们面对学校数学时情况则不同。尤其是对欠发达地区的未入学儿童进行调查研究发现，那些儿童无法融入"学校数学"，但仍然能够设计并运用成熟的数学操作来解决日常生活中的真实问题。

（2）增进对数学与生活世界关系的了解。在现代社会，几乎人人都有机会了解数学、欣赏数学，并且能够体验数学的规则。数学一方面融合在我们的生活世界中，另一方面，数学是很多职业的工具。在教育界，数字在支持各种教育改革中起着重要作用，如美国每年的上课天数是180天，而日本约有220天。因此，为了加强学生的受教育程度，有些学者就主张延长教育年限。但事情并不是那么简单的。美国每年授课时数有1003小时，而日本只有875小时。更进一步研究中，美国国家教育委员会在"学习与时间"这个项目上发现，美国学生用在核心课程上的时间只有41%，因此在毕业时，美国学生念这些课程的时间是1460小时，日本学生花在相同课程上的时间有3170小时，这些数据成了教育改革的依据。

（3）学会数学的思考与推理。①将任务置于意义环境中，帮助儿童发展自己的数学能力和理解能力，逐渐学会减少对环境的依赖，对抽象的数学过程充满信心；②鼓励儿童使用自己的语言和图形来表征他们对数学的理解，这是帮助儿童向数学抽象思维发展的关键；③学习者向他人解释思考过程，用实物或草图展示思路，按照草图回忆过程，进行记录，不断缩减使用的加工过程，最后，理解与标准概念的相关性并且采纳这些概念；④鼓励儿童使用自己的数学策略，将儿童纳入多种对话中，鼓励他们对数学过程进行认识和反思。

（4）感受数学的魅力与灵性。数学无处不在，各个方面都蕴涵着数学，数学的妙用处处可以体现。我们以数学的对称概念为例，观察闹钟、飞机、电风扇等的制造，它们有共同的特点，即成对称形状，这不仅为了美观，而且还有一定的科学道理：闹钟的对称保证了走时的均匀性，飞机的对称使飞机能在空中保持平衡。学校教育的重要使命之一，就是创设情境让学生挖掘数学的功能，提炼出有趣的数学问题，让学生在参与探究、质疑、交流、合作等活动中，启发数学的思维，培养智力，学会用数学的思维方式去观察、分析现实社会的各种现象，解决日常生活中的问题。

数学研究性学习的开展，时刻伴随着研究性学习的一般技能的培养，具体包括：①让学生学会收集、分拣信息，合理应用、评价信息，这是我们这个信息时代对学生的基本要求，也是学生今后应对社会发展的基本技能；②学会与学生、老师合作沟通；③学会反思各自的学习活动过程，我们可以通过有目的的活动或与学生个人经验建立联系吸引学生的注意力，鼓励学生增强对学习过程的自我监控；④能够自我生成探索项目，帮助学生建立新知识与现有知识之间的联系；⑤时常提醒自己心理活动的重要性，以便在更高的层次上运用信息、反思自我，向创新迈进。

（摘自：http://www.xxsxyj.cn/problem/ShowArticle.asp?ArticleID=208）

 ## 专题小结

小学数学研究性学习具有重要意义：拓展学生的知识视野，增强学生综合运用知识的能力；培养学生的创新意识和创新能力；培养学生的信息素养和主动获取信息、处理信息的能力；培养学生的合作意识和学会沟通与交往的能力；培养学生的问题意识和独立发现问题、提出问题、解决问题的能力。

专题三

小学数学研究性学习实施的对策

专题导读

研究性学习是一种新理念，更是一种新行动，需要落实并体现在具体的教学过程之中。如何实施小学数学研究性学习呢？我们在思考，并提出了切实可行的对策。

一、提出好的问题

什么是好的问题？我们可以从两个角度来分析。

1．从学生的角度来看，好的问题应该是具有认同性和障碍性的问题

所谓认同性是指学生接受并试图去解决的问题。如果学生不能接受即理解不了，再好的问题对他们而言并没有成为一个问题，这就犹如一个目不识丁的人，给他提供鲁迅的小说，他提不出问题一样。所谓障碍性是指，学生最初的尝试是无效的，或者说学生利用已有的模式解决不了，没有旧模式可以利用。一个问题一旦可以轻易地用先前的经验模式来解决，那么它就不再是一个问题。数学教科书上的很多习题，尤其是课堂练习，都可以直接用教师提供的模式去解答，这些习题不是真正意义上的问题。那些用来训练和巩固教师所讲的基础知识和基本技能的练习，一般来说也不是问题。"真正"的问题是可以用来培养学生的科学发现能力和创新意识的。

从学生的角度考虑提出好问题，就需要教师关注学生的学习动机和认知水平。从学生的学习动机来看，研究性学习的实施不同于外部需求下的接受式的学习，它主要是一个积极主动地发现问题、分析问题、解决问题的过程。在这一过程中更多地需要以学生的求知欲、好奇心等内在的学习动机为前提。这种学习动机源于对研究课题的强烈的兴趣、探究的欲望。如果学生缺乏这种学习动机，就很难发现问题，即使发现问题也没有兴趣去研究，研究性学习也就无从谈起。

比之于传统的授受式教学，研究性学习需要具备较高的认知水平，这并不意味着认知水平低的学生就无法进行研究性学习。只不过研究性学习的难易程度要与学生的认知水平相适应，过高或过低于学生的认知水平，研究性学习都无法进行下去。研究性学习的难易是根据学生年龄、认知水平的不同层次实施的。例如，一位教师在六年级教过了统计图表后，布置了一个研究性课题：用学过的"统计知识"去解决一个实际问题，题材不限，一周内完成。

学生们忙碌起来，每个学习小组（班级内分成若干学习小组，通常三四人为一组，兼顾学习层次）开始分工。先集体讨论，确立统计主题，由于没有布置指定内容的作业，学生的统计题材就较为广泛，如有一组学生统计班级学生课间消费的情况，选出其中排在前几位的货物，制成统计表和条形统计图。在图上，很清晰地看出学生消费的商品种类、消费数量和最受他们欢迎的食品名称。这样就为商家提供了科学销售的依据。当学生把这样的统计图送给销售人员时，他们的成就感油然而生。

另一组学生统计班级一周内违章、违纪的情况，制成折线统计图给班级管理提供了最直接的数据，老师可以从中获得学生行为的规律，对加强班级管理，完善规章制度是极有好处的。学生的统计面很广，内容丰富多彩。他们在完成这样的作业时所体现出来的积极性是这位教师事先所没有想到的，他仔细思考之后发觉，这里面所体现的恰恰正是研究性学习的内涵，让学生意识到自己所做的工作与生活息息相关，在完成这项工作的过程中所利用的数学知识具有十分重要的实际意义。尤其是最后选出的典型作业，对该作业作者是极大的鼓舞，使其对数学的热爱和长久的兴趣也将因此形成。

2．从问题本身来看，好问题应该具备非常规性、开放性、新奇性和可探索性

非常规性就是无现成模式可套，学生的数学认知结构里没有什么现成的法则、原理可以直接利用，需要有一定的创造性才能求解。

开放性一方面指问题提供的仅仅是一个情境，不同的人可以从不同的角度去理解；另一方面指结论是开放的（即同一个问题可以有不同的结论），条件是开放的（即条件可以不充分，可以多余，也可以不够），思路是开放的（即强调解决问题的不同思路，被试可以按自己的思路、方法去解答，不必套用固定的解题程序）。与开放性问题相对的是封闭性问题，即问题的答案只有正确与不正确（包括不完整）两种，并且正确的答案是唯一的，给出的条件往往都是用得着的，而且只用一次。

新奇性和可探索性就是能使学生感到新鲜惊奇，从而激发起强烈的求知欲和解决问题的冲动。对于数学教师来说，就是要重视问题的教学设计，悉心研究设计的科学性、艺术性，让学生去接受有趣味、有价值的数学问题的挑战，从而启迪思维。

例如，在圆柱的体积公式推导过程中，一位教师教完了基本公式 $V = SH$ 之后，出了这样一道题目：一个圆柱体侧面积是20平方厘米，底面半径5厘米，求它的体积。学生用刚学的公式费了很大劲才算出来，计算如下：$3.14 \times 5 \times 5 \times [20 \div (2 \times 3.14 \times 5)] = 50$（平方厘米）。一般的学生是很难快速解答出来的，因此就给他们留下一个疑问，如何巧妙地计算呢？分组讨论，动手操作，学生都有学具模型，经过拼接把一个圆柱体转化成长方体，仔细观察这个长方体，变换不同的位置，经过独立思考，反复验算，终于有几组学生举手发言。他们得出这样一个式子：$20 \div 2 \times 5 = 50$（平方厘米）。理由是把拼成的长方体横放下来，则将圆柱侧面的一半作为底面，高就是半径，因此得出 $V = S_{侧} \div 2 \times r$。他们的思路是如此清晰，推理严密，又完全是一种自我发现。

典型案例3

课一开始，我分给学生每人一张表格，让他们独立数一数，填一填。

```
|---A---|---B---|---C---|---D---|---E---|
      A       B       C       D       E
```

图形	点数	线段数	计算方法

（设置问题情境，提出问题。）

我在教室里巡视，发现有不少学生写出了正确的点数和线段数，但大部分学生的第四栏都空着，不知如何是好。我没有立即讲解，而是放手让学生以小组为单位讨论，教室里一下子热闹起来。稍后我要求每组把讨论后的最佳结果填在事先准备好的大表格中，一一张贴在黑板上。主要有以下两种情况。

图形	点数	线段数	计算方法
ABC	3	3	数出来
ABCD	4	6	数出来
ABCDE	5	10	数出来

图形	点数	线段数	计算方法
ABC	3	3	$2+1=3$
ABCD	4	6	$3+2+1=6$
ABCDE	5	10	$4+3+2+1=10$

（提出假设。）

我不作评判，请两位同学上台数一数，说一说（以ABCD为例）。

学生甲是这样数的：AB/BC/CD/AC/BD/AD共6条线段。

学生乙自信地说："我们组的方法好，以A为左端点有AB/AC/AD3条线段，又以B为左端点有BC/BD2条线段，再以C为左端点有CD1条线段，它们各不相同，所以共有$3+2+1=6$（条）线段。"

同学们纷纷称赞乙同学的方法好。这时丙同学却勇敢地站起来说："我认为甲同学的方法也很好，也能写出算式$3+2+1=6$

（条）。因为AB/BC/CD都只含有1段的线段，有3条，AB和BD是含有2段的线段，有2条，AD则是含有3段的线段，只有1条，所以共有3＋2＋1＝6（条）。

A　B　C　D　E　F　G

我大大表扬了丙同学一番，继续让同学们数下面这个图形中有多少条线段，并提出有价值的问题：数线段有哪些方法？有什么窍门？同学们归纳出两种基本方法：按序数和分类数。正当同学们为自己努力的结果庆幸时，我不失时机地抛出更复杂的问题：线段AB上共有100个点，请问共有多少线段？

（验证假设、得出结论。）

我仍不讲授方法，再次让同学们小组讨论，讨论了几分钟，小手纷纷举起来。

学生A："……"

学生B："……"

学生C："……"

学生D："……"

接着我和同学们一起对上述方法做了例证。适当练习之后，我抛给同学们一个实际问题，让学生独立解答:宁波到上海的快车在途中要依次停靠8个站，按照两点间的地名不同设置票价，需要多少种不同的票价？

同学们都能利用两种方法解答。

结束时，我让同学们小结并为本节课取课题。

（运用于实际情境，得出普遍性的规律。）[1]

二、提供丰富的学习资源

根据《辞海》对"资源"一词的解释，它是指"事物的来源"。资源包含两方面的含义，一是指事物的来源。二是指某一事物是满足别的事物需要的条件。[2]研究性学习资源则指支持研究性学习的资源，它包括教学材料、与研究专题或项目相关的知识、信息以及环境。学习资源主要是为了支持"学"而不是"教"。明确这一点，在考虑学习资源时，就会更多地从学生出发，而不是从教师备课出发。

学习资源是产生问题的根源之一，也是解决问题的基础和工具。没有一定的学习资源，研究性学习就流于浅薄的表面或无所适从。比

[1] 傅道春. 新课程中教师行为的变化［M］. 北京：首都师范大学出版社, 2001：22-24.
[2] 范兆雄. 课程资源概论［M］. 北京：中国社会科学出版社, 2002.

如，教师定的课题是生活中的数学，如果学生没有这方面的学习积累，教师也没有提供有关的丰富的学习资源，学生就会局限于计算，而看不到数学对我们生活的影响，建筑的、美术的、经济的等。研究性学习的学习资源不再局限于课堂之内，而是扩展到整个学校，延伸到家庭、社会。而且研究性学习的学习资源不再仅仅局限于某一学科，而是需要相关学科的知识。为学生研究性学习提供学习资料还要注意：教师不仅仅要尽可能地为学生提供资源，还要尽可能地指导学生从哪些途径获得资源，以便扩展学生可利用资源的范围，让学生学会寻找学习资源。

三、教师指导

研究性学习虽然以学生为主体，放手让学生自己去探索，但教师的指导是必不可少的，在某种程度上教师的指导决定着研究性学习的失败与成功。因为学生毕竟是初学者，各方面能力有限，没有足够的知识和经验。比如在发现问题这一环节中，因为学生的好奇心一般都比较强，发现问题对他们来说并非一件难事，困难的是能否发现可供他们研究的问题。并不是所有的问题都可供学生研究，也许有些问题太大，研究起来无从下手；有些问题太简单，对学生而言不能构成问题；有些问题太难，学生没有能力去研究。这些方面都是教师要考虑、给予指导的。具体说来，为了保证研究性学习的顺利进行和取得预期成效，教师在研究性学习的每一个阶段都应该进行相应的指导。

1. 研究性学习的准备阶段

教师可根据学生活动的实际情况，有针对性地加以指导，引导学生制订出切实可行的活动方案。其基本任务包括思想准备、理论准备、条件准备和计划准备等。

首先，教师指导学生自主地选择、提出和确定研究性学习的活动主题或课题，并引导学生讨论并完善研究性学习的项目或主题。如教师根据教学内容，采用多种方式引导学生提出或设置问题；让学生通过自学课本提出和发现问题；根据学生作业中出现的错误设置问题；根据学生在学习讨论、研究中的发现引出问题；从上课开始的10分钟，自行设计相关的问题。问题是思考的起点。教师引导学生围绕教材或课本内容提出或设置需要解决的问题，实际上，就是教师引导学生认真读书，积极思考，激发探索问题的主动性，使学生明确本节课重点要解决的问题，启发学生进行思考。

其次，指导制订研究方案。教师主要是引导学生制订出科学的、可行的、可变通的方案。"科学的"即指研究方案必须符合科学性，从研究方案的目标和内容设置，到各项具体工作的讨论确定，实施方式、程序、步骤、时间的安排都要讲究科学性。方案具有科学性才会使研究的成果有价值，也才能使研究顺利地进行下去。"可行的"指在制订方案的过程中，必须对本研究所需的各种条件进行仔细地预算，包括研究所需的经费、人力和物力等。对于目前条件不具备且根本无法完成的研究课题，一定要修改方案，使其能在现有的条件下执行，达到进行研究性学习的目的。"可变通的"就是要根据实际情况对方案做出修改和调整。随着方案的推进，可能会出现一些比在制订方案时更好的想法，也可能出现一些意想不到的事情，要及时地变通，使其更切合实际，有利于方案的有效实施。

怎样才能够寻找到合适的问题和课题呢？这就需要教师创设一定的数学问题情境或引导学生观察生活中的数学问题。

2．研究性学习实施阶段

在这一阶段教师要引导学生应用学过的知识进入具体的解决问题过程，根据研究课题的不同类型和层次进行实践体验，主要是对事实资料的收集整理、分析综合、得出结论等，并形成一定的观念、态度，掌握一定的数学方法。特别要提倡学生在自主解决问题中具有独创性。解决问题的方式，可以是"各自为战"，也可以"分组分群"，还可以"你一言、我一语"讨论式进行。对于一时"迷路"的学生，不要马上否定，而要尽可能地肯定学生思维中的合理成分。要激励学生，争取给更多的学生创设参与机会，使他们得到自主解决的训练和感受成功的喜悦。

3．研究性学习形成成果阶段

这一阶段教师要指导学生对研究过程和研究结果进行分析、总结，形成书面和口头材料。

4．研究性学习评价总结阶段

学生在取得最终的研究成果之后，教师引导学生对探索发现和解决问题的过程与成果进行自我评价，自我总结。比如，让学生来评价：探索发现得是否充分，问题解决得是否有效、彻底、简捷，得到的结果有何意义，有何应用价值等。对于某一学生的评价或小结，教师还可以让另一个学生再作"评价"的评价，也可以让学生编一些练习来巩固学习成果。教师还要指导和帮助学生对研究方法的科学性和正确性，研究成果的质量，研究过程中的参与度、合作意识、体验感受等进行全方位的评价总结，获得更进一步的理性认识和研究能力。并组织学生将研究成果以口头报告的方式发表与交流，与同学们分享研究的成果。

思考活动

请结合个人经验和体会，谈谈实施小学数学研究性学习的对策。

扩展阅读3

"研究性学习"的教学程序

1. 诱导——创设情境，提出问题

认知需要是学生学习中最稳定和最重要的内在动力。在学习一个新的知识点时，教师要创设认知需要情境，把学生的思维带入新的学习背景中，让他们感到学习是解决新的问题的需要，产生一种积极发现问题，积极探索的心理取向，使学生敢想、敢问、敢说，从而诱发"研究"的意识，激活"研究"的思维。因此，在教学中教师设法根据教学内容并联系实际创设种种问题情境，让学生产生知识冲突，形成悬念，激发学生提出问题。创设问题情境的方式多种多样：可以在新旧知识的连接点和生长点上提出问题；可以通过让学生观察"研究"的具体材料产生问题；也可以以游戏形式、直观演示、设置悬念、动手操作、模拟实验和竞赛形式等产生问题。如在教学《按比例分配的应用题》时，我创设了这样的情境：我们班为了迎接学校举行的跳绳比赛，组织了18名男同学和10名女同学进行训练，可现在只有14根跳绳，应怎样分？学生中出现了两种意见，一种是平均分，另一种是按男女同学的人数来分，然后我引导学生分析哪一种分法更合理，在学生的讨论分析中产生了"研究"的问题，诱导学生积极主动地参与到教学活动中来，激发学生迫不及待地去"研究"。

2. 探究——自主探索，合作研究

这是"研究性学习"的关键环节。教师要给学生足够的思维空间，充分发挥学生的潜能，引导学生对提出的问题进行分析思考，从各个角度去"研究"。可以通过操作实践、尝试探索、大胆猜测、合作交流、实验验证、演算比较、自学课本等自主探索手段，让学生实实在在地去"做数学"，去探究，去思考，去"研究"。如我在教学"长方形和正方形的认识"时，在引出"具备怎样特征的四边形才是长方形和正方形"的"研究"问题后，就引导学生自由地去探索研究，由于可以以自己擅长的方式去研究自己喜欢的物体，所以学生情绪特别高，小组研究气氛十分活跃。有的小组量黑板，有的小组量凳面，有的小组量自带的牙膏盒面，还有的小组用自制长方形纸片进行"折一折"……小组里分工合作十分明确，每位同学都非常投入，有的小组中两人拉尺，一人看尺寸，一人记录，有的小组三人分别数一数、折一折、量一量，一人把前三人概括出的特征填写在实验报告中……实验→讨论→归纳→补充→争辩→认同，十多分钟的研究，各小组都已总结出了长方形和正方形的特征。每个小组去教室各处研究表面是长方形或正方形的不同物体，反映了学生的自主性；有量一量、折一折、数一数和剪一剪等不同的探索方法，闪烁着学生的思维火花，更体现了教学的开放性。

3. 拓展——实践内化，整理延伸

这一环节主要是用学生自己的语言归结、整理新知识，并引导学生应用新学的知识去解决新问题，进而去解决思考题、发展题和课后实践，使学到的知识延伸发展。同时引导学生归纳学习方法，交流学习体会，提高"研究"能力。如在《长方形和正方形的认识》教学中，当归纳出长方形和正方形的特征后，我组织学生完成了课后的练习和《课堂练习》中的基础性的巩固练习后，设计了几道实践性很强的练习。

（1）请你想办法把你的长方形的纸片拼或剪成正方形，把正方形拼或剪成长方形。

（2）小张师傅要做一扇高2米，宽80厘米的门框，要准备多长的木料？

（3）学校要举行手抄报比赛，张明同学需要边长40厘米的纸，而现在只有两张长40厘米、宽20厘米的纸，怎么办？（同学们很快就想出了解决的办法）

这样的教学使学生的研究性学习向课外延伸，将"知识巩固"与"应用研究"整合优化，让学生把课堂学习的成果应用于生活实践，在手脑并用的开放性实践活动中真正培养了学生的探索及动手、动口能力，同时加深了对所学知识的理解和掌握，提高了学生的数学素质和应用意识，体会了创造的乐趣。

小学数学教学中的"研究性学习"虽不能完全等同于科学研究，但同样具有科学研究的"特质魅力"。在"研究性学习"活动中，我们看重的应该是，今天的"研究性学习"活动可能会给孩子带来的一生学习方式的影响，是学生通过"研究性学习"获得的一份实实在在的经历和感受，今天的"研究性学习"活动是明天孩子们腾飞的预演。

（摘自：http://edu.sina.com.cn/l/2005-09-05/1210126348.html）

专题小结

小学数学研究性学习实施的基本对策是：首先提出好的问题，然后提供丰富的学习资源，同时教师要给予有效指导。

专题导读

如前论述，研究性学习具有"增强学生综合运用能力"的作用和特点，涉及当前小学数学中的综合实践领域及其运用问题。综合实践领域针对系统教学理论知识的局限，强调知识的实践运用，要求改变学习方式，对推动小学数学的研究性学习具有重大意义。为此，我们对小学数学综合实践领域及其运用展开了探讨。

中国综合实践活动网

网站和资源库，可参见：http://www.chinazhsj.com//。

专题四

小学数学综合实践领域及其运用

一、综合实践的领域内容及含义

1. 综合实践的含义

所谓综合实践，就是在教师协助和支持下，学生综合运用学科间或学科内各领域交汇生成的整体性知识经验，运用研究性学习方式，通过深入实践的自主探索与合作交流，综合性地发现问题、解决问题的学习过程与状态。小学数学综合实践属于小学数学实践和小学数学教学实践的范畴，关注的是小学数学知识和问题解决的综合性与实践性，强调小学数学知识和问题解决的教学要具有综合性与实践性，注重从根本上引导学生深刻理解"数与代数"、"空间与图形"、"统计与概率"等知识性内容及其内在联系，同时也注意与语文、社会、科学等多学科知识、甚至更广意义上的社会、文化性经验广泛联系起来，借助实践探索和自主研究的教学方式，能切实有效地将数学知识综合运用于生活实践，并能综合性地解决生活中或各学科中的数学问题。就其课程内容，数学综合实践关注学生的数学学习活动，注意发展学生的应用意识与推理能力，蕴涵着培养综合实践能力和寻求研究性学习的深刻转向，实质就是引导学生经历数学、体验数学、融入数学、做数学。传统教学中使用较为广泛的数学课外活动、数学兴趣小组等，经过一定的理念和方式转换，在突出学生自主探索和解决实际问题的意义上，可以是小学数学综合实践的有效组织与活动形式。

21世纪以来我国的基础教育课程改革尤为重视综合实践教学。当前的数学课程改革从义务教育的三个学段到高中共四个阶段，分别对应安排了实践活动——综合应用——课题学习——探究学习。其中，"实践活动——综合应用"属于小学阶段。2001年7月，中华人民共和国教育部颁布的《全日制义务教育数学课程标准（实验稿）》，明

确提出"实践与综合应用"作为小学数学的四大内容领域之一，与
"数与代数"、"空间与图形"、"统计与概率"等三个知识性内容
领域并列。

　　分析当前数学课程的规定，从领域内容的横向联系看，之所以将
"综合实践"单独列出，显然意在突出它的重要，并试图促成这种转
向，从而推动数学教学变革，提升数学教学质量。当然，这不意味着
"实践与综合应用"内容领域是孤立的，而是蕴涵于另外三个领域之
中并与之紧密相连，把数学与其他学科、与生活等紧密的联系和贯穿
起来的。

　　从实施过程的纵向及其横向联系来看，综合实践的四个阶段与
形态各自有一定的区分，实质上却是内在贯通的整体。可以粗略地看
出，新课程对综合实践的规定，在突出学生综合应用数学与相关知识
具有阶段渐进性的同时，强调学生综合实践能力有一个逐步提升和发
展的过程，要求有不同侧重的条件考虑和活动安排，并在复杂性、抽
象性、精密性上要求越来越高。但就其内在实质和任务要求来说，这
几个阶段是相互交织、不可分离的一个整体，即实践活动需要综合运
用各种知识经验，可以借助或表现为课题学习，并要求学生进行自主
探索的探究学习。其他阶段类似。特别地，研究性学习（即高中阶段
的探究学习）作为一种自主探索性的学习方式，实际上贯穿于个体学
习数学的全程和各个环节，小学低年级的数学学习更是要彰显儿童好
奇探究的本性，培养儿童自主探索和解决数学问题的研究性学习习惯
和能力。因此，不同的只是侧重点及其主要表现形式，相应的教学要
求和条件也就有所差异。而这样的不同显然依据了学生身心发展水平
及其数学学习水平、数学能力的差异，并实质性地与数学教学的不同
知识内容关联起来。

2. 综合实践的领域内容

　　《全日制义务教育数学课程标准（实验稿）》对小学数学综合
实践的具体表述，是在对"基本理念"阐释的基础上，分两个学段，
分别以"实践"和"综合运用"两种形态，描述了它的不同形式、目
的、内容和教学要求与任务。

　　首先，《全日制义务教育数学课程标准（实验稿）》从数学的学
科性质、数学学习内容和数学教学活动三个方面，阐释了数学综合实
践领域的"基本理念"。原文表述是：

　　（1）数学是人们生活、劳动和学习必不可少的工具，能够帮助
人们处理数据、进行计算、推理和证明，数学模型可以有效地描述
自然现象和社会现象；数学为其他科学提供了语言、思想和方法，
是一切重大技术发展的基础；数学在提高人的推理能力、抽象能

**综合实践内容领域
具有知识性**

　　综合实践内容领域
与其他三个知识性内容
领域相并列，并具有一定
的独立性，但不是相互割
裂和对立的关系，而是相
互渗透的关系，比如对数
学知识的实践运用。

力、想象力和创造力等方面有着独特的作用；数学是人类的一种文化，它的内容、思想、方法和语言是现代文明的重要组成部分。

（2）学生的数学学习内容应当是现实的、有意义的、富有挑战性的，这些内容要有利于学生主动地进行观察、实验、猜测、验证、推理与交流等数学活动。内容的呈现应采用不同的表达方式，以满足多样化的学习需求。有效的数学学习活动不能单纯地依赖模仿与记忆，动手实践、自主探索与合作交流是学生学习数学的重要方式。由于学生所处的文化环境、家庭背景和自身思维方式的不同，学生的数学学习活动应当是一个生动活泼的、主动的和富有个性的过程。

（3）数学教学活动必须建立在学生的认知发展水平和已有的知识经验基础之上。教师应激发学生的学习积极性，向学生提供充分从事数学活动的机会，帮助他们在自主探索和合作交流的过程中真正理解和掌握基本的数学知识与技能、数学思想和方法，获得广泛的数学活动经验。学生是数学学习的主人，教师是数学学习的组织者、引导者与合作者。

其次，第一学段（1~3年级），称为"实践活动"。实践活动是小学低年级数学教学综合实践的基本形态与主要形式，要求较为简单，实践性、综合性等都处于较为初级的日常生活层面，但在实施运行上却可能最为困难。"简单"是说，这一阶段的综合实践主要定位于学生能综合利用一些日常的生活经验，能以最基本的活动操作方式，感知数学在生活中的日常运用和把握生活中蕴涵的常识性数学问题。"复杂"是说，相对于儿童在这个阶段的身心特点和发展水平，学生如何由现实的具体性、动作性把握到数学的抽象性，是一个质的飞跃过程。比如，通过数手指头、玩弄木棍、分苹果等活动，引导学生在一个个具体事物操作的过程中，学会抽象地数字和数数，并领会数字的一般性及其可以代表不同事物数目和顺序的特殊性，对儿童实际上是一个巨大的认知挑战。因此，教学此时面临的难题，不是经验内容与要求的困难性和复杂性，而是如何促进儿童的动作思维向前运算思维甚至具体运算思维转换和发展。原文表述是：

"在本学段中，学生通过实践活动，初步获得一些数学活动的经验，了解数学在日常生活中的简单应用，初步学会与他人合作交流，获得积极的数学学习情感。

教学时，应首先关注学生参与活动的情况，引导学生积极思考、主动与同伴合作、积极与他人交流，使学生增进运用数学解决简单实际问题的信心，同时意识到自己在集体中的作用。"

具体目标是：

"（1）经历观察、操作、实验、调查、推理等实践活动；在合作与交流的过程中，获得良好的情感体验。

（2）获得一些初步的数学实践活动经验，能够运用所学的知识和方法解决简单问题。

（3）感受数学在日常生活中的作用。"

显然，此阶段综合实践要求完成的任务相对简单，更多的是要引导学生重视和善于利用生活经验来解决数学问题。比如《课程标准》给的类似任务是：

"某班要去当地三个景点游览，时间为8：00～16：00。请你设计一个游览计划，包括时间安排、费用、路线等。

说明：学生在解决这个问题的过程中，将从事以下活动。

（1）了解有关信息，包括景点之间的路线图及乘车所需时间、车型与租车费用、同学喜爱的食品和游览时需要的物品等；

（2）借助数、图形、统计图表等表述有关信息；

（3）计算乘车所需的总时间、每个景点的游览时间、所需的总费用、每个同学需要交纳的费用等；

（4）分小组设计游览计划，并进行交流。

通过解决这个问题，学生可以提高收集、整理信息的能力，养成与人合作的意识。"

第二学段（4~6年级），称为"综合运用"。综合运用是小学高年级数学教学综合实践的基本形态与主要形式，无论是在实践的深入程度上，还是在综合性的涵括面上，要求相对复杂了些。

原文表述是："在本学段中，学生将通过数学活动了解数学与生活的广泛联系，学会综合运用所学的知识和方法解决简单的实际问题，加深对所学知识的理解，获得运用数学解决问题的思考方法，并能与他人进行合作交流。

教学时，应引导学生从不同角度发现实际问题中所包含的丰富的数字信息，探索多种解决问题的方法，并鼓励学生尝试独立地解决某些简单的实际问题。"

具体目标是：

"（1）有综合运用数与运算、空间与图形、统计与概率等相关知识解决一些简单实际问题的成功体验，初步树立运用数学解决问题的自信心。

（2）获得综合运用所学知识解决简单实际问题的活动经验和方法。

（3）初步感受数学知识间的相互联系，体会数学的作用。"

具体到任务，要求学生能通过较为抽象的分析、比较、推理等间接方式，综合运用已有知识和个体经验，完成解决常见生活问题的任务。比如《课程标准》给的类似任务是：

"设计合适的包装方式。

（1）现有4盒磁带，有几种包装方式？哪种方式更省包装纸？（重叠处忽略不计）

（2）若有8盒磁带，哪种方式更省包装纸？（重叠处忽略不计）

说明这是生活中常见的问题，通过解决这类问题可以培养学生综合运用所学知识解决实际问题的能力。"

典型案例4

节 约 用 水

实施年级：小学五年级。

一、活动背景

水是生命之源，是社会经济发展和日常生活不可缺少、不可替代的重要自然资源。我国是世界淡水资源最为紧缺的国家之一，水资源的匮乏，造成土地加速沙化，尤其在我国北方。但我们的身边，还有很多人没有将节水、亲水行为付诸行动，在生活中浪费水的现象随处可见。我们认为"节约用水"的教育不应该只是喊喊口号，我们期待通过节约用水这一系列活动，使学生认识到生活中节约用水的重要性，逐步培养他们节约用水的意识和行为。所以结合九册数学教材上的实践活动"节约能源"的要求，将活动主题定为"节约用水"。

二、活动目标

（1）通过调查、收集资料和讨论，让学生了解水与动植物以及人类的密切关系，引导他们认识节约用水的重要性。

（2）教育学生珍惜水资源，保护水资源，培养学生自觉节约用水的意识和行为，逐步形成环保意识。

（3）通过小组活动和与其他同学的交流。培养学生合作、交流、分享的态度和能力。

（4）鼓励学生用多种手段，多种途径来获取信息，培养学生收集和处理信息的能力，鼓励学生大胆提出自己的新观点、新方法和新思路，激发学生的探究和创新欲望。

三、活动准备

（1）教师和学生利用课余时间收集与整理和水有关的资料。

（2）学生调查身边浪费水的现象，并通过多种方式记录下来，如语言描述、拍摄等。

（3）准备录像"水是生命之源"。

四、活动过程

（一）查找资料

这一阶段，通过教师组织学生观看有关水资源的录像，指导他们在课外通过自己上网、看书、看报，查阅资料等多种形式，了解地球上水资源的情况，理解水是生命之源的含义。

下表是学生对获得的信息的总结。

活动方式	获得的信息
集中观看有关水资源的录像	● 没有水，什么生命都无法生存 ● 水越来越少了，而且很多还被污染了 ……
查找资料并进行交流汇报	● 地球表面海洋面积约占70% ● 每个人一年要1吨左右的水才能维持健康的生命 ● 很多公共场所的水经常哗哗地流，没人管，这是严重的浪费 ● 用污水浇灌农田会使农业减产 ……

（二）调查家庭、个人每天用水量

1. 设计调查表

在教师的指导下，由学生设计调查表，包括标题、时间、项目、用水量统计、调查结论等。

2. 学生进行调查

在家里调查，有的学生用量杯或矿泉水瓶子来计算自己和家人每天洗漱用水、饮用水的消耗量；有的学生通过询问家长、看水表估计、用水桶测量，用洗衣机的容量估计等方式来计算每天洗米、洗衣、洗碗、浇花、冲厕所等的用水情况。

3. 汇报调查结果

学生在小组内交流各自的调查情况，交流内容包括调查内容，用什么方法获得数据，得出什么结论，然后统计每个家庭每天的用水量，再将情况汇总后在班内交流。

（1）我问了妈妈。妈妈说我们家一个月用了10方水，也就是10吨水，我觉得有点浪费。

（2）我们家淘米用了1500毫升水，洗菜用了8000毫升水，煮饭用了3000毫升水……我发现我们家一天要用三百多升水。

（3）我刷牙用了250毫升水，洗脸用了1000毫升水，我没有量杯，是用矿泉水瓶子来估测的。

……

算一算：我们班一天要用多少水？全年级一天要用多少

水？全校呢？全校一个月用多少水？一年呢？

谈一谈：从这次调查中，你们得出了什么结论？有什么感想？

（三）了解自来水的处理过程

在有条件的情况下带领学生参观自来水厂，如果没有条件，可以通过上网、翻阅资料等方式，了解自来水处理的全过程，感受自来水的来之不易。

（四）再次调查浪费水的情况，谈谈自己的感想

通过前面的查找、调查，学生们已经知道了水很宝贵，自来水要经过复杂的工序处理后才能使用。现就生活中存在哪些浪费水的现象展开调查，并注意观察和思考，有哪些节约水的办法。

1. 学生展示记录材料，交流有哪些浪费水的现象

● 家里的马桶坏了，不停地漏水，好浪费呀，应该及时找人修理。

● 妈妈早上上班时没有关紧水龙头，水滴滴答答流了一天，浪费了很多水。

● 经常有小朋友玩水，很浪费。

● 有些人洗衣服时经常把水开得很大，用过的水也不重复利用就倒掉了，很可惜。

……

2. 提出节约用水的措施

● 把洗菜的水用来浇花，洗衣、洗手的水用来冲厕所。

● 水龙头坏了要及时修理。

● 提高水费。

……

（五）展开行动，宣传节约用水

1. 学生提议

● 发宣传单。

● 做广告。

● 在广播室宣传。

● 贴警示性标志。

● 制作一期节水手抄报或板报。

……

2. 小组利用课外时间进行宣传

五、活动总结

学生体会：（略）

教师反思：（略）

（摘自：李玉琳.小学数学综合实践活动例谈.http://www.wbjy.net/newsInfo.aspx?pkId=6051）

二、综合实践的意义与特点

综合实践本质上是人的一种现实活动，具有人类文化活动的一般属性和作用；综合实践作为小学数学的一个内容领域，无疑也具有小学数学的一般属性和作用。这里讲综合实践的重要意义与特点，是相对小学数学的知识性内容领域和传统偏重系统讲授理论知识的一些不足而言的。

（一）综合实践的重要意义

相对小学数学知识性内容等其他领域，综合实践对课程创新、教学组织、评价转向、学生发展等都具有重大意义，突出地表现在以下3个方面。

1. 有利于更为完善地认识数学课程

概括来说，人们过去对数学课程大体有这样一些看法。首先，将它看做是人类学科知识体系中的一个独立学科，注重它自身的理论知识体系和内在逻辑，似乎与其他学科，与更广意义上的人类总体文化可以分离开来；其次，更多的人将它看做是一种知识性学科，关注数学概念、公理及其定理法则的严密性和纯粹性，似乎可以与生活现实分离开来；再次，具体到代数、几何等分支学科，各自之间又自成体系，相互之间似乎可以没有关联；最后，相当一部分教师和学生把数学课程看做是练习题集与考试训练工具，原本有着内在联系的学科知识在所谓知识点、考试点在切分中常常被处理得支离破碎，而且在教学实践中往往认为除了习题演示和演练可以帮助获取高分，其他都是没用的，是可以忽略的。这些看法都有合理之处，但太片面，我们需要更为全面地看待数学课程，以对其有较为合理的认识。首先，数学作为学科，自然有其独立性、独特性，但它只是人类认识世界、表达世界众多方式中的一种，只是人类文化知识总体中的一个分支，要与其他知识力量协同才能发挥作用，必然地与其他学科和人类文化总体经验具有内在关联性，需要并必然地展现为具有一定综合性的文化实践；其次，数学自然要有其独立、自洽的概念及其命题体系，但这些概念、公式和定理无疑都有着生活世界的原型，有着人类实践创造的痕迹；再次，代数、几何等无疑各有其界限、特性和体系，但这是相对的，代数中可以有空间对称的思想方法，而几何的表达无疑也蕴涵着代数法则，并在田亩丈量等诸如此类的生活问题中得以沟通和综合运用，而华罗庚早年小词"……数无形时少直觉，形少数时难入微……"，形象地揭示了教师们耳熟能详的"数形结合"思想，生动地展示了数学大师对数学各部门知识综合性的自觉把握；最后，数学课程确实需要一些习题或其他形式供演示和演练的作业，但这只是其中很小的部分，也不是目的，即便是习题和考试训练，也需要理解，特别是融入生活实际和个体经验的理解。显然，正确理解这些看法，并正确实施教学活动，就必须具有综合实践领域的数学视野和意识。因此，综合实践最基本的作用，就是能帮助我们更合理、全面地认识和对待数学课程。

2．有助于更为有效地变革教学方式

综合实践在小学数学教学中向来就有要求，并不同程度地有所体现，渐进渗透地影响着教学方式。传统的综合实践主要是从单方面强调理论联系实践的意义上来讲的，多是单方面强调理论知识的教学要联系生活实际和生产实际，为的是有助于学生更好地理解教材要教学的知识性内容，也确实有助于学生通过演绎的方式迁移性地解决类似问题。这样的教学是有意义的，也是必要的。但仅限于此，又是不够的，因为它会导致一些认识上的误解和行动上的扭曲。比如，把所谓的"生活实际"仅仅作为服务于理解教材知识的外在工具，可能会简化掉、甚至忽略掉"生活实际"中的问题情境与复杂因素，呈现的可能就只是具有表面相似联系的"生活题材"。学生往往就可能成为这种所谓"实际问题"的旁观者和练习者，而不是产生深度联系的参与者与体验者，更不是数学活动的实践者与行动者，可能会逐渐对这种教学以及整个数学学习产生冷漠感和离弃感，以至厌倦数学、逃离数学、害怕数学。事实上，传统小学数学教学出现了这样的问题和后果。因此，综合实践并非简单地只是为方便学习和理解小学数学知识性内容服务，而是它本身就是一个重要的内容领域与教学目标，并非限于简单的横向联系，而是同时要求能深入生活的纵向联系，即数学中有生活，生活中处处有数学，也并非仅仅认识的素材，而是本身就是认识和创造世界的一种主体性方式。因此，学数学就是做数学，做数学就是一种生命存在与生活实践的过程和状态，需要提出和突出作为小学数学教学内容的综合实践。在这个意义上，综合实践无疑也有助于知识性内容领域转向自主、探究、合作的教学。显然，综合实践的强调与运用，对从根本上推动数学教学方式的改革具有重大意义。

3．有利于更为合理地培养学生的实践能力

这主要从两个方面理解。一方面是从数学课程与教学本身来看，如果说传统注重理论知识的课程与教学更为关注的是数学知识的学习，并能在一定程度上培养学生数学思维和认知能力，那么当前则更为关注学生如何学习数学，学生如何在数学学习过程中养成这种数学思维素养和认知能力，如何运用这种数学思维素养和认知能力促进数学学习特别是"数学化"，要求并必然地体现为数学实践能力的发

展。所谓数学化，就是数学地表征和解决现实问题，组织、展现和创
造现实世界的动态过程，相辅相成的动态过程就是数学知识在体系上
可以是纯粹的，但它的教学和理解必须是有现实内容和生活情境的。
可见，"数学化" 不只是一个生活现象联系与例证的问题，而是根
本上牵涉到实践能力的培养。对于小学生学习数学的数学化教学要求
来说，就是要关注和联系现实生活，充分重视数学的生活原型与问题
情境，既要善于融入生活来学习数学，也要善于以数学的方式提取、
表达和解决现实问题。这就必须给儿童创造数学实践的活动与机会，
需要儿童具备数学地思考和解决问题的能力。数学综合实践应能满足
当前数学课程与教学的这种需要，能更为合理地培养实践能力。另
一方面从社会发展和文明进步的要求看，数学是认识世界、创造世界
的一种独特而重要的力量，要求数学教学能培养具有学好数学、运用
数学、发挥数学这种力量的人，并需要体现为学生数学实践能力的培
养。综合实践内容领域顺应并能满足这一需求，有利于合理地培养学
生的实践能力。

　　需稍做讨论的是，在较为一般的意义上，任何一种数学教学都
能在某个层次上促进学生某种能力的发展。比如，演示例题和演练数
学题目的教学，能培养学生考试答题的能力，并渗透着为人做事"遵
守规矩、服从规范"的所谓"社会能力"，等等。从生存着的个体应
对社会的考试竞争需要、应付各种复杂社会关系、获取更多社会资
源、争取一种衣食无忧的现实生活来说，这些能力可以说是一种现
实运用非常强并极为有效的综合实践能力，也似乎被很多人作为最
主要的、最高层次的能力。这无可厚非，但立足数学教学本身的性
质和追求，依据社会发展和文明进步的要求，这些能力当然是处于
附属性的最低层次的能力。无论是教师还是学生个体，都必须要对
此有清晰的认识，并能确立超越现实、发展更高层次能力的自觉意
识和愿景。

（二）综合实践的基本特点

　　相对传统小学数学比较注重纯粹的知识性教学，综合实践具有问
题性、情境性、开放性、自主性、参与性、复杂性、灵活性、生成性
等诸多特性，以下3个基本特点尤其需要重视。

1．实践性

　　综合实践的提出，针对传统小学数学比较注重纯粹的知识性教
学，区别于其他知识性内容领域及其教学，相对地体现出实践性的特
点。小学数学综合实践的实践性主要有两个方面的意思。一方面指学
生学习数学，把数学学科中遭遇的认知疑难，通过寻求"生活原型"

或联系生活实际与个体经验的方式，把学科知识问题生活化、情境化、现实化，另一方面指学生运用已有的数学知识经验，以数学化的问题解决方式，积极关注和参与生活现实与社会活动中的各种实践。实践性主要通过教学内容和教学方式两个方面表现出来。首先，综合实践的教学内容不是特定的数学知识，而是具体的问题与课题，主要生成于学生的生活实际和现实疑难。当然，它也可以来自数学知识本身，即数学知识学习过程中，为了深化数学知识的理解和运用，借助生活原型和个体经验，学生实践性地探索和解决相关现实问题，但这时所谓的数学知识是背景性、情境性、框架性的，教学要面对和聚焦的主题仍然是现实中的问题与课题，教学内容是实践生成并持续更新的。其次，综合实践的教学方式不是以课堂讲解为主的各种方法与手段，而是以学生的自主探究和体验为基础的，这也是由教学内容的实践性所决定的。即正是由于教学内容不是事先有所预设的知识性内容及其要求，而是学生要么因为存有某种现实疑难，要么依据自身兴趣和需要，提出了具体的问题与课题，充满了自主解决问题和体验过程的主动诉求，才需要通过实践活动来推动学习和组织性地解决问题，需要的是学生在实践活动基础上的自主探索与合作交流为主的研究性学习方式。

2. 综合性

综合实践不同于传统意义上的纯理论知识教学，有别于常规性的课堂教学，也迥异于一般的活动教学或课外活动，而是更为明显地表现出综合性特征。首先，教学目标的综合性，不仅仅是以知识性内容领域某个单元、某个专题、某个单独的知识点为教学目标，也不仅仅是以类似数学主题活动的某个方面为教学目标，更不仅仅是笼统地说三维目标的一体化叙写，而是在数学化的指导思想和教学过程中，多层次、多方面教学意图与任务的综合体。教学目标的综合性强调数学学科等多种知识的协同运用，明确调用社区、学校、师生、文本等各种资源，聚焦具有多种复杂因素影响的现实问题的多思路解决，关注不同层次学生的全方位、多途径的参与，以及由此综合生成的过程性的、隐性的情境性影响，等等。这都是综合实践所关注并努力追求的教学目标。其次，教学内容的综合性，除了综合运用小学数学自身的知识性内容，也包括综合运用其他学科的知识内容，还包括充分调动儿童的各种生活性的经验内容。再次，教学投入的综合性，空间方面，除了一般的课堂教学投入，还有大量的课外专题探究投入、社区活动和社会实践的投入；人员资源方面，除了数学学科学习的师生投入，还有其他学科教师、社区和广大社会人士支持与资源等方面的投入；学生学习方面，除了主要的认知和情感投入，还要用心规划和选题，动口讨论与交流，动手操作和探索，以及手脚并用、口耳皆动、全身心投入到社会调查与实践，等等。最后，教学评价的综合性，除了形式多样的纸笔成果，还有展示、汇报、表演与游戏等，而且同一成果可以有多种表达方式，可以有多次的体现过程和进一步的表达机会。特别地，综合实践的过程本身就是教学评价对象，具有复杂性、多维性、多层次性，即综合性。

3. 探索性

如果说知识性内容领域的教学多少具有一定的授受性，那么综合实践在教学组织与活动方式上就表现出完全、充分的探索性。首先，从教学内容看，综合实践主要是让学生在感受疑难和发现问题的基础上，充分利用生活经验和各种现实题材，选择、提出或设置一定的实践课题，设计为一系列可操作的活动，然后以自主探索与合作支持的方式实施教学。其次，从教学关系看，学生的"学"主要就是一种自主探索活动，学生是教学活动的始发者、组织者与实施者，并在其中主动地建构起自身的知识和经验体系，学生不再是知识的被动接受者。如果说小学低年段的综合实践，还需要教师组织、引导和示范，那么高学年段中，教师主要就是提示和创设各种可能的情境。教师的"教"基本上就是一种辅助性活动，教师主要是学生自主探索的协调者、服务者和支持者，不再是知识的权威者和讲授者。这自然也深刻地推动着师生关系的变革，学生在教学中的主体探索地位和作用得以彰显。最后，从组织方式看，学生的自主探索尽管离不开个体投入与实践，但并不是一种孤立的个别活动，还有年级组织、班级组织、小组合作、学习共同体以及课题组等多种组织方式。小组合作是最基本、也最常见的一种综合实践教学组织方式。小组的组织、分工、合作、协调、交流和讨论都需要并展现出浓郁的探索性。

思考活动

结合个人学习和体会，谈谈如何设计一个合乎现代数学教育理念和教学目标的综合实践活动实施方案。

扩展阅读4

某小学"实践与综合应用"的调查结果

本次调查发出问卷54份，收回52份，有效45份，问卷的回收情况良好，有效率较高。

先对问卷进行定量统计，再与定性等级评分相结合，对教师调查问卷进行综合分析。五级评分标准是：A等级〔1.00~1.49）为反对，B等级〔1.50~2.49）为比较反对，C等级〔2.50~3.49）为中立，D等级〔3.50~4.49）为比较赞同，E等级〔4.50~5.00）为赞同。调查结果如下表所示。

因　　素	价值认识	内容认识	教学方式	评价认识	总问卷
平均得分	3.86	3.98	3.78	4	3.94
等　　级	D	D	D	D	D

由上表可知，总体而言，教师对《标准》设置"实践与综合应用"持比较认同态度，教师对"实践与综合应用"的认识比较符合《标准》要求。

（一）关于"实践与综合应用"价值的认识

教师对"实践与综合应用"价值的认识包括：教师对设置该内容必要性的认识、对该内容设置目的的认识和该内容的教育价值的认识。问卷的第1、3、6、9、12题反映教师对"实践与综合应用"价值的认识。教师在这五道题的平均得分的等级评定情况统计如下表所示。

等　　级	A	B	C	D	E
频　　率	0	0	5	30	0
百分比	0	0	14.29%	85.71%	0

由上表可知，在"价值认识"题项上，近85.71%教师的平均得分等级评定为"比较赞同"。可见，大部分教师对"实践与综合应用"的价值认识与《标准》要求基本一致。值得一提的是，第6题"我认为，设置'实践与综合应用'内容的目的在于帮助学生认识数学在现实生活中的作用"，接受调查的35位教师中，有34位选择"比较赞同"或"非常赞同"，占调查总人数的97.14%。可见，绝大多数教师都认为"实践与综合应用"版块设置的目的是为了帮助学生认识数学在现实生活中的作用。

（二）关于"实践与综合应用"内容的认识

教师对"实践与综合应用"内容的认识，包括教师对"实践与综合应用"内容实质的认识，和对教材中"实践与综合应用"内容的认识。问卷的第2、第5题反映教师对"实践与综合应用"内容实质的认识；第8、第10题反映教师对教材编写的"实践与综合应用"内容的认识。

教师在这四道题的平均得分的等级评定情况统计如下表所示。

等　　级	A	B	C	D	E
频　　率	0	0	5	23	7
百分比	0	0	14.29%	65.71%	20%

在该题项上，接受调查的35位教师中，平均得分的等级为
D或E的教师有30位，占调查总人数的85.71%。这说明，大部分
教师对"实践与综合应用"内容实质的认识符合《标准》的理
念，对教材编写的相应内容持比较赞同的态度。

具体来看，第5题"我认为，'实践与综合应用'的教学内
容是一些能够运用学生已有数学知识解决的、具有一定综合性
的问题，"100%的教师表示"比较赞同"或"非常赞同"。第
8题"教学'实践与综合应用'版块时，我通常采用教材编写的
内容"，有24位教师选择"比较赞同"或"非常赞同"。但第
10题"教材中编写的'实践与综合应用'内容能够很好地体现
《标准》的理念和要求"，仅有16位教师选择"比较赞同"或
"非常赞同"，还不到调查总人数的一半。可见，教材是教师
实施"实践与综合应用"的直接依据，但部分教师对教材关于
这一版块内容的编写并不十分满意。教师不满意教材上内容的
编写，却仍采用教材编写的内容作为"实践与综合应用"的教
学内容，表明教师基本上没有自主设计"实践与综合应用"学
习题材的经历。

（三）关于"实践与综合应用"教学方式的认识

教师对"实践与综合应用"教学方式的认识，包括教师对
"实践与综合应用"实施过程中师生角色的认识、教学组织形
式的认识、教学媒体诸方面的认识。问卷的第4、7、11、13、
15、17、19、20题反映教师对这方面的认识。教师在"教学方
式认识"题项上的平均得分的等级评定情况统计如下表所示。

等 级	A	B	C	D	E
频 率	0	1	5	25	4
百分比	0	2.86%	14.29%	71.43%	11.43%

由上表可知，在"教学方式认识"题项上，有82.86%的教
师的平均得分的等级评定为D或E。可见，大部分教师对《标
准》中关于"实践与综合应用"教学方式的理念和要求持比较
赞同的态度。

具体来看，有22位教师"比较赞同"或"非常赞同"小组
合作学习的课堂组织形式，占调查总人数的62.86%；有31位教
师"比较赞同"或"非常赞同"采用课内外相结合的形式实
施"实践与综合应用"，占调查总人数的88.57%；有25位教师
"比较赞同"或"赞同"学生能在课前准备好所需的教学材料
或工具，占调查总人数的71.42%；第20题"在'实践与综合应
用'的教学中，我会经常使用多媒体"，有近65.71%的教师选

择"比较赞同"或"非常赞同"。这表明，现代教育信息技术的使用也逐步成为教师教学的一部分。课前，大部分教师都能做好相关材料或工具的准备。但是，学生在课前的准备是不充分的。

（四）关于"实践与综合应用"评价的认识

教师问卷的第14、16、18、21、22题反映教师对"实践与综合应用"评价的认识。教师在"评价认识"题项上的平均得分的等级评定情况统计如下表所示。

等　级	A	B	C	D	E
频　率	0	0	13	11	11
百分比	0	0	37.14%	31.43%	31.43%

由上表可知，选择题第14、16、18题分别有28人、28人和23人选择"比较赞同"或"非常赞同"。第21题关于教学关注排序题，近92.49%的教师将"学生的合作交流"放在前列。可见，绝大多数教师充分肯定了"合作学习"在"实践与综合应用"教学中的重要地位，符合《标准》的要求。

结论：

（1）教师比较赞同《标准》中设置"实践与综合应用"内容，对"实践与综合应用"的认识基本符合《标准》的要求。"实践与综合应用"就是"做数学"的具体体现，它是以解决某一实际的数学问题为目标，以培养学生的数学思维为核心的课程形态。

（2）教材配套资源，如教具、学具、光盘课件不齐全，给教师的教学带来的很大的困难，部分教师虽然知道《标准》的要求，但有心无力。

（3）教师的实际教学活动未能很好地体现《标准》中关于师生互动、合作学习等方面的要求，较大部分停留在形式上。

（4）教师对学生实践与综合应用的评价缺乏指向性。教师并没能有效地强调过程性评价，教师往往忽视了学生活动的状态，如学习兴趣、参与程度、合作意识、心理素质、创新精神和实践能力等，无法更加全面和客观地评价学生。

思考：

虽然"实践与综合应用"的理念已被广大教师所接受，并且绝大多数的学校和教师能保证教材中"实践与综合应用"版块的教学，但实际教学效果不理想。究其原因，主要来自以下几方面。

（1）教育专家对小学数学"实践与综合应用"实施给予的指导和帮助不够，目前相关研究主要集中于宏观层面的理论研究，未能很好地结合教学实践。

（2）对于"实践与综合应用"的教学，部分学校会组织教师进行集体研讨，但收效常常不太令人满意，教师往往不能很好地理解教材编写者的意图。这与教师自身的素质有关系，但同时也给教材编写提出了要求。

（3）教材的配套资源不充分，教师普遍认为，教学"实践与综合应用"缺乏先导性的经验，没有直接经验，可借鉴的间接经验又不多，教师只能"摸着石头过河"，且教材配套参考资料对教师的指导作用甚微，教材的配套资源网建设的不完善。

（摘自：http://www.guangztr.edu.cn/gztr/jxgg/ggsy/452q02.htm）

专题小结

综合实践对课程创新、教学组织、评价转向、学生发展等都具有重大意义，具有问题性、情境性、开放性、自主性、参与性、复杂性、灵活性、生成性等诸多特点。

推荐书目与文章列表

[1] 吕传汉等. 数学情景与数学问题 [M]. 重庆：重庆大学出版社，2001.
[2] 张兴华. 走进儿童的数学学习 [M]. 南京：河海大学出版社，2002.
[3] 徐斌艳. 数学主题的研究性学习——在问题解决中建构数学 [M]. 广州：广东教育出版社，2006.
[4] 施良方. 学习论 [M]. 北京：人民教育出版社，1994.
[5] 张奠宙，李士锜，李俊. 数学教育学导论 [M]. 北京：高等教育出版社，2003.
[6] 徐小路. 在数学课堂教学中开展研究性学习的实践探索 [J]. 数学教学通讯，2002（7）.
[7] 李善良. 现代认知观下的数学概念学习与教学 [M]. 南京：江苏教育出版社，2005.
[8] 张春莉，王晓明. 数学学习与教学设计 [M]. 上海：上海教育出版社，2004.

思考与练习

一、填空题

1. 2000年9月，研究性学习作为必修课纳入教育部发布的_____。

2. 研究性学习以学生感兴趣的_____为核心而展开。

3. 研究性学习课程的内容不限于特定的_____，更多的还来源于自然、社会或生活中学生的问题。

4. 研究性学习的课题内容具有_____。

5. 2001年7月，中华人民共和国教育部颁布的_____，明确提出了小学数学教学的四大内容领域。

6. 当前的数学课程改革从义务教育的三个学段到高中共四个阶段，小学阶段的"实践与综合应用"叫做_____。

二、名词解释

1. 研究性学习

2. 综合实践

三、简答题

1. 简述研究性学习的特征。

2. 简述小学数学研究性学习的意义和目的。

3. 简述小学数学综合实践的领域内容。

4. 简述小学数学综合实践的基本特征。

5. 简述小学数学综合实践的基本意义。

四、论述题

1. 结合实际，论述如何在小学数学教学中实施研究性学习。

2. 结合数学教学实际和具体课题，设计一个小学数学综合实践的实施方案。

第十一章

小学数学内容与主要问题的教学

　　中国21世纪以来的课程改革，吸取世界经验，努力革除传统弊病，把小学数学的教学内容分为四大领域。教师开始更深刻地探索和思考怎样把知识内容以适宜儿童的方式呈现出来。较为突出的问题是，概念教学比较抽象、枯燥，如何使学生容易理解；计算问题常常单调乏味，容易造成机械训练，如何教学使它变得有趣，变得可以有效训练学生的思维；应用题更是小学数学教育的难点问题，如何突破难点，如何使学生应"万变"，等等。

　　本章首先概要性地清理了小学数学教学的内容领域，然后针对知识性内容领域教学实践中较为关键、有较多实施困难的问题，重点探讨了概念教学、计算教学和应用题教学。

 学完本章，你将能够：

1. 理解小学数学教学的四大内容领域；

2. 理解并有效实施概念教学；

3. 理解并有效实施计算教学；

4. 理解并有效实施应用题教学。

专题导读

前面章节已经讨论了小学数学综合实践领域，小学数学的内容领域到底是什么样的呢？深刻地理解这一问题，小学数学教师将能更为正确地看待小学数学课程与教学中的各种矛盾疑难，才能创设适宜情境，提供与儿童学习特点、兴趣和需要相切合的教学内容。

链接

小学数学教学专题网站和资源库，可参见：http://shuxue.xiaoxue123.com/Index.html。

专题一

小学数学教学的内容领域

一、小学数学内容领域的提出

吸取世界范围内的课程与教学改革经验，针对传统大一统的计划管理体制、学科过于分化及知识点割裂的弊病，新近的课程改革提出"课程标准"和"学习领域"两个重要概念，试图有所转变。

什么是课程标准？《教育大辞典》（第一卷）对课程标准的定义是：确定一定学段的课程水平及课程结构的纲领性文件。从形式结构上看，课程标准一般包括课程标准总纲和学科课程标准。课程标准同时引入了学习领域概念和框架，明确了知识与技能、过程与方法、情感态度价值观三位一体的课程总目标，以及学科学段目标、内容和实施建议等。所谓学习领域，是指反映一定的教育理念，体现专门的学习目标，涵括若干知识经验的主题学习单元。学习领域主要包括能力描述的学习目标、任务陈述的学习内容和总量给定的学习时间（基准学时），为教学内容的选择和安排（包括教材编写）提供了参照指南和思路。

2001年7月，中华人民共和国教育部颁布了《全日制义务教育数学课程标准（实验稿）》[1]，借助学习领域的概念和框架，通盘考虑义务教育九年一惯的数学课程，对小学数学课程与教学的基本理念、课程目标、学习内容等方面进行了阐述。《义务教育数学课程标准》是国家对基础教育数学课程的基本规范和要求，是教材编写、教学、评估和考试命题的依据，是国家管理和评价课程的基础，对不同学段的学生在知识与技能、过程与方法、情感态度与价值观等方面提出了明确而基本的要求。解读标准，领会精髓，才能更好地深化、落实小学数学课堂教学的改革，实现"人人都能获得良好的数学教育，不同的人在数学上获得不同的发展"（修改稿）的教育追求。

---

[1] 《全日制义务教育数学课程标准（实验稿）》已有"修改稿"，但目前几乎所有中小学教师学习和熟悉的政策性文本仍然是"实验稿"。因此，除非特别标明，凡涉及《标准》中内容的引用，都来自"实验稿"，不单独做注。

1.　基本理念

《全日制义务教育数学课程标准（实验稿）》确定并阐释了小学
数学内容的"基本理念"。其中：

第一点从课程的角度明确指出，小学数学内容要与基础教育的基
本性质一致。即"应突出体现基础性、普及性和发展性，使数学教育
面向全体学生"。

第二点从功能的角度明确指出，小学数学内容的编选要坚持文化
认识依据。即"数学是人类的一种文化，它的内容、思想、方法和语
言是现代文明的重要组成部分"。

第三点从学习的角度明确指出，小学数学内容的实质就是学生的
数学学习内容。即"学生的数学学习内容应当是现实的、有意义的、富
有挑战性的，这些内容要有利于学生主动地进行观察、实验、猜测、验
证、推理与交流等数学学习活动。内容的呈现应采用不同的表达方式，
以满足多样化的学习需求。有效的数学学习活动不能单纯地依赖模仿与
记忆。动手实践、自主探索与合作交流是学生学习数学的重要方式。由
于学生所处的文化环境、家庭背景和自身思维方式的不同，学生的数学
学习活动应当是一个生动活泼的、主动的和富有个性的过程。"

2.　基本目标

《全日制义务教育数学课程标准（实验稿）》从知识与技能、数
学思考、解决问题、情感与态度四个方面，对小学数学课程与教学的
学段目标与学习内容提出了要求，具体如下表所示。

	第一学段（1～3年级）	第二学段（4～6年级）
知识与技能	● 经历从日常生活中抽象出数的过程，认识万以内的数、小数、简单的分数和常见的量；了解四则运算的意义，掌握必要的运算（包括估算）技能 ● 经历直观认识简单几何体和平面图形的过程，了解简单几何体和平面图形，感受平移、旋转、对称现象，能初步描述物体的相对位置，获得初步的测量（包括估测）、识图、作图等技能 ● 对数据的收集、整理、描述和分析过程有所体验，掌握一些简单的数据处理技能；初步感受不确定现象	经历从现实生活中抽象出数及简单数量关系的过程，认识亿以内的数，了解分数、百分数、负数的意义，掌握必要的运算（包括估算）技能；探索一定事物中隐含的规律，会用方程表示简单的数量关系，会解简单的方程 经历探索物体与图形的形状、大小、运动和位置关系的过程，了解简单几何体和平面图形的基本特征，能对简单图形进行变换，能初步确定物体的位置，发展测量（包括估测）、识图、作图等技能 ● 经历收集、整理、描述和分析数据的过程，掌握一些数据处理技能；能计算一些简单事件发生的可能性
	第一学段（1～3年级）	第二学段（4～6年级）

续表

数学思考	● 能运用生活经验,对有关的数字信息作出解释,并初步学会用具体的数描述现实世界中的简单现象 ● 在对简单物体和图形的形状、大小、位置关系、运动的探索过程中,发展空间观念 ● 在教师的帮助下,初步学会选择有用信息进行简单的归纳与类比 ● 在解决问题过程中,能进行简单的、有条理的思考	● 能对现实生活中有关的数字信息作出合理的解释,会用数、字母和图表描述并解决现实世界中的简单问题 ● 在探索物体的位置关系、图形的特征、图形的变换以及设计图案的过程中,进一步发展空间观念 ● 能根据解决问题的需要,收集有用的信息,进行归纳、类比与猜测,发展初步的合情推理能力 ● 在解决问题过程中,能进行有条理的思考,能对结论的合理性作出有说服力的说明
解决问题	● 能在教师指导下,从日常生活中发现并提出简单的数学问题 ● 了解同一问题可以有不同的解决办法 ● 有与同伴合作解决问题的体验 ● 初步学会表达解决问题的大致过程和结果	● 能从现实生活中发现并提出简单的数学问题 ● 能探索出解决问题的有效方法,并试图寻找其他方法 ● 能借助计算器解决问题 ● 在解决问题的活动中,初步学会与他人合作 ● 能表达解决问题的过程,并尝试解释所得的结果 ● 具有回顾与分析解决问题过程的意识
情感与态度	● 在他人的鼓励与帮助下,对身边与数学有关的某些事物有好奇心,能够积极参与生动、直观的数学活动 ● 在他人的鼓励与帮助下,能克服在数学活动中遇到的某些困难,获得成功的体验,有学好数学的信心 ● 了解可以用数和形来描述某些现象,感受数学与日常生活的密切联系 ● 经历观察、操作、归纳等学习数学的过程,感受数学思考过程的合理性 ● 在他人的指导下,能够发现数学活动中的错误并及时改正	● 对周围环境中与数学有关的某些事物具有好奇心,能够主动参与教师组织的数学活动 ● 在他人的鼓励与引导下,能积极地克服数学活动中遇到的困难,有克服困难和运用知识解决问题的成功体验,对自己得到的结果正确与否有一定的把握,相信自己在学习中可以取得不断的进步 ● 体验数学与日常生活密切相关,认识到许多实际问题可以借助数学方法来解决,并可以借助数学语言来表述和交流 ● 通过观察、操作、归纳、类比、推断等数学活动,体验数学问题的探索性和挑战性,感受数学思考过程的条理性和数学结论的确定性 ● 对不懂的地方或不同的观点有提出疑问的意识,并愿意对数学问题进行讨论,发现错误能及时改正

教学目标与内容要求的四个方面紧密联系。数学思考、解决问题、情感与态度的发展离不开知识技能的学习,蕴涵于各学段具体知识内容的学习和任务实现的过程。同时,知识技能的学习要以数学思考、解决问题、情感态度的发展为依据和旨归。

3. 内容划分

基于上述课程理念和目标任务，《全日制义务教育数学课程标准（实验稿）》确定了"内容标准"，进一步将小学数学各个学段的课程内容划分成四个领域："数与代数"、"空间与图形"、"统计与概率"、"实践与综合应用"。具体如下表所示。

学　段	第一学段	第二学段
数与代数	● 数的认识 ● 数的运算 ● 常见的量 ● 探索规律	● 数的认识 ● 数的运算 ● 式与方程 ● 探索规律
空间与图形	● 图形的认识 ● 测量 ● 图形与变换 ● 图形与位置	● 图形的认识 ● 测量 ● 图形与变换 ● 图形与位置
统计与概率	● 数据统计活动初步 ● 不确定现象	● 简单数据统计过程 ● 可能性
实践与综合应用	● 实践活动	● 综合应用

"数与代数"的内容主要包括数与式、方程与不等式和函数，它们都是研究数量关系和变化规律的数学模型，可以帮助人们从数量关系的角度更准确、清晰地认识、描述和把握现实世界。

"空间与图形"的内容主要涉及现实世界中的物体、几何体和平面图形的形状、大小、位置关系及其变换，它是人们更好地认识和描述生活空间并进行交流的重要工具。

"统计与概率"主要研究现实生活中的数据和客观世界中的随机现象，它通过对数据收集、整理、描述和分析以及对事件发生可能性的刻画，来帮助人们作出合理的推断和预测。

"实践与综合应用"将帮助学生综合运用已有的知识经验，经过自主探索和合作交流，解决与生活经验密切联系的、具有一定挑战性和综合性的问题，以发展他们解决问题的能力，加深对"数与代数"、"空间与图形"、"统计与概率"内容的理解，体会各部分内容之间的联系。

二、比较与认识

要更为全面地认识新课程小学数学内容领域的新变化、新意义，就必须要有所比较，有必要与2000年教育部颁布的《九年义务教育全日制数学教学大纲（试用修订版）》作对比分析，以加深认识。

提示

小学数学内容具有整体性

小学数学教学内容分为四个领域，不同领域又各自有不同的内容，但这只是方便认识的人为划分，它们相互间具有内在关联并形成一个知识整体。

1. 新的意义和任务

义务教育数学新课程内容的学习，更为注重学生的数学活动，特别强调发展学生的数感、符号感、空间观念、统计观念、应用意识与推理能力。

"数感"主要表现为：理解数的意义；能用多种方法来表示数；能在具体的情境中把握数的相对大小关系；能用数来表达和交流信息；能为解决问题而选择恰当的算法；能估计运算的结果，并对结果的合理性作出解释。

"符号感"主要表现为：能从具体情境中抽象出数量关系和变化规律，并用符号来表示；理解符号所代表的数量关系和变化规律；会进行符号间的转换；能选择恰当的程序和方法解决用符号所表达的问题。

"空间观念"主要表现为：能由实物的形状想象出几何图形，由几何图形想象出实物的形状，进行几何体与其三视图、展开图之间的转化；能根据条件作出立体模型或画出图形；能从较复杂的图形中分解出基本的图形，并能分析其中的基本元素及其关系；能描述实物或几何图形的运动和变化，能采用适当的方式描述物体间的位置关系；能运用图形形象地描述问题，利用直观来进行思考。

"统计观念"主要表现为：能从统计的角度思考与数据信息有关的问题；能通过收集数据、描述数据、分析数据的过程作出合理的决策，认识到统计对决策的作用；能对数据的来源、处理数据的方法，以及由此得到的结果进行合理的质疑。

"应用意识"主要表现为：认识到现实生活中蕴涵着大量的数学信息、数学在现实世界中有着广泛的应用；面对实际问题时，能主动尝试着从数学的角度，运用所学知识和方法寻求解决问题的策略；面对新的数学知识时，能主动地寻找其他实际背景，并探索其应用价值。

"推理能力"主要表现为：能通过观察、实验、归纳、类比等途径获得数学猜想，并进一步寻求证据、给出证明或举出反例；能清晰、有条理地表达自己的思考过程，做到言之有理、落笔有据；在与他人交流的过程中，能运用数学语言合乎逻辑地进行讨论与质疑。

2. 新的变化和要求

义务教育数学新课程的内容和呈现方式发生了较大变化。主要有如下几方面。

（1）内容有增有减。增加的内容主要集中在统计与概率和综合实践领域，减少的内容主要集中在烦琐的计算和套路化的应用题题型教学。

（2）强化资源意识。教材不再是圣经，而是学习的一种资源性文本，同时增加了大量的辅助材料，如数学史背景、进一步研究的问题、数学家介绍、数学在现代社会和其他学科中的应用等。相应要求增加更为广泛的开放性问题和社会、文化资源，丰富教学内容，实现课程的目标。

（3）突出综合运用。新课程与学生的现实生活、已经学习过的其他学科知识联系更加紧密，自然、社会与其他学科中的素材增加。如"调查学校附近一个人行横道的人流情况，你能就这个人行横道的安全性和便利性提出改进意见吗？"这种问题就与学生的生活密切相关，而且很有趣。学生经常进行这样的实践活动，能够感受数学与生活的联系，培养数学应用意识与能力。

（4）突出探究合作。学生探索和交流的空间增大。以往课程大多强调学生的接受学习，新课程除重视学生的接受学习外，还增加了自主探索与合作交流等学习方式。这样无疑会使学生获取知识的方法增加，从而使学生的思维更加灵活，增强合作意识。

（5）呈现方式更加多样。与以往教材相比，新课程将实物照片、素描、文字、表格、图形等多种形式结合起来，可以编排一些有趣的阅读材料，也可以安排操作、实验、调查等多种数学活动。

> **思考活动**
>
> 结合个人学习和解读，谈谈义务教育数学新课程内容的新任务、新变化。

扩展阅读1

《义务教育数学课程标准》（简称"标准"）的目标、内容、教学和评价建议以及知识与技能、过程与方法、情感态度与价值观等方面的具体要求是什么呢？

一、数学课程标准与教学大纲的框架结构比较

比较项目	课程标准	教学大纲
前言	课程基本理念	
	标准设计思路	
课程目标	总体目标	教学目的和要求
	学段目标	
内容标准	学习领域、具体目标及案例	教学内容的确定和安排 各年级的教学内容和教学要求
实施建议	教学建议	
	评价建议	
	教材编写建议	教学中应注意的几个问题
	课程资源开发与利用建议	
附录		关于教学要求用语的说明

二、数学课程标准的基本理念

义务教育阶段的数学教育不是培养数学家，也不是培养少数数学精英，而是要面向全体学生，使每一个学生都能得到一般的发展。为改变长期以来过分强调知识的掌握、技能的形成，而忽视学生的态度、情感和价值观的状况，课程标准中提出这样的理念：体现义务教育的基础性、普及性和发展性；强调数学的作用；重视学习的内容和学习的方式；强调在数学教学活动中，学生是数学学习的主人，教师是数学学习的组织者、引导者与合作者；强调过程性评价，全面地评价学生；重视现代信息技术对数学教育的影响。

标准（修改稿）提出："人人都能获得良好的数学教育，不同的人在数学上获得不同的发展。"良好的数学教育就是：学生在学习活动中不仅懂得了知识，还懂得了基本思想，并在学习过程中得到磨炼。

不同的人在数学上得到不同的发展，就是强调每个人都有自己的生活背景、家庭环境、特定的生活与社会文化氛围，这导致了不同的人有着不同的思维方式、不同的兴趣爱好、不同的发展潜能。新体系下的数学课程将在使所有学生获得共同的数学教育的同时，让更多的学生有机会接触、了解乃至钻研自己所感兴趣的数学问题，最大限度地满足每一个学生的需要，对有特殊数学才能和爱好的学生提供更多的发展机会。

标准（修改稿）提出："学生学习应当是一个生动活泼的、主动的和富有个性的过程，除接受学习外，动手实践、自主探索与合作交流也是学习数学的重要方式……。"标准（修改稿）在解释中提出，注重启发式和探究式教学，接受式也是一种学习方式。真正有效的学习方式应该是多种学习方式的有机组合。动手实践、自主探索与合作交流，并不是所有学习内容都适合。

标准（修改稿）提出："数学教学活动是师生共同参与、交往互动的过程。有效的数学教学活动是教师教与学生学的统一，学生是数学学习的主体，教师是数学学习的组织者与引导者。"进一步明确了数学教学活动是教与学的统一。

三、数学课程标准的特点

围绕一个中心，突出两个基本策略。一个中心是指：以促进学生的全面发展为中心。两个基本策略是指：提供现实的、有趣的、富有挑战性的学习内容；倡导有意义的学习方式（动手实践、自主探索与合作交流）。

四、数学课程的目标

《标准》明确将"知识与技能、数学思考、解决问题、情感与态度"列为课程目标，这是《标准》的一个特色。四个方面的目标是密切联系的有机整体，对人的发展具有十分重要的作用。数学思考、解决问题、情感与态度的发展都离不开知识与技能的学习，是在知识、技能的学习中实现的。同时，知识与技能的学习必须以有利于其他目标的实现为前提。

过程性目标是经历从日常生活中抽象出数的过程，经历直观认识简单几何体和平面图形的过程。数学的思考是要求在面临各种问题情境（特别是非数学问题）时，能够从数学的角度去思考问题、能够发现其中所存在的数学现象、并运用数学的知识与方法去解决问题。

解决问题目标不等同于解题活动：首先，在内容方面，要解决的"问题"不同于那些仅仅通过"识别题型、回忆解法、模仿例题"等非思维性活动就能够解决的"问题"。这里所说的问题既可以是纯粹的数学题，也可以是以非数学题形式呈现的各种问题（如二年级数学下册第9页"你能提出哪些数学问题？"）这需要学生通过富有思维成分的活动才能够解决，即能够识别存在于数学现象或者日常的、非数学的现象与问题中的数学问题或者数学关系，并将它们提出来，然后，才是应用知识与技能解决问题。其次，解决问题活动的价值不只是获得具体的结论，更多地存在于使学生体会到解决问题是可以有不同策略的，每一个人都应当有自己对问题的理解，并在此基础上形成自己解决问题的基本策略。

情感与态度目标，应当关注学生的学习兴趣，学生良好的学习习惯和学生良好的身心素质。培养出活泼、开朗、善于思考、敢于提问题的学生。

（摘自：http://xxsx.fhedu.cn/Html/6/Menu/7/Article/91/）

专题小结

《全日制义务教育数学课程标准》，借助学习领域的概念和框架，通盘考虑义务教育九年一惯的数学课程，对小学数学课程与教学的基本理念、课程目标、学习内容等方面进行了阐述，在内容领域方面提出了新的任务，有了新的变化。

专题二
数学概念教学与问题

一、数学概念的含义

　　逻辑学认为，概念是反映事物（思维对象）及其特有属性（本质属性）的思维形式。数学概念是人对客观事物中有关数量关系和空间形式方面本质属性的抽象。中小学数学中有很多概念，包括数的概念、运算的概念、量与计量的概念、几何形体的概念、比和比例的概念、方程的概念以及统计与概率知识有关的概念等。这些概念是构成中小学数学基础知识的重要内容，它们是互相联系着的。如只有明确牢固地掌握数的概念，才能理解运算概念，而运算概念的掌握，又能促进数的整体性概念的形成。

　　数学概念在数学思维中起着十分重要的作用，它是最基本的数学思维形式。数学体系中的公理、定理、判断和规则是由概念构成的，而数学运算、推理和证明又是由判断等构成的。可以说，数学概念是数学的细胞。学生在学习数学方面的障碍，很大程度上就与概念不清有关系。就常见的分数加法来说，$1/2 + 1/2 = 1$ 作为纯粹数字的数学题目，学生不难计算，但就真正意义上的数学学习来说，学生面临的更为真实、复杂而常见的生活情境与问题思考往往是："两个圆饼，每个都吃掉一半，吃掉了多少呢？"显然，就不能简单说 $1/2 + 1/2 = 1$，有可能吃掉的是 $2/4$。这里就涉及"单位1"的概念理解问题。只有正确理解"单位1"，学生才会正确理解和运用"分数加减时要始终保持一个"单位1"不变，不同的单位量不能相加"的基本法则，才能真正说是数学学习和思考。

二、数学概念教学的意义

1. 正确理解各种数学概念是掌握数学基本知识和基本技能的基石

　　小学数学的基础知识包括：概念、定律、性质、法则、公式等，

其中数学概念不仅是数学基础知识的重要组成部分，而且是学习其他
数学知识的基础。概念反映的是事物的本质属性。我们要认识、把握
某个事物，必须首先弄清它的本质属性，否则就无法正确地认识事
物。学生掌握基础知识的过程，实际上就是掌握概念并运用概念进
行判断、推理的过程。数学中的法则都是建立在一系列概念的基础上
的。事实证明，如果学生有了正确、清晰、完整的数学概念，就有助
于掌握基础知识，提高运算和解题技能。相反，如果一个学生概念不
清，就无法掌握定律、法则和公式。例如，整数百以内的笔算加法法
则为："相同数位对齐，从个位加起，个位满十，就向十位进一。"
要使学生理解和掌握这个法则，必须事先使他们弄清"数位"、"个
位"、"十位"、"个位满十"等概念的意义，如果对这些概念理
解不清，就无法学习这一法则。又如，圆的面积公式 $S=\pi r^2$，要以
"圆"、"半径"、"平方"、"圆周率"等概念为基础。总而言
之，小学数学中的一些概念对于今后的学习而言，都是一些基本的、
基础的知识。小学数学是一门概念性很强的学科，也就是说，任何一
部分内容的教学，都离不开概念教学。所以我们要想使学生真正学懂
数学、掌握数学，并能正确地运用数学解决实际问题，必须重视概念
教学，充分认识到概念教学的重要意义。

**2. 正确掌握概念并加以灵活运用是发展数学思维的必要前提
条件**

概念是思维的"细胞"，在概念、判断、推理这三种思维形式
中，概念是起点，没有概念，或概念错误，就无法形成正确的判断，
无法进行正确的推理。如要判断3/3、4/3、2/3、9/4、39/40各分数
中，哪些是真分数，哪些是假分数，学生必须对真分数、假分数的概
念十分清楚，才能去进行判断和推理。正是在形成正确的概念，并
据此进行判断、推理的过程中，学生初步的数学思维能力才逐步得到
提高。而且在概念教学过程中，为了使学生顺利地获取有关概念，教
师常常要提供丰富的感性材料让学生观察，在观察的基础上，使学生
对感性材料进行比较、分析、综合，最后再抽象概括出概念的本质属
性，从而使他们的初步逻辑思维能力逐步得到提高，使学生从概念形
成的过程中，认识定义存在的必要性和定义的合理性，这样可以达到
理解概念，训练思维的目的。

**3. 重视概念的教学有助于学生知识结构的建立和迁移能力的
增强**

实践证明，教学中，学生对最基本的概念理解得越深刻，学习
有关知识越容易，迁移的能力也就越强。例如，只要学生真正掌握了

小学生需要学习概念

很多人以为概念通
常比较抽象，认为以形
象思维为主的小学生学
不了概念，小学教学也
就不太注重概念教学。
这是非常片面的。小学
生要真正进入数学领域
形成一定的数学思维，
必须要以理解和掌握数
学概念为基础，必须要
学习并学好概念。同时
大量教学事实和心理学
研究表明，儿童可以学
好概念。

商不变性质，就有助于以后分数、比例的学习，有助于顺利地理解分数的基本性质和比例的基本性质，解决通分、约分、扩大、缩小的问题。而且只有以最基本的概念为核心，通过不断迁移学到的知识才不是孤立的、零散的，才有助于形成层次分明、纲目清楚的认知结构，才便于学生理解、迁移和记忆。如分数意义、分数计算、分数百分数应用题这部分知识，其中分数意义是最基本、最核心的一个概念，有关的知识在这一概念的统率下才形成了一个有机的知识结构。

三、如何帮助学生建立概念

1. 丰富学生的感性认识

由于形成准确概念的先决条件是使学生获得十分丰富和符合实际的感性材料，通过对感性材料的抽象、概括，来揭示概念所反映的本质属性。因此，在教学中，要密切联系数学概念在现实世界中的实际模型，通过对实物、模型的观察，对图形的大小关系、位置关系、数量关系的比较分析，创设情境等，在具有充分感性认识的基础上引入概念。如在教学"数轴"这个概念时，如果照教材宣读"把一条规定了方向、原点和单位长度的直线叫数轴"，这样直接引入，对初学者来讲往往空对空，理解不深。其实，人们早就知道怎样用"直线"上的"点"表示各种数量，如秤杆上的"点"表示物体的重量，温度计上的"点"表示温度，标尺上的"点"表示长度等。秤杆、温度计、标尺都具有"三要素"：度量的起点，度量的单位，明确增减方向。这些模型都启发人们用直线上的"点"表示数从而引入"数轴"概念，学生容易接受。又如，平面直角坐标系的引入，我们可以问学生你坐在教室里的什么位置，要回答这个问题，学生必然会说，我在第几组、第几排，事实上，这个第几组、第几排正是点坐标的最初原型。再如，解析几何中椭圆等概念的引入，可充分借助于教具或电教手段，把曲线产生的过程加以演示，使学生形成真实感，加深对概念的领悟。

典型案例 1

相遇问题的教学

在讲相遇问题时，为让孩子对相向运动的各种可能的情况有所感受，可以从研究"鼓掌时两只手怎样运动"开始。通过拍手体验，在边问边议中逐步板书"出发地点：两地；出发时间：同时；运动方向：相向；运动结果：相遇"。进而，出示两列火车运行图。先要求孩子按上述四个要点口述火车运行情况，再要求孩子按图编一道应用题，"两列火车同时从甲、乙两地相向而行，一列火车每小时行70千米，另一列火车每小时行65千米，经过3小时两车相遇。求甲乙两地之间的铁路长。"接着，再指出：上面这道题就是我们今天要学习的"相遇问题应用题"。教学实践证明，如此使孩子犹如身临其境去体验并理解有关知识，他们能很快准确地掌握相关的数学概念。在感知的过程中，在引导学生逐个地感知客观事物的时候，教师要注意使用数学术语。

但教师提供材料时要注意两点：一是所选材料要确切。例如角的认识，小学里讲的角是平面角，可以让学生观察黑板、书面等平面上的角。有的教师让学生观察教室相邻两堵墙所夹的角，那是两面角，对于小学教学要求来说，就不确切了。二是所选材料要突出所授知识的本质特征。例如，直角三角形的本质特征是"有一个角是直角的三角形"，至于这个直角是三角形中的哪一个角，直角三角形的大小、形状，则是非本质的。因此，教学时应出示不同的图形，使学生在不同的图形中辨认其不变的本质属性。

2. 引导学生抽象出事物的本质属性

透过事物的外部现象，抽象概括出事物的本质属性时，才叫形成了概念，即完成了从感性认识到理性认识的飞跃之后，学生的头脑中才能形成概念。也就是说，在感知的基础上，要引导学生加以抽象概括，找出全体材料共同的本质属性。如学习梯形的概念时，可针对图11-1所提供的形式不同的梯形，找出其共同之处：①都是四边形。②每个四边形仅有一组对边平行。合并上述两个要点，即可得出：只有一组对边平行的四边形叫做梯形。

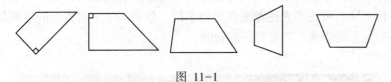

图 11-1

3. 通过练习加深对概念的理解

练习题除了安排一定量的基本题之外，还应安排好"变式"和"反例"两种类型的题目。变式练习题通常指题目的形式与典型的例题有所变化，而本质属性不变，其主要特征是"是非而是"。例如，教学垂线的认识时，通常用图11-2中两个典型的图例进行教学，练习时应引导学生判断两个图中的两条直线是否垂直。从表面看图11-2（b）中没有四个角，但是，直线是没有端点的，应把图11-2（b）看成11-3（c）图。

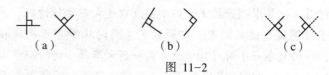

（a）　　　　　（b）　　　　　（c）

图 11-2

可以确认这两个图中的两条直线互相垂直。这两个图为学生画三角形斜边上的高和确认直角三角形的高打下坚实的基础。[1]

反例练习则是"似是而非"，即表面上练习题与典型的例题相似，但本质属性已经起了根本性的变化。如，学生对三角形有了初步认识之后，引导学生辨认图11-3中的图形是不是三角形。[2]

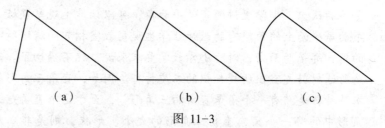

（a）　　　　　（b）　　　　　（c）

图 11-3

图11-3中的三个图形从表面上看与三角形相似，而本质已变化。图11-3（a）中有三条线段，但未"围成"；图11-3（b）中"围成"了，但有四条线段；图11-3（c）中有三条边，也围成了，但是有一条边不是线段。这三个图都不是三角形。

除了变式练习外，还可以进行变换本质属性的叙述或表达方式的练习。小学生理解和掌握概念的特点之一是：对某一概念的内涵不很清楚，也不全面，把非本质的特征作为本质的特征。例如，有的学生误认为，只有水平放置的长方形才叫长方形，如果斜着放就辨认不出来。为此，往往需要变换概念的叙述或表达方式，让学生从各个侧面来理解概念。旨在从变式中把握概念的本质属性，排除非本质属性的干扰。因为事物的本质属性可以运用不同的语言来表达，如果学生对各种不同的叙述和表达都能理解和掌握，就说明学生对概念的理解是透彻的、灵活的，不是死记硬背的。

典型案例2

"梯形"的概念教学

在学生按课本认识了梯形后，出示图11-4中的（a）和

[1] 周玉仁. 全国小学数学特级教师课堂教学艺术集萃［Z］. 济南：山东教育出版社，1994：38.
[2] 周玉仁. 全国小学数学特级教师课堂教学艺术集萃［Z］. 济南：山东教育出版社，1994：39.

（b），问它们是梯形吗?当学生回答后，再要他们指出这个梯形的上底、下底和高。接着出示图11-4中的（c），要求学生说出图中有哪些梯形，并分别指出这些梯形的上底、下底和高。有的学生认为a是梯形，有的认为b也是梯形，还有的认为a和b合起来是个大梯形。说明学生已经灵活掌握了"梯形"这一概念。

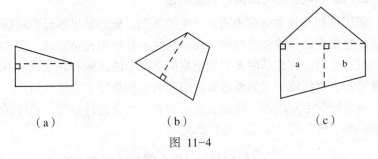

（a）　　　　　　　（b）　　　　　　　（c）

图 11-4

4．在应用中加深对概念的理解

学习概念时，即使弄清了概念的含义，但要真正掌握它，还必须通过应用，在应用中加深理解。根据小学生对概念的认识通常带有具体性的特点，在学生通过分析、综合、抽象等方法概括出概念后，让他们自举例证，把概念具体化。从具体到抽象又回到具体，符合小学生的认识规律，能使学生更准确把握概念的内涵和外延。例如，在学生初步获得了真分数、假分数的概念后，就可以让学生分别举一些真分数和假分数的实例；知道了圆柱的特征后，让学生说说日常生活中有哪些物品的形状是圆柱形的。

加深对概念的理解，还可以让学生把概念应用于生活实践。数学概念来源于生活，就必然要回到生活实际中去。教师引导学生运用概念去解决数学问题，是培养学生思维、发展各种数学能力的过程。并且，也只有让学生把所学习到的数学概念，拿到生活实际中去运用，才会使学到的概念巩固下来，进而提高学生对数学概念的运用技能。为此，教师在教学中应当根据教材内容和学生实际，在掌握小学数学教材逻辑系统的基础上，有意识地深化和发展学生的数学概念。例如，在学习圆的面积后，一位教师就设计了这样的问题："我们已经学习了圆面积公式，谁能想办法算一算，学校操场上白杨树树干的横截面面积?"同学们就讨论开了，有的说，算圆面积一定要先知道半径，只有把树砍倒才能量出半径；有的不赞成这样做，认为树一砍下来就会死掉。这时教师进一步引导说："那么能不能想出不砍树就能算出横截面面积的办法来呢?大家再讨论一下。"学生们渴望得到正确的答案，通过积极思考和争论，终于找到了好办法，即先量出树干的周长，再算出半径，然后应用面积公式算出白杨树横截面面积。课后许多学生还到操场上实际测量了树干的周长，算出了横截面面积。

再如，在教学正比例应用题时，可以启发学生运用旗杆高度与影长的关系，巧妙地算出旗杆的高度。这样通过创设有效的教学情景，教师适时点拨，不但启迪了学生的思维，而且培养了学生学以致用的兴趣和能力，也加深了对所学概念的理解。

5．指导学生系统归类，巩固概念

现代认知心理学研究表明，学生的知识，概念如果不经整理杂乱地放在脑子里是很难被提取的，所以在每一教学单元结束后，要及时进行概念总结，在总结时要特别重视同类概念的区别和联系，从不同角度出发，制作较合理的概念系统归类表，如学完了立体几何第一章后，可引导学生对线线、线面、面面的有关概念进行归类，也可抓住两个中心"角"与"距离"进行归类。

$$
\text{角可分为} \begin{cases} \text{线线角，异面直线所成的角} \\ \text{线面角，斜线与平面所成的角} \\ \text{面面角，二面角的平面角} \end{cases}
$$

它们的共同点都是转化为三角形的内角计算，区别是转化手段不同。

$$
\text{距离可分为} \begin{cases} \text{两点间的距离} \\ \text{点到直线的距离} \\ \text{两平行线间的距离} \\ \text{异面直线间的距离} \\ \text{点到平面的距离} \\ \text{直线到平面的距离} \\ \text{两平行平面间的距离} \end{cases}
$$

它们的共同点是相应两点间的线段长，不同点是相应两点的位置取法不同。在教学中这样做不但可使学生的知识、概念网络化，而且也可以培养学生的综合能力。

思考活动

请结合个人学习和体会，谈谈如何帮助小学生建立数学概念。

扩展阅读2

概念的理解和掌握，关系到学生计算能力和逻辑思维能力的培养，关系到学生解决实际问题的能力和对学习数学的兴趣。有效的概念教学应将概念的逻辑联系与学习者认知水平有机结合起来，制定或选择恰当、有效的教学策略。

1．描述性概念教学要直观形象

小学生的思维还处于具体形象思维阶段。小学数学中的许多概念，都是从小学生比较熟悉的事物中抽象出来的。描述性概念的讲授方法必须从学生现有的生活经验出发，坚持直观形象的原则。如：在学习长方形之前，学生已初步地接触了直线、线段和角，给学习长方形打下了基础。教学对长方形的认识时可以利用桌面、书面、黑板面等让学生观察，启发学生抽象出几何图形。

2. 定义性概念教学要准确推敲

数学是一门严密而精确的科学，特别是有关概念具有更强的"压缩性"。字里行间包含着深刻的内涵，丰富的思想内容和数学思想方法，因此在定义性概念教学中，要指导学生咬文嚼字、准确推敲关键词语的含义。例如，在教学互质数时，教师在引导学生对几组数，如"4和7"、"10和9"、"25和18"公约数的观察的基础上，引入"公约数只有1的两个数叫做互质数"的概念。教师通过对"互质数"的详细解读，既抽象概括出"互质数"这个概念，又为学生深刻理解掌握互质数奠定了基础。

3. 精心设计习题，清晰概念的内涵外延

每一个概念都有一定的外延和内涵，概念的外延就是适合这个概念的一切对象的范围，而内涵就是这个概念所反映的对象本质属性的总和。概念教学中，在学生对概念理解的基础上，教师要精心地设计各种类型的题目，让学生通过分析、比较、综合、抽象、概括等逻辑思维方法，把握事物的本质和规律，从而加深对概念的理解。

通过不同的角度、变换叙述的语言、正反不同的例子、对有联系的概念进行对比等多种形式的训练，深化概念的本质属性，更能帮助学生清晰地掌握概念的内涵与外延。

4. 利用知识迁移，构建知识网络

这包括两方面的要求。第一方面，要加强数学中最基本的概念的教学。所谓最基本的概念，就是在知识与技能的网络中，那些带有关键性、普遍性和适用性的概念。如加法的概念、比多比少的意义、差的概念、乘法的意义、比的意义、倍的概念等，越是最基本的概念，它所反映事物的联系就越广泛、越深刻。抓住这些最基本概念的教学，能使知识产生广泛迁移，使学生容易理解，同时也有利于记忆。第二方面，小学数学中许多概念之间存在着密切的联系，教学中要指导学生对一些相关联的概念进行对比、归类，揭示它们之间的内在联系，抓住这些联系就可以使知识脉络更清晰，知识结构更完整。例如：长方形、正方形、梯形、平行四边形都是四边形，但是它们又相互区别。老师在教完梯形之后，要对四种有联系又有区别的四边形进行分析比较，从而加深学生对四种四边形的理解。

5. 加强训练，指导学以致用

"使学生初步学会运用所学的数学知识解决一些简单的实际问题"，是新课程标准所赋予我们新时期小学数学老师的任务。在实际教学中往往遇到学生能很熟练地背出概念内容，但不能进行灵活应用的现象。为此，教学中除了要重视数学概念的形成和获得外，还要加强数学概念的应用训练，以增强学生的实践意识。教师要积极创造条件，引导学生用数学概念去解决生活中的数学问题，让学生在训练中体验数学的价值，获得成功的喜悦。例如，教学"众数"，可以设计这样一个问题情境：有一家公司，经理的月工资是8000元，2个部门主管每人的月工资是5000元，10个工人每人的月工资是1500元，你要选择用平均数、中位数、还是众数来反映这个公司员工的月工资水平，并说明理由。学生将学过的三种统计量的知识，运用到生活中去解决实际问题，在"学数学"中"用数学"，体会数学的应用价值，增进对数学的理解和应用数学的信心，进而形成勇于探索、勇于创新的科学精神。

（摘自：http://www.fjzzjy.gov.cn/newsInfo.aspx?pkId=80437）

 专题小结

数学概念是数学的细胞。数学概念具有重要意义。帮助学生建立数学概念，就要做到：丰富学生的感性认识；引导学生抽象出事物的本质属性；通过练习加深对概念的理解；在应用中加深对概念的理解；指导学生系统归类，巩固概念。

专题导读

计算是小学数学教学最基本的内容，计算教学重在让学生明白算法、算理和计算多样化，而不是简单模仿和机械计算。那么，如何合理实施计算教学呢？人们展开了大量有益的探索。

专题三
计算教学及其问题

一、计算与运算的含义

在教学和日常生活中，人们常常把计算和运算混为一谈。实际上它们是不同层次的概念。在教学中，如果不把它们区别开来，就不利于培养学生的数学认知结构。

　　所谓计算，就是根据已有数字，根据计算的目的，通过选择计算方法，求出结果的过程。这个过程可以通过机械训练达到，如教学生认识什么是2，什么是5，甚至是让学生记住2和5的符号，然后把它们合在一起，就是7。也可以通过学生自己思考、运算达到。如让学生自己数数，可以是2颗或5颗珠子，2支或5支笔，2本或5本书，2张或5张桌子、2个或5个学校，问学生一共有多少珠子等。学生可能会一个一个地顺着数，得出结论，也可能一个一个地倒着数得出结论，也可能2个2个地相加再加上剩余的得出结论，等等。在这个过程中，学生或许自己发现，或许在教师的启发下发现不论怎样加，总和是不变的，而且5有不同的组成。这个计算的过程有了运算的韵味。这里有必要理解运算的意义。

　　所谓运算，按照现代心理学的理论，它是指内化了的、可逆的、组成系统的（结构）且具有守恒性的动作。

　　"内化了的"即是指在活动中形成了认知结构，而不仅仅是掌握了外在的表面的形式。例如，前面提到过的皮亚杰曾举过一个例子，说他的数学家朋友小时候把10个卵石排成一行，发现无论从哪端开始数都是10个；然后他把它们又排成另外的形状。数出来的数目仍然不变。他感到十分惊奇，并由此产生了对数学的兴趣。他已不是对卵石排列外在形式的认识，已不是一种表象，而是一种在活动的过程中形成的对加法交换性的认识——卵石的总数不依赖于计数的次序。

　　"可逆的"指动作可以在心理上逆转。$5+3=8$实际上也可以写成$8=5+3$或$8=3+5$；或者可以据此得出$8-3=5$，$8-5=3$。学生有了这种可逆性的思想认识，才能认识部分与整体、总类与子类、集合与元素之间的包含关系。皮亚杰曾就此做过一个实验。为了探悉儿童在何时认识到，不管整体的各个部分如何重新分配，整体仍保持不变，皮亚杰把8这个数表示成$4+4$和$1+7$两种形式。他对儿童说，可以在11点钟吃4块糖，在下午喝茶时再吃4块。第二天，他拿出了同样块数的糖，但他说因为上午不太饿，所以11点吃1块，喝茶时吃7块。然后问儿童这两天是否吃了同样数量的糖。一年级的小学生虽然能做$1+7=8$，$4+4=8$的习题，但还是说第二天吃得多，因为"这一天有一个大的数量"。

　　由此可见，如果仅仅教会学生计算而没有形成运算，儿童是不理解计算的。所以我们在计算教学中，要注意使学生产生运算，建立"运算"的意识，这样才能把数学知识及其数学思想真正传授给学生。

　　在日常生活中，人们常常容易忽略计算和运算的区别，甚至把它们混为一谈，认为四则计算等同于四则运算，四则运算就是教四则计算。这应该引起我们的注意。

链接

　　小学数学计算教学专题网站和资源库，可参见：http://www.shuxueweb.com/Index.html。

提示

数学计算并非只是做题

　　一些人认为，数学计算就是加减乘除演练做题。这是极为片面也极为有害的。真正的计算在深层次上涉及和反映个体思维的发展，实质是"运算"。

二、计算教学的意义

（一）计算在日常生活、工作和学习中有广泛的应用

数与计算是人们生活、学习、科学研究和生产实践中应用最广泛的一种数学方法。在当今科学技术迅猛发展的时代，科学中各个领域都有非常巨大的变化，但是，基本的计算方法却没有多大的变化。这充分说明小学数学中计算的基础性和工具性。描述现实世界，从数学的角度来看，主要是从数、量、形三个方面进行，而计量又离不开数与计算，形体大小要量化也离不开数与计算。因此，数与计算是人们认识客观世界最基本的工具，是每个公民应当掌握的基础知识和基本技能。

（二）计算对培养学生的思维能力有重要作用

1. 掌握计算的过程也是促进学生思维能力发展的过程

学习计算的过程是培养和发展学生逻辑思维能力的过程。计算的概念、性质、法则、公式之间都有内在联系，存在着严密的逻辑性。每个概念、性质、法则、公式的引入、建立，都要经过抽象、概括、判断、推理的思维过程。而把这些概念、性质、法则、公式应用到实际中去又必须经过从抽象到具体、从一般到特殊的过程，这样，学生在学习掌握计算知识的过程中也发展了逻辑思维能力。

2. 计算教学有利于渗透辩证唯物主义观点的启蒙教育

计算是在人类的生产、生活中产生和发展起来的，它们具有由低级到高级、简单到复杂的逐步发展过程。在计算中有很多相互依存、对立统一的关系。例如，加法与减法、乘法与除法等。教学中要阐明计算的产生和发展，它们之间相互依存、对立统一的关系，就渗透了辩证唯物主义观点的启蒙教育。

3. 掌握一定的计算知识将使人终身受益

人的一生一般要经过幼儿时期、学生时期和成人时期，数与计算在其中每一个时期都起着很重要的作用。幼儿时期，孩子从"呀呀"学语开始，就接触到数，家长扳着指头教孩子数家里有几口人，桌子上有几个苹果等；上幼儿园以后，又学习一些简单的数与计算知识。幼儿如果没有一点数的知识，就会连自己有几只手、有几件玩具、家里有几口人这些简单的问题也弄不清楚。因此，只有使幼儿掌握一些粗浅的数与计算的知识，使他们比较正确地认识周围的客观事物，才能比较清楚地用语言表达自己的思想。学生时期，数与计算是学生进一步学习数学和其他科学知识的基础。成人时期，计算能力是人们学习、工作、生活所必需的一项基本能力，也是衡量一个人素质的一个基本标准。1982年英国出版了国家学校数学教育研究委员会著名的

《Cockcroft报告》，该报告认为："读数和计数、知道时间、购物付款和找零、计重和测量、看懂浅易的时间表及简单的图表和图示、完成与此有关的必要计算"以及"估算和近似计算的能力"是成年人生活、工作以及进一步学习数学的需要。

由此可见，数与计算将伴随人的一生。一个人在成人以后所需的数学知识，基本上在小学阶段就学全了。因此，在小学阶段学好数与计算的基础知识，并形成一定的计算能力，是终身受益的。

4．计算是科学技术的基础

"国家的繁荣富强，关键在于高新科技和高效率的经济管理"，这是当代有识之士的共同见解，也已为各发达国家的历史所证实。当代科技的一个突出特点是定量化。在许多现代化的设计和控制中，从一个大工程的战略计划、新产品的制作、成本的结算、施工、验收，到储存、运输、销售和维修等都必须十分精确地规定大小、方位、时间、速度、成本等数字指标。而这些数字指标的获得离不开计算。如果说高新技术的基础是数学，那么计算则是高新技术的基础的基础。

综上所述，计算是人们正确地认识客观事物、解决日常生活和工作中实际问题、进行科学研究的重要工具。掌握一定的数与计算的知识已成为现代社会公民应当具备的文化素养之一。

三、计算教学应注意的问题

1．让计算贴近学生的经验和生活

由具体、直观或已有经验引入或提出问题，或提出的问题学生容易理解、熟悉，甚至亲切，就能激发学生的兴趣和求知欲，让学生感受到通过计算可以解决一些具体问题，培养他们的数学应用意识，理解数学在生活中的意义。

例如[1]：

（1）27人乘车去某地，可供租的车辆有两种，一种车可乘8人，另一种车可乘4人。

① 给出三种以上的租车方案。

② 第一种车的租金是300元／天，第二种车的租金是200元／天，哪种方案费用最少？

（2）已知摄氏温度和华氏温度有如下关系：

摄氏温度	0	10	20	30	40	50
华氏温度	32	50	68	86	104	122

---

[1] 教育部基础教育司，数学课程标准研制组．全日制义务教育数学课程标准（实验稿）．北京：北京师范大学出版社，2001：54.

在平面直角坐标系中，通过描点观察点的分布情况，建立满足上述关系的函数表达式。

2．鼓励算法及解决问题策略的多样化、个性化，并引导和鼓励学生独立思考与合作交流

鼓励算法及解决问题策略的多样化、个性化，才能真正引导和鼓励学生独立思考与合作交流，才能真正发展学生的数学思维，已经成为小学阶段数学课程的重要目标之一。将计算作为解决问题的一个组成部分进行教学，重在明白算理，理解计算的意义，形成灵活选择计算方法的能力，发展起良好的数感，帮助学生体会计算是解决问题的重要工具之一，且有不同的计算方法。这也适合不同学生有不同知识结构，以及不同学习特点和策略的实际情况。具体而言，学生面对相关的具体数学问题，先得确定是否需要计算，再选择合适的计算方法（口算、估算、笔算等，以及不同方式的口算、估算、笔算等），从而以适合学生个体知识背景和特质的方式解决问题。在小学数学新课程与教材的"数学广角"单元以及数学综合运用活动中，都加强了综合运用计算知识解决问题和解决问题策略多样化的教学，使学生逐步提高计算能力和解决问题能力；"整理和复习"中，也已经明确地设计为：让学生面对现实中的问题提出解决问题的有效策略，进一步展示不同的计算方法的适用范围，等等。

注意的是，教师在这一过程中，既要鼓励学生大胆、合理地"怎么都行"，也要适时地加强指导，在帮助学生充分理解算理的基础上，通过讨论、比较、分析和检验不同计算方法的优劣，把握其适用方法和条件，选取适合解决问题的最优计算方法。

3．在计算的过程中培养学生的思维能力

（1）在计算法则的推导中培养。如在教乘数是一位数的进位乘法例题时，先让学生尝试练习，创设36×2所得的积是62、612，还是72的问题情境，引起学生思索，然后从摆小棒的操作实验中，得出36×2的计算方法。再通过几道同类题练习，使学生知道个位乘得的积满十，向十位进一的算法。

接着在第二层次练个位乘积满几十的题后，引导学生观察、比较两次的练习题

$$36 \times 2 = 72$$
$$216 \times 4 = 864$$

的异同。

学生在充分感知，发挥形象思维的过程中，初步得出个位乘得的积，满几十，向十位进几的计算方法。

　　然后在第三层次教学时，从几道题的联系中，引导学生分析、综合这两题的计算方法，和前面学的相比，主要有什么不同？如果不同，那么在不同的算法中有没有相同的算理？

　　学生通过思考，从而抽象概括出"一位数乘多位数，哪一位上的积满几十，就要向前一位进几"具有一般意义的进位乘法计算法则。由于这个结论是在学生积极开展思维活动后得出的，效果很好。从当堂看，如让学生举数字卡片表示下面"□"里的数是几，如

$$2\square \times 3 = 7\Leftrightarrow$$
$$2\square \times 3 = 8\Leftrightarrow$$

　　（题中积上的☆表示随着□内数的变化而变化。）

　　学生一般都能把握住乘数一位数的进位乘法的基本结构，思维活跃，既发散又集中，而且能压缩思维过程，正确灵活地判断出□里的数是哪些。从长远看，学生在这个过程中，初步学习了观察、比较、分析、综合、抽象、概括等逻辑方法，学生初步的逻辑思维能力受到了同步的训练。相信持之以恒，他们的学习能力必然会不断提高。[1]

　　（2）设计具有思维训练价值的练习题。如教学乘法分配律对小数乘法同样适用的教学时，在做完基本题A练习后，出示选作题B，如：

　　A组①$1.2 \times 1.5 + 1.5 \times 8.2$

　　②$27.3 \times 27 + 71.7 \times 27+27$

　　B组①（$14.8 \times 2 + 14.8 + 14.8$）$\times 2.5$

　　②$0.8 \times 7.25 + 0.8 \times 1.75 + 80 \times 0.01$

　　③$31.4 \times 2 + 15.7 \times 5 - 62.8 \times 2 = 31.4 \times$（$2 + \square - \square$）

　　要求基本题练习全对的学生选做B组题，反之则先订正练习基本题时的错题，然后再选做B组题的1～2题。

　　相对于A组的基本题而言，B组题能运用运算定律或运算性质进行简单的数据运算，比较隐蔽，通过这样的设计，可以让学有余力的学生探究发现题目的智力因素，培养他们灵活地运用定律、性质，进行简算的能力。[2]

四、如何进行计算教学

1. 从学生的生活实际出发引入数的概念

　　例如，10以内数概念可以从学生的实际生活或能接触到的事物中引入。教材利用学生学习、课外生活活动和常见实际情景等组成主题

---

[1] 教育部基础教育司，数学课程标准研制组. 全日制义务教育数学课程标准
　　（实验稿）［M］. 北京：北京师范大学出版社，2001：63.

[2] 教育部基础教育司，数学课程标准研制组. 全日制义务教育数学课程标准
　　（实验稿）［M］. 北京：北京师范大学出版社，2001：66.

画让学生认识1～10的数。例如，利用学生写字的情境来认识数字1，学生放飞模型飞机来认识数字2等。

（二）通过学生的实际操作活动来学习数的组成

计算是小学数学的重要内容之一。我国的小学生是6周岁入学。这样年龄的儿童正处于幼儿和少儿的转换期。幼儿基本上是用按物点数的方法进行计算的。小学生则是按照抽象的数目和方法进行计算的。例如，5 + 3 = ？，幼儿是在5个物体基础上添上1个（是6个），再添上1个（是7个），最后添1个就是8个，所以5 + 3 = 8。如果要问他为什么5加上3能等于8？他会理直气壮地回答：在5个物体上添上1个，添上1个，再添上1个，得到8个物体，就是5加上3等于8。小学生是想：5和3组成8或在5的基础上添上3就能得到8，所以，5 + 3 = 8。如果问小学生为什么5加上3能等于8？他就会从8以内数的组成来回答，即他在头脑中按照抽象的数目和方法来进行计算，而不是像幼儿那样按物点数来进行计算。在数的组成的基础上，再学用加法运算法则进行加法计算。减法计算也有类似的学习过程。因此，数的组成是学习计算必要的准备知识，也是学习数概念和口算的准备知识之一。例如，在教学整百、整千数的加减法时，先要复习数的组成：① 80和130里面各有几个十？② 700和1000里面各有几个百？③ 13个十是多少？25个百呢？这样，学生能把整百、整千都看成几个百或几个千，将整百、整千数的加减法转化为20以内的加减法。

下面来具体谈谈如何教学10以内直至100以内数的组成。

1．10以内数的组成

在学习2～8的数的组成时，都是让学生通过实物操作（一般由教师先演示一部分，让学生自己动手操作另一部分）来理解和掌握数的组成的；如6、7、8三个数教师只给出一部分组成形式，另一部分以"看到每一组，还能想到什么？"的形式让学生类推出来。这样，有利于培养学生的逻辑思维能力。对于9、10两个数的组成，完全由学生自己动手操作后，来理解和掌握9、10的数的组成。这样，学生学习的自主性和思维水平等比前面有了明显的提高。

2．11～20各数的组成

11～20各数组成的难度比10以内的数要高。它们是以十与几组成十几，十是一个整体，理解上难度稍稍大一些。教材让学生看实物图来认识11～20各数的组成，并由此读出相应的数。10以内数的组成和11～20以内各数的组成是学习20以内加减法的基础。

3．100以内数的组成

教材举了一个例题：用小棒呈现35时，用3个十和5个一来组成。

接着就让学生练习100以内数的组成，即根据给出的小棒图，写出相应数的组成；再给出一个数（如46），让学生写出这个数的组成。这样编排，知识的抽象化的程度比前面又高了一些，这是符合学生思维发展的水平和规律的。100以内数组成是100以内数的读、写和加减法的基础。

（三）通过直观教学和学生已有的知识的经验来学习数的组成和数位的概念

例如，对于三位数以上数的计算教学可以这样来进行。

1．三位数的组成

教材用235根小棒（每捆10根小棒，十捆小棒捆成一大捆表示100根，用两大捆小棒表示200根、用10根小棒的三捆表示30根和5根小棒表示5）表示235，说明235由几个百、几个十和几个一组成的。由于数目比较大，学生理解起来比较困难，在练习时教师还要用小方块帮助学生理解三位数的组成。然后，用计数器来帮助学生学习三位数的读、写方法。由此可以看出，百以内的数和千以内的数相比，数位只增加了一位，但是抽象程度却提高了一个档次。二年级学生学习三位数的组成就有困难，需要借助于实物和实践活动的程度就要高些。在教学过程中应注意这个问题。

2．四位数的组成

四位数的组成是先利用算盘让学生初步掌握后，再结合数位顺序表让学生理解和掌握它。这部分内容教材是将实物和数顺序表结合起来，也就是充分利用算盘中的"档"和数位顺序表"位"的对应关系，让学生比较容易地掌握四位数的组成。

3．亿以内数和整数（亿以上的数）的组成

学生是在高年级学习亿以内的数和整数（亿以上的数）的组成，这时，学生掌握知识的水平和抽象思维能力都有相当大的提高。教材适应学生这样的状况，仅用数位顺序表帮助学生理解和掌握亿以内的数和整数（亿以上的数）的组成。

（四）注意将数的概念与相应的计算结合起来进行教学

1．数的概念与相应的计算结合进行教学的优越性

学生的认知水平和思维水平都是随着知识的积累和相应的训练而提高的。教材对数概念的编排是按照学生的年龄特征和学习数学的过程而设计的。数概念是按照10以内、20以内、100以内、万以内……的方式编排的，计算也是按照10以内数的计算、100以内数的计算、万以内数的计算……的方式来编排。这样，先学数的概念，再学相应

的计算。既复习了数的概念，又使计算的理论基础非常突出。两者紧密地结合起来，使学习过程能充分运用分析、综合、比较、抽象、概括等思维过程，还使学生可以合理、敏捷、灵活地进行思考，有利于促进学生思维能力的发展。同时，将数概念与相应的计算相互沟通起来，使学生对它们有整体性的认识，形成一个知识系统。这对于学生形成合理的认知结构是十分有益的。

2. 运用直观手段和实际操作活动将数概念和计算结合起来

小学生（特别是中、低年级学生）学习数学时基本上都要借助于直观手段和实际操作活动，这是由学生的年龄特征和认识水平所决定的。根据心理学的研究，小学生学习比较抽象的知识一般都有这样的规律："动作、感知–表象（通过语言）–概念"。教材按照这个原理来编写教学内容。例如，20以内的进位加法，先要复习10以内数的组成，特别是哪两个数能组成10更为重要。教学时，让学生边实际操作，边对照相对应的算式进行计算，利用操作过程说明算理。又如，100以内的加、减法，都要利用100以内组成和实际操作活动相结合来教学的。由于是在一年级下学期学习100以内的加、减法，学生的年龄小、思维水平比较低，所以，教材将这部分内容分成：整十数加、减整十数，两位数加一位数、整十数（不进位），两位数减一位数、整十数（不退位），两位数加一位数（进位）、两位数减一位数（退位），两位数加两位数，两位数减两位数等。教师在教学这些内容时都要将数的组成与实际操作活动结合起来，并且把操作过程与算式的计算过程进行对照，使具体形象的操作过程与抽象的计算过程一一对应起来，便于学生理解算理和掌握计算的方法。

 典型案例 3

"环形面积的计算"教学设计与评析

于滨洲设计（辽宁省葫芦岛市连山区钢屯中心小学）

优立军评析（辽宁省葫芦岛市教师进修学院）

教学内容：九年义务教育六年制小学数学第十一册第117页的例5。

教学目的：

（1）使学生理解环形的概念，掌握环形面积的计算方法，能灵活运用知识解决简单的实际问题。

（2）通过观察、操作，探求新知，培养学生比较、分析、概括等思维能力，发展学生的空间观念。

教学重点：环形面积的计算方法。

教（学）具准备：长15厘米、宽12厘米的长方形硬纸片，剪刀，圆规，投影仪等。

教学过程：（教学活动以课上自然合作小组形式进行）

一、动手操作，建立表象

（1）画圆。让学生在硬纸片上画出半径分别是5厘米、3厘米的同心圆。

（2）计算圆的面积。让学生分别求出半径5厘米和3厘米圆的面积。小组推荐一人板演：大圆的面积 $3.14 \times 5^2 = 3.14 \times 25 = 78.5$（平方厘米），小圆的面积 $3.14 \times 3^2 = 3.14 \times 9 = 28.26$（平方厘米）。

（3）剪圆。沿一条直径对折，先剪下所画的大圆，再剪下所画的小圆。观察并提问：所剩下的部分是什么图形？（教师板书：环形）在日常生活中，你见过环形或环形截面的物体吗？举例说明。

评析：环形面积是圆面积计算的扩展、延伸，以上活动既是对旧知识的复习，又为新课做了预习。通过画圆、计算、剪圆，使学生获得感性认识，初步建立环形的表象，唤起学生积极探求知识的动力，激起学生学习的情感，使学生一上课就进入学习的最佳状态。

二、形成概念，探求新知

1. 认识环形

（1）教师拿出剩下部分图形，提问：这个环形是怎样得到的？（从大圆中剪掉一个小圆）

（2）投影出示一组图形，提问：图11-5的阴影部分是不是环形？为什么？（强调同心圆）

图　11-5

2. 求环形面积

（1）这个图形（指前边剪成的环形）是环形，它的面积是多少平方厘米，怎样计算？学生回答，教师板书：环形面积 $78.5 - 28.26 = 50.24$（平方厘米）。

（2）揭示课题：这节课我们学习环形面积的计算。（教师在"环形"后加板书："面积的计算"）

（3）小组讨论，总结求环形面积的方法步骤。把各小组讨论情况在全班交流。①求外圆面积。②求内圆面积。③求环形面积。

小结：求环形面积实际就是求两个圆面积的差。

3. 自学例5

（1）读题，理解后完成例5的填空。提问：例5你能用综合算式解答吗？试试看。

（2）小组汇报。① $3.14 \times 15^2 - 3.14 \times 10^2 = 706.5 - 314 = 392.5$（平方厘米）；② $3.14 \times (15^2 - 10^2) = 3.14 \times 125 = 392.5$（平方厘米）。

（3）大家评价。引导分析、比较，你认为哪种综合列式比较好，为什么？（算式②中"π"只参加一次计算，使计算简便，思维难度较大，有创新）

小结：求环形面积的关键是知道外圆的半径和内圆的半径。

评析：教师首先出示一组对比练习题，使学生认识圆与环形既有联系又有区别，帮助学生抓住环形的本质特征，形成环形的概念，发展学生的空间观念。接着让学生总结求环形面积的方法步骤，学生有了亲自实践的体验，在小组的合作下，自然水到渠成，独立完成例5，轻而易举。最后在评价综合算式的两种方法时，好中选优，学生的创新精神得到展现。

三、运用知识，形成技能

（1）完成第117页的"做一做"。

（2）求环形的面积。① $R = 0.8$米，$r = 0.6$米，② $R = 1$分米，$d = 1$分米。

（3）求阴影部分的面积（见图11-6）。

（4）一个圆形花坛的周长是12.56米，在它的周围铺上1米宽的甬路（见图11-7），求甬路的面积。

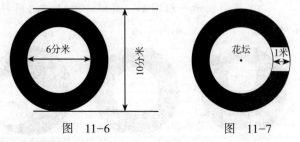

图 11-6   图 11-7

评析：习题设计重点突出，具有针对性、层次性、多样性、开放性，由浅入深，由易到难。既重视了新知识的巩固，又重视将获得的知识应用于实际生活，将书本知识应用于实践。

四、全课总结，再现知识

今天我们研究了什么内容，你学会了什么知识，是怎样学会的？

总评：现代心理学认为，实践操作是儿童智力活动的源泉。本节课以实践操作为切入点，使抽象的概念具体化，对学生思维能力的发展起着极大的推动作用。教学中，让学生亲自动手，画一画，算一算，剪一剪，获得第一手感性材料，为概括出新概念、总结出新方法打下基础。联系生活实际，学生激情、热情油

思考活动

结合个人经验和体会，谈谈如何进行小学数学的计算教学。

然而生。教学环节紧凑，层次清晰，思路明了。本节课突出培养学生的创新精神和实践能力，真正体现学生是学习的主人。

（选自：小学数学教育．2001（11））

计算教学存在的问题

1. 计算教学依赖于情境

有的教师片面认为，计算教学离不开情境，缺少了情境，似乎激发不起学生的学习兴趣。因此，有的课堂上情境设置是牵强附会的，有的纯粹是为了引出算式，经过一番不着边际的"看图说话"，等到从情境引出算式，已经花去了10多分钟时间，影响了教学的进程。

2. 算法多样化变成"形式化"

对算法只求量上的"多"，学生展示同一思维层面的算法，教师一概叫好，而不管思维层面即质上的提升。一旦少了某种方法，教师就要千方百计牵引。有的学生为了迎合教师的意图，想一些低价值、原始的方法来充数。这样一来，往往讨论一道题目就要花费10~15分钟。而且算法"多"了以后，也不及时优化。在计算时，有的学生甚至不掌握基本的计算方法，教师只要求学生用自己喜欢的方法计算。

3. 课堂练习时间无保证

有的教师很少安排学生的课堂练习，片面认为现在计算教学的要求降低了，学生做习题有机械、重复训练之嫌，翻来覆去说"算理"，挤占了练习时间，影响了学生基本计算技能的形成。

4. 忽视口算练习

有些教师和学生口算意识淡薄，忽视口算的正确率以及口算的速度，课堂上很少安排时间进行口算训练。有的一年级学生连20以内的加减法也不熟练，有的二年级学生连乘法口诀也没有做到脱口而出……口算是计算的基础，这样的口算水平势必影响计算速度和正确率。

5. 教材的编排

计算内容基本都是独立成章，先学加法、减法，再学习乘、除法，都是比较单纯的学习和练习。只要是一进入这一部分的教学，师生之间就只有练、练、练，很少有关于算理的探讨、交流，只有学生练习熟练与否的情感体验，最终导致两种情况：一种是优生练习熟练后的心浮气傲，一种是学困生动笔就出错的心惊胆颤。

计算教学的对策

1. 引入形式多样

计算可以由情境引入，同样可以单刀直入。许多时候没有必要去花较多的时间通过情境来教学。根据学生学习建构特点，让学生主动学，把新知识通过比较等方法纳入自己的已有知识体系之中，在计算教学中重视学生的自主探究学习。可以充分地让学生发挥知识迁移的优势，进行大胆的尝试，体现自主学习的特点。例如，学习"2250÷125"，已经有了"除数是两位数除法"的基础，可以让学生先进行试练，暴露计算中的错误，可以有针对性地进行教学，从而引导学生自己来总结规律。

2. 加强算理的教学

（1）充分运用学具，加强直观教学。充分利用教具、学具、多媒体，加强直观教学，使学生积极参与，动手做一做，动脑想一想，动口说一说，动眼看一看，动耳听一听，调动各种感官活动，丰富学生的感性认识，促进形象思维的发展和逻辑能力的提高。

（2）让学生亲历知识的形成过程。教学中，不要教给学生现成的数学，而是让学生自己观察、思考、探索研究出来的数学。

（3）不断发展和完善法则。计算法则不是一成不变的，随着数域的扩大或计算中新的矛盾出现，它可以不断地发展和充实。如百以内退位减法的计算法则是：相同数位对齐，从个位减起；个位不够减，从十位退一在个位上加10再减。后来学习万以内退位减法，由于被减数和减数的数位增加了，原来的法则已经不够用，所以万以内退位减法的计算法则便发展为：相同位数对齐，从个位减起；哪一位上的数不够减，就从前一位退1作10，和本位上的数加起来再减。旧的矛盾解决了，新矛盾又出现。当万以内的退位减法中，出现连续退位减法的情况时，如：5000-638，退位的次数增加，被减数变化的幅度增大，而万以内的退位减法法则，对如何指导连续退位的计算却没有文字说明。为了提高学生的计算能力和逻辑思维能力，做了必要的补充：哪一位上不够减，就从前一位退1作10；如果前一位上是0，就向前两位或者前三位连续退1作10，直到和本位上的数合起来再减为止。

3. 注意算法多样化

（1）鼓励学生运用不同方法计算。要为学生提供充分大的时间和空间，鼓励学生独立思考。只要是学生自己开动脑筋想出来的办法，就是好办法，教师都要及时给予充分的肯定。鼓励学生运用不同方法进行计算，有利于激发他们的创新意识，逐步形成创新的习惯。

　　（2）设计开放性的问题。开放的目的是让学生多一份感悟，多一分理解，提供更多的创新的机会，增强学生的创新能力。问题结果是开放的，实际上计算过程也是开放的。开放性问题的教学一般分为两步进行：第一步先让学生完成书上题目，想出尽可能多的答案；第二步让学生也想出类似的题目，并在组内完成。在第一步教学中教师引导学生发现，要填出两个数，必须先确定其中的一个数，这时训练学生思考问题要有序，只有这样才能尽可能多地填出答案；在第二步教学中教师要充分发挥小组合作功能，在这种互动交流的过程中，增强学生的创新能力。

（摘自：www.jnschool.cn/blog/UploadFiles/2008-10/）

专题小结

　　计算的实质是运算，计算教学具有重要意义。针对计算教学应注意的问题，可以从以下方面改进计算教学：从学生的生活实际出发引入数的概念；通过学生的实际操作活动来学习数的组成；注意将数的概念与相应的计算结合起来进行教学。

专题四

应用题教学与问题

一、数学应用题的概念和教学意义

（一）应用题的概念

　　数学应用题就是把人们在实际生活中所遇到的问题的复杂背景和条件进行简化后，并把它转化为纯数学问题来求解的一种形式。什么是纯数学问题呢？我们先看看什么是数学问题。如果一个问题系统中的元素、性质和关系与数学概念和方法密切相关，那么这个问题就是一个数学问题。如果一个数学问题的内容纯粹是有关数学对象和方法的，那么它就是一个纯数学问题。纯数学问题已脱离了实际背景，它由简明而又抽象的数学语言来表述。

数学应用题是有实际背景和实际意义的数学问题，但它和实际问题是有区别的。数学应用题的背景是纯化或简化的，而实际问题的背景要兼顾的情况比较多；数学应用题的条件已预先给定，而实际问题的条件则要解题者去分析，去寻找；大多数的数学应用题的结果是唯一的，而实际问题却往往有多种结果。

（二）应用题教学的意义

1. 激发和培养学生学习数学的兴趣，调动学生学习数学的主动性和积极性

"现实世界是数学的丰富源泉，也是数学应用的归宿。任何数学概念都可以在现实中找到它的原型。只要细心地观察周围的世界，我们就能发现，到处都是数学。"数学应用题较好地体现了理论联系实际的原则，一些实际应用题，让学生在解答过程中感觉到"数学有用、要用数学"，激发了学生学习数学的热情，培养了学生学习数学的兴趣。在此基础上，教师可以精心指导学生学会分析解决带有现实意义的，或与相关学科有关或与生产、生活的实际问题密切相连的数学应用题，以此培养学生的数学思维方法，使他们享受到智力活动的乐趣。

2. 发展智力，培养能力

通过数学应用题的教学，可以培养如下几个方面的能力：

（1）培养和发展学生的思维品质：独立性、创造性、灵活性、跨越性、综合性、敏捷性等。

（2）培养和提高学生的数学能力。这些数学能力包括：

① 对数学材料的形式化知觉的能力，掌握题目的形式结构的能力。对数学材料的形式化的知觉是指一种对题目条件数据进行比较的倾向，即作出综合分析的解释。

② 逻辑思维能力。在分析题目和解题的过程中，学生要进行分析综合、判断推理等思维活动。

③ 以简缩的结构进行思维的能力。所谓简缩就是省略掉了许多中间步骤，如法则、定律的运用、计算步骤、推理过程等个别环节的消失，而能迅速地直接做出回答。如笔者曾经让几个小学生口答这样一个题目："一些儿童为学校展览会画了32幅画，其中5个三年级的学生每人画了4幅，其余的是6个二年级的学生平均画的，问二年级的学生每人画了几幅画？"

有如下这样几种回答。

第一种：4乘以5等于20，32减去20等于12，12除以6等于2；

第二种：32减4乘以5等于12，12除以6等于2；

第三种：12除以6，每人画了2幅；

第四种：32减去20等于12，12除以6等于2。

可以看出，除了第一种，其他三种都有不同程度的思维简缩现象。数学活动中的推理过程以及相应的运算系统的简缩或省略是有数学能力的学生所特有的。如果我们在应用题教学中有意识地培养学生的思维的经济性即简缩性，这样不但可以提高他们解题的速度，而且可以使他们有意识地追求最简单、最合理的解法，从而提高他们的数学能力。

（3）培养学生运用所学知识分析解决实际问题的能力。

在我国，不管是小学、初中还是高中的数学课程标准，都要求学生能够运用所学的知识解决实际问题。培养学生解决实际问题的能力，关键是培养学生的建模能力，也就是说把实际问题转化为纯数学问题的能力。我国教材和参考书中的应用题，大部分背景单纯，条件充分，结果唯一，数学模型已基本明确，实质上是套上实际情景的纯数学问题或情景化的纯数学问题。

例如，某村办服装厂生产某种风衣，月销货量x（件）与货价p（元/件）之间的关系为$p = 160 - 2x$，生产x件的成本$r = 500 + 30x$，问该厂月产量多大时，月获利不少于1300元？

此题中的销货函数与成本函数这两个数学模型已经建立好，只需一点"获利"、"不少于"的常识就可以求解。用这样的问题来培养解决实际问题的能力显然是一厢情愿，并不能真正提高学生的建模能力，因为学生缺乏建模过程的真实体验。"真正"的建模可以考虑让学生去收集某商店1~8月份的销售额，然后预测9月份的销售额。[1]

3．通过应用题教学对学生进行思想品德教育

通过应用题教学向学生进行思想品德教育，主要体现在：

（1）数学本身是一种文化体系，它本身蕴涵着丰富的人类精神及价值追求，如客观、公正、理性、严谨、追求完美等，这些是数学教育进行一般思想教育的丰富资源。

（2）数学应用题的解题过程要运用一系列的数学思想方法，如逻辑思维、换元思想、方程思想、参数思想、变换思想、递归思想、数形结合思想等，给学生以数学思想的熏陶，使之能从数学的合理思想的高度，去驾驭自己的行为。

（3）利用数学应用的广泛性，在应用题中密切联系社会生活实际，激发学生为建设现代化祖国而学好数学的热情。

---

[1] 何小亚. 问题与数学应用题［J］. 广东教育. 2001（7）：49.

二、如何进行解题步骤的教学

在解应用题的过程中，一般情况下，学生都会经历四个步骤：理解题意、分析数量关系、列式计算、检验答案。下面主要谈谈理解题意、分析数量关系的教学，因为理解题意是正确解答应用题的前提，分析数量关系是教学应用题的重点和中心环节。

（一）理解题意的教学

学生在解一道题目之前，必须理解它、解释它，对它定向，并找出它的成分，即已知条件是什么，未知条件是什么，问题是什么；或者已知条件知道了，可以提出一些什么问题？哪些条件是与解题无关的？哪些条件是多余的？还需要补充什么条件等。这样一个过程，就是理解题意的过程。应用题解答的成功与否，首先依赖于学生对应用题的理解程度。理解题意是正确解答应用题的前提，因此不能忽视这一环。为了帮助学会理解题意，可采取如下教学措施：

1．读题、述题

通过读题使学生理解应用题的情节与事理，知道题目讲了一件什么事情，已知条件是什么，未知条件是什么，问题是什么；或者已知条件知道了，可以提出一些什么问题？哪些条件是与解题无关的？哪些条件是多余的？还需要补充什么条件、数量之间是个什么关系等。读题的过程就是理解题意的过程。读题时应注意如下几点。

（1）准确：不添字、漏字、错字。

（2）扫除理解题意中的障碍。有些复杂的概念或反映数量关系的重点词语，可通过以下几个方法帮助学生掌握：

① 通过实际操作或教师讲解。

② 画批。即把题中的重点词句和思维分析判断的结果，用文字、符号（箭头、着重点、圆圈、横直线、曲线等）标示出来，其主要目的是为了了解每个数量的意义及其数量间的内在联系。

③ 画图。一般是画线段图，用线段图把题中所讲的各个数量及其相互关系表示出来，直观形象地反映应用题的数量关系。

④ 说理。即在读题的过程中，让学生用清楚、简洁、准确的语言，说出自己对题目的理解。大多数情况下，通常是想得清楚就说得清楚，说得清楚就想得清楚；反之亦然。所以根据学生的"说理"，可以使教师了解学生的状况，或者使学生在读题时努力去理解题意。

很多小学数学教师认为，小学生最不容易理解或最容易混淆的一些概念或词是："增加了"、"增加到"、"减少了"、"减少到"、"平均分"、"几倍"、"同样多"、"剩下"、"再多"、"照这样计算"等。而且读题时，长句容易引起注意，短句容易忽略，所以造成反而在短句上出错的现象。在读题过程中，教师要注意这些问题的解决。在教学中当有些应用题的特点是文字叙述比较长，有时还会引进一些概念和新的术语，数量关系线索较多，各种数量之间的关系也比较复杂时，教师要引导学生不要因题目较长而产生惧怕及厌烦的心理，告诉他们只要静下心来仔细阅读题目，理解题意，弄懂题目中引入的新概念，一点一点理清题目中的数量关系，问题也就迎刃而解了。

读题之后，在学生初步理解题意的基础上，可进一步要求学生复述题意。复述题意就不再是读题了，而是利用再造想象，把文字描述转化为鲜明的表象，再用学生自己理解了的语言说一说，使学生做到心里会想，嘴上能说。如："果园有桃树96棵，梨树比桃树的2倍还多3棵。两棵树共多少棵？"学生读题分析后复述题意："梨树比桃树的2倍还多3棵，是以桃树为1倍，梨树是2倍还要加3棵。桃树1倍是96棵，梨树是2倍，就是两个96棵，还多3棵，两个96棵再加上3棵，梨树即是$96 \times 2 + 3 = 195$（棵）。教学实践告诉我们，理解不清就说不清，要学生复述就是要促进他们想清楚，理解题意，把文字描述内化为表象，再又通过复述又使表象外化。在复述时，学生自己在分析条件和问题，其中条件是思考问题的依据，问题是决定思维方向的。分清了条件和问题，解答应用题也就完成一半了。

通过读、写、画、说，学生把解题的内在思维过程变为外在的表现形式，不仅使学生更好地理解题意，而且非常有利于训练和培养学生解题过程思维的有序性和合理性，有利于培养学生的逻辑思维能力。

2. 模拟应用题的情景和直观演示

这个措施主要是针对有些应用题的情节、内容学生不熟悉或不理解，或有些关键词不理解而提出来的。如为了帮助学生理解"同时"、"不同地"、"相遇"、"相向而行"等概念，一位教师在讲相遇问题之前，就先有意识地组织学生到操场上做一些活动，把学生分两队，分别在操场的一条跑道上两边迎面竞走。教师说"走"，两人同时相对行走，让学生形象地理解"同时"、"不同地"、"相对"的含义。两人碰上时，教师叫"停"，告诉学生这是"相遇"，接着让学生观察两人相遇时谁走的路程多，理解这是在同一时间内两人各走的"距离"。这些都是相遇问题中的难点。由于学生在活动中建立了一定的感性认识，当教师在课堂上讲这一部分知识时，学生自然地联想到活动时的情景，就能以丰富的感性材料为支柱，通过思维的深化，从理性上理解和掌握相遇问题的特点和规律。

3. 引导学生摘录条件和问题

为了更好地让学生理解题意，教师可以引导学生做摘录，使题目的条件和问题一目了然，做到有序清晰，便于分析思考，使学生的思维有序、清晰，富有条理性。

例如解这道应用题："一台碾米机8小时碾米7200千克，照这样计算，要碾米12600千克，需要几小时？"，可以这样引导学生摘录出问题和条件：

8小时——7200千克

? 小时——12600千克

学生一看摘录，对于怎样求解基本上就有了头绪。即先根据"8小时——7200千克"求出每小时碾米多少千克，然后再计算12600千克里有多少个"每小时碾的米"。

（二）分析数量关系的教学

分析数量关系就是分析条件与条件之间、条件与问题之间是什么关系；先求什么（即寻求什么是间接条件，什么是中间问题），后求什么这样的一个过程。这个步骤，是正确解题的关键。只有经过正确地分析数量关系，才能正确选择计算方法，得到解的结果。所以分析数量关系是教学应用题的重点和中心环节。分析数量关系的教学，可以采取以下措施：

1. 突出基本概念的教学

所谓基本概念就是在知识与技能的网络结构中，哪些带关键性的、普遍性的和实用性强的概念。如"一步应用题"中的"和"、"差"、"倍"、"分"、"同样多"、"比……多"、"比……少"等概念。突出基本概念的教学，就是把基本概念作为应用题知识网络结构的中心环节，作为教学的重点内容。

2. 使学生掌握应用题的结构

通常学生在解答应用题之前，必须先了解这个问题，分析这个问题，找出问题的已知条件和要求，这就要进行分析和综合，在问题中分离出不同的成分，进而分析这些成分，找出哪些条件是必要的，哪些条件是多余的。然后把各种数量成分联系起来，综合成一个整体，抓住问题中具有本质意义的那些关系，这就抓住了应用题的结构。无论什么应用题、几步应用题都有这样一个结构问题。通过结构的教学和训练，可以培养学生掌握数学问题结构的能力。学生有了这样的能力，在分析解题过程中，就可以不受题目中那些具体情节的干扰，更好地分析解答应用题。有位山区里的小学教师在采用了应用题结构教学后说："过去我教普通班三个来回，一到两步应用题有的学生就是过不去，学生不会，老师真着急，不知怎么教学生才会，教师很费劲。现在我从应用题的结构入手，使学生理解掌握应用题的结构，教起来感到轻松、不着急、不费劲，学生接受得也很好，也学得好，我找到了教学应用题的金钥匙。它使我在教学中有章可循，心中有底、教学有方了。"

另一位教师在采用了结构教学后，当她给三年级的学生出了解题步骤多达五六步的应用题（当然现在新课标要求小学应用题最多不超过三步）时，问学生："你们感到困难吗？"学生们都说："没什么困难的，应用题的步数多，实际上就是题中的间接条件多，需要转化的次数多。有一个要做一次转化的，那一定是一道两步应用题；需要做两次转化，那一定是一道三步应用题。依此类推，不会错的。"进行应用题结构的教学，使学生学的是本，而不是其表。看似变化多端的种种题目，其实只不过是一个个结构相同、情节各异的题目变形罢了，其实质是一致的。

那么，怎样帮助学生掌握应用题结构呢？具体来说，可以采用以下教学措施：

1）利用线段图进行训练

小学生的思维特点是以形象思维为主，因此应用题中的一些抽象数量关系，他们理解起来就感到困难。特别是一些复杂的应用题，数量关系比较间接、隐蔽，小学生更难进行分析和推理，因此很有必要给他们一根思维的拐杖，借此从直观上把握应用题的结构，促进和发展他们的抽象思维和逻辑思维能力。

利用线段图进行分析应用题结构的训练，主要有两种形式：

（1）利用线段图，帮助学生理解数量关系。通过线段图，学生可以比较直观地看出已知条件是什么，未知条件是什么，问题是什么，以及其相互关系是什么。

（2）看线段图编题。通过这种训练，使学生能够自己据图编出合理的应用题。而合理的应用题必须具备合理的结构，即合理的应用题要具备数量条件和数量关系两个方面，数量条件即已知条件，如商品的价格。数量关系就是数量条件之间的应有逻辑对应关系。

教师在让学生根据线段图编出结构合理的应用题时，还可以利用线段图编题进行"变式"训练，即改变叙述方式，以提高学生分析能力和灵活转向能力。

2）补充问题与条件的训练

为了提高学生分析、掌握应用题结构的能力，我们还可以出不完全的应用题，让学生补充问题或条件。比如题目中既不直接，也不间接地提出所要解答的问题，但问题可以从题目已知的数学关系中逻辑地得出。如："用25根长度为5米和8米的管子铺设一段155米长的距离（每种长度的管子各用多少根？）。"

又如，"一列货车的时速为38千米，一列客车的时速为57千米。前者比后者早7小时离开A站，但后者赶上了前者，并比前者早2小时到达B站。（求A、B两站间的距离）[1]

通过这样的题目，我们可以了解学生能否提出问题，能否觉察题目中给定的关系和相互依存中的逻辑，以及能否理解它们的实质。培养学生提出问题，学会觉察和善于分析题目中给定的关系以及相互依存中的逻辑，理解题目的实质的能力。如果学生能迅速抓住题目的基本关系，那么他就可以领会隐藏在题目中的问题，因为问题总是由这些基本关系有机地导出的。

除此之外，我们还可以出缺少信息或条件的题目，如

一列火车由油罐车、货车和平板车组成。油罐车比平板车少4节，比货车少8节。每种车各有多少节？（总车数是未知的）

某图书馆有俄文、法文、英文书共6100册。法文书比英文书多25%，每种文字的书各有多少册？（没有关于任何一种书的册数的信息）[2]

像这类缺少信息的应用题，不可能对题目的问题作出确定的回答，要获得确定的回答，就必须补充所缺少的信息。通过这类题目的训练，可以培养学生感知和分析题目的结构，了解根据两个有关的数量可以得到或应该得到一个新的数量，或根据两个有关的条件可以提出一个与之有直接关系的问题等。如果学生看不到题目的结构，就不可能发现题目中遗漏的元素。

3）改变问题和条件的训练

相同的条件可以提出不同的问题，问题不同，分析的思路、解题的具体方法都要发生变化，如下面一道题：

"果园里的桃树和梨树共有291棵，梨树比桃树的2倍还多3棵，桃树、梨树各多少棵？"

可以把问题改为：

（1）梨树有多少棵？

（2）梨树比桃树多多少棵？

（3）桃树比梨树少多少棵？

（4）梨树减少多少棵就和桃树一样多？

（5）桃树增加多少棵就和梨树一样多？

改变条件可以把直接条件变成间接条件，或把间接条件变成直接条件，使学生理解什么是直接条件，什么是间接条件。理解通过条件的改变，一步应用题可以变为多步应用题，从中体会到多步应用题实

[1] ［苏］克鲁捷茨基. 中小学生数学能力心理学［M］. 李伯黍等译. 上海：上海教育出版社，1983：131.

[2] ［苏］克鲁捷茨基. 中小学生数学能力心理学［M］. 李伯黍等译. 上海：上海教育出版社，1983：134.

际上是由两个一步应用题甚至更多的一步应用题构成的。间接条件越多，解题步骤相应的就多。

如上题的"梨树比桃树的2倍还多3棵"，可以改为：

（1）梨树比桃树多99棵；

（2）梨树减少99棵，就和桃树一样多；

（3）桃树比梨树少99棵；

（4）梨树有195棵。

4）并题训练

即把一步应用题并为两步或三步应用题。如：

（1）大熊猫有52只，小熊猫有18只，共有多少只熊猫？

（2）大熊猫有52只，小熊猫比大熊猫少34只，小熊猫多少只？

并为："大熊猫有52只，小熊猫比大熊猫少34只，小熊猫多少只？共有多少只熊猫？"这样的一个应用题。

通过这样的训练，使学生明白在解答多步应用题的时候，一定要根据间接条件，提出中间问题，再解答最后的问题（先求什么，再求什么），中间问题的结果是解决最后问题的必要条件。解答多步应用题时，要根据条件的关系，把间接条件转化为问题所需要的直接条件。

5）自编应用题的训练

通过让学生自编应用题，给学生思维以广阔的驰骋空间，最大限度地调动认知结构中的旧知识板块，进入知识的运转状态，在思维的创造性活动中，形成新的知识网络。在这个过程中，教师要注意遵循儿童的认知规律，结合教材特点，循序渐进地进行。这部分训练主要包括：仿照例题编题；看实物编题；看直观实物编题；联系实际生活问题编题；根据线段图或示意图编题；根据算式编题；定范围编题等。

总之教师可以通过多种形式的训练，使学生能够排除应用题中非本质特征的干扰，正确地分析数量关系并选择算法，对提高学生思维的灵活性及解题能力有很大益处。

三、小学生学习应用题困难的主要原因分析

应用题历来是中小学数学教学中令人头疼的问题，尤其使小学生害怕。分析其原因，主要存在主观和客观两方面的原因。主观原因指学生本身，客观原因指教师、教材等。

（一）教师轻过程重结论的封闭性教学是影响应用题教学的主要原因

在传统数学教学中，作为教学的组织者，老师比较重视知识的传授和解题，不太重视实践性活动的开展和教学。因此学生缺乏数学知

识与实际模型相联系的能力，认为数学学习与实际生活、生产实践是脱节的，感到学习数学枯燥无味，因而学习兴趣不高。这直接影响了应用题教学效果，甚至对整个数学科的教学都产生了不利的影响。很多教师都是直接把生活问题转化为数学算式，轻过程而重结论。比如教求两个数和的应用题，有些教师通常就是如下面这样教学的。

出示题目：水果商店有苹果8箱，梨4箱，共有多少箱？

教师读题后提问："用什么法做？"然后请学生说说。学生思考后说："加法。"接着就请学生说算式：8+4=12（箱）。就这样，一道例题讲完了，然后就是一大堆的练习。

像上面这位老师的重最后算式而轻过程的教学是不但得不到好的效果的，反而会给学生的学习造成不良影响。因为很多低年级学生儿童解答应用题的错误并不在于计算，也不在于理解题意，而往往是由于没有把生活情境中的数量关系和数学算式中的数量关系沟通起来。也就是不能理解题目里的数量关系，而是光看某个词来解答应用题的。虽然一、二年级学生能做对很多应用题，学生觉得应用题很简单，但经过两年的学习形成了只看词不理解数量关系的不良习惯后，到了三年级，有的学生解答应用题就会出现问题了。因为这时解答应用题需要的步数比较多了，老方法不能用了，于是学生就不知所措，无从着手了。

除上所叙外，教师教学中出现的问题还表现在：一是教学活动封闭。应用题题材内容的呈现是定向的，教学活动是定向的，教师仍普遍采用一问一答的讲解。二是教学目标封闭。往往以"会解题"为首要目标，注重解题技能、解题技巧的训练，忽视应用意识、应用能力及创新意识、创新精神的培养。三是题材内容封闭，往往是人为编造，脱离学生生活实际，缺乏时代气息，缺少与其他学科的联系与沟通。学生仅仅是模仿解题，没有选择的权利，没有思考想象的机会，更没有主动探究、创新思维的时间与空间。教学过程过分追求知识的系统性、逻辑性、严密性，追求答案的唯一性。

（二）应用题教学素材存在的一些问题也是影响应用题教学效果的重要原因

应用题教学素材常常出现如下的一些问题。

1. 人为、陈旧而且脱离实际

我们曾经反对无病呻吟地人为编造"应用题"，但新教材中的这种现象还是很严重。例如，有的教材里有这样一道题："小明和同学一起去书店买书，他们先用15元买了一种科普书，又用15元买了一种文学书，科普书的价格比文学书高出一半，因此他们所买的科普书比所买的文学书少1本，这种科普书和这种文学书的价格各是多少？"应该说在实际当中，学生很难会有求书本价格的经历，学生对生活的已知量和未知量很敏感，把生活中的已知量硬是编写成未知量，就是为了练习"分式方程的应用"，这样做有些生硬，使学生对于学习数学知识的必要性感受得不深刻，因此很容易产生厌学情绪。

另外，多年以来有些教师所采用的教学例题几乎一成不变，缺乏创新，脱离现实，有些题目中的数据早已严重不符合现实经济生活的知识现状，如学生按照题目条件算出坐火车从深圳到广州需要3个多小时，学生当时就叫了起来，因为他们基本上都知道只需要1个小时左右。有的教师连简单改一下数据都懒得做，原样照搬的现象也还存在。这样的教学除了给学生们带来不屑的一笑，根本不会激发学生的学习热情。

解决这些问题的办法是应用题教学要与学生的生活实际相结合。人本主义教育家罗杰斯说过，真实的问题情境和活动是最能引起积极的学习态度和情绪的学习方式。因此，教师应该善于发现和提供让学生喜欢的、充满乐趣的生活中的数学问题，在必要时对教材中应用题的选材做一下改编，从学生身边感兴趣的问题情境中选取例题。通过这样的设计，使学生感到面临的问题的确是他们自己的问题，从而产生了解决问题的心向，主动地参与探索，寻求解决问题的方法。应用题教学的目的就是要通过教学能使学生解决一些简单的生活实际问题。这样教学，也可以实现新课程标准强调的从学生已有的生活经验出发，让学生亲身经历将实际问题抽象成数学模型并进行解释与应用的过程，进而使学生获得对数理理解的同时，在思维能力、情感态度与价值观等多方面得到进步和发展的目标。

与学生的生活实际相结合就要求教师对教材要进行科学合理的处理。多设计一些情节与学生生活接近，学生容易理解的题目，因为题目离他们生活较远，即使题目数目很小，题意也明确，学生理解起来仍会发生困难。"归总应用题"的例题，教材选用的是"工人们修一条路，每天修12米，10天修完；如果每天修15米，几天修完？"一位教师在教学时将例题进行了改编："老师领了一盒粉笔，每天用4支，12天用完，如果每天用3支，几天用完？"因为粉笔是学生每天上课都会接触到的实物，而且教室里现成就有，基础较好的学生一听就知道要求"如果每天用3支，几天用完？"就必须先知道"一盒粉笔多少支"。这一认识是学生生活经验中早已具备的，就算没有，在现实生活中也非常容易获得，因此在解答这一问题的时候，他们表现得更为得心应手。经过这样处理的教学可以使学生从自身的生活背景中感知数学，激发他们对应用题的学习的兴趣，增强学习的积极性，也有助于培养学生将实际问题转化为数学问题并加以解决的能力，逐步形成良好的应用意识。

2. 应用题叙述形式也要符合小学生的心理特征

教学法专家和心理学家的研究表明，小学生（尤其是低年级）对逆向、倒叙普遍感到困难。在第六册学习计量单位（第三章的《时、分、秒》和第五章的《面积和面积单位》）的时候，其中涉及的一些求经过时间或是求菜地等的面积或周长的内容，以及一些"一个月有多少天，一共可以有多少个星期日？"等这一类的题目时，可以用一些比较直观的实物或图表来帮助学生理解，来求得一条解决问题的捷径。如求平均数应用题时，我们尽量选取日常生活中常见的一些图表或数据，让学生结合表格来研究诸如某一星期的平均气温、某班学生的平均年龄等，使原本枯燥乏味的应用题变得活泼、生动，变得更易于学生接受，也更符合学生的思维特点。

3. 题型的套路化还很明显

例如，"某单位计划在新年期间组织员工到某地旅游，参加旅游的人数估计为10～25人，已知两家旅行社的服务质量相同，且报价都是每人200元，经过协商，甲旅行社表示可给每位游客七五折优惠，乙旅行社表示可免去一位游客的费用，其余游客八折优惠，该单位选择哪一家旅行社支付的旅游费用较少？"这类所谓的"不等式比较型"的应用题可以说是到了泛滥的程度，教材、教辅、试卷中大量充斥，成为热点题目，但学生在练习中很容易掌握这类题目共有的解答套路、相同的解答格式，很难使学生的应用能力得到提高。另外这类题目中所包含的解决思路，与实际生活中的思路相背。生活中解决这样的问题，是先确定人数，再分别算出钱数，通过比较，很容易地得出结论，而题目给出的方案则比较复杂，这种将简单的生活问题复杂化，对学生是一种误导。

4. 应用题素材的单一化

有人曾批评某教材"十题七商"，因为只要翻一翻课本，就可以发现多数题与做"买卖"有关，教材过多地把题目限制在经济问题上。素材过多纠缠于一种现象，容易引起学生的腻烦心理。其实数学运用的面也很广，应用题涉及的面也非常广，多指导学生学会分析解决带有现实意义的，或与相关学科相关的，或与生产、生活的实际问题密切相联的数学应用题，特别是与他们生活有密切联系或有趣的数学问题，会引起学生的兴趣，使他们享受到解决问题的喜悦，这样的经历可能会培养出对智力思考的爱好。所以教材应该充分利用数学丰富的现实原型作为数学应用题的基本材料，不仅让学生饶有兴趣地去解答，而且可以从中学习和休会到数学思想方法。

5．教材的开放性问题

所谓开放题型，有许多不同解释。其中给学生一个具体场面，让学生由此找出与数学有关的内容，找出多种数量关系，解决一些具体问题，就是开放题型的一种类型。开放性问题（Open Ended Question），又称构造性反应（Constructed Response），它要求被试创造一个反应。

可见，开放题型的应用题教学，重视教学的过程，使学生通过学习，不但掌握数学的某些知识，还使学生认识到学习数学的意义，不断体会到数学处理的好处。而且开放题型应用题教学，能活跃学生们的思路，使学生在解题过程中不断提高分析问题的能力。

开放性问题的特点是：

（1）结论是开放的，即同一个问题可以有不同的结论；

（2）条件是开放的，即条件可以不充分，可以多余，也可以不够；

（3）思路是开放的，即强调解决问题的不同思路，学生可以按自己的思路、方法去解答，不必套用固定的解题程序。

国家新一轮课程改革以前，数学应用题大多是封闭性的问题。所谓封闭性的问题是指问题、条件都是给定的，给出的条件往往都是用得着的，而且只用一次，这些问题的答案只有正确与不正确（包括不完整）两种，并且正确的答案是唯一的。封闭性问题要求被试回忆、选择一个反应，面对这种题，学生为解题而解题。封闭性问题的缺陷是记忆性较多，思考性较少；程序化的技能性思维较多，开放性的创造性思维较少；教学倾向于结果，忽视思维过程；重模仿，轻创造，容易造成对思维的限制和僵化，这同教育目标——培养全面和谐发展和富有创新精神的人相悖。针对这个问题，现行国家数学课程标准强调应用题要有一定的开放性，如开始让学生改写条件或提问题等。但有些教材还是显得死板，因为学生只能按照一定的框框去改写。在这方面，日本的开放题型给了我们很大的启发：通过让学生自己去寻找条件，解决问题，不设置任何框框，学生可编写出许许多多应用题，这为学生不断提高分析问题的能力提供了条件。

（三）学生主体方面的原因也直接影响应用题教学

学生主体方面的原因主要有以下几种。

1．生活阅历浅、知识面窄、建模能力差

数学应用题对同学来说是个难点。一方面因为数学应用题涉及面非常广，内容也很丰富。许多社会生活、生产、科技、环保等方面的问题，经过数学的抽象，往往可以转化为数学问题；日常生活中的情景或一些非常规性的问题，也都可以通过数学建模的方法抽象为数

学应用题。而学生要解决一个问题，首先就要理解这个问题，而复杂的问题背景使学生理解数学应用题时有障碍。客观的物质现象、社会的生产、生活等方方面面的多样性和复杂性使得实际问题的背景很复杂。而另一方面，学生的思维水平及对社会生产和社会生活的相关经验缺乏，决定了他们分析问题、思考问题能力的低下。因此，他们面对一大堆感性化的文字叙述材料，常常感到无所适从，不能正确领会问题所传达的信息，不能理解问题的本质。

而且长期以来，传统的教育模式也导致了学生重课本、轻生活，因而生活阅历有限，对应用题的背景和情境不熟的问题。例如1999年高考试题第22题中的轧钢问题，有相当一部分学生不清楚轧钢是怎样的工作，更不要说解题了。

因此，在教学中当有些应用题的文字叙述比较长，有时还会引进一些概念和新的术语，数量关系线索较多，各种数量之间的关系也比较复杂时，教师要引导学生不要因题目较长而产生惧怕及厌烦的心理，告诉他们只要静下心来仔细阅读题目，理解题意，弄懂题目中引入的新概念，一点一点理清题目中的数量关系，问题也就迎刃而解了。

2. 阅读应用题有困难

（1）对应用题中基本术语的不理解。

课题范围中的一些专有名词，如销售、成本、利息、原计划，以及像还剩、还差、比……多、比……少、增加到、增加了、利润这些表示数量关系的基本概念术语，往往是解决问题的关键词，一旦学生不理解其含义，就不能正确解决问题。

对于专有名词，教师应有计划、有步骤地将现代生产、生活中的常识介绍给学生，使学生熟悉相关的术语，了解它们的实际意义，逐步积累这些方面的经验。对于表示数量关系的基本概念术语，教师不应该让学生孤立地理解这些术语，要把它们放入情境中去理解，一个术语对应着一个情境，对应着一个数学模式，使学生在情境中理解并掌握术语所对应的数学模式。

（2）阅读理解能力较差。有些学生甚至读不懂题。

3. 套用模式解题，缺乏思维方法

学生只是遵循机械的联系，按固定的习惯思路，套用以前熟悉的方法以及所形成的运算定势解题，思维不能随题目性质的变化而灵活地转移。先让我们来看一下学生错误地解题的几个例子吧。

例1：少先队员栽了4排树，每排有5棵，一共栽了多少棵树？

错误列式：　　　　　　　　　　$4 + 5 = 9$（棵）

例2：一年级有故事书30本，和文艺书合起来是65本，文艺书有多少本？

错误列式：　　　　　　30 + 65 = 95（本）

例3： 商店运来一批苹果，卖出18箱，还剩下6箱，商店运来苹果多少箱？

错误列式：　　　　　　18 - 6 = 12（箱）

根据经典性条件反射理论，学习就是学会对刺激作出反应，也就是说学会条件反射。条件反射是通过条件刺激与无条件刺激的配对引起的。某一种条件反射一旦确立，就可以由类似于原来的条件刺激引发。因此，当学生学习了一定数量的"一共"、"合起来"这一类加法应用题后，就形成了比较稳定的条件反射，一旦碰上新情境下类似的刺激"一共"、"合起来"，就会引发已习得的"用加法"的错误反应（如上面的例1、例2）。当学生一看到刺激"还剩"，就会引起"用减法"的错误反应（如上面的例3）。

所以，在教学中，教师要注意培养和训练学生的数学思维方法、运用数学思想方法去分析解题的能力，而不是把应用题划分为几类，让学生仅会套模式去解题。

思考活动

结合个人经验和体会，谈谈如何进行小学数学的应用题教学。

扩展阅读4

小学数学应用题教学"生活化"的理论与实践

［张齐华］

一、应用题内容生活化

不少应用题严重脱离学生生活实际，学生既无相关的生活经验或模型可供参照，更无法透彻把握这类问题的结构，这给他们的学习带来很大困难。教学时，我们从具体内容情节上作了一些调整：

如第七册"归一应用题"一节，教材选用的是"一辆汽车3小时行120千米，照这样的速度，5小时行多少千米？"我们在教学时将例题进行了改编："张老师买4支钢笔用去20元，照这样计算，买7支用去多少元？"由于"要知道买7支钢笔需多少钱，必须先知道钢笔的单价"这一认识是学生生活经验中早已具备的，因而在解答这一问题时，他们则显得更为得心应手。

二、应用题表述多样化

在"改造"内容的同时，我们对应用题的呈现形式也作了一些有益的探索：一改过去应用题"纯文字化"的表述模式，有机地将表格、漫画、情境图、数据单等引进应用题教学。如教学求平均数应用题时，我们尽量选取日常生活中常见的一些图表或数据，让学生结合表格来研究诸如某一星期的平均气温、某班学生的平均身高等。更多时候，我们还将应用题以

"图文并茂"的形式呈现出来。使原本枯燥、乏味的应用题变得活泼、生动了，易于学生接受，也符合了学生的思维特点。

三、应用题结构"开放化"

我们的应用题教学曾给学生展示了这样一个误区，那就是任何数学问题，它都具有完整的结构：包括"适量"的条件、"唯一"的答案、相对"程式化"的数量关系等。我们的学生正是在这样一种反复训练中学习数学，而现实生活中"真实"的数学问题并非如此。恰恰相反，几乎没有哪一个问题拥有的条件是恰好的，问题答案有时也并不唯一。针对这一情况，我们对应用题的结构作了一些大胆拓展，试图以具有开放结构、富于真实意义的数学问题取代现行教材中"封闭"的应用题，以使学生在发散性、多维度的思维活动中提高解决实际问题的能力。

1. 结构不良的数学问题

一方面，可以提供条件不足的应用题，让学生在分析问题的同时学会捕捉欠缺的条件，然后自己去收集并予解答。比如"给我们班每位同学都做一条底长6分米，高2分米的红领巾，共需多少面料?"解答这一问题时还需知道"全班的人数"，这一数据就可以让学生根据班级情况自己去收集。另一方面，还可以提供一些纯条件或纯问题的应用，让学生自己根据条件或问题自由展开联想，发散思考。如"六年级有男生150人，女生250人，由此你可以得出什么结论?"再比如"要求全校共有多少名学生，我们需要知道哪些数据呢?"显然，第二个问题学生可以从多个角度进行分析：可以通过全校男、女生人数来求解；也可以通过每班人数、每个年级人数或其他一些数据来解答。有效地培养了学生收集、处理信息的能力，并给学生解决实际问题提供了某种真实的参照。

2. 数据"盈余"的数学问题

其一是条件过剩应用题。这样的应用题要求学生对问题中的数据学会正确的判断，并作出合理的取舍，以培养他们解决实际问题的能力。其二是结论"不唯一"应用题。以"买花"一题为例，"如果给你50元，你可以怎样来合理地买花?"显然，问题的结论是开放的：学生可以用50元买任意一种花，也可以选择其中两种或三种进行搭配，而搭配方案也是多种多样的。像这样一种接近于真实情境的数学问题，对培养学生分析解答实际问题的能力大有裨益，而这恰恰是传统应用题所无法比拟的。

3. 信息杂乱的数学问题

现实生活中的数学问题，更多时候则是以一种散乱的数据形式呈现在我们面前，我们需要根据问题的要求对信息灵活地进行筛选、整理，从而促成问题的解决。教学时，我们有意增强了这方面的训练，通过给学生提供一定的问题"素材"和解题要求，让学生自己来收集、处理信息，寻求答案。比如给出某班学生的档案，要求他们将闰年出生的同学按出生先后整理出来。显然，学生在解决这一问题时首先需要排除与解题无关的信息（如姓名、性别、家庭住址等），然后再根据出生年份判断平、闰年，并将闰年出生的学生按序进行排列。尽管解答这类问题，学生无章可循，但他们解决问题的能力正是在这样一种选择、判断和处理信息的过程中得到了切实的培养。

（摘自：http://www.fjzzjy.gov.cn/newsInfo.aspx?pkId=58734）

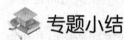 ## 专题小结

数学应用题是有实际背景和实际意义的数学问题，具有重要的教学意义。解应用题的过程中，主要讨论了理解题意、分析数量关系的教学。要注意在分析、解决主客观问题基础上，改善应用题教学。

推荐书目与文章列表

[1] 教育部基础教育司，数学课程标准研制组．全日制义务教育数学课程标准（实验稿）[M]．北京：北京师范大学出版社，2001．

[2] 课程教材研究所.20世纪中国中小学课程标准·教学大纲汇编数学卷[M]．北京：人民教育出版社，2001．

[3] 数学课程标准研制组．全日制义务教育数学课程标准（实验稿）解读[M]．北京：北京师范大学出版社，2002．

[4] 顾明远．教育大辞典[Z]．上海：上海教育出版社，1998．

[5] 张奠宙，李士锜，李俊．数学教育学导论[M]．北京：高等教育出版社，2003．

[6] 李三平，罗新兵，张雄．新课程教师读本（数学）[M]．西安：陕西师范大学出版社，2006．

[7] 李善良．现代认知观下的数学概念学习与教学[M]．南京：江苏教育出版社，2005．

[8] 吕传汉等．数学情景与数学问题[M]．重庆：重庆大学出版社，2001．

思考与练习

一、填空题

1. 当前小学数学教学的四大内容领域包括"＿＿＿＿"、"数与代数"、"＿＿＿＿"、"统计与概率"。

2. 针对传统学科分化及知识点割裂的弊病，国家数学课程标准提出了_____的概念和框架。

3. 《全日制义务教育数学课程标准（实验稿）》从知识与技能、_____、解决问题、情感与态度四个方面，对小学数学课程与教学的学段目标与学习内容提出了要求。

4. 小学数学课程与教学内容按_____个学段安排。

5. 计算教学中，注意使学生产生_____，才能把数学知识及其数学思想真正传授给学生。

6. 教学商不变性质，学生独立作业时至少有三分之二的学生做错，依样画葫芦，见0就划掉，其中存在的一个突出问题就是忽视了_____教学。

7. 学习梯形的概念时，可针对所提供的形式不同的梯形，找出其共同之处，实际上是引导学生抽象出事物的_____。

8. 对数学材料的形式化的知觉是指一种对题目条件数据进行比较的倾向，即作出_____的解释的能力。

9. 有人曾批评数学教材"十题七商"的现象，说明应用题素材存在_____的弊端。

10. 一般情况下，学生做应用题都会经历四个步骤：_____、分析数量关系、列式计算、检验答案。

二、名词解释
1. 学习领域
2. 课程标准
3. 概念教学
4. 计算教学
5. 应用题教学

三、简答题
1. 简述当前小学数学内容的"基本理念"。
2. 简述当前小学数学教学的四大内容领域。
3. 简述小学数学概念教学的意义。
4. 简述小学数学计算教学的意义。
5. 简述小学数学应用题教学的基本意义。

四、论述题
1. 结合实际，论述如何在小学数学教学中帮助学生建立概念。
2. 结合数学教学实际，论述小学数学应用题教学存在的问题以及对策。

参考文献

［1］教育部基础教育司，数学课程标准研制组．全日制义务教育数学课程标准（实验稿）［M］．北京：北京师范大学出版社，2001．

［2］课程教材研究所．20世纪中国中小学课程标准·教学大纲汇编数学卷［M］．北京：人民教育出版社，2001．

［3］数学课程标准研制组．全日制义务教育数学课程标准（实验稿）解读［M］．北京：北京师范大学出版社，2002．

［4］顾明远．教育大辞典［Z］．上海：上海教育出版社，1998．

［5］［美］阿伦·布洛克．西方人文主义传统［M］．董乐山译．北京：三联书店，1997．

［6］张奠宙，李士锜，李俊．数学教育学导论［M］．北京：高等教育出版社，2003．

［7］李善良．现代认知观下的数学概念学习与教学［M］．南京：江苏教育出版社，2005．

［8］吕传汉等．数学情景与数学问题［M］．重庆：重庆大学出版社，2001．

［9］马云鹏．小学数学教学论［M］．北京：人民教育出版社，2003．

［10］［苏］克鲁捷茨基．中小学生数学能力心理学［M］．李伯黍等译．上海：上海教育出版社，1983．

［11］唐瑞芬．数学教学理论选讲［M］．上海：华东师范大学出版社，2001．

［12］周玉仁．全国小学数学特级教师课堂教学艺术集萃［M］．济南：山东教育出版社，1994．

［13］孔企平．小学儿童如何学数学［M］．上海：华东师范大学出版社，2001．

［14］［英］Paul Eernest．数学教育哲学［M］．齐建华等译．上海：上海教育出版社，1998．

［15］郑毓信等．数学文化学［M］．成都：四川教育出版社，2000．

［16］张楚庭．数学文化［M］．北京：高等教育出版社，2000．

［17］方延明．数学文化导论［M］．南京：南京大学出版社，1999．

［18］胡炯涛．数学教学论［M］．南宁：广西教育出版社，1996．

［19］张奠宙．数学教育学［M］．南昌：江西教育出版社，1991．

［20］黄建弘．小学数学课程标准比较研究［M］．上海：华东师范大学出版社，2001．

［21］郑毓信．数学教育的现代发展［M］．南京：江苏教育出版社，1999．

［22］陈昌平．数学教育比较与研究［M］．上海：华东师范大学出版社，2000．

［23］梁衡．数理化通俗演义［M］．北京：北京师范大学出版社，1997．

［24］［美］约翰·巴罗．天空中的圆周率［M］．北京：中国对外翻译出版公司，2000．

［25］张顺燕．数学的思想、方法和应用［M］．北京：北京大学出版社，1997．

［26］谈祥柏．数学广角镜［M］．南京：江苏教育出版社，1992．

［27］王前．探索数学的生命——哲人科学家大卫·希尔伯特［M］．福州：福建教育出版社，1993．

［28］［法］彭加勒．科学的价值［M］．李醒民译．上海：光明日报出版社，1988．

［29］［美］丹皮尔·科学史［M］．李珩译．北京：商务印书馆，1975．

［30］［美］戴维·韦尔斯．数学与联想［M］．李志尧译．上海：上海教育出版社，1999．

［31］［美］J．A．H．亨特等．数学娱乐问题［M］．张远南等译．上海：上海教育出版社，1998．

［32］［美］马丁·加德纳，萨姆·劳埃德的数学趣题［M］．林自新译．上海：上海教育科技出版社，1999.

［33］［美］丁石孙．数学与教育［M］．长沙：湖南教育出版社，1998.

［34］［英］劳斯·鲍尔等．数学游戏与欣赏［M］．林应辰等译．上海：上海教育出版社，2001.

［35］钟启权，张华．世界课程与教学新理论文库［M］．北京：教育科学出版社，2000.

［36］叶澜．世纪之交中国基础教育改革研究丛书［M］．北京：教育科学出版社，2002.

［37］施良方．课程理论——课程的基础、原理与问题［M］．北京：教育科学出版社，1996.

［38］徐斌艳．数学教育展望［M］．上海：华东师范大学出版社，2001.

［39］［荷］弗赖登塔尔．数学教育再探——在中国的讲学［M］．刘意竹等译．上海：上海教育出版社，1999.

［40］李学数．数学和数学家的故事［M］．北京：新华出版社，1999.

［41］陈龙安．创造性思维与教学［M］．北京：中国轻工业出版社，1999.

［42］周春荔等．数学创新意识培养与智力开发［M］．北京：首都师范大学出版社，2000.

［43］美国2061计划［C］．//发达国家教育改革的动向和趋势·第四集．北京：人民教育出版社，1992.

［44］联合国教科文组织国际教育发展委员会．学会生存——教育世界的今天和明天［M］．北京：教育科学出版社，1996.

［45］瞿葆奎．教育学文集·教学（上中下）［Z］．北京：人民教育出版社，1988，1990.

［46］瞿葆奎．教育学文集·课程与教材（上下）［Z］．北京：人民教育出版社，1989.

［47］饶见维．国小数学游戏教学法［M］．北京：五南图书出版公司，1985.

［48］曹飞羽．小学数学教育改革文集［M］．北京：人民教育出版社，1996.

［49］［英］G．豪森等．数学课程发展［M］．周志希等译．上海：上海教育出版社，1992.

［50］成尚荣．学会数学地思维［M］．南京：江苏教育出版社，2001.

［51］钟启泉．国外课程改革透视［M］．西安：陕西人民教育出版社，1993.

［52］唐世兴等．数学游戏新编［M］．上海：上海教育出版社，1997.

［53］孙宏安等．数学课程问题［M］．沈阳：辽宁师范大学出版社，2000.

［54］王策三．教学认识论［M］．北京：北京师范大学出版社，2002.

［55］黄甫全．课程与教学论学程［M］．北京：高等教育出版社，2002.

［56］联合国教科文组织．从现在到2000年——教育内容发展的全球展望［M］．北京：教育科学出版社，1996.

［57］［美］查尔斯·赫梅尔．今日的教育为了明日的世界［M］．王静等译．北京：中国对外翻译出版公司，1983.

［58］周小山，雷开泉，颜先元．新课程视野中的数学教育［M］．成都：四川大学出版社，2003.

［59］易南轩．数学美拾趣［M］．北京：科技出版社，2002.

［60］柳斌．中国著名特级教师教学思想录小学数学卷［M］．南京：江苏教育出版社，1996.

［61］马云鹏，张春莉．小学数学教育评价［M］．北京：高等教育出版社，2003.

［62］曾军等．人文之维：文化冲突中的人文学科与人文重建［M］．北京：中国少年儿童出版社，2001.

［63］李三平，罗新兵，张雄．新课程教师读本（数学）［M］．西安：陕西师范大学出版社，2006.